大学生
心理健康教育

主编　王林军　金彩云

中国科学技术出版社
·北　京·

图书在版编目（CIP）数据

大学生心理健康教育 / 王林军，金彩云主编 . 北京：中国科学技术出版社，2025. 3. -- ISBN 978-7-5236-1290-3

Ⅰ . G444

中国国家版本馆 CIP 数据核字第 20259AZ059 号

策划编辑 孙 超 焦健姿
责任编辑 张凤娇
装帧设计 佳木水轩
责任印制 徐 飞

出 版 中国科学技术出版社
发 行 中国科学技术出版社有限公司
地 址 北京市海淀区中关村南大街 16 号
邮 编 100081
发行电话 010-62173865
传 真 010-62179148
网 址 http://www.cspbooks.com.cn

开 本 787mm × 1092mm 1/16
字 数 509 千字
印 张 20.5 + 插页 32 面
版 次 2025 年 3 月第 1 版
印 次 2025 年 3 月第 1 次印刷
印 刷 北京博海升彩色印刷有限公司
书 号 ISBN 978-7-5236-1290-3/G · 1083
定 价 59.00 元

大学生心理健康教育课程

启心实践手册

学　　院：________________

班　　级：________________

姓　　名：________________

学　　号：________________

授课教师：________________

手册使用说明

《大学生心理健康教育》课程的教学安排分为理论和实践两个环节，本手册作为辅助实践教学的深化练习和考核。所有同学在大一学年内需完成手册相关内容，任课教师会根据完成质量给予实践教学环节的具体评分。

“启心成长篇”的相关练习主要在大一学年第二学期展开，由《大学生心理健康教育》课程的任课教师安排实践活动。“启心实践篇”的相关练习则可以在整个大一学年展开，同学们可以通过“TZC 启心坊”微信公众号了解到相关活动预告。

各位同学须填写完整个人信息，完成手册相关练习，并妥善保管手册，切勿丢失。大一第二学期期末“启心实践手册”要上交任课教师核算评定成绩。

启心成长篇

第 1 章　自我认识图

1. 认识更多的自己。请在下面的横线上补充带有个人风格的描述（请尽量进行多维度的描述）

(1) 我是 ____________________

(2) 我是 ____________________

(3) 我是 ____________________

(4) 我是 ____________________

(5) 我是 ____________________

(6) 我是 ____________________

(7) 我是 ____________________

(8) 我是 ____________________

(9) 我是 ____________________

(10) 我是 ____________________

如果你对自己还有更多的发现，也可以写在手册的其他空白处。写得越多，说明对自己的了解越多。

2. 了解我的气质类型

下面 60 道题可以帮助你大致确定自己的气质类型。请认真阅读下列各题，对于每一题，你认为非常符合自身情况的，在计分表对应的空格里写上“+2”，比较符合的写上“+1”，拿不准的写上“0”，比较不符合的写上“–1”，完全不符合的写上“–2”。

气质量表

(1) 做事力求稳妥，不做无把握的事。

(2) 遇到可气的事就怒不可遏，想把心里话全说出来才痛快。

(3) 宁肯一个人干事，也不愿很多人在一起。

(4) 到一个新环境很快就能适应。

(5) 厌恶那些强烈的刺激，如尖叫、噪声、危险的情境等。

(6) 和人争吵时，总是先发制人，喜欢挑衅。

(7) 喜欢安静的环境。

(8) 善于和人交往。

(9) 羡慕那种善于克制自己感情的人。
(10) 生活有规律，很少违反作息制度。
(11) 在多数情况下情绪是乐观的。
(12) 碰到陌生人觉得很拘束。
(13) 遇到令人气愤的事，能很好地自我克制。
(14) 做事总是有旺盛的精力。
(15) 遇到问题常常举棋不定，优柔寡断。
(16) 在人群中从不觉得过分拘束。
(17) 情绪高昂时，觉得干什么都有趣；情绪低落时，又觉得什么都没意思。
(18) 当注意力集中于一事物时，别的事很难使我分心。
(19) 理解问题总比别人快。
(20) 碰到危险情境，常有一种极度恐怖感。
(21) 对学习、工作、事业怀有很高的热情。
(22) 能够长时间做枯燥、单调的工作。
(23) 符合兴趣的事情，干起来劲头十足，否则就不想干。
(24) 一点小事就能引起情绪波动。
(25) 讨厌做那种需要耐心、细致的工作。
(26) 与人交往不卑不亢。
(27) 喜欢参加热烈的活动。
(28) 爱看感情细腻、描写人物内心活动的文学作品。
(29) 工作学习时间长了，常感到厌倦。
(30) 不喜欢长时间谈论一个问题，愿意实际动手干。
(31) 宁愿侃侃而谈，不愿窃窃私语。
(32) 别人说我总是闷闷不乐。
(33) 理解问题常比别人慢些。
(34) 疲倦时只要短暂的休息就能精神抖擞，重新投入工作。
(35) 心里有话宁愿自己想，不愿说出来。
(36) 认准一个目标就希望尽快实现，不达目的，誓不罢休。
(37) 学习、工作同样长的时间后，常比别人更疲倦。
(38) 做事有些莽撞，常常不考虑后果。
(39) 老师讲授新知识时，总希望他讲慢些，多重复几遍。
(40) 能够很快地忘记那些不愉快的事情。
(41) 做作业或做一件事情，总比别人花的时间多。
(42) 喜欢运动量大的剧烈体育活动，或参加各种文艺活动。

(43) 不能很快地把注意力从一件事情转移到另一件事情上去。
(44) 接受一个任务后，就希望把它迅速解决。
(45) 认为墨守成规比冒风险要强一些。
(46) 能够同时注意几件事物。
(47) 当我烦闷的时候，别人很难使我高兴。
(48) 爱看情节起伏跌宕、激动人心的小说。
(49) 对工作抱认真严谨、始终如一的态度。
(50) 和周围人们的关系总是相处不好。
(51) 喜欢复习学过的知识，重复做已经掌握的工作。
(52) 希望做变化大、花样多的工作。
(53) 小时候会背的诗歌，我似乎比别人记得清楚。
(54) 别人说我“出语伤人”，可我并不觉得这样。
(55) 在体育活动中，常因反应慢而落后。
(56) 反应敏捷，头脑机智。
(57) 喜欢有条理而不甚麻烦的工作。
(58) 兴奋的事常使我失眠。
(59) 老师讲新概念，常常听不懂，但是弄懂以后就难忘记。
(60) 假如工作枯燥无味，马上就会情绪低落。

计分表

气质类型	题号及得分															得分
黏液质	题号	1	7	10	13	18	22	26	30	33	39	43	45	49	55	57	
	得分																
胆汁质	题号	2	6	9	14	17	21	27	31	36	38	42	48	50	54	58	
	得分																
抑郁质	题号	3	5	12	15	20	24	28	32	35	37	41	47	51	53	59	
	得分																
多血质	题号	4	8	11	16	19	23	25	29	34	40	44	46	52	56	60	
	得分																

某种气质：这一气质类型的得分明显地高于其他三种（差异≥4分）。

两种气质的混合型：某两种气质得分接近（差异≤3分），又明显高于其他两种（差异≥4分）。

三种气质的混合型：某三种气质的得分接近（差异≤3分），但均高于第四种（差异≥4分）。

由此可知，你是属于____________质的人。

3. 见未知的自己。通过“乔韩之窗”的练习，你是否遇见了不曾见过的自己？你有什么感想和收获？（300字左右）

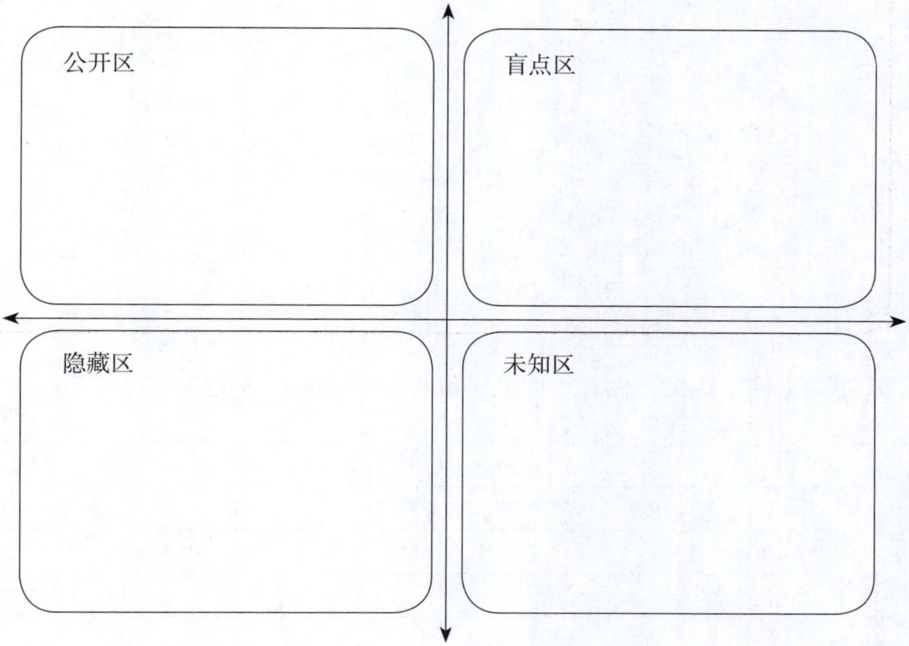

我的感想和收获：

4. 绘制我的心理名片

通过以上四个练习，你有什么发现和感悟？（200 字左右）

第 2 章　情绪晴雨表

1. 晴雨表里读情绪。请认真记录每天的情绪变化，然后看看你有什么发现。

日期	天气	白天		晚上		重要事件	
		情绪	原因	情绪	原因	概要	情绪

通过观察和分析上述表格，你的发现是：

2. 情绪的 ABC 理论的练习

第一步：写出一件你的烦心事 A。

第二步：写下因为 A，导致的情绪或行为后果 C。

第三步：梳理导致 C 的不合理信念 B 有哪些？

第四步：反驳原来的不合理信念 B，写出新的合理信念。

第五步：看看按照新的合理信念，会有什么不一样的情绪和后果。

通过以上练习，你有什么发现和感悟？（200 字左右）

第3章　人际网络格

1. 你说我画，画中有话。

(1) 请完成“你说我画”的练习。

(2) 请回答下面的问题。

① 当你是描述者的时候，你有什么感受？你认为前后两次沟通有什么不同？

② 当你是画画者的时候，你有什么感受？你认为前后两次沟通有什么不同？

③ 通过此次活动，你对沟通与人际交往有了什么新的认识？你认为人与人之间如何才能达到有效沟通？

2. 我的社会支持系统

(1) 请完成以下练习（可在后边的空白页上完成）。

请在下面的“蜘蛛网”中分层次填写自己的社会关系人，比如爸爸、妈妈、张三（同学）、李四（朋友）等，与自己关系亲近的可以填写在内层，关系较疏远的可以填写在外层。

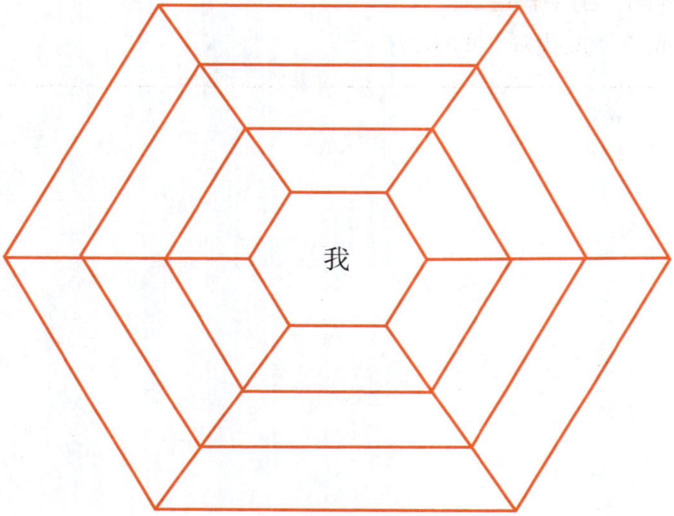

(2) 请回答下面的问题。

① 你选择他们进入你的社会支持系统的理由是什么？

____

____

____

② 在你遇到困难和挑战的时候，你更愿意向谁寻求支持？为什么？

____

____

____

③ 观察你的社会支持系统，你有什么新的发现？

____

____

____

____

____

____

第4章　爱情纪念册

1. 我的爱情是哪种类型呢？

心理学家斯腾伯格提出的爱情理论认为，爱情由三个基本成分组成：激情、亲密和承诺。这三种成分的组合形成了构成了7种爱情的类型。

(1) 只有亲密：喜欢式的爱情。

(2) 只有激情体验：迷恋式爱情。

(3) 只有承诺：空洞式爱情。

(4) 有亲密关系和激情体验，没有承诺：浪漫式爱情。

(5) 有亲密关系和承诺，缺乏激情：伴侣式爱情。

(6) 只有激情和承诺，没有亲密关系：愚蠢式爱情。

(7) 同时具备激情、承诺和亲密三个要素：完美的爱情。

那么，在当下的亲密关系中，我的爱情是哪种类型呢？ ____________

2. 我的“爱的语言”是什么？

“爱一个人是去感受对方体会爱的方式，并用对方能够感悟到的方法把爱表达出来。”那么，我以及我的另一半的“爱的语言”分别是什么呢，一起来做一个小测验吧！

请仔细阅读每对陈述，选出与你的感受最贴切的描述，并记下该字母。

1	A. 我希望收到你肯定的留言
	E. 我喜欢你抱着我
2	B. 我喜欢与你单独相处
	D. 当你提供实际帮助时，我会感到被爱
3	C. 我喜欢你给我礼物
	B. 我喜欢和你一起散步
4	D. 当你为我做事时，我会感到被爱
	E. 当你拥抱或触摸我时，我会感到被爱
5	E. 当你抱着我时，我感到被爱
	C. 当我收到你的礼物时，我感到被爱

6	B. 我喜欢和你去不同的地方
	E. 我喜欢和你牵手
7	A. 当你认可我的时候，我会感到被爱
	C. 可以看得见的爱的象征（礼物）对我来说非常重要
8	E. 我喜欢坐在你附近
	A. 我喜欢你告诉我，我很有吸引力
9	B. 我喜欢和你在一起
	C. 我想收到你的小礼物
10	D. 当你帮我的时候，我会感到你的爱
	A. 你认可我的话语对我来说很重要
11	B. 我喜欢和你一起做不同的事情
	A. 我喜欢你对我说的那些友好的话语
12	E. 当我们拥抱时，我感觉很完满
	D. 你做的事对我的影响远大于你说的话
13	A. 我很重视你对我的称赞，并会逃避你的批评
	C. 对我来说，几笔便宜的礼物比一件大的昂贵礼物更有意义
14	E. 当你触碰我的时候，我感觉我们更近了
	B. 当我们一起聊天或一起做某事时，我感到很亲密
15	A. 我喜欢你称赞我的成就
	D. 当你为我做你不喜欢的事情时，我知道你爱我
16	E. 当你走过我身边的时候，我希望你能触碰我
	B. 我喜欢你带有同情心地听我讲话
17	C. 我真的很喜欢收到你的礼物
	D. 当你帮助我完成我的家务时，我感到被爱
18	A. 我喜欢你称赞我的外表
	B. 当你花时间了解我的感受时，我会感到被爱

19	E. 你和我的身体接触会让我产生安全感
	D. 你为我做的事情使我感到被爱
20	D. 我对你为我做的许多事情感到感激
	C. 我喜欢收到你亲手做的礼物
21	B. 当你给予我全神贯注的关注时，我真的很开心
	D. 当你为我做事情的时候，我真的很喜欢当下的感觉
22	C. 当你用礼物庆祝我的生日时，我感到被爱
	A. 当你用有意义的字眼（书写或口语）庆祝我的生日时，我会感到被爱
23	D. 当你帮我做家务时，我感到被爱
	C. 我知道当你给我准备礼物的时候，你正在想我
24	C. 当你在特殊日子，记得送礼物的时候，我觉得非常感激
	B. 当你耐心聆听并且不打扰我时，我感到非常感激
25	B. 我喜欢和你一起旅行
	D. 我想知道你常常会关心我的日常生活
26	E. 意外的亲吻使我感到被爱
	C. 没有原因地送我礼物会让我感到被爱
27	A. 我喜欢听到你对我说的感谢话
	B. 我希望你在我们谈话时看着我
28	C. 你的礼物对我来说总是很特别
	E. 当你亲吻我时，我感到被爱
29	A. 当你告诉我你有多欣赏我时，我感到被爱
	D. 当你充满热情地完成我交给你的事情时，我会感到被爱
30	E. 我每天都需要被你拥抱
	A. 我每天都需要你的肯定

请数一下你选择的每种字母的总数，最多次数的，即代表你主要的爱情语言哦（可以超过一项）。

选 A 的个数是：_______ 选 B 的个数是：_______ 选 C 的个数是：_______

选 D 的个数是：_______ 选 E 的个数是：_______

A. 肯定的话语：一些关怀与关爱的语言表达。

B. 高质量的相处时间：一起享受高质量的相处时光。

C. 礼物：让对方感到被重视，或者表达感激之情的礼物。

D. 为对方服务的行动：为伴侣提供一些实质的行动和帮助。

E. 身体接触：用身体的触碰和交流表达爱。

我的“爱的语言”是什么呢？__________________

我的另一半，他 / 她的“爱的语言”是什么呢？__________________

希望大家能够找到属于自己的爱的语言，也学习对方的语言。因为只有语言相同，才能够高效沟通，爱情也是如此。

3. 爱的憧憬或合照：写出你对爱情的憧憬，或者大胆秀出爱的合照吧

第 5 章　家庭系谱图

1. 我的生命线：请大家思考自己的生命线

对我有深刻影响的人物、事件

出生　小学　初中　高中　大学　未来

2. 我的家庭系谱图：请在下方框内画出你的家庭系谱图，并思考原生家庭对你的影响

启心实践篇

第 6 章 “启心有约”沙龙：探索心理密码

“启心有约”心理沙龙是学校心理健康教育与咨询中心凝聚打造的“启心”系列品牌活动之一。针对大学生身心发展特点，选取与学生实际生活相贴近的主题，开展“浸润式”心理教育，邀约“师生”面对面，共同解答心灵密码。

主题：	盖章：
日期：	
启心嘉宾：	
心得体会：	
主题：	盖章：
日期：	
启心嘉宾：	
心得体会：	

第7章 “启心花开”讲座：遨游心灵之旅

“启心花开”心理健康教育讲座是学校心理健康教育与咨询中心凝聚打造的“启心”系列品牌活动之一。以“一季一主题”的讲座形式，把心理健康专业知识生活化、心理健康教育活动日常化，以生动活泼的语言诠释心理健康的意义，帮助同学们建立阳光、平和、理性的积极心态。

主题：	盖章：
日期：	
启心嘉宾：	
心得体会：	

主题：	盖章：
日期：	
启心嘉宾：	
心得体会：	

第 8 章 “启心向阳”活动：挖掘自我潜能

“启心向阳”心理户外活动是学校心理健康教育与咨询中心凝聚打造的“启心”系列品牌活动之一。秉持“朋辈力量 互助成长”的理念，通过户外活动搭建学生互动平台，彰显青年大学生青春活力，培养个性品质，促进身心健康。

主题：	盖章：
日期：	
心得体会：	
主题：	盖章：
日期：	
心得体会：	

第9章 心理健康教育活动月：共赴阳光盛会

每年3月，学校会举办“心理健康教育活动月”，联合二级学院学生心理组织，推出丰富多彩的心理行为体验活动，共赴阳光盛会。

主题：	盖章：
日期：	
心得体会：	

主题：	盖章：
日期：	
心得体会：	

第 10 章　二级心理辅导站活动：开拓心理版图

每个学期，各个二级学院心理辅导站和院学生心理组织也会定期组织丰富的心理健康宣传教育活动，开拓心灵版图，润泽心田。

主题：	盖章：
日期：	
心得体会：	

主题：	盖章：
日期：	
心得体会：	

第 11 章　心理班会：绘制幸福同心圆

每个学期，各班都会开展一次心理主题班会，由班级心理委员负责策划、组织和实施，绘制幸福同心圆。

<table>
<tr><td>主题：</td><td>盖章：</td></tr>
<tr><td colspan="2">日期：</td></tr>
<tr><td colspan="2">心得体会：</td></tr>
</table>

<table>
<tr><td>主题：</td><td>盖章：</td></tr>
<tr><td colspan="2">日期：</td></tr>
<tr><td colspan="2">心得体会：</td></tr>
</table>

课堂笔记

课堂笔记

课堂笔记

课堂笔记

课堂笔记

课堂笔记

心理咨询预约方式

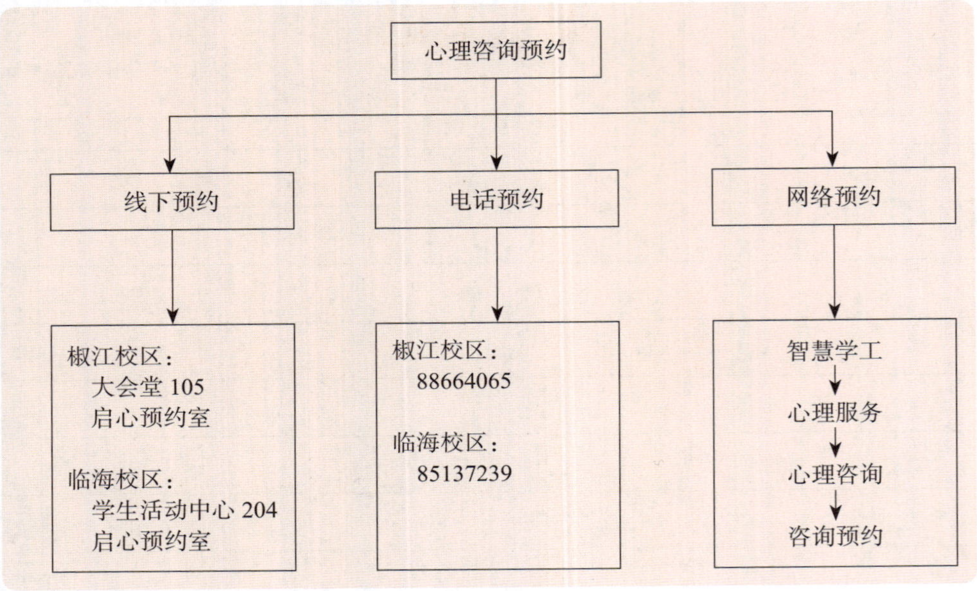

线下和电话预约时间

周一至周五，8：00—11：00，13：30—16：30（冬令时）/14：00—17：00（夏令时），18：00—20：00。

注意事项

① 每次咨询时间 50 分钟，请来访学生遵守约定时间，准时来访。

② 若迟到，咨询时间不顺延。

③ 若迟到 15 分钟或以上，取消本次咨询，请重新预约。

④ 若因故无法前来咨询，请提前通知取消预约，以便将时间留给其他有需要的同学。

⑤ 课间拨打电话时，如果无人接电话，有可能是接电小助手交接班期间，请过几分钟继续拨打，或者留意小助手的回电。

学校邀请了多名校外专家，每周入驻学校为师生提供心理评估和心理咨询服务，师生可扫描下方微信小程序二维码，预约时间。地点为：椒江校区大会堂 204；临海校区学生活动中心 304。

编著者名单

主　编　王林军　金彩云

副主编　王蕴瑾

编　者（以姓氏笔画为序）

史莉娜　刘　冉　阮玮娜　李　凌

张明波　陈　玮　陈矜之　林　仙

唐继亮　梅　娇　董立达

内容提要

本书共十篇 30 章，主要介绍了心理健康、爱情和性心理健康的基本知识，大学生自我成长和发展的现状，如何塑造健康人格，如何培养积极情绪，怎样健康地进行人际交往和沟通，面对压力和挫折时如何情绪管理，如何识别和应对精神障碍、心理危机等内容。此外，作者还设置了知识延伸、心理小贴士、心理万花筒、体验活动、心理测试等模块，有利于读者快速掌握区分健康和不健康心理问题的技巧，以及防治方法。本书有助于推进大学生素质教育，帮助大学生心理健康教育成为高等教育领域至关重要的一环，适合广大高等院校师生参考阅读。

前　言

在国家大力推进素质教育和全面发展的战略背景下，大学生心理健康教育成为高等教育领域至关重要的一环。教育部等相关部门陆续出台的一系列文件，强调了关注大学生心理健康的紧迫性和必要性，这为大学生心理健康教育工作指明了方向，也为我们编写这本《大学生心理健康教育》提供了重要依据。

大学生活是人生的一个重要转折点。从高中到大学，学习方式从被动接受转变为主动探索，生活模式从依赖家庭变为独立自主，社交范围也从熟悉的小圈子扩展到来自五湖四海的同学。这种全方位的变化，使得大学生在适应过程中面临着巨大的心理压力。许多学生在新的学习环境中，因难以掌握自主学习的技巧而感到焦虑；在远离家人和旧友的情况下，可能会在人际交往中遭遇孤独、冲突等问题；面对未来职业规划的不确定性，迷茫和不安也常常萦绕心头。这些心理问题如果得不到及时的关注和解决，可能会对大学生的身心健康和学业发展造成严重影响。

同时，本书还特别关注大学生积极心理品质的培养。心理健康教育不应仅仅局限于解决问题，更应注重挖掘大学生的心理潜能，培养他们的乐观、坚韧、自信、包容等优秀品质。我们通过案例分析、心理拓展训练等形式，引导大学生树立积极向上的人生态度，鼓励他们在面对挫折和困难时，将其视为成长的机遇，激发自身内在的力量去克服困难，实现自我成长和发展。

此外，为了使内容更具可读性和吸引力，本书在编写过程中运用生动有趣的语言，结合了大量贴近大学生活的实际案例。这些案例就像一面镜子，可以让大学生们从中找到自己的影子，引发情感共鸣，从而更好地理解和运用所学的心理知识。同时，书中还穿插了一些心理小测试、心理万花筒等模块，增加了互动性和趣味性。

本书能从成稿到出版，首先要衷心感谢每一位参与编写的作者，他们用智慧和心血，将深奥的心理学理论与大学生的实际心理状况紧密相连，编写出科学严谨又通俗易懂的内容。同时，也要感谢出版社的工作人员，正是他们精心的编辑、设计，保障了从内容到形式的高质量呈现。此外，本书参考、借鉴和引用了许多学者的著作和研究成果，在此特向相关作者表示由衷的感谢。

最后，希望每一位大学生都能通过阅读本书，打开通往心理健康之路的大门，在大学时光中茁壮成长，以健康的心理状态迎接未来人生的挑战。

王林军　金彩云

目 录

第一篇

健康人生　从心开始：
初识心理健康

视频 1　如何呵护我们的心理健康

案例

2022年9月22日，山东省某高校发生了一起学生杀人案。吕某因琐事与同学李某某发生矛盾，将其杀害。事后，吕某被公安局刑事拘留。

2023年4月，山东某高校（青岛校区）北门外，一名休学大学生付某持刀在公交站及公交车上连续刺伤乘客，导致1人死亡、6人受伤。付某因报复学校而蓄意行凶，被法院判处死刑，剥夺政治权利终身，并对受害者家属进行经济赔偿。

2024年3月，浙江省某高校的校园内，一辆汽车突然冲撞行人，造成19人受伤，其中3人经抢救无效死亡，肇事者张某系本校学生。

分析：近几年来，大学生打架斗殴、杀人、强奸之类的人身伤害犯罪案件时有发生，目前已是仅次于大学生盗窃犯罪的第二类大学生犯罪案件。根据最新的研究数据，大学生犯罪率已经开始呈现上升趋势。据悉，2023年的大学生犯罪率比2018年上升了10%以上。大学生已经踏入半个社会，他们感到不适应，害怕失败、拒绝，心理上的矛盾冲突尤为突出。这些矛盾解决不好，就可能成为大学生犯罪的心理基础。

随着社会发展，人们的思想观念和生活方式发生了重大变革，心理困扰也接踵而至。大学生正值身心发展的重要时期，同时面临众多的挑战和压力，例如，不同形式的学业任务，复杂的人际关系，严峻的就业形势，纠结的情感问题，甚至巨大的经济压力等。如何保持健康、平衡的心态，从容应对各种问题和挑战，使自己不断走向成熟，需要每一位大学生认真思考和实践。如何使大学生学会应对、学会做事、学会生存，在不利的环境、复杂的人际关系中，坚定信念，毫不动摇地走自己的路，直至最后取得成功，值得教育领域深思。

心理健康教育的主要任务是根据大学生的心理特点，有针对性地讲授心理健康知识，开展心理辅导或心理咨询活动；帮助大学生树立心理健康意识，优化心理品质，增强心理调适能力和社会生活的适应能力，预防和缓解心理问题；为大学生的环境适应、自我管理、学业成才、人际交往、交友恋爱、人格发展、情绪调节等，提供人文关怀，使其得到全面和谐的发展。

什么是心理健康，心理健康对大学生有何意义，大学生心理健康的标准有哪些，影响大学生心理健康的因素有哪些，如何维护大学生的心理健康，是本章所要探讨的问题。

学习目标

1. 了解大学生心理现象，认识心理健康。
2. 了解大学生心理发展的特点。
3. 掌握现代健康观，学习呵护自身心理健康。

第1章 心理健康概述

> 让生活失去色彩的，不是伤痛，而是内心世界的困惑；让脸上失去笑容的，不是磨难，而是禁闭心灵的缄默。没有谁的心灵永远一尘不染。战胜自我，拥抱健康；沟通，消除隔阂；交流，敞开心扉；真诚，融化壁垒。健康人生，从心开始。
>
> ——《心理访谈》节目

一、认识心理现象

谈及心理现象，不少同学的思绪或许会飘向那神秘莫测的催眠，联想到形形色色的心理测试，脑中浮现出电影中看到的变态杀手作案的画面，以及各种精神患者的怪异行为等。这些都是心理现象。人们眼睛能看到的五彩缤纷的世界，耳朵能听到的旋律优美的音乐，大脑里可以储存的浩瀚无垠的知识，时过境迁却历历在目的记忆，无一不是心理现象的精彩演绎。人都有七情六欲，时而高兴，时而悲伤；人都有各种能力，并且每人擅长的能力又是如此的不同，这一切就构成了人的心理现象。不同的学科有各自不同的研究对象，而心理学则以人类最熟悉、最普遍，宇宙间最复杂、最深奥的心理现象作为自己的研究对象。

人的心理现象微妙、复杂、变化万千。科学心理学认为，心理是脑的功能，人的心理是人脑对客观现实的主观能动的反应。人的心理现象由心理过程和个性心理两个方面组成。心理过程和个性心理是人心理活动的基本形式，也是人心理活动表现的重要方面。

（一）心理过程

心理过程即人的心理活动过程，是指在客观事物作用下，人的心理活动发生、发展、变化的动态过程。

心理过程可以分为认知过程、情绪情感过程和意志过程。

1. 认知过程

认知过程是人接受、储存、加工和理解各种信息的过程，即人脑对客观事物的现象和本质的反映过程。认知过程包括感觉、知觉、记忆、思维和想象等。

2. 情绪情感过程

情绪情感过程是人们的内心感受，人们总是抱着自己的某种需要去认识和反映客观事物，在认知过程中，总会产生一种态度上的体验。如满足了需要，达到了目的，则产生一种愉快的、肯定的、积极的态度体验。反之，则产生一种不愉快的、否定的、消极的态度体验。这种由于需要是否满足而产生的态度上的体验，就是情绪情感过程。

3. 意志过程

意志过程是实现目标的心理过程，人类不仅要认知世界，还要改造世界，在改造世界的活动中，总是带有一定的目的性。为了实现既定目的，又要想方设法去克服困难。这种为了实现预定目的去克服困难的活动则构成心理过程中的意志过程，即意志是自觉地确定目的，并根据目的有意识地支配、调节自己的行动，克服各种困难，从而实现预定目的的心理过程。

认知过程、情绪情感过程和意志过程是既有区别又有联系的心理活动的三个方面。一方面，人的情绪情感和意志总是在认知的基础上产生和发展起来。认知是情绪情感和意志的前提，人对客观事物的态度取决于对该事物的认识，人的意志行动是在认识的基础上，在情绪情感的推动下产生的。所以，只有正确、深刻的认知，才能产生强烈的情绪情感和坚强的意志。另一方面，人的情绪情感和意志对认知也有重要的影响。情绪情感是认知的动力，意志行动使人的认识不断深入。在一个健康的人身上，知、情、意之间应该是一个完整的统一体，其内部必须具有协调一致的关系，只有这种协调一致性才能保证人在反映客观世界过程中的高度准确和有效。

（二）个性心理

认知、情绪情感和意志这三种心理过程作为人脑反映客观现实的形式，是人类所共有的。但是，并不是说人反映客观现实都表现出同样的行为模式。每个人在反映客观现实时，都表现出各自不同的行为特点和方式。这些不同的方式与特点构成了人与人之间心理上的差异，称为个性差异。个性差异主要表现在个性倾向性和个性心理特征两个方面。

个性倾向性提供了人的心理活动的动力和方向，主要体现在需要、动机、兴趣、理想、信念、价值观等。个性心理特征是个人在社会活动中经常表现出来的本质的、稳定的心理特点，这种稳定的心理特征是个性倾向性稳固化和概括化的结果，包括能力、气质和性格。

（三）心理的本质

古人认为“心之官则思”，一直把心脏看作产生心理活动的器官。我们可从文字表述中体会这一认知，如心想事成、心直口快、口是心非等。随着时代的进步，经验的积累，人们才逐渐认识到心理是脑的功能，而心脏与心理活动没有特别直接的关系。

真正用科学的方法鉴定出“脑才是人的心理器官”是在 1861 年。法国医生布罗卡对一个多年不能清楚说话的患者，在他死后进行大脑解剖，发现患者大脑皮层左侧额叶部分有病变，从而发现言语运动区的位置。以后医学上经过多年的临床经验和资料的积累，才把脑各部分的功能确定下来。生理心理学发展到今天，人们普遍接受了“反射”是脑功能的集中表现，是心理活动的生理机制。

知识延伸

关于“裂脑人”的研究[①]

第二次世界大战中，美国士兵约翰因头部受伤而成为严重的癫痫患者，医生无可奈何地为他切断了连接大脑半球的胼胝体。结果，他的病不再发作了，但精神却失常了。吃饭时，他一只手把饭碗推开，另一只手又把碗拉回来。美国加州理工学

① 引自 http://zhidao.baidu.com/question/811501393751457972.html。

院的生物学教授罗杰·斯佩里（Roger Sperry）博士闻讯后，给约翰做了一系列实验。将一张年轻女人照片的左半部和一张小孩照片的右半部，拼成一张照片，采用特殊方法，使照片的左半部置于约翰的左视野，右半部置于他的右视野。罗杰·斯佩里要求患者说出他看见了什么。结果，他手指年轻女人，口中却果断地说：“一个小孩！”罗杰·斯佩里的研究证明了约翰的大脑两半球隔离开后，思维发生了分裂，在一个人身上出现了完全不同的两种思想、两个精神。“裂脑人”的左右半球互不通信息，行动不配合。一个半球得到的信息，另一个半球却接受不到。左半球获得的信息，“裂脑人”能用语言表达出来，而右半球得到的信息，却有口说不出。这是因为右半球的信息传不到左半球，而右半球本身没有言语功能。

裂脑人实验研究证明，惯用右手的人左半球语言功能占优势，右半球空间直觉和形象思维占优势，证实了大脑不对称的“左右脑分工理论”，这一重大科学发现，给大脑两半球功能的传统观念画上了句号。罗杰·斯佩里博士也因此荣获1981年度的“诺贝尔生理学或医学奖”。他的实验引起了热烈的讨论，进一步推动了科学工作者对大脑进行新的探索，也更有力地说明了没有头脑的思维是不存在的，人的心理活动与脑密切相关。

脑本身并不能单独产生心理，心理就其内容来说，是对客观现实的反应，客观现实是心理的源泉和内容。一个具有健全大脑的人，如果脱离了客观现实的作用，就不可能具有健康的人类心理。当人的大脑神经系统因为损伤或疾病而遭到损害时，心理活动就会出现异常。由此可见，大脑是影响心理活动最关键、最核心的部位，心理是脑的功能，是脑对客观现实的主观反应。

人的心理是一种主观反应，但反映的内容来自客观现实。人对客观现实不像镜子成像般的机械反应，由于每个人的知识经验、兴趣、世界观等存在差异，对自然、社会及其规律的认知深度和广度也会不同，因此对客观现实的反应是不完全相同的，这就是人心理的主观能动性。我们总是习惯于从自身的立场，借助于自己的经验去构建对世界、人生的不同理解，形成不同的态度，进而表现出不同的行为方式。

知识延伸

关于“狼孩”的故事①

1920年，在印度加尔各答东北郊的一个名叫米德纳波尔的小城，人们常见到有一种“神秘的生物”出没于附近森林。往往一到晚上，就有两个用四肢走路的“像人的怪物”尾随在三只大狼后面。后来人们打死了大狼，在狼窝里终于发现了这两个“怪物”——裸体的女孩。其中大的七八岁，小的约两岁。这两个小女孩被送到米德纳波尔的孤儿院抚养，还给她们取了名字，大的叫卡玛拉，小的叫阿玛拉。到了第二年阿玛拉死了，而卡玛拉一直活到1929年。这就是曾经轰动一时的“狼孩”事件。

① 引自 https://wenku.so.com/d/b700be747ae64ce95e644f2b87e1072d。

据记载，本文提及的印度“狼孩”刚被发现时用四肢行走，慢走时膝盖和手着地，快跑时则手掌、脚掌同时着地。她们总是喜欢单独活动，白天躲藏起来，夜间潜行。怕火和光，也怕水，不让人们替她们洗澡。不吃素食而要吃肉，吃时不用手拿，而是放在地上用牙齿撕开吃。每天午夜到清晨三点，她们像狼似地引颈长嚎。她们没有感情，只知道饥时觅食，饱则休息，很长时间内对别人不主动发生兴趣。不过她们很快学会了向辛格的妻子去要食物和水，如同家犬一样。只是在一年之后，当阿玛拉死的时候，人们看到卡玛拉流了眼泪——两眼各流出一滴泪。

据研究，七八岁的卡玛拉刚被发现时，她只懂得一般6个月婴儿所懂的事，研究者花了很大气力都不能使她很快地适应人类的生活方式。2年后，她才会直立；6年后才艰难地学会独立行走，但快跑时还得四肢并用。直到死，卡玛拉也未能真正学会讲话。4年内，她只学会6个词，听懂几句简单的话；7年时间才学会45个词并勉强地学几句话。在最后的3年中，卡玛拉终于学会在晚上睡觉。很不幸，就在她开始朝人的生活习性迈进时，她去世了。辛格估计，卡玛拉死时已16岁左右，但她的智力只相当于三四岁的孩子。

“狼孩”的事例告诉我们一些什么呢？

二、认识心理健康

心理健康是一个人总的精神状态，是一个积极的社会适应过程，也是健全人格、成熟人格的体现。关于心理健康，学者们基于各自的研究和理解，纷纷提出了各自独特的观点。

精神医学专家门宁格尔认为，心理健康是指人们在生活工作中有效率、有满足感，能愉快地接受生活的规范。“心理健康的人应能保持平静的情绪，有敏锐的智能，适于社会环境的行为和愉快的情绪。”

心理学家英格里士（H. B. English）于1958年指出，心理健康是指一种持续的心理状态，当事人在那种状态下，能做出良好的适应，具有生命的活力，而能充分发挥其身心潜能。

我国学者张玲认为，第一，作为一种社会性动物，对社会文化的适应，与周围环境的协调是人类生存与发展的条件。因此，心理健康是人类生存最基本的要求，对自然环境、社会文化、道德准则，以及生活、工作、学习和人际环境的正确感知与良好适应，无疑是人类心理健康的重要方面。第二，适应不是一种静止的状态，而是一种动态的平衡系统。一个人生活在现实生活中，心理健康是一种过程，是在心理失衡与心理平衡的往复运动中不断向前发展的。第三，人不仅具有社会性，而且具有发展性。生理与心理的不同发展阶段，对人的心理和行为也提出了不同的任务和要求，能否顺应不同年龄阶段的发展特点，完善与之相应的知、情、意各方面的心理功能，具有与其年龄发展阶段相应的认识水平，是影响人心理健康状态的重要因素。因此，对发展的顺应程度，也是人心理健康的重要方面。第四，人之所以不同于动物，还在于人具有意识，尤其是具有自我意识。人对自身的认识、定位，对自我的监控与调节，也是影响其心理健康水平的重要因素。第五，心理的健康与“正常”或“仅仅没有病态”是不同的，健康的心理既不同于“没有病态”，又高于“正常”，因而在结构和动力上还应具有向崇高人性发展的特征。

总而言之，我们可以从狭义和广义两种角度来定义心理健康。从狭义上讲，心理健康是指人的基本心理活动的过程内容完整、协调一致，即认识、情感、意志、行为、人格完整和协调，能顺应社会，与社会保持同步，主要目的在于预防心理障碍或行为问题的发生。从广义上讲，心理健康是指一种高效、满意、持续的心理状态，它以促进人们的心理调节、发展更大的心理效能为目标，使人们健康地生活，从而更好地适应社会，更有效地为社会和人类作出贡献。

心理万花筒

风靡世界的哈佛幸福课

2006年，哈佛大学一门叫作“积极心理学”的选修课程突然风靡全球。它在校内的人气甚至超过了长期独占鳌头、著名经济学家曼昆讲的“经济学原理”。该课程受到全球数十家主流媒体的热烈关注，被称为“幸福课”，并在全球掀起了一股讨论幸福的热潮。现在，国内的视频网站已经将他的公开课引进和翻译过来，大家可以在网上搜索观看。

讲授这门课程的老师是一位名不见经传的年轻讲师——泰勒·本－沙哈尔（Tal Ben-Shahar），他是哈佛的毕业生，从本科读到博士。在哈佛，作为三名优秀生之一，他曾被派往剑桥进行交换学习。他还是一流的运动员，在社团活动方面也很活跃。但这些并没有让他感到持久的幸福。他坦言，自己的内心并不快乐。“最初，引起我对积极心理学兴趣的是我的经历。我开始意识到，内在的东西比外在的东西对幸福感更重要。通过研究这门学科，我受益匪浅。我想把我所学的东西和别人一起分享，于是，我决定做一名教师。我们的很多课，都在教学生如何更好地思考、更好地阅读、更好地写作，可是为什么就不该有人教学生更好地生活呢？”把艰深的积极心理学学术成果简约化、实用化，教学生懂得自我帮助，这是本—沙哈尔开设“幸福课”的初衷。

泰勒老师将大量心理学研究成果和数据分析带到课堂当中，借助学术研究的成果来帮助大家接纳积极心理学的理念，并要求学生将课堂中所学到的东西真正应用到自己的生活和人际交往中去。他说：“请记住，我介绍给大家的这些概念不是因为它们有趣，而是它们都有实际应用价值。”

同学们可以上网搜寻并将本－沙哈尔给哈佛学生的十条幸福忠告摘录在自己的课堂笔记中。

三、心理健康的标准

1946年第三届国际心理卫生大会提出的心理健康标准有以下四个方面：①身体、智力、情绪十分协调；②适应环境、人际关系彼此谦让；③有幸福感；④在职业工作中，能充分发挥自己的能力，过着有效率的生活。

（一）国外学者对心理健康标准的表述

美国著名的心理学家马斯洛和麦特曼提出了心理健康的 10 个标准：①有充分的安全感；②充分了解自己，并能对自己的能力做出恰当的估计；③生活目标、理想的确定要切合实际；④与现实环境保持接触；⑤能保持个性的完整和谐；⑥具有从经验中学习的能力；⑦能保持良好的人际关系；⑧适度的情绪控制和表达；⑨在不违背集体利益的前提下，有限度地发展个性；⑩在不违背道德规范的情况下，适度满足个人的基本需要。

奥尔波特（Allport）认为，心理健康水平较高的人是“成熟者”，他们具有以下特点：①能主动、直接地将自己推延到自身以外的兴趣和活动中，力争自我的成长；②具有对别人表示同情、亲密和爱的能力，能与他人建立和睦关系，富有同情心，对生命充满爱；③能够接纳自己的一切，自我形象现实、客观，知道自己的现状和特点，即能客观地看待自己；④能够准确、客观地知晓现实和接受现实；⑤能够形成人生所需的知识、能力和技能，专注和高水平地胜任自己的工作；⑥能够着眼未来，行为的动力来自长期的目标和计划。

（二）国内学者对心理健康标准的表述

国内学者对心理健康的标准也提出了很多有见解的表述，郭念锋于 1986 年在《临床心理学概论》一书中提出评估心理健康水平的 10 个标准，得到了心理学界的较多认可。

1. 周期节律性：人的心理活动在形式和效率上都有着自己内在的节律性，比如白天思维清晰，注意力高，适于工作；晚上能进入睡眠，以便养精蓄锐，应对第二天的工作。如果一个人每到晚上就睡不着觉，那表明他的心理活动的固有节律处在紊乱状态。

2. 意识水平：意识水平的高低，往往以注意力水平为客观指标。如果一个人不能专注于某种工作，不能专注于思考问题，思想经常开小差或因注意力分散而出现工作上的差错，就有可能存在心理健康方面的问题了。

3. 暗示性：易受暗示性的人，往往容易被周围环境引起情绪的波动和思维的动摇，有时表现为意志力薄弱。他们的情绪和思维很容易随环境变化，给精神活动带来不太稳定的特点。

4. 心理活动强度：这是指对于精神刺激的抵抗能力。一种强烈的精神打击出现在面前，抵抗力低的人往往容易遗留下后患，可能因为一次精神刺激而导致反应性精神病或癔症，而抵抗力强的人虽有反应但不致病。

5. 心理活动耐受力：这是指人的心理对于现实生活中长期反复出现的精神刺激的抵抗能力。这种慢性刺激虽不是一次性的强大剧烈刺激，但却久久不消失，几乎每日或每时都要缠绕着人的心灵。

6. 心理康复能力：由于人们各自的认识能力不同，人们各自的经验不同，从一次打击中恢复过来所需要的时间也会有所不同，恢复的程度也有差别。这种从创伤刺激中恢复到往常水平的能力，称为心理康复能力。

7. 心理自控力：情绪的强度、情感的表达、思维的方向和过程都是在人的自觉控制下实现的。当一个人身心十分健康时，他的心理活动会十分自如，情感的表达恰如其分，辞令通畅、仪态大方，既不拘谨也不放肆。

8. 自信心：一个人是否有恰当的自信心是精神健康的一种标准。自信心是一种自我认知和思维的分析综合能力，这种能力可以在生活实践中逐步提高。

9. 社会交往：一个人与社会中其他人的交往，也往往标志着一个人的精神健康水平。

当一个人严重地、毫无理由地与亲友断绝来往，或者变得十分冷漠时，这就构成了精神病症状，叫作接触不良。如果过分地进行社会交往，也可能处于一种躁狂状态。

10. 环境适应能力：环境就是人的生存环境，包括工作环境、生活环境、工作性质、人际关系等。人不仅能适应环境，而且可以通过实践和认识去改造环境。

（三）心理健康的等级

心理健康与生理健康是健康概念不可分割的两个部分，但心理健康的标准不像生理健康那样具体、精确、绝对。因为心理现象是主观精神现象，它的度量很难有一个固定、清晰的界限，根据中外心理学专家的研究，可将人的心理健康水平大致分为三个等级。

1. 一般常态

表现为心情大部分时间是愉快的，适应能力比较强，善于与别人相处，能较好地完成同龄人发展水平应做的活动，具有调节情绪的能力。

2. 轻度失调

表现出不具有同龄人所应有的愉快，和他人相处略感困难，生活自理有些吃力。若主动调节或通过专业人员的帮助，可恢复常态。

3. 严重病态

表现为严重的适应失调，不能维持正常的生活和工作。如不及时治疗将会恶化，可能成为精神病患者。

（四）界定正常与异常心理标准时应遵循的基本原则

1. 心理活动与外部环境一致性原则

心理活动与外部环境是否具有一致性，即一个人的所思所想、所作所为是否正确地反映外部世界，有无明显的差别。

2. 心理过程完整性和协调性原则

心理过程是否具有完整性和协调性，即人在心理活动中认知过程、情绪情感过程、意志过程的内容是否完整，是否协调一致。

3. 个性心理特征稳定性原则

个性心理特征的稳定性，即人的个性心理特征在没有重大外部环境改变的前提下，人的气质、性格、能力等个性特征相对稳定。

（五）心理健康的区分标准

人本主义心理学家提出的心理健康标准是一种理想化的状态。事实上，心理健康是相对的，企图找到绝对标准是非常困难的。为了更方便地认识和评估自己的心理健康状况，心理学家提出了四项常用的测评方法。

1. 经验标准

经验标准，即当事人按照自己的主观感受来判断自己的健康，研究者凭借自己的经验对当事人的心理健康进行判定。

2. 社会适应标准

以社会中大多数人的常态为参照标准，在行为准则上，能够根据社会要求的道德规范行事，在行为能力上，能够配合他人，完成自己的工作，观察当事人是否适应常态而进行心理是否健康的判断。

3. 统计学标准

依据对大量正常心理特征的测量取得一个常模，把当事人的心理与常模进行比较。如同人的身高、体重、血压等有一个大致正常的范围一样，正常人的心理活动在总体上也有一个分布比较集中的区域。如果偏离常态分布，超过某个界限值，就可视为心理健康状态有问题。

4. 自身行为标准

每个人以往生活中形成的稳定的行为模式，即正常标准。大学生心理健康标准的掌握也存在这样的问题。我们在研究大学生整体心理健康时，应将目光投向发展的健康观，即更多的大学生在发展中面临许多人生的课题，心理危机与心理困难也都是在发展的大背景下产生的。

（六）正确理解心理健康的标准应注意的几个问题

1. 心理健康与心理不健康之间并不存在明确的界限

事实上，大学生心理健康与不健康并无明显界限，两者是一个连续化的过程。如果将正常比作白色，将不正常比作黑色，那么在白色与黑色之间存在着一个巨大的缓冲区域——灰色区，大多数人都散落在这一区域内（图 1–1）。这也说明，对多数学生群体而言，在人生的发展过程中面临各种心理问题是正常的，不必大惊小怪，应积极加以矫正（表 1–1）。

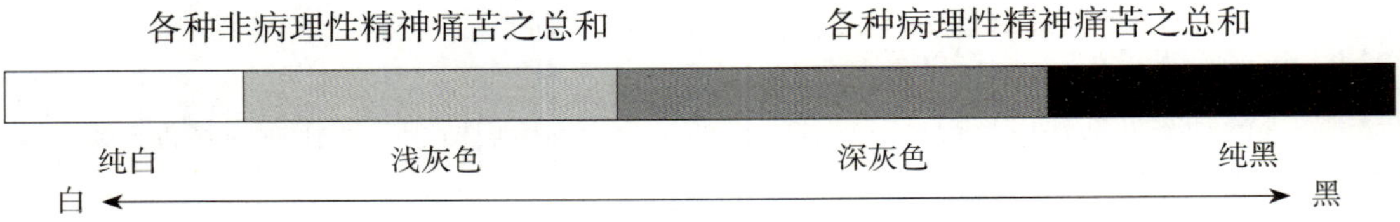

图 1–1　心理健康“区域”

表 1–1　心理健康状态和服务方式

心理状态	纯　白	浅灰色	深灰色	纯　黑
服务对象	完全健康的人	各种由生活人际关系压力而产生心理冲突与障碍的人	各种变态人格及人格异常	精神病患者
服务人员	无须	心理咨询师、社会工作者	心理医生、心理门诊医生	精神病医生
服务模式	无须	咨询心理学模式	临床心理学模式	医学模式

2. 心理健康状态是一个动态变化的过程

心理健康的状态并非静止、固定的，它是一个动态的变化过程。如果人们不注意心理健康保健，经常处于焦虑、抑郁的心理状态，那么心理健康水平就会下降，甚至造成严重的心理疾病。反之，如果一个人产生了某种心理障碍，也不意味着永远保持或行将加重，只要及时调整好自我，积极寻求心理咨询的帮助，就会很快恢复到心理良好的状态。某些不健康的心理可能是人在发展中不可避免的发展性问题，其症状随着发展而自行消失。

3. 心理健康的标准是一种理想化的尺度

心理健康标准不仅提供了衡量一个人是否健康的标准，而且指明了提高心理健康水平的努力方向。每一个人只要在自己现有的基础上做不同程度的努力，都可以追求心理发展的更高层次，不断激发自身的潜能。

心理小贴士

身心健康自我评估“五快”“两良好”①

1. 快食：吃饭不挑食、不偏食，津津有味。
2. 快眠：较快入睡，睡眠质量好，精神饱满。
3. 快便：快速通畅地排泄，感觉轻松自如。
4. 快语：说话流利，头脑清醒，思维敏捷。
5. 快行：行动自如协调，迈步轻松有力，动作流畅。
6. 良好的个性：性格柔和，适应环境，为人处世好。
7. 良好的人际关系：与人相处自然融洽，朋友多。

记住“五快”“两良好”，你就随时可以评价自己的整体健康状况。

（七）大学生心理健康的标准

根据以上对心理健康含义、标准的理解，结合大学生群体本身特点和所处实际境况，大学生心理健康应从以下几个方面把握。

1. 自我认知合理

大学生正处于自我价值寻求和自我身份认同的关键期。很多同学会很自然地设计出完美的自我和美好的未来，很多人为此付出了努力和艰辛。一些目标的成功达成会带来喜悦、成就感、自豪感与自信。然而现实中的各种因素都有可能阻碍“理想我”的实现，由于“现实我”和“理想我”的差距，因此容易产生挫败感。一个心理健康的学生应该既能在成功之际肯定和欣赏自己的优点，也能在面临挫折的时候承认和接纳自己的缺点。不能因为一时的成功就妄自尊大、目空一切；也不能因为一时的失败就自惭形秽、妄自菲薄，应该恰如其分地认识自己，摆正自己的位置，不卑不亢。

2. 情绪积极稳定

情绪有积极和消极之分：积极的情绪包括舒畅、爱、兴趣、满足、自豪、幸福、愉快等；消极的情绪有愤怒、沮丧、绝望、惊恐等。情绪还会由于各种因素而出现起伏变化。心理健康的大学生从情绪情感的内容上来看，应该是积极情绪多于消极情绪，即主导心境应该是乐观开朗、富有朝气，对生活充满希望的；从状态来看，个人应该是自己情绪的主宰，当出现情绪波动的时候，善于控制与调节自己的情绪，既能克制又能合理宣泄自己的情绪，情绪的表达既符合社会的要求又符合自身的需要，在不同的时间和场合有恰如其分的情绪表达；情绪反应与环境相适应；反应的强度与情境相符。

---

① 引自1999年世界卫生组织提出身心健康的新标准。

3. 意志健全

大学学习和生活会面临很多的挑战，如正常完成学业、参与日常社团活动、婚恋、升学、择业等。意志健全的大学生在各种活动中都有自觉的目的性，有个人主见，倾听别人意见但不盲从，善于抗拒各种诱惑；能适时地做出决定并运用切实有效的方式解决所遇到的问题，在困难和挫折面前，能采取合理的反应方式；能约束和控制好自己情绪和行为，不任性；做事能善始善终，会充分估计困难，并能为此做好充足的准备。

4. 人格完整

每个人都有自己的需要、动机、信念、价值观、态度和行为倾向等心理特征，这些心理特征并不是孤立存在的，而是错综复杂、相互联系的。这些心理特征在个体身上形成独特的组合，即人格。一个心理健康的大学生应该有关于对社会、他人和自己的正确态度，采取符合社会期望的规范行为方式，认真履行角色职责，为今后走向社会、融入社会奠定基础。

5. 自我评价正确

正确的自我评价乃是大学生心理健康的重要条件，大学生和自我观察、自我认定、自我判断和自我评价，做到自知，恰如其分地认识自己，摆事实正视自己的位置，既不以自己在某些方面高于别人而自傲，也不以某些方面低于别人而自惭，能够自我悦纳，喜欢自己，接受自己，自尊、自强、自制、自爱适度，正视现实，积极进取。

6. 人际关系和谐

良好人际关系的构建是一项重要的社会任务，也是个人需要发展的重要社会能力。和谐的人际关系为学生提供了重要的社会支持和人力资源；满足个人归属感；由于同伴的情感支持，可以有效缓解或抑制抑郁、焦虑等不良情绪；有助于健康人格的塑造。良好的人际关系也是健康人格的标志，一个热情开朗、真诚纯朴、善良宽容的人更容易为他人所接纳。

7. 社会适应正常

与社会协调一致，善于适应环境是一种生存能力。对外部环境的抱怨或逃避，无助于问题的解决。心理健康的人可以主动根据现实环境的要求，理智地改变自己不适应现实的态度，调整自己的需要和期望值以适应环境，也可以积极地采取措施改变环境以适应自己的需要。

8. 心理行为符合大学生的年龄特征

大学生是处于特定年龄阶段的特殊群体，大学生应具有与年龄、角色相适应的心理行为特征。

知识延伸

世界精神卫生日

“世界精神卫生日”是由世界精神病学协会（World Psychiatric Association，WPA）于1992年发起的，每年的10月10日定为“世界精神卫生日”。每个国家都会为这一天的到来准备丰富而周密的活动，如宣传相关心理健康知识、拍摄促进精神健康的视频、开设24小时服务的心理支持热线、播放专题片等。2000年是我国首次组织世界精神卫生日活动。2001年是世界卫生组织（World Health Organization，WHO）的精神卫生年，4月7日世界卫生日的主题定为“精神卫生”。历年主题如下。

2008年世界精神卫生日的主题是：同享奥运精神，共促身心健康。

2009年世界精神卫生日的主题是：行动起来，促进精神健康。

2010年世界精神卫生日的主题是：沟通理解，关爱心理和谐健康。

2011年世界精神卫生日的主题是：承担共同责任，促进精神健康。

2012年世界精神卫生日的主题是：精神健康伴老龄，安乐幸福享晚年。

2013年世界精神卫生日的主题是：发展事业、规范服务、维护权益。

2014年世界精神卫生日的主题是：心理健康，社会和谐。

2017年世界精神卫生日的主题是：共享健康资源，共建和谐家庭。

2018年世界精神卫生日的主题是：健康心理，快乐人生。

2019年世界精神卫生日的主题是：心理健康社会和谐，我行动。

2020年世界精神卫生日的主题是：弘扬抗疫精神，护佑心理健康。

2021年世界精神卫生日的主题是：青春之心灵，青春之少年。

2022年世界精神卫生日的主题是：让人人享有精神健康和福祉成为全球优先事项。

2023年世界精神卫生日的主题是：促进儿童心理健康，共同守护美好未来。

2024年世界精神卫生日的主题是：共建共治共享，同心健心安心。

四、异常心理和行为

异常，是相对于正常而言的。在日常生活中，正常与异常很难做出一个明确的界定。一些行为艺术，如“裸奔”就不能归于心理异常的范畴。人的一生当中经常会面对各种压力或挫折，一旦这些压力或挫折在个体原来能力范围内不能被应对时，人则容易发生心理危机，心理状态容易失去平衡。

在中世纪的欧洲，教廷往往把一些宗教异见者当作“疯子”加以迫害，这也不是现代意义上的心理异常。在心理学和医学上，心理异常就是指“精神障碍（psychological or mental disorders）”。按照美国出版的《心理异常诊断与统计手册（第3版）》对心理异常的定义，心理异常是指发生于个体的一种临床上有意义的行为或心理症候，其特征是与一种痛苦的症状相联系的，或者涉及一种以上重要功能的损害。一般来说，心理异常需要药物治疗并配合心理治疗，以及其他辅助治疗等。

知识延伸

精神病与社会迫害

法国社会学家米歇尔·福柯（Michel Foucault）认为，一定条件下，“精神病”可能变为一种社会迫害。

在《癫狂与文明：理性时代的精神病史》中，福柯试图通过对精神病的研究表明，在18世纪，精神病并不是一种自然的或生理的现象，而是由所谓理性的文明历史构造出来的。因此，精神病的历史其实就是理性压迫癫狂的历史，是理性人为地将癫狂塑造为“非理性”并加以压迫的历史。精神病院实质上是起道德上和宗教上的隔离作用，把对患者的外在惩罚转换为患者自己对自己的内在压抑。实际上是通过精神病院塑造一种普遍的道德规范。

在大学校园里，虽然出现心理疾病的只是个别现象，但其危害的严重性仍然让人必须对它加以重视。在高校中发生的自伤、自杀、伤害事件，不少都是由于心理疾病引起的。2007年，北京某大学在一个月内出现了四起学生自伤事件，引起了全社会的关注。学校对这类事件非常重视，一旦发生会立刻启动紧急预案。但按照统计规律，爆发出来的往往只是冰山的一角。要减少这类事件，其根本在于加强大学生心理健康教育，教给大家识别、调节和干预心理疾病的方法。隐患胜于明险，防患于未然，识别是前提也是关键，这三种观念是大家在应对心理异常问题时首先应当建立起来的。

根据《中国精神障碍分类与诊断标准（第3版）》（CCMD-3）的分类，心理异常（心理障碍）可以分成：①器质性精神障碍；②精神活性物质或非成瘾物质所致精神障碍；③精神分裂症（分裂症）和其他精神病性障碍；④心境障碍（情感性精神障碍）；⑤癔症、应激相关障碍、神经症；⑥心理因素相关生理障碍；⑦人格障碍、习惯与冲动控制障碍、性心理障碍；⑧精神发育迟滞与童年和少年时期心理发育障碍；⑨童年和少年期的多动障碍、品行障碍、情绪障碍；⑩其他精神障碍和心理卫生情况。

第2章 大学生心理健康

只有优异的成绩，却不懂得与人交往，是个寂寞的人；只有过人的智商，却不懂得控制情绪，是个危险的人；只有超人的推理，却不了解自己，是个迷茫的人。心理健康教育让你成为自知的人、健康的人、幸福的人！①

——樊富珉，王建中

知识延伸

一颗自我发现的心②

心理健康的兴起与一位大学生的贡献分不开。20世纪初，美国有一位来自康涅狄格州，就读于耶鲁大学商科的名叫比尔斯（C. W. Beers）的大学生。比尔斯与他的哥哥住在一起，他哥哥患有癫痫，俗称“羊角疯”，发作时四肢抽搐、口吐白沫、声似羊叫，痛苦万分，这使他非常害怕。他听说此病有遗传性，总担心自己也会像哥哥一样，因此终日生活在恐惧、担忧、焦虑的情绪中。终于在1900年，他因心理失常，被送进了精神病院。住院期间，他目睹精神病患者所受的种种粗暴、残酷的待遇与非人的生活，不胜悲愤。同时有感于社会对心理异常者的歧视、偏见、冷漠。病愈出院后，根据自己三年的亲身经历和体会，用生动的文笔写了《一颗自我发现的心》（*A Mind That Found Itself*）一书。1908年3月该书出版时，美国哈佛大学心理学家威廉·詹姆斯（W. James）教授给予了高度评价，并为此书作序。康奈尔大学校长列文斯通·法兰（L. Farrand）等名人也被此书感动，纷纷支持比尔斯。于是，1908年5月，世界上第一个心理卫生组织“康涅狄格州心理卫生协会”诞生了。1909年2月，在比尔斯等人的积极努力下，“美国全国心理卫生委员会”在纽约成立。此后，心理卫生运动不仅在美国发展迅速，而且扩展到世界各国。1930年，“第一届国际心理卫生大会”在华盛顿召开，到会3042人，代表53个国家和地区，会上成立了一个永久性的“国际心理卫生委员会”，它的宗旨是“完全从事慈善的、科学的、文化的、教育的活动。尤其关于世界各国人民的心理健康的保持和增进，心理疾病、心理缺陷等的研究、治疗与预防，以及全体人类幸福的增进。”

① 引自樊富珉、王建中所著的《当代大学生心理健康教程》。

② 引自 https://book.qq.com/book-read/758696/2?qf=5000001。

一、大学生心理发展的特点

（一）认知发展特点

许多研究显示，大学生的平均智商在110左右，高出人群平均水平10左右，大学生是聪明智慧的群体，他们正处于智力和创造力的高峰期，观察力精确敏锐，记忆迅速敏捷，思维方面表现为理解、接受能力强，抽象逻辑思维能力得到充分的发展，分析问题和解决问题的能力增强，能通过分析、综合、抽象、概括、推理、判断来反映事物的关系和内在联系，并能从一般的逻辑思维向辩证思维过渡，思维的独立性、批判性、创造性都有显著提高，综合智力水平大大提高。这为大学生完成学业提供了重要保证。但由于缺乏社会阅历和经验，社会性发展尚未成熟，面对实际问题有时显得思维的广泛性和深刻性不够，看待问题简单片面化、绝对化，喜欢钻牛角尖，难以跳出固有框架。

（二）情绪发展特点

“青年心理学之父”斯坦利·霍尔（Granville Stanley Hall）认为，青年期的特点是动摇、起伏的，容易出现一些非常显著的相互对立的冲动，他称为“狂风暴雨”的时期。大学生正值青年时期，丰富多彩的大学生活，使其情感日趋复杂，情感表现具有强烈跌宕、不协调的特色，因而大学时代是体验人生情感最强烈的时代。他们富于理想、兴趣广泛、关心时政、激情澎湃，体现了大学生情绪情感的丰富性和强烈性，但由于他们对社会的复杂性、自己欲望行为的合理性缺乏足够的正确认识，加之他们风华正茂、精力旺盛、自尊感强烈而敏锐，又比较“较真”，情绪容易产生较大的波动性和两极性，甚至是冲动性，时而欣喜若狂，时而抑郁寡欢，在感受到挑衅和敌意时，情绪容易失控，其变化可谓是冰火两重天。

（三）意志发展特点

大学生的意志发展可以用大学生的意志品质加以衡量，从总体说，呈现出以下特点。

1. 自觉性伴惰性

大学生作为年轻一代的知识分子，通常被寄予厚望，被视为社会的未来和希望。大学生满怀着憧憬和理想跨进校门，已能结合实际较好地为自己制订学习生活计划和目标，并努力朝既定目标行动。但随着时间的推移，相当一部分大学生在离开了父母的督促和中学老师的严格管理后，逐渐放松了自我要求。在现代社会的各种娱乐和社交活动对大学生注意力构成的巨大诱惑下，大学生逐渐把学业的重心转向网游、恋爱等，学习上表现为学习态度消极敷衍，缺课旷课，迟到早退现象频发，作业拖拉，学习精神面貌颓废，成绩一再滑坡。

2. 独立性伴依赖性和逆反性

成人感促成了大学生强烈的独立欲望，大学生活为他们追求独立创造了条件，开始更加关注自我价值的实现和个性的发展。他们希望自强独立，成为一个有独立见解，能自己决定自己命运的人。但另一方面，又明显地感觉到自己经济上难以自立，心理上没有完全成熟，社会地位还未确立。有不少大学生在重大选择面前，还是表现出依赖性，需要寻求他人的帮助和建议。在独立性增强的同时，一些大学生还表现出对传统、政治、长辈等的逆反心理，希望通过挑战传统和权威来展现自己的个性和独立思考能力。

3. 果断性伴冲动性

由于独立性的提高，能力的增长，多数大学生的果断品质有较大发展。他们愿意自己选择，自己对自己负责，因而一般情况下，他们喜欢自己做决定，采取行动，表现得自信、果断，这种果断性不仅体现在学术选择上，如选择课程、研究方向等，也体现在日常生活和人际交往中。但由于大学生在情绪、认知和行为等方面尚未完全成熟，有时这种果断带有轻率、冲动的特点，情绪色彩较重，容易导致不良后果和后悔。

（四）自我意识的发展特点

1. 对自我形象的强烈关注与极力维护

进入大学新环境以后，随着学习、生活方式的改变和心理的发展，以往长期“我”的经验的探索积累还是不够的，在职业匹配、性别角色等方面面临前所未有的紧迫任务。为了获得清晰稳定的自我认同，大学生会更积极主动地搜集各种关于自我的信息加以整合，小心翼翼地极力维护生理、社会、心理自我的理想状态。

2. 自我意识的矛盾性

大学生对自己的生活充满期待，对未来抱有幻想，而现实往往不如他们预想得那么完美，自然就会出现理想我和现实我的矛盾，时常表现出各种激动、焦虑、喜悦与不安情绪。当理想占优势时，总认为自己事事不如人，从而产生较强的自卑感，甚至放弃努力，形成自我怜悯或伤感的心理状态。相反，当“现实我”占优势时，往往表现出较强的虚荣心和自我陶醉，特别在乎别人对自己的评价，担心暴露自己的缺点。理想我和现实我的矛盾状态容易导致学生自我评价和自我调控的矛盾，时而踌躇满志，果断坚决；时而心灰意冷，犹豫不决。

（五）性意识的发展特点

大学生处于青年中期，生理发育已基本完成，性意识也开始明朗化和发展。大学校园又是年轻人的世界，每位大学生都有充分的机会与同龄的异性接触，加上大学环境较为宽松，性意识的明朗化与发展成为这个时期的重要特点。表现为：①性别角色的继续社会化。大学期间，大学生会持续根据自己对社会关于男女性别的角色期望来塑造个性和形象。②关注、爱慕与追求异性。他们对异性充满好奇，有选择、有目的地与异性接触，大胆表白，勇于追求理想的爱情与婚姻。

二、大学生心理健康状况

当前，人们复杂的心理需求日益增长，心理压力不断增大，心理困扰逐渐增多，各种心理问题和精神疾病频发，无论是对个人还是对各类组织而言，其都将面临多种挑战。

大学时期是学生性格快速发展、趋向成熟的一个重要阶段，同时也是极易出现心理健康问题的一个阶段。据权威调查发现，24.6% 的当代大学生存在不同程度的心理健康问题，具体表现为抑郁、目标缺失、迷茫、能力不足、学业困难、成长困惑繁多、人际关系紧张等心理健康问题。大学阶段是人的社会化和心理社会性发展的重要阶段，大学生在这一时期正经历着从青少年向成年人角色转变的重要过程，而心理健康是他们顺利过渡的心理基础。2020 年版“心理健康蓝皮书”《中国国民心理健康发展报告（2019—2020）》的调查结果显示，18.5% 大学生有抑郁倾向，4.2% 有抑郁高风险倾向，8.4% 有焦虑倾向；

睡眠不足的问题在大学生中比较普遍，43.8% 的大学生表示最近一周内有几天睡眠不足，而 4.4% 的大学生表示几乎每天都睡眠不足。大学生群体具备一定的心理健康技能，但仍有待提高。大学生中心理健康意识较弱、亟须提高的为 4%，心理健康意识中等、有待进一步提升的为 39%，而心理健康意识较强的为 57%。

三、大学生心理健康问题

当前大学生的心理健康问题具体表现在以下几个方面。

（一）对大学环境的不适应

大学对于学生而言是一个全新的、充满未知的环境，突然来到一个陌生的环境，再加上饮食、气候、风土人情等都不太一样，往往会导致学生产生躯体不适，继而造成心理焦虑。高中时期的佼佼者，进入大学后可能会变成平凡、默默无闻的学生，这种地位的落差很容易让学生产生自卑感。大学时期不再像高中时期老师手把手教学，更多的是自主学习，独立安排课外时间，这对学生的自控能力和目标管理、时间管理能力提出了更高的要求，同时学生还要面对考试压力、就业压力等。与此同时，“00 后”的学生个性化特征比较明显，往往考虑自己比较多，对自己比较宽容，对别人要求苛刻，以自我为中心的为人处世风格容易导致人际关系紧张。环境的种种变化都有可能让学生产生焦虑、受挫、抑郁等情绪。

（二）恋爱与性心理产生问题

情感问题是大学生需要面对的一项重要的心理健康问题。我国大学生多数处于 18—24 岁的青年中期，这个年龄段的学生，性发育已完全成熟，性意识也显著增强，渴望与异性交朋友，恋爱欲望强烈，常常在心中描绘着理想的恋爱蓝图。但是在这个阶段，不少学生的爱情观还不够成熟，在生理发育、两性关系、恋爱能力等方面，常出现心理困惑，在恋爱阶段一旦出现分手等情况时，常常会长时间沉浸在失恋的痛苦中无法自拔，出现逃课、厌学、酗酒、抑郁、报复等极端行为。

（三）自我定位的迷茫与困惑

蔡元培先生早年在其《教育独立议》中有过这样的阐述：“教育是帮助受教育的人给他能发展自己的能力，完成他的人格。于人类文化上能尽一分子的责任，不是把被教育的人造成一种特别的器具，给抱有他种目的的人去应用。”作为即将进入社会的当代大学生，更应清楚地认识自我和外在社会的变化，充分利用大学教育是至关重要的。但是由于自我探索能力缺乏，很多大学生对自我并不了解，包括对自己的兴趣、能力、价值观、人格及外在社会、职业的变化并不了解，以至于产生了疑惑：“我学习是为了什么？”“我可以做什么样的工作？”“我希望过什么样的人生？”

（四）求职择业的压力难以应对

随着社会发展步伐的加快，我国大学应届毕业生逐年增加，但就业岗位数量的增长速度没有跟上毕业生人数的增长速度。毕业生人数与就业岗位相比供大于求，待就业人数不断增长与社会有效需求短期内增幅有限的供需矛盾日益突出。大学生在完成学业后就需要面临继续升学或就业的问题，当面临考研失败、考公失败、找工作失败时，就开始怀疑自我、否定自我，出现悲观、情绪低落、抑郁等心理健康问题。

第3章 呵护心理健康

快乐是自己的事情，只要愿意，你可以随时调换手中的遥控器，将心灵的视窗调整到快乐频道。

微笑的后面蕴涵的是坚实、无可比拟的力量。境由心生，境随心转。

案例

小A，某高校大二学生，虽然学习成绩是班上第一名，但她常常自卑，看不起自己，在公共场所不敢发言，跟别人交流时总不能恰当表达自己，尤其是跟老师和陌生人谈话，总觉得十分局促，举手投足不知如何是好，并且脸红得很厉害。她很羡慕别的同学在公共场合能够从容不迫，侃侃而谈。强烈希望改变自己，虽然做过很多努力，但一直得不到明显改善，内心非常苦恼。由于从高中到大学很少与异性同学交往，别人评价她是个冷漠、孤傲的人。曾经，小A有以自我为中心的习惯，在成长和交往过程中，朋友越来越少，慢慢也就脱离了群体，把自己封闭起来。时间一长，发现自己好像已经没有了脾气，不管和谁发生了矛盾，都以为是自己的错，然后深深自责，或者把怨气都闷在心里。总觉得难以与周围的同学建立一种和谐的关系。非常担心毕业后不能适应社会生活。近来更是觉得自己一无是处，极度自卑，没有勇气参加任何活动。在班级心理委员的帮助下，她走进了心理咨询中心。

分析：该生所遇到的心理问题，是由其社会适应挫折所引发的人际性压力。第一，她直接感受到的心理压力来自于不和谐的人际关系，而且经历了两种极端的方式，先是过分地以自我为中心，把自我和群体、社会隔离开来，后又过于以他人为中心，事事自责，迷失和忽略了自我。第二，根本原因是该生个性中人际沟通能力的缺乏，从而在现实生活中迫切感受到社会适应性压力。第三，从她自身的成长经历，能够清楚地意识到由于人际冲突所导致的自我封闭，是个性形成的主要原因。因而，她有意识地开放自己，但突兀的开放环境，必然在一段时间内给她带来了更为巨大的人际性问题。第四，当她面临迫切的人际压力时，一开始采取比较积极的应对方式，但由于对个性和能力的培养过程缺乏科学的认识，过于急功近利，在受挫后，极易滑向消极的应对方式，从而错误地自我评价，使心理问题不断趋于严重化，最后在心理委员的帮助下，来到心理咨询中心。经过专业的心理咨询师的帮助，一年多的自我成长，小A的人际关系有了明显的改善。

一、了解心理咨询

生活中，谁都会遇到自己解决不了的问题，这时候要主动寻求他人帮助。寻求他人帮助并不代表自己无能，而是重视并积极维护自己心理平衡的健康表现。随着社会的不断进步，心理咨询正逐渐成为解决心理问题和心理危机的主要途径。人们对心理咨询的认识，也从“只有精神病才需要咨询”转变为“心理问题和感冒一样普通，普通人也需要心理咨询”。在欧美一些国家，心理咨询和心理治疗作为一种行业已普遍存在于人们的生活中，拥有私人律师和私人心理咨询师被视为一种地位的象征，心理咨询已经完全被公众所接受，不再披有“神秘的面纱”。

（一）什么叫“心理咨询”

Psychological Counseling 在中国大陆翻译为“心理咨询”，在港台地区翻译为“心理辅导”（心理谘商）。按照卡尔·罗杰斯（Carl Ransom Rogers）的定义，心理咨询是一个过程，辅导者与当事人共同建立安全的关系，使当事人可以从容地开放自己，正视自己过去曾否定的经验，并将那些经验统合于已经转变了的自己。我国心理学家朱智贤在《心理学大辞典》中把心理咨询定义为：对心理失常的人，通过心理商谈的程序和方法，使其对自己和环境有一个正确的认识，以改变其态度和行为，并对社会生活有良好的适应。心理失常有轻度和重度两种，心理咨询以轻度、属于功能性（功能性是一个学术概念，与器质性相对，简单地说就是正常的器官有不正常的表现，或者说生理器官没有发生病变）的心理问题为主。郭念锋认为，心理咨询是受过专业训练的咨询师，以面谈的方式，运用心理学的理论和方法，通过建立良好的咨询关系，帮助来访者更好地认识自己、接纳自己，更有效地解决成长的烦恼或挫折，从而更为主动、积极地迈向健康成长。

所有关于心理咨询的定义有以下共同的特征。

1. 心理咨询的基础是双方良好的人际关系。

2. 心理咨询的从业者是经过培训的专业人员。

3. 心理咨询的目的是助人自助，是为了提高咨询对象的自主能力，使之能够自主地解决自己的问题；是帮助来访者想清楚自己的问题所在，并引导来访者自己找出解决问题的方法，让来访者学会依靠自身的力量解决自己的问题。在帮助咨询对象解决具体问题的同时，通过咨询对象观念的转变、人格的成熟，减少或避免类似问题的发生，乃至实现知识技能的迁移，达到举一反三的效果。

（二）心理咨询的对象

心理咨询主要针对轻度的、属于功能性的心理问题，如情感问题、情绪问题等。

心理咨询的对象必须具备一定的条件。首先，要有一定的文化基础和智力水平，特别是领悟力。其次，问题的类型和内容适合，精神病急性发作期、严重人格障碍者不适合咨询。再次，具有主动求助的意识。最后，愿意开放内心世界和具有交流能力。

（三）心理咨询的功能

1. 使求助者辨明自身的内部冲突

合理的观念是“我们不一定能改变世界，但至少我们可以把握自身”。但很多心理问题的患者往往认识不到这一点，因而钻进了“牛角尖”。心理咨询需要帮助求助者认识到他们自身的问题。对那些缺少自知之明的求助者来说尤其如此。通过咨询，有些人发现，许多心理问题是他们自己造成的，一旦理顺了自己内心的情节，他们的内心就会变得坚强起来，生活也会更加充实。常见的自我冲突包括以下三种类型。

(1) 消极的自我评价：消极的自我评价越多，心理问题就越多。消极的自我评价就像导火索一样，等待被环境点燃，一旦点燃，就会引发对抗和退缩。不仅如此，消极的评价还有“滚雪球效应”，会越积累越大，最终积重难返产生心理问题。

(2) 刻板的心理规则：有些人刻板地理解社会规则，对自己提出许多要求，下了很多命令，如“我必须和蔼、吸引人、强壮、正确、忠诚、无私”“我必须被人喜欢”“我必须正确选择学校、职业，甚至男（女）朋友”“我必须得一等奖学金”。他们相信，只要生活满足了这么多的“必须”，一切就会好起来的。他们不愿直面生活中不完美的一面，不愿承认自己对问题的产生负有责任，结果产生了身心的不适。

(3) 相互冲突的需要：容易被人接受的需要往往是人们有意识的，而不容易被人接受的需要往往是无意识的，但现实中这两类需要往往同时出现。比如，独立与依赖，从属与自由，谦卑与威严，性欲与贞洁，利他与自私，追求与放任。如果只关注有意识的需要，刻意打压那些无意识的需要，就会造成心理问题。因为不管你正视与否，需要都客观存在，都影响着你的身心健康。逃避不是办法，合理面对，分清主次、场合才能解决问题。

2. 使求助者学会面对现实问题

活着就必须面对现实，这是生活的真谛。前来咨询的某些求助者，他们的问题可能就是因为不敢直接面对现实造成的。有的人，由于现实中遭遇了失败或严重挫折就一蹶不振，走上了逃避的道路。有的人，由于难以接受亲人的离去，生活在过去的回忆中。有的人，难以面对现实的打击，靠想象中的美好生活作为精神支柱。有的人，通过责备他人或自己来掩蔽自己不敢直面的事实。这些都不是正确面对问题的方法。咨询师需要帮助求助者直面问题，与问题搏斗，只有这样才能进一步解决问题。

3. 使求助者学会理解他人

人的集体意识里就包含了彼此理解的本能，但现实世界的名利冲突及其他冲突往往使人们蒙蔽了双眼，扭曲了心灵（就像电影《雨人》里的主人公查理·巴比特一样，他不仅试图骗取哥哥的财产，还计划利用哥哥超强的记忆力去赌博赢钱）。如果咨询师能协助求助者唤起自己对他人和群体的依赖，使他们把自己融于其中，就可以平复这种扭曲的心态，恢复心灵的宁静。

4. 使求助者被压抑的情感得以倾诉

每个人都有倾诉心声的心理需要。朋友、同学、亲人都可以成为倾听心声的人，但也有不方便、不适宜的时候。而与个体没有亲缘、利害关系的心理咨询师，他能听你诉说，并且有心理学的专业知识，能帮自己分析问题，排忧解难。

5. 帮助求助者建立新的心理与行为模式

心理咨询还有一个重要作用，就是助人成长。受不合理的认知或行为困扰的人，若想改变现状，就必须建立起一种新的、合理的认知或行为模式。建立新的模式不仅能帮助求助者处理好当前的问题，而且能提高求助者的认知水平，矫正他的错误思路，让他获得心灵上成长。从这个角度说，心理咨询还有教育的功能。

（四）心理咨询的基本原则

1. 保密的原则

咨询的个人记录不得作为公开的记录供人查询；咨询室应当建立档案保管制度，对资料进行保密；在没有得到双方同意的时候，不得在非咨询场合下将对方的言行随意泄露给任何人或机构。

2. 助人自助的原则

需要明确的是，心理咨询的主体是求助者，改变的关键也是求助者。咨询师所起到的作用是帮助求助者自己发现问题，并自己找到问题解决的方法。这在本质上是助人自助。在咨询中，咨询师要善于调动求助者自身积极的心理因素，善于调动求助者自身的力量对抗心理问题，并通过契约、赞扬等手段强化求助者的积极行动。咨询者不得替代求助者做出决定。

3. 价值中立的原则

每个人都有独立的价值观，如果每个人希望或要求别人的想法和自己一致，这显然是不合理的。在咨询中，如果咨询师坚持自己的价值或判断标准，就必然会对求助者的观点或个性特征进行批评，就无法保持中立的态度，也就无法走进求助者的世界并获得信任，这样的咨询必然是无效的。在咨询中，咨询师应始终保持客观的立场，不得把自己私人的情感、观点掺杂进去，只有这样，咨询师才能保持冷静、清晰的头脑，并获得对方的信任。

价值中立并不意味着迎合求助者的观点。在咨询中，如果求助者的情绪或对事件的看法与咨询师有分歧，心理咨询师可以用类似“你有这样的想法（情绪），我可以理解”的话表示中立的态度。

4.“来者不拒，去者不追”的原则

心理咨询的大门向求助者永远是敞开的。来心理咨询室的求助者必须出于完全自愿，没有咨询愿望的人，咨询者不会主动去找他（她）并为其心理咨询。那么，既然是自愿来，也可以自愿离去。

5. 伦理的原则

心理咨询的开展必须以一定的伦理规范为约束力。原则上禁止咨询师与求助者有除了咨询以外的任何交往，咨询师不得利用心理咨询谋取额外利益，不得对求助者在情感上产生爱憎与依恋。当求助者对咨询师产生依恋时，也要设法消退。

此外，心理咨询必须遵守一定的时间限制。咨询时间一般规定为每次 50 分钟左右（初次受理时，时间可以延长）原则上不能随意延长咨询时间或间隔。

（五）心理咨询的误区

1. 认为去心理咨询的就是精神病，不光彩、不体面

目前，人们对心理咨询虽有所了解，但仍有人认为这是“治精神病”的，或者已经到了精神病的程度才来看心理医生。曾有心理学家做过统计，来心理门诊咨询的有 26.3% 达到重性精神病诊断标准，还有一些人认为看心理医生是不光彩、不体面的事，往往是偷偷摸摸地来心理门诊，唯恐被别人发现。实际上，很多国家对心理咨询的理解正好与我们相反。例如，美国小伙子在与女友约会前安排会见一次他的心理医生，约会时他有可能在女

朋友面前炫耀一番他在这之前看过心理医生，他的女朋友则会为之感动，因为她觉得男友一来对她、对约会很重视，二来认为他很注重生活质量。

2. 把心理咨询当作“算命学”

许多来访者不愿或羞于把自己的内心活动吐露出来。在他们看来，既然你是心理医生，我简单说几句，你就应该能猜出我心中想些什么，否则你就没水平。可心理医生并不是算命先生，也没有什么特异功能，他只是应用心理学现象及规律，对来访者提供足够的信息（病史）进行分析，再进行认知和行为治疗。患者详尽提供病史，才能帮助医生找到疾病的症结，保证医生做出正确的诊断。

3. 心理咨询就是讨教、传授处理问题良策

人们有了心理问题才可能想到要心理咨询，而恰恰多数的心理问题不能以简单的说教来解决。对于来访者，他们认为心理咨询就是心理咨询师帮助自己拿出解决问题的主意，要求尽快得到处理问题的良方良策，但大多数的问题是社会心理问题，而每一个问题又有千差万别的处理方法，因为不同的个性及思维行为模式就会有不同的思维趋向。因此，在不同的人看来就有不同的方法，作为心理咨询师看来是正确的方法不见得适合来访者。

正规的心理咨询是心理咨询师与来访者在商榷、讨论当中使来访者发现其个性中的不足，并通过咨询来解决和完善这一不足，然后由来访者拿出办法。相反，假若心理咨询师替来访者在某类问题上拿定了主意，这便违背了心理咨询的原则。

4. 对心理咨询抱有过高期望

许多来访者把心理咨询神化，认为心理咨询师应无所不会、无所不能，什么样的“心结”一下就能打开。他们常常来诊一两次，没有达到所希望的“晴空万里”的心境，便没了下文。其实心理咨询是一个连续的过程，心理干预是一个漫长的治疗过程，心理疾病常与来访者的个性有很多关联。就像一座积封已久的冰山，没有强烈的求助、改变愿望，没有恒久的决心与之抗衡，是难以让冰雪消融的。所以来咨询时应该有打“持久战”的心理准备。

5. 把完善自我的责任推给心理医生

一些来访者把心理医生当作“救世主”，把自己的所有心理“包袱”丢给心理医生，认为心理医生应该能把它一一解开。而自己无须思考，无须内省，无须努力。在综合门诊，就是患者看病，医生诊断、开药，一切由医生说了算，患者绝对听从、配合。许多来访者自然而然地把这种模式带到心理诊室。要知道，心理医生只起分析、引导、启发、支持、改变认知、助来访者人格成熟的作用。来访者面临抉择，希望医生帮忙拿主意时，应明白医生与来访者是不同的独立人，有与来访者完全不同的价值观。医生无权把自己的价值观、好恶强加给来访者。心理医生不是“救世主”，“救世主”只有一个，就是自己，只有改变自己，战胜自己，再塑自己，才能最终超越自我。把自己完全交给医生，是推卸责任的表现，自然也达不到心理咨询的预期。

总而言之，一个心理健康的人，应具有积极向上的人生观，领略到生命的意义，并努力去实现人生的快乐与幸福。一个心理健康的人，不会因为遭遇现实生活中的危机就轻言放弃，而是充分领悟到生命与死亡的神圣与尊严，让困难与挫折成为自己成长的动力，让

现实的“危害”“危险”成为自己生命成长的“机会”“机遇”。一个心理健康的人，不是纠结于自己对世界的无法把握，而是清醒地认识自己，接纳自己的不完美，通过改变自己来适应世界，并学会自助与求助。有了大学生心理健康知识的武装，每个人的人生会更加精彩。

心理万花筒

你需要心理咨询的帮助吗?

我们什么时候需要去心理咨询呢?专家建议，当你出现下列情况时，不妨主动向心理咨询师求助。

1. 入睡困难、易醒、早醒、夜惊、梦呓、夜游及梦魇。

2. 持久的心情低落的状态，常伴焦虑、躯体不适与睡眠障碍。

3. 月经紊乱、自主神经功能失调、情绪不稳定、心理紧张、焦虑、恐惧、敏感、多疑等。

4. 以厌食、消瘦、闭经、虚弱为特点的女性。

5. 以注意力不集中、多动、学习困难、行为不良为特点的儿童，包括不明原因的学习成绩差等。

6. 反复呕吐，但不影响食欲、体重，暗示性强的女性，往往在明显心理因素作用下发病。

7. 明知不必要但又无法摆脱并反复呈现的观念、情绪或行为，常伴有焦虑与恐惧。

8. 持续紧张或发作性惊恐状态，但并非由实际威胁所引起，出现的惊恐症状与现实情况不相符。

9. 对特定的情景、物体或人产生强烈的恐惧或紧张，从而不得不回避或退缩。

10. 老年人感到孤独、恐惧、自卑、多疑、忧郁、失落等。

11. ≥4 岁反复出现夜间不自主尿床的儿童疾病。

12. 过分关注自身健康，怀疑身体某部分或某一器官异常，尽管临床检查没有客观证据，还坚持认为得了某种疾病，并伴有焦虑、恐惧不安等。

13. 家庭关系导致家庭成员情绪变化，需要夫妻共同咨询和家庭咨询。

实际上，在生活中我们总会遇到各式各样的问题，关键是我们需要保持一颗积极的心态去面对，去解决困难。不管你在生活中遇到何种有关自身的心理问题，都可以找心理咨询师聊一聊。记住，当你一个人解决不了的时候，你需要心理咨询。

二、提高心理保健的意识

在现实生活中，由于面临的各种各样的压力，大学生产生心理问题、出现心理危机是正常的。但是在出现问题后，要积极寻求解决问题的途径，让自己尽快解决心理问题，解除心理危机；不要讳疾忌医，任由心理问题或心理危机发展，以免带来严重后果。

作为新时代的大学生，在日常生活中，可以通过以下方法，提高自己心理保健的意识，增强解决心理问题的能力。

（一）养成省察自己心理状态的习惯

发现是前提，只有发现自己的心理状态出现了问题，才有可能想办法去解决。设定固定的时间进行自我反思，如每天睡前或每周的某个时段。

（二）阅读一些心理学方面的书籍和电影

通过阅读，自学一些宣泄不良情绪、调适心理的方法，并通过积极实践寻找到适合自己的方法，帮助自己尽快解决心理困惑。在这个过程中，重要的是保持开放和接纳的心态，不断尝试和调整，直到找到最适合自己的应对策略。

（三）积极参加学校组织的各项心理活动

大学校园里会不时举办心理专家讲座、团体心理辅导活动等，通过参加各类心理活动，可以丰富自己的心理学知识，加强对自己心理层面的认知，完善自己的个性。通过参与心理活动，学生可以更深入地了解自己的内心世界，学会应对压力、调节情绪，从而保持心理健康。心理活动往往涉及团队合作、沟通交流等环节，有助于培养学生的社交技能和情绪管理能力，通过与不同背景的同学交流互动，学生可以拓宽视野，增强对不同文化和价值观的包容性。

知识延伸

校园心理情景剧

校园心理情景剧就是把学生在日常生活、学习中的心理冲突、烦恼、困惑等，以小品、情景对话等方式编成“小剧本”进行表演。在剧中融入心理学的知识原理和技巧，学生表演发生在他们身边熟悉的或亲身经历的事，从中体验心理的细微变化，进而达到宣泄、解压和领悟其中道理。通过学生“自己演，演自己”，把“大道理”用“心理情景剧”的形式表现出来，既能够让学生从中受到心灵上的启迪，又能够使学生感受到现实生活的美好，还能够增进学生间的互动和交流，增进学生间的感情和友谊，使学生正确地认识自我和成长自我。

（四）善于和同学交流

通过与同学的交流发现自己与其他同学认知方面的偏差，通过对比，认识到自己的不足并积极加以改正。同时，通过沟通交流可以增强同学间的友情，古话说得好，“朋友多了路好走”，有了亲朋的支持，遇到危机时我们便有了额外的力量。

（五）学会感恩

感恩也是维持健康心理状态的重要一环。生活经验告诉我们，感恩与幸福感呈正相关，越是缺乏感恩，个体已经拥有的东西就越没有价值，自己也就越缺乏幸福感，就越容易产生心理困扰。一个人可以选择对自己拥有的一切习以为常，认为它理所当然，因而将幸福拒于心灵门外，也可以选择对自己拥有的一切保持一颗感恩的心，从而给自己带来幸福感。

三、学会呵护心理健康

如果每一位大学生渴望幸福，希望内心和谐宁静，希望快乐、充实、有意义地生活和学习，希望感受生命的意义和价值，希望实现自我潜能，就要积极主动地锤炼自己，呵护自己，使自己拥有一颗健康美丽的心。

（一）学会自我呵护和自我调适

1. 有人生目标且力所能及

目标是一个人前进的动力和方向。一个人如果没有目标，就会失去人生的方向，缺乏生活的动力，个人潜能也无法得以充分发挥。我们都说，人生必须有目标才有动力，那么这样的目标是不是越大越好，越高越好呢？心理学家发现，当一个人的抱负和愿望过高、压力过大时，就会产生焦虑不安的情绪。因此说，在制订目标的时候，不要过空、过大、过高，这样的目标完成的可能性很小。因为，这样的目标有些太遥不可及，往往需要很久的时间才能达到。这个时候，最好的办法就是把这些大的目标进行切割，变成一段一段的小目标，然后逐个实施，每当一个小的目标实现的时候，个体就会有一种成功的体验，随之而来的也就是一种自豪和快乐。而且，由于实现一个小的目标所花的时间不会太长，相对来说也很简单，最重要的是，因为目标坚定，个体的快乐会非常容易实现，个体自然会经常有快乐的体验。

2. 培养积极乐观的人生态度

乐观是一种性格，是一种积极的人生态度。相信大家都很熟悉“半杯水”的故事了。桌上有个杯子，杯子里面有半杯水，同样的情景，不同的人会有截然相反的认识。乐观的人会开心地说：“还好，还有半杯水。”悲观的人会沮丧地说：“糟了，杯子里的水只有半杯了。”看到的是同样的半杯水，但是积极的人比消极的人要快乐得多。是好是坏，是半杯水还是半个空杯，这完全取决于大学生们的思维方式和态度，取决于他们的头脑。其实，生活中有很多事物都是如此，事物不变，如果大学生们的态度、观念等主观意识不同，他们的心情就会不同。乐观者通常具有以下特征。

(1) 时刻面带笑容，拥有良好情绪。

(2) 从积极的角度思考问题。

(3) 积极地应对挫折，对未来始终充满信心。

契诃夫认为，要是你的手指不小心被刺伤，那你应当高兴地说：“挺好的，多亏这根刺不是扎在眼睛里。”人活在世上，总会有不尽如人意的地方，如果总以狭隘的心胸，悲观地盯着生活的阴暗面，那么，忧虑、忧愁等不良情绪就会找上门来。俗话说得好：“笑一笑，十年少；愁一愁，白了头。”因此，每一位大学生都要热爱生活，养成乐观向上的生活态度，善于从身边寻找快乐，从学习和生活中发掘兴趣，从乐观的角度考虑问题，要相信“只要向着太阳，就不会有阴影（open your heart and let the sun shine in）”。

乐观者善于从正向的角度思考问题。任何事物都有两面性，向消极的一面看，人就忧愁、烦恼；向积极的一面看，人就快乐、满意。每个人的心境并非外界事物赋予的，而是个体自己选择的。如何学习乐观？一是，培养积极的思维方式；二是，树立积极的行为方式；三是，采用积极的语言方式；四是，形成积极的生活方式。

知识延伸

积极心理学的诞生[①]

一位父亲在自己屋前的花园里割草，他的小女儿尼奇在一边玩儿。这位父亲是一个做事很认真、很专注的人，即使在他割草的时候也是如此。他的女儿则显得天真活泼，在父亲的身边又唱又跳，还不时地把父亲割下的草抛向天空。父亲对女儿尼奇的行为逐渐不耐烦了，于是对着尼奇大声地训斥了一声。

尼奇一声不响地走开了，可不久她又回到花园，并且一本正经地对父亲说："爸爸，我想和你谈谈。"

"可以呀，尼奇。"爸爸回答说。

"爸爸，你还记得我在过5岁生日之前的情况吗？你常说我在3—5岁是一个经常爱抱怨、爱哭诉的孩子，因为那时的我不管这些事是要紧的还是无关紧要的。但我过了5岁的生日后，我就下决心不再对任何事对任何人抱怨和哭诉了，这是我做过的最难的一件事。不过我发现，当我不再抱怨和哭诉时，你也会停止对我吼叫和训斥。"

女儿尼奇的这番话使这位父亲非常吃惊，他没想到自己小小的女儿居然明白如此深奥的道理——停止抱怨，积极生活。他开始自我反省，反省自己对女儿、生活、职业的态度和行为，并得出如下结论。首先，他觉得抚养孩子并不是一味地呵斥和纠正孩子的不当行为，而是要理解孩子的心，要多与孩子交流她们本身具有的积极力量，并对孩子这种积极的力量进行培养和鼓励，唯有如此，孩子才能真正克服自己的缺点，并取得进步。其次，他发现自己的生活方式有待改进，因为他总是生活在消极的阴影里，总是用消极的方式去对待他人的缺点和不足，他总是抱怨生活的不幸与不公，抱怨、挑剔他人的不足，因而让他的生活很不开心，也许换一种积极的方式去对待生活、他人，自己的生活状态会有所改善。再次，女儿尼奇的这番话还使他对自己从事的职业产生了新的认识。这位父亲是一位知名的心理学家，在这之前，他与大多数的心理学家一样，关注的是人类消极的心理——心理疾病的原因和治疗方案等，但是作为一位父亲，他应当去发现子女的积极力量和品质，相信子女们具有自我成长的动力和能力，那么，作为一名心理学家，是否也应当去挖掘和发现人类积极的心理品质和力量呢？于是，他开始转变自己的研究方向，尝试着研究人类心理中积极的方面，并取得了卓越的成就。

这位父亲就是美国心理学会前主席马丁·塞利格曼（Martin E. P. Seligman）。正是女儿尼奇的一番话，塞利格曼开始构想并发起一场新的心理学运动，一种关注人的积极力量和积极潜力的心理学运动——积极心理学运动。1996年塞利格曼担任美国心理学会主席以后，便开始利用他的影响到处呼吁开展积极心理学运动，并把创建积极心理学看作自己在美国心理学会主席任期中最重要的使命之一。2000年，塞

① 引自 https://www.thepaper.cn/newsDetail_forward_18865065。

利格曼与米哈里·契克岑特米哈伊（Mihaly Csikszentmihalyi）在《美国心理学家》（*American Psychologist*）上发表《积极心理学导论》一文，标志着积极心理学的诞生。

3. 学会与人相处，建立亲密关系

人和人的交往是人们获得安全感和幸福感的重要渠道。拥有可以信赖的朋友，不仅是人生的一笔财富，而且是个体有力的社会支持系统，是对抗痛苦的灵丹妙药。良好的人际关系是社会正常运转的润滑剂，和谐、友好、积极、亲密的人际关系是社会生活中人与人之间进行交往的基础，它对人们的日常生活及各种社会活动都是必不可少的。所以创建良好的人际关系具有十分重要的意义。现实生活中，许多人都有这样的切身感受，当遇到麻烦，面临压力和困境时，向朋友倾诉，获得他们的支持、鼓励和帮助，是个体走出困境的重要途径。我国著名的医学、心理学专家丁攒教授曾指出："人类的心理适应，最主要的就是对人际关系的适应。"现代心理学研究表明，人类的心理病态大多是由于人际关系失调所致。孤独的人受到健康问题困扰的危险性更大，他们常常体验到更大的压力，低质量的睡眠等。

因此，要学会与周围的人和谐相处，拥有可以患难与共的朋友，带着真诚、热情、宽容的心与人交往，学会感恩，建立属于自己的亲密关系。

4. 学会调控自己的情绪

喜怒哀乐是人之常情，人不可能永远处在好情绪之中，生活中既然有挫折、有烦恼，就会有消极的情绪。一个心理成熟的人，不是没有消极情绪，而是善于调节和控制自己的情绪。大学生在成长的过程中，也要慢慢学会调节和控制自己的情绪。但这并不是说要压抑自己的消极情绪。心理学研究表明，"压抑"并不能改变消极的情绪，反而使它们在内心深处沉积下来。当它们积累到一定程度时，往往会以破坏性的方式爆发出来，给自己和他人造成伤害。比如常会看到一些"好脾气"的人，有时会突然发火，做出一些使人吃惊或让他自己也后悔的事来，这往往就是平时压抑的结果。同时压抑还会造成更深的内心冲突，导致心理疾病。

大学生正是情绪体验复杂多变的时期，也是面临各种压力的重要时期。每个人都应该随时关注自己的情绪。当你的情绪亮起了红灯时，就要积极地加以自我调控。可以通过合理的宣泄、进行放松训练、理性思考等方法来调控。

5. 合理参加体育运动

体育运动是烦恼的最佳"解毒剂"。运动能够使人的大脑产生一种类似吗啡的化学物质，即内啡肽，这种物质能使人产生愉悦感。运动还能通过改善人的身体形象而增加自信，能够提高人的心理功能和工作效率，释放压力。

体育锻炼可以通过多种途径来改善心理健康状况。

(1) 体育锻炼以其娱乐性缓解不良情绪。中枢神经最佳唤醒水平理论（Ellis，1973）认为，每个人都有一个感到愉快舒服的中枢神经最佳唤醒水平，体育锻炼有助于达到这一水平，从而使人感到愉快。那些娱乐性强的体育锻炼项目，既能充分调动锻炼的积极性，又能满足对体育活动的兴趣爱好，这样就能够起到调节和改善情绪状态的作用。

(2) 体育锻炼以其竞争性缓解心理焦虑。认知行为理论认为，体育锻炼可以诱发积极的思维和情感，这些积极的思维和情感对抑郁、焦虑和困惑等消极的情绪状态具有抵抗作用（Northetal，1990）。在体育运动过程中，可以通过观察、记忆、想象、思维等认知活动积极参与竞争，接受挑战，从而体验到成功感和满足感，使自信心得到加强。

(3) 体育锻炼以其人际关系协调性促进心理健康。社会交往理论认为，体育锻炼中与同学、朋友等进行的社会交往是令人愉快的，具有改善心理健康的作用（Northetal，1990）。在体育锻炼过程中，运用语言符号系统或非语言系统相互间交流信息，沟通感情，建立起良好的人际关系。体育锻炼多以集体形式进行，人际关系呈群体多向性，有利于培养良好的人际沟通能力。

(4) 体育锻炼以其注意力的分心性促进心理健康。分散注意理论认为，体育锻炼给人们提供了一个机会，使他们能够分散对自己的忧虑和挫折的注意。

因此，有氧体育运动不仅能促进身体健康，而且是消除轻度抑郁和焦虑的良药。大学生要养成良好的运动习惯，每个人可以根据自己的特点和爱好，选择一些自己喜欢和适合的运动项目，如散步、慢跑、游泳、打球、瑜伽等。

6. 建立合理的生活秩序，做到有张有弛

许多大学生都是第一次离家独立自主地生活，一时间像从笼中放飞的小鸟，似乎得到了许多“自由”。但是，如果不顾自己的身体状况和生理节律而滥用这种“自由”，如随心所欲、负担过重，就会给自身的生理，特别是心理健康带来不良影响。因此，建立合理的生活秩序是大学新生的当务之急。大学生通过参加各种形式的文体活动，既可以放松身心，缓解学习紧张，又可广交朋友，体验到愉悦。这种稳定的积极状态，能使大学生充分发挥其潜在能量，增强自信，使自己的生活有节奏感。劳逸结合，提高学习效率，达到最佳的适应。

7. 学习心理健康知识

缺少踊跃的生活态度，没有清楚的人生目标，每天莫名其妙，惊慌失措，假如长久得不到正确的心理开导，就很容易患上心理疾病。心理健康水平的提高离不开心理卫生知识的掌握。通过以选修课或必修课的形式，开设心理健康教育课程，是促使大学生健康发展的重要措施。这不仅可以使大学生了解自身心理发展、变化的规律与特点，而且对于帮助他们缩短心理适应期，加快人格的成熟，掌握心理保健知识都具有积极的作用。

心理小贴士

心理健康素养十条①

第一条：心理健康是健康的重要组成部分，身心健康密切关联，相互影响。

第二条：适量运动有益于情绪健康，可预防、缓解焦虑和抑郁。

第三条：出现心理问题积极求助，是负责任、有智慧的表现。

---

① 引自2022年国家卫生健康委《心理健康素养十条》。

第四条：睡不好，别忽视，可能是心身健康问题。
第五条：抑郁、焦虑可有效防治，需及早评估，积极治疗。
第六条：服用精神类药物需遵医嘱，不滥用，不自行减停。
第七条：儿童心理发展有规律，要多了解，多尊重，科学引导。
第八条：预防阿尔茨海默病，要多运动，多用脑，多接触社会。
第九条：要理解和关怀精神心理疾病患者，不歧视，不排斥。
第十条：用科学的方法缓解压力，不逃避，不消极。

（二）获取外界支持，主动学会心理求助

多数情况下，大学生可以通过上述各种方法和途径进行自我心理保健，但是在某些情况下，也可以通过外界的支持，专业的心理帮助获得成长。

1. 获得社会支持

人总是处于一定的社会关系中。良好的社会关系构成了社会支持系统和网络，是心理健康的重要标志，也是维护和促进心理健康的重要途径。

社会支持系统能够增加人们的快乐和自尊，并在人们遭遇挫折和危机时，减少他们的焦虑和抑郁，帮助他们渡过难关。家庭和朋友是社会支持系统中最重要的组成部分。一些心理学家认为，婴幼儿时期的亲子关系决定了这个人与世界的关系，也决定了一个人的人格是否健康。当人们面临重大生活事件时，融洽的家庭关系能减轻他们的压力，缓解他们的焦虑，帮助他们重塑信心，面对未来。与家庭的先天性不同，朋友更多来源于后天的生活经历。因此，通过积极有效的人际交往获得更多的朋友，巩固和改善社会支持系统，是维护心理健康、提升生活质量和幸福的重要途径。

2. 获得朋辈支持

朋辈支持也称同辈支持，是指年龄相仿或相近的人在人际交往过程中给予心理安慰、鼓励、劝导和帮助。调查表明，在心理烦恼时向同龄人诉说是目前大学生继自我调节之后最常见的缓解压力的方式。朋辈支持包括朋辈辅导和朋辈帮助两种，两者侧重点不一样，效果也不一样，但共同的目的是帮助心理烦恼的同学宣泄情绪，并寻找到有效的资源，积极应对，从而战胜困难，走出困境。因此，大学生的朋辈支持是专业心理咨询的重要补充，有利于及时发现问题并让小事化解，有利于提高大学生心理自助和互助的意识和能力。

案例

一天傍晚，女生A吃晚饭回来，见同楼的一个阳台上一位女生B一直在哭，她远远地看了一会儿，觉得自己是心理委员，虽然不认识她，也应该了解下情况，就走过去问：“你好，我是某班的心理委员，我见你一直很难过，是否遇到什么事情？我能帮助你吗？”几句问下来，B就对她倾诉起来，渐渐也不哭了，还和A成了好朋友。原来B和室友有误解，没能及时解决。后来A找到B所在班的心理委员，一起商量如何调解问题，使这位同学及时得到了帮助。

分析：从上面的个案可知，朋辈支持者通过学习掌握一些基本的交往技巧，能及时有效地帮助身边的同学缓解问题，这是辅导员和心理老师都无法及时发现并帮助到的。学生成长中遇到的生活事件，多且细碎，这些小事如果累积起来，就会形成碎石效应，成为紧张焦虑的压力源。这些细小的问题，当事同学也不太愿意找辅导员和心理老师，还是希望同学、朋友的帮助。朋辈帮助是最好的来源，能帮助朋辈同学了解情况、劝说、协调，使这些小事随时化解。

3. 积极进行心理咨询和心理治疗

当遇到困惑时，寻求专业人员的咨询和帮助是维护心理健康的重要途径。心理咨询是由受过心理咨询训练的专业人员，运用心理学的知识、理论和技术，针对来访者的各种适应与发展问题，通过协商、交谈、启发和指导等，协助来访者解决各类心理问题，帮助来访者达到自立自强、增进心理健康水平和提高社会适应能力。心理咨询的途径包括个别咨询、团体咨询、电话咨询和网络咨询等。

目前，大部分学校都设有心理咨询机构，为学校师生提供心理咨询的专业化服务。与家人、同学、朋友或一般老师相比，心理咨询机构的老师在心理问题上提供的帮助更专业、更有效。一些同学可能存在误解，认为心理咨询只针对心理不健康或心理有疾病的学生，因此不敢或不愿意向学校心理咨询中心寻求帮助。心理咨询分为障碍性咨询和发展性咨询，学校的心理咨询机构有很多针对发展性咨询的服务。它不仅能够解决消极的心理困惑，也能促进积极的个人成长。因此，当遇到问题或挫折及产生心理困惑时，向学校心理咨询机构寻求帮助，是维护心理健康的重要方法。

除了学校心理咨询，严重的精神疾病应该到医院进行相关的心理治疗。和心理咨询通过谈话促进心理健康不同，医院治疗精神疾病更多是利用药物的作用。以抑郁障碍为例，现代医学已经发明了很多既有不错疗效又没有太大副作用且费用也合理的抗抑郁药。因此，在某些情况下，药物同样是帮助改善心理健康的有效途径。但是，药物只能通过调节个体的生物化学水平缓解心理症状，药物治疗不能代替心理咨询。

4. 积极应对心理危机

心理危机是指个体知觉到外界环境或事件的威胁，但无法依靠自身资源和应对方式加以解决时产生的心理状态。心理危机常常伴随着认知、情感、行为方面的失调，出现绝望、麻木不仁、焦虑的情绪，以及自主神经系统症状和行为障碍，严重时甚至可能自杀。因此，对心理危机应进行积极的预防和干预。

心理危机的出现伴随着很多的心理线索。情绪上，伴随着焦虑、抑郁、自卑、愤怒、无聊、空虚、痛苦、自罪自责、悲观绝望等负性情绪；身体上，伴随着肌肉紧张、头痛、心慌、失眠、无力等症状；生活事件上，伴随着失恋、考试失败、家庭变故、生病、受灾等重要挫折；社会关系上，伴随着与父母、室友、同学、老师、恋人的关系恶化或社会支持的缺乏。如果觉察到身边的同学或朋友出现心理危机的迹象，应该给予及时的关注和支持，并向学校的辅导员和心理咨询机构报告，以寻求帮助。

体验活动

与心理健康教育的“六个一”

第一个“一”：阅读一本心理学经典书。选择一本权威、有趣的心理学书籍，如《心理学与生活》《乌合之众》等，通过阅读了解心理学的基本原理、研究方法及心理学在各个领域的应用。

第二个“一”：参加一次心理学讲座或研讨会。参加当地大学、研究机构或心理咨询机构举办的心理学讲座或研讨会，这些活动通常由心理学专家主讲，内容涵盖心理学的最新研究成果、应用实践等。

第三个“一”：观看一部心理学电影或纪录片。选择一部以心理学为主题的电影或纪录片，如《美丽心灵》《心灵捕手》等，这些影片通过生动的情节和人物塑造，展现了心理学在解决人类心理问题中的重要作用。

第四个“一”：进行一次心理咨询体验。寻找专业的心理咨询师，进行一次心理咨询体验。在咨询过程中，可以向咨询师倾诉自己的困惑和问题，了解心理咨询的基本流程和方法。

第五个“一”：完成一份心理学量表或测试。选择一份权威的心理学量表或测试，如MBTI性格测试、抑郁量表等，通过测试了解自己的性格特征、心理状态等。

第六个“一”：参与一次心理学实践活动。心理学相关的实践活动，如心理健康讲座、心理剧表演、心理团体辅导等，这些活动通常注重互动和实践，可以让人们在参与中学习和体验心理学知识。

本篇小结

健康并不代表一切，但失去了健康，便失去了一切。心理健康是每位大学生学习、生活、工作的重要资本。了解大学生的心理健康标准，主动、自觉维护个人的心理健康，积极应对心理问题带来的困扰，预防心理疾病的发生，是每位大学生对自己生命的责任。健康人生让每一位大学生活得更加精彩。

【复习与思考】

1. 什么是心理健康？大学生心理健康的标准是什么？
2. 通过哪些方法和途径可以维护个人的心理健康？
3. 请你对自己的心理健康状况做一个评价，评估自己是否需要进行一次心理咨询？
4. 请对自己进行“优点轰炸”，列出自己的 20 条优点，并且每周阅读 2 遍。
5. 自我训练：积极改善“大一综合征”。

每年开学，心理咨询中心总会接待一些来访者，这些来访者共同的特征是大一学生，咨询的问题主要是迷茫。具体症状是感觉自己很忙，但不知道自己在做什么；不知道自己适合做什么，对将来自己要做什么也拿不准；觉得大学生活和自己想象中的不一样，不知道大学究竟应该怎么过等。

我们把这些称为“大一综合征”，来访者问题其实不是问题，而是大家都必须要走的一段路，是大学成长过程中一个必经的阶段。一部分有心的同学们发现了这些症状，并且在积极寻找改善的策略。看看下面的策略适合你吗？

(1) 交流

和同学交流：是不是你一个人有这种“问题”？

和已经毕业的师兄师姐交流：他们还怀念这样有“问题”的大一生活吗？

(2) 练习

练习一：闭上眼，想象。想象现在的我不是 19 岁、20 岁，而是 70 岁。70 岁的我，头发还不算白，身体也还硬朗，但已经走过了 70 年的生命之路，经历了那么多风风雨雨之后，成为一个慈祥、睿智的老者。现在，我坐在电脑前，和老伴一起翻看我们的相册……看到了刚出生的我……看到了上幼儿园的我……看到了小学的我……看到了中学的我……相册翻到了大学时代，看到了那个 20 岁的、年轻、热情、充满活力的我……这张照片是大学时期最漂亮、最满意的一张，背景是某某学校的某某地方……

请问下自己的内心，那是一种怎样的感觉？

练习二：给每学期做个收获评价，并写下下学期的希望。毕业时再回头看看，收获了多少？

(3) 行动

读书：推荐阅读《做最好的自己》《一切从大学开始》《做个 High 大学生》。

希望每位同学能在发现自己有“症状”后的第一时间认识“大一综合征”，并以最快的速度去改善。

【相关量表】

临床症状自评量表（SCL-90）

下面问卷由 90 个题目组成，请仔细阅读每一条，然后根据你最近一周内下列问题影响你的程度来做出选择，在符合自己的选项下画“○”。

项目	从无	轻度	中度	偏重	严重
1. 头痛					
2. 神经过敏，心神不宁					
3. 头脑中有不必要的想法或字句盘旋					
4. 头晕或晕倒					
5. 对异性的兴趣减退					
6. 对旁人求全责备					
7. 感到别人能控制你的思想					
8. 责怪别人制造麻烦					
9. 忘性大					
10. 担心自己衣饰的整齐及仪态的端庄					
11. 容易烦恼和激动					
12. 胸痛					
13. 害怕空旷的场所或街道					
14. 感到自己精力下降，活动减慢					
15. 想结束自己的生命					
16. 听到旁人听不到的声音					
17. 发抖					
18. 感到大多数人都不可信任					
19. 胃口不好					
20. 容易哭泣					
21. 同异性相处时感到不自在					
22. 感到受骗、中了圈套或有人想抓你					
23. 无缘无故地突然感到害怕					

（续表）

项目	从无	轻度	中度	偏重	严重
24. 自己不能控制地发脾气					
25. 怕单独出门					
26. 经常责怪自己					
27. 腰痛					
28. 感到难以完成任务					
29. 感到孤独					
30. 感到苦闷					
31. 过分担忧					
32. 对事物不感兴趣					
33. 感到害怕					
34. 感情容易受到伤害					
35. 旁人能知道你的私下想法					
36. 感到别人不理解你，不同情你					
37. 感到人们对你不友好，不喜欢你					
38. 做事必须做得很慢以保证做得正确					
39. 心跳得很厉害					
40. 恶心或胃部不舒服					
41. 感到比不上他人					
42. 肌肉酸痛					
43. 感到有人在监视你，谈论你					
44. 难以入睡					
45. 做事必须反复检查					
46. 难以做出决定					
47. 怕乘电车、公共汽车、地铁或火车					
48. 呼吸有困难					
49. 一阵阵发冷或发热					
50. 因为感到害怕而避开某些东西、场合或活动					
51. 脑子变空了					
52. 身体发麻或刺痛					

（续表）

项目	从无	轻度	中度	偏重	严重
53. 喉咙有梗塞感					
54. 感到对前途没有希望					
55. 不能集中注意力					
56. 感到身体的某一部分软弱无力					
57. 感到紧张或容易紧张					
58. 感到手或脚发沉					
59. 想到有关死亡的事					
60. 吃得太多					
61. 当别人看着你或谈论你时感到不自在					
62. 有一些不属于自己的想法					
63. 有想打人或伤害他人的冲动					
64. 醒得太早					
65. 必须反复洗手、点数目或触摸某些东西					
66. 睡得不稳不深					
67. 有想摔东西或破坏东西的冲动					
68. 有一些别人没有的想法或念头					
69. 感到对别人神经过敏					
70. 在商店或电影院等人多的地方感到不自在					
71. 感到任何事情都很困难					
72. 一阵阵恐惧或惊恐					
73. 感到在公共场合吃东西很不舒服					
74. 经常与人争论					
75. 单独一人时神经很紧张					
76. 感到别人对你的成绩没有做出适当的评价					
77. 即使和别人在一起也感到孤单					
78. 感到坐立不安，心神不定					
79. 感到自己没有什么价值					
80. 感到熟悉的东西变得陌生或不像是真的					
81. 大叫或摔东西					

（续表）

项目	从无	轻度	中度	偏重	严重
82. 害怕在公共场合昏倒					
83. 感到别人想占你的便宜					
84. 为一些有关性的想法而苦恼					
85. 你认为应该因为自己的过错而受到惩罚					
86. 感到要很快把事情做完					
87. 感到自己的身体有严重问题					
88. 从未感到和其他人很亲近					
89. 感到自己有罪					
90. 感到自己的脑子有毛病					

计分与评定

从无：计 0 分。轻度：计 1 分。中度：计 2 分。偏重：计 3 分。严重：计 4 分

总分：所有项目的得分之和

总均分：将总分除以 90

该量表包括 10 个因子，每个因子反映出受测者在某一方面的症状

因子分 = 组成某一因子的各项目总分 / 组成某一因子的项目数

10 项因子所包含的具体题目

(1) 躯体化：1、4、12、27、40、42、48、49、52、53、56、68，共 12 项

(2) 强迫障碍状：3、9、10、28、38、45、46、51、55、65，共 10 项

(3) 人际关系敏感：6、21、34、36、37、41、61、69、73，共 9 项

(4) 抑郁：5、14、15、20、22、26、29、30、31、32、54、71、79，共 13 项

(5) 焦虑：2、17、23、33、39、57、72、78、80、86，共 10 项

(6) 敌对：11、24、63、67、74、81，共 6 项

(7) 恐怖：13、25、47、50、70、75、82，共 7 项

(8) 偏执：8、18、43、68、76、83，共 6 项

(9) 精神病症：7、16、35、62、77、84、85、87、88、90，共 10 项

(10) 其他：19、44、59、60、64、66、89，共 7 项

分析时，主要看各因子分。比较粗略简单的判别方法是看某因子分，如果因子分≥3，说明该因子的症状已达到中等以上的严重程度，应寻求专业的心理咨询或心理治疗

【推荐读物与影视作品】

1. 图书《积极心理学：阳光人生指南》

以简洁朴实的行文对当前积极心理学的主要理论进行论述，同时辅以例证、量表、图片、故事等，启发读者理解理论的精髓并在日常生活中运用这些理论，帮助读者发掘自身的积极力量，积极面对人生的挑战，获得属于自己的幸福。

2. 图书《超越自卑》

阿德勒的“个体心理学”让人明白：生活的意义是自己赋予的，而常常阻碍我们前进的正是自卑感。本书是人本主义心理学先驱阿尔弗雷德·阿德勒之作，创作于阿德勒思想

成熟时期（1932 年），包含大师的主要思想，结构严谨、通俗易懂，处处闪烁着智慧的光芒。在本书中，作者指出每个人都有不同程度的自卑感，而消除自卑的好方法就是建立优越感。然而，并不是每个人都能超越自卑，只有积极乐观地面对生活中的所有问题，才能超越自卑，实现自我。

3. 电影《深夜加油站遇见苏格拉底》

主人公丹·米尔曼拥有众多大学生梦寐以求的东西：英俊、爽朗、成绩优秀，还是学校体操队的运动员，正为全国比赛做着准备。然而文武全能的他却并没有真的快乐，每到半夜总是从噩梦中惊醒。又一次被噩梦惊醒之后，丹走进了一家 24 小时加油站，遇见了加油站的服务人员，与这位老人开展了一系列充满哲思的对话，并由此改变了自己的人生。

4. 电视剧《扪心问诊》

这一部经典的心理剧。剧情主要围绕一位名叫 Paul 的心理咨询师，每周接待 3～4 位来访者进行心理咨询，并穿插他个人的体验治疗。有的是成长中的伤痛，有的是亲密关系的问题，还有的是无法面对的老去等。Paul 运用精神分析的方法，探索他们的过往经历，帮助他们面对和解决心理问题。该剧真实还原了心理咨询的场景，呈现了咨询师与来访者之间的微妙关系，以及咨询过程中可能遇到的伦理困境。它启示观众，心理咨询不仅是技术的运用，更是心灵的交流和成长的过程。

第二篇

洞若观火　破茧成蝶：
大学生自我成长和发展

视频 2　拆掉思维里的墙：如何跳出自我设限

案例

小C，浙江某高校大一女生。中学阶段学习认真，成绩优秀。高中时，她乐观、开朗、自信，是老师心目中最聪明的学生，老师也经常以她为榜样教育其他同学。进入大学后，看到其他同学参加许多社团，有很多社交活动，生活充实，而自己来自外省农村，没有才艺，再加上浓重的乡音，孤陋寡闻，学习成绩也没有高中时那么优秀了，方方面面都觉得与同学们相形见绌，总感觉“见人矮三分”。小C渐渐地变得沉默寡言，孤僻内向。

分析：在中学阶段，学习是生活的主要内容，高考就像是根标杆，学习成绩是这一阶段主要的自我评价标准。进入大学之后评价体系发生了变化，突然的转变令她无所适从。到了大学之后发现自己就是平凡的不能再平凡的一个人，甚至相比之下，觉得自己比不上别人了，于是有点自卑。

全面的自我认知、客观的自我评价对个人成长是非常重要的。首先，从高中到大学的评价体系由一元向多元转变。专业的学科知识只是一个方面，除此之外还要摄取其他方面的知识，提升自己多方面的能力。其次，与同学相处，要进行正确的比较，对自己有比较准确的定位，不要过分贬低或过分抬高自己。同学们由不同地方来到同一所学校，差异是难免的，但大家站在同一条起跑线上，各人有各人的特点，不要受控于消极的情绪，要积极应对困难。

个体从生命伊始，就在尝试运用各种方法感知、体察、探索着自己所处的环境，构建着自己的认知方式和评价体系。认知在个体的心理建设和自我发展中起到重要的作用。个体通过认知过程更清晰地认识事物、明确关系、发展自己、完善自己。人们最难认知的，往往是我们自己。大学阶段，是人生发展的重要阶段，面临着诸多挑战和压力，未来有很多的不确定性，认识自我、自我成长这一议题更是显得尤为重要。

“我是谁？”“我从哪里来？”“我到哪里去？”……这些关于“我”的思考在进入大学后变得频繁且深刻，而这些关于“我”的觉察与体验也正是自我意识在现实世界中的呈现。本章首先概述自我意识的概念，然后讨论大学生的自我意识发展，以及自我意识的偏差与调适，为大学生个人发展提供探索途径。

学习目标

1. 了解自我意识的概念、结构、功能。
2. 了解并掌握自我意识发展的规律、特点。
3. 识别与调适大学生的自我意识偏差。
4. 正确认识自我，将认知发展与自我意识理论融入个人发展。

第 4 章 大学生的自我意识

知人者智，自知者明。

——老子

我们的生命经历，完全是我们自己造就的。

我们的一思一念，都在造就我们的未来。

——路易斯·海

一、什么是自我

自我是一个重要的心理学概念，也是人格结构的重要组成部分，即一个人对自身存在的体验。它包括一个人通过经验、反省和他人的反馈，逐步加深对自己的了解。自我概念是一个有机的认知结构，由态度、情感、信仰和价值观等组成，贯穿整个经验和行动，并把个体表现出来的各种特定习惯、能力、思想、观点等组织起来。

尽管学者们对自我概念的定义略有不同，但国内外研究者都认为自我概念是个体对自己的主观知觉和判断，这种知觉和判断包括对自己的生理状态、人格状态、社会角色、过去经验等方面的认知，是由一系列态度、信念和价值标准组成的认知结构。

二、什么是自我意识

自我意识是对自己身心活动的觉察，是意识的主要存在形式之一，是个体对自身与他人以及周围世界关系的认识和态度。通俗地说，自我意识体现了人对自身的探索和发现，即了解自己是一个什么样的人，有什么样的特点和能力，能发挥什么作用等，是人认识自己和对待自己的统一。心理学家们对自我意识的内涵也是众说纷纭。

精神分析学派创始人弗洛伊德认为自我是根据现实原则调节本我和超我矛盾冲突的人格结构部分。它的完备与否直接关系到一个人的生活品质。美国心理学家詹姆斯（W. Jame）认为，凡是属于“我”或与“我”有关的事物都是自我的内容。社会心理学家库利（C. H. Cooley）则认为，自我是个体从别人那里反映自己的行为，是经历无数次他人评价后而形成的社会产物。

首先，自我意识是人的意识活动的一种形式。意识是人脑的功能，是人所特有的反映现实的最高级形式。意识是人类祖先在劳动以及因劳动而结成的社会性联系过程中同语言一起产生的。意识是在社会实践活动中产生的，是借助于语言对客观世界的高级反映形式，是心理发展的高级阶段。意识是自然历史发展的结果，是一种自然现象；意识又是社会历史发展的结果，是一种社会现象。

其次，自我意识是人的心理区别于动物心理的基本标志。虽然动物也能反映周围的客观世界，可是当动物心理在进化过程中发展到人类意识的阶段时，就产生了更为复杂的功能。也就是说，这时候意识不仅能反映周围客观的环境，而且还能积极地反映主体者自身。人类个体能把自己和环境区分开来，并把自己作为反应活动的对象，标志着心理演变发展过程的一个具有里程碑意义的飞跃。自我意识能反映主体自身的意愿、态度和能力的倾向，反映主体和客体之间的关系，就大大发展了主体自身反应活动的能动性，改善了他在同客观现实环境相互作用过程中的地位，增强了他改造客观世界和驾驭周围变化着的环境的能力，从而使人类有可能成为所生存其中的现实世界的主人。

最后，自我意识作为个性的重要组成部分，是个性形成水平的标志。自我意识的形成与发展是在人的社会化过程中实现的，它是个体社会化的结果，同时自我意识的发展又是个性各部分整合、统一起来的核心力量，并推动着个体社会化的进程。具体说，自我意识是隐藏在个体内心深处的心理结构和人格的自我调控系统。个体正是通过自我意识来认识和调控自己，在环境中获得动态平衡，求得独特发展的。

自我意识是个体在社会实践中形成、发展起来的对主体身心状态、与外部世界关系的主观反映，以及由此引起的情感体验和行为意向。从形式上看，自我意识表现为认知的、情感的、意志的三种形式，分别称为自我认识、自我体验和自我调控；从内容上看，自我意识可分为生理自我、心理自我和社会自我；从观念上看，自我意识可分为现实自我、投射自我和理想自我。

知识延伸

点红实验①

1972 年，阿姆斯特丹借用动物学家盖勒帕在黑猩猩研究中使用的点红测验（以测定黑猩猩是否知觉“自我”这个客体），从而使有关婴儿自我觉知的研究取得了突破性进展。实验的被试者是 88 名 3—24 月龄大小的婴幼儿。实验开始，在婴儿毫无察觉的情况下，主试在其鼻子上涂一个无刺激红点，然后观察婴儿照镜子时的反应。研究者假设，如果婴儿在镜子里能立即发现自己鼻子上的红点，并用手去摸它或试图抹掉，表明婴儿已能区分自己的形象和加在自己形象上的东西，这种行为可作为自我认识出现的标志。

阿姆斯特丹对研究结果进行总结得出，婴儿对自我形象的认识要经历三个发展阶段。第一个是游戏伙伴阶段（6—10 月龄）。此阶段婴儿对镜中自我的映像很感兴趣，但认不出他自己。第二个是退缩阶段（13—20 月龄）。此时婴儿特别注意镜子里的映像与镜子外的东西的对应关系，对镜中映像的动作伴随自己的动作更是显得好奇，但似乎不愿与“他”交往。第三个是自我意识出现阶段（20—24 月龄）。这是婴儿在有无自我意识问题上的质的飞跃阶段，这时婴儿能明确意识到自己鼻子上的红点并立刻用手去摸。

① 引自 https://baijiahao.baidu.com/s?id=1666622016286045033&wfr=spider&for=pc。

三、自我意识的结构

（一）形式上：自我认知、自我体验、自我调控

1. 自我认知

自我认知属于自我意识的认知成分，是一个人对自己的认识，包括自我感觉、自我观察、自我分析、自我概念、自我评价等。自我认知解决的是“我是怎么样的人”“我为什么是这样的人”的问题，是自我意识的认知成分，是主体我对客体我的认知和评价，即自我认知和自我评价。大学生还残留着“依赖性”“理想化”等心理特征，在初入大学之际，大学生面临着学习、生活的转变，更应该恰当地认识自我，实事求是地评价自己。

2. 自我体验

自我体验属于自我意识的情感成分，是主观自我对客观自我产生的情绪体验，是伴随着自我认识产生的内在感受。主要涉及“我是否喜欢自己”“我是否满意自己”等。它反映了个体对自己所持的态度，是个体对自己的情绪状态的体验，包括自尊感、自卑感、自豪感、自信、内疚等，其中自尊感是自我体验中最主要的方面。

自尊感是自尊心的外在表现。自尊心是一种内在驱力，激励着个体尽可能努力获得别人的尊重，维护自己的荣誉，获得自尊感。但是，如果自尊感把握不当，就会容易脱离群体、封闭自己，而一旦遇到挫折，反而容易自卑自贬，一蹶不振。

3. 自我调控

自我调控属于自我意识的意志成分，是一个人对自己行为和思想、言语的控制；指个体能够不受外界影响，自觉调控自己的情感和行为；主要涉及“我如何成为自己理想中的那种人”“我可以选择自己成为怎样的人”；包括自主、自立、自我监督、自我控制等。

自我调控是自我意识的关键环节，作为自我意识中直接作用于个体行为的部分，它是一个人自我发展、自我完善的重要机制。个体在克服困难的过程中，由于意志的作用，自觉主动地调整自己的过程都是自我调控的过程。例如，学生克服贪睡的欲望，晨起跑步早读。身患感冒但却坚持上课，并在课堂上压制自己尽量避免咳嗽等。

（二）内容上：生理自我、心理自我和社会自我

人的自我意识并非与生俱来。自我意识是一种复杂的心理现象，它有一个萌芽、产生和发展的过程。人首先发展的是对外部世界、对他人的认识，然后才逐步认识自己，最后在与他人交往的过程中，根据他人对自己的看法和评价而发展起对自己的认识，这一过程贯穿人的一生，是一个持续不断的进程。

1. 生理自我

生理自我又称“躯体我”，指的是个体对自我躯体状态的认识，是自我意识最原始的状态，包括身高、体重、容貌、身材、性别等。大学生对生理自我的关注度明显增高。学生们更加注意自己的容貌、身材是不是吸引人，脸上是不是有痘痘，自己的外表是不是让人喜欢，等等。

2. 心理自我

心理自我又称“精神我”，指的是个体对自己心理活动、个性特点等内部心理品质的认识。包括人们能感受到的感觉、知觉、注意、想象、思维、能力、气质、性格等。伴随

着成长，个体应该逐渐学会体验和评价自己的心理自我。

3. 社会自我

社会自我是个体对自身与外界客观事物关系的认识和体验，包括在社会关系中角色、权利、地位、责任等的认识和评价。个体的成长经历、生活环境、他人的评价都是影响社会自我的因素。

（三）观念上：现实自我、投射自我和理想自我

1. 现实自我

现实自我是从当下出发，对现实中“真实我”的客观认识。现实自我是解决“我自己实际是怎样的人”的问题，是个体当前身心存在的总和，包括个体的生理特征、心理状态、行为表现，以及在社会关系中的角色和地位等。

2. 投射自我

投射自我是从他人角度出发，是个体想象中他人对自己的看法，以及由此而产生的自我感觉。投射自我是解决“他人眼中的我是怎样的人”的问题。它是个体对他人如何看待自己的想象和预期，反映了个体对自我形象的关注和他人的评价对自己的影响。

3. 理想自我

理想自我是从将来出发，是在现实自我的基础上对自己的想象和希望。理想自我是解决“我想成为什么样的人”的问题。理想自我通常与现实自我存在一定的差距，但它为个体提供了奋斗的方向和动力。

知识延伸

自恋的水仙花[①]

希腊神话中，纳西瑟斯出生后，母亲得到神谕：儿子长大后将变成天下第一美男子，但他会因迷恋自己的容貌而郁郁而终。

为了避免神谕应验，纳西瑟斯的母亲刻意安排儿子在山林间长大，远离溪流、湖泊、大海，让他永远无法看见自己的容貌。纳西瑟斯如愿平安长大，亦如神谕所料，容貌俊美非凡。见过他的少女，都深深地爱上他。但纳西瑟斯只喜欢与友伴在山林间打猎，对倾心于他的少女不屑一顾。

报应女神娜米西斯决定教训他。一天，纳西瑟斯在野外狩猎，天气酷热，这时，一阵清凉微风吹来，他循着风向前走。来到一个水清如镜的湖边。湖泊对纳西瑟斯来说是陌生的。他坐在湖边，伸手摸一摸那是一种什么东西。当他看见水中一张完美的面孔，不禁惊叹：这美人是谁呢？他向水中美人挥手，水中美人也向他挥手；他向水中美人微笑，水中美人也向他微笑。当他伸手去触摸那美人，美人却立刻消失了；当他把手缩回来，美人又再次出现，深情款款地望着他。

纳西瑟斯浑然不知浮现于湖面的美人其实就是自己在水中的倒影，他深深地爱上了倒影美人，日夜守护在湖边，不饮不食，不眠不休。终于，神谕应验了——纳西瑟斯因为迷恋自己的倒影而死在湖边。

---

① 引自 https://zhidao.baidu.com/question/1924502032187076827.htm。

仙女们得知纳西瑟斯死亡的消息，悲伤欲绝，纷纷赶到湖边，想好好安葬他的尸体。她们看见纳西瑟斯惯坐的湖边，长出了一丛清幽、脱俗、高傲、孤清、美丽的奇异小花。原来，爱神怜惜纳西瑟斯，把他化成无名花，盛开在有水的地方，让他永远看着自己的倒影。仙女们把这花命名为纳西瑟斯。

体验活动

自我觉察练习："我的自画像"

练习自我觉察，可以帮助大学生走进"我"的世界，看看自己对自己到底了解多少，知道哪些方面的"我"。

著名科学家、教育家竺可桢先生曾对新入学的学生提出令人深思的"两问"：进入大学为的是什么？将来毕业以后能够成为什么样的人？也许这些问题我们一下子很难清楚地回答，但它们的确是值得回答的，我们可以尝试画一幅自画像，从认识自我开始思考。

练习前可以给自己拍一张照片，看着照片中的自己来完成。在一张纸上自我发挥，绘出脑海中的自己。这是一个自我觉察的过程，尝试在绘画过程中体验自我、探索自我。

四、自我意识的功能

（一）提高认识水平

自我意识使人能把自己的心理活动也当作客体加以反映，这就大大提高了人的认识活动的效能。人的认识活动不论感觉、知觉、记忆、想象、思维等，都由于自我意识的存在而更加自觉、合理、有效。元认知就是对认知过程的认知。人不仅能对外部世界的对象进行感觉、知觉、记忆、想象和思维，还能对自己的这些认识过程本身进行认知，即对这些过程加以分析、监督和调整。通过对自身认识过程的认知，人就有可能发现原有认识活动的不足，可能选择和运用更好的认知策略，从而使认知活动更加完善，更加有效。可以看出，个体对自身认知过程的监控和改善，意味着人在认识和改造客观世界的同时，也可以改造他的主观世界。

（二）丰富情感世界

人们意识到"自我"的独一无二、与众不同，才会逐渐产生"孤独"之感。个体体验到自尊的需要，才会产生与自尊感相联系的"羞耻感"和"腼腆感"。由于个体发现了一个自己的内部世界，才时常感到"内在"自我和"外在"行为的种种不符或冲突，从而产生"苦闷""彷徨"等新的情感。人们能把感情世界作为自己意识的客体，才得以忽然发现大自然的美丽，发现人类创造的艺术品的魅力，从而体验种种美感。恰恰是自我意识的存在和发展，才使得人的情感生活变得日益丰富、细致而复杂。

（三）发展意志能力

意志以人确定的行为目的为开端。而自觉目的的提出又是以自我意识的存在为前提，因为任何自觉行为总是有自觉的主体——自我。自我的自主性的实现需要个人监督，需要意志的力量，无论其表现形式是施力于外部，促使环境服从主体的要求，还是施力于内部，促使自身特性与需求适应环境，都离不开自我意识的作用，离不开在意识中对自我和环境的明确区分。个体意志力的表现同动机的性质和力量密切相关。诸多动机之中，维护个体自尊和自尊的水平，是影响意志力的重要因素。而自尊的水平及其发展直接同自我意识的水平和发展密切相关。在动机性质上，社会意义丰富的动机通常比社会意义贫乏的动机更能支持人的意志行为。但社会意义的丰富与否，是要通过行为者的个体意识从主观上加以认定的。

（四）促进道德形成

人的“自我”概念不仅包含现实的自我，还包含着理想的自我。由于人不是游离于社会之外的抽象个体，他的自我概念就不能不受到他生活于其中的社会规范的制约。每个个体都在社会体系中处于一定的角色地位，社会对他有着一定的角色期望，这些角色期望承载着社会规范，去要求、约束个体的心理和行为。因此，社会道德就在个人的自我意识中找到了可以存在的处所，也找到了可以调节、激发（或抑制）个体心理与行为的杠杆。就个体方面来说，一个人的自我意识包含了道德、信念和道德体验，以及与之相联系的，诸如责任、义务、使命、荣誉等价值观念的内容。

知识延伸

乔韩窗口理论①

乔韩窗口理论是指美国心理学家约瑟夫·勒夫特（Joseph Luft）和哈林顿·英格拉姆（Harrington Ingham）提出关于自我认识的窗口理论。他们认为人对自己的认识是一个不断探索的过程。

每个人的自我都有四部分：公开的自我，也就是透明真实的自我，这部分自己很了解，别人也很了解；盲目的自我，别人看得很清楚，自己却不了解的部分；秘密的自我，是自己了解但别人不了解的部分；未知的自我，是别人和自己都不了解的潜在部分，通过一些契机可以激发出来。

乔韩窗口又称“约哈里之窗”上下共由四个部分组成。

第一，就个体而言，有一些方面既是自己了解也是他人了解的，这部分称作“开放区域”，即公开的自我。比如，在一定的人际范围内，你的个人资料，如姓名、性别、职业、照片等都是公开的。比如，在注册QQ账户的时候，你可以设定自己的哪些信息是可以被不同分类的好友看到或完全公开的。

第二，有一些信息是你自己不了解但是别人了解的“盲目区域”，即盲目的自我。诚如苏轼在《题西林壁》中所描述的：“不识庐山真面目，只缘身在此山中。”而人际传播的重要研究之一就是“镜中我”，人们通过想象别人眼中的自己来构建自我。

第三，“未知区域”，即未知的自我。这是他人不了解，自己也不了解的部分，因此就需要人际传播去沟通来不断地挖掘。比如，研究生导师的角色就是帮助学生挖掘自身潜力，提升对自己能力和视野的认识。

---

① 引自 https://www.bilibili.com/opus/328056585688601307。

第四，“秘密区域”，即秘密的自我。是自己了解但不想公之于众的信息。这四个区域和自我表露的过程是非常相关的。在很大程度上，我们通过公开自己的一些信息，来拓展人际交流的空间，以及对自我的认识。而自我表露的过程，实际上就是未知区域向开放区域不断过渡的过程。

体验活动

20个“我是谁”

以下是一个包含20个“我是谁”的心理问题，这些问题旨在帮助你从不同角度深入探索自我。

我是谁？从我的身体特征和健康状况来看。

我是谁？从我的家庭背景和成长经历来看。

我是谁？从我的职业身份和职业发展来看。

我是谁？从我的个人兴趣和爱好来看。

我是谁？从我的性格特点和行为模式来看。

我是谁？从我的价值观和道德观念来看。

我是谁？从我的社交能力和人际关系来看。

我是谁？从我的学习经历和知识水平来看。

我是谁？从我的创造力和创新能力来看。

我是谁？从我的情感需求和情感表达方式来看。

我是谁？从我的自我意识和自我反思能力来看。

我是谁？从我的人生目标和追求来看。

我是谁？从我的信仰和宗教观念来看（如果有的话）。

我是谁？从我的艺术品位和审美能力来看。

我是谁？从我的旅行经历和跨文化交流来看。

我是谁？从我的家庭角色和责任来看。

我是谁？从我的社会责任感和公民意识来看。

我是谁？从我的自我接纳和自我价值感来看。

我是谁？从我的未来规划和职业发展愿景来看。

我是谁？从我与世界的关系和我在其中的位置来看。

这些问题旨在引导你深入思考自己的身份、价值观、能力、需求和目标，从而更全面地认识自己。你可以根据自己的实际情况和感受来回答这些问题，也可以将它们作为自我反思的起点，进一步探索自己的内心世界。

第 5 章 大学生自我意识的发展

你看不见你自己，你所看见的只是你的影子。

——泰戈尔

先相信你自己，然后别人才会相信你。

——屠格涅夫

案例

小晴（化名），大二女生，入学一年多了，却发现自己怎么也无法融入大学生活，产生了许多烦恼。上学期的专业课考试也是勉强通过。原本在高中是同学中的佼佼者，本来以为到了大学也会如鱼得水，却发现在学习上问题很多，不懂的题目也找不到老师询问，又不好意思问同学，怕丢脸。班级里的同学都很陌生，平时都见不到面，室友们也有各自的活动，但她自己的人际交往能力很差。大一时竞选团学会、学生会均未被录取。一年来参加的比赛，初赛就被刷下来，自尊心遭受严重打击。上大学后小晴明显更加关注自己的外貌衣着，但总是感觉不如别人，缺乏自信，不敢和异性交往，总感到莫名的孤独，经常一个人呆坐着幻想不同的生活，却没有实际行动。情绪经常发生波动，有时会很冲动、烦躁焦虑，有时又会抑郁、悲观，不知道怎么改变现状，上课没有精神，甚至会逃课，对大学生活感到很失望，没有激情，经常感到疲惫、力不从心。

分析：该同学原本在高中时顺风顺水，进入大学面对巨大的落差感到很困惑，而在学习上的挫折也让她不能接受，而她又不愿和父母、同学诉说，只能憋在心里，久而久之就产生了心理上的压力；对自己的期望过高，但在大学里的努力却没有得到回报，找不到行动的方向，变得情绪低落。该同学应该客观地认识和评价自己目前所面临的压力性事件，防止夸大压力，过分焦虑，培养战胜焦虑的勇气。将不快的情绪以适当方式发泄出来，以减轻心理压力。要敢于把自己不愉快的事向知心朋友或亲人诉说。多给自己一些积极的心理暗示，给自己一些成功的启示。

一、大学生自我意识发展的规律

（一）自我意识的分化

随着个体逐渐成长，自我意识也迅速发展。自我意识的分化是自我意识走向成熟的标志。孩童时期对自我的认识是完整的、笼统的，“我即是我”。随着自我的分化，出现了主观的“我”（I）和客观的我（me），“理想的我”和“现实的我”，自我意识的这些分化越来越精确和丰富，这使得大学生们开始关注内在的自我，并能够沉静下来观察自己的内心需要，随之而来的各种情绪也逐渐丰富着大学生的自我意识。

（二）自我意识的矛盾

大学生自我意识分化而引起的矛盾冲突是正常的，它激发了大学生奋发进取的积极性，加快了现实自我的发展，是大学生心理迅速走向成熟而又未真正完全成熟的集中表现。但这些矛盾又容易使大学生表现出某些思想、行为上的不适应和困难，影响到大学生的心理发展和心理健康。对大学生自我意识的研究表明，大学生在不同阶段所表现出的各种心理障碍往往与自我意识发展的特点存在某种联系。如果分化后的自我迟迟不能趋近、统一，则会引起自我的分裂，导致一系列心理卫生问题。这种自我意识的矛盾主要表现为三个方面的矛盾。

1. 理想我与现实我的矛盾

大学生富于激情，对未来充满幻想和期待。理想我美好而遥远，容易脱离现实，与现实我产生很大的差距。当大学生在面对现实的挫折，理想不能实现时，就容易灰心丧气，甚至对自我产生怀疑。这种困扰在大学生的自我意识发展中形成极大的内心冲突。

2. 独立需求与依附心理的矛盾

进入大学之后，大学生希望脱离高中时桎梏模式化的生活，希望独立自主地安排自己的生活。但是事实上，当他们面对具体的现实问题时却常常力不从心，缺乏独立解决问题的能力，无法摆脱在生活、心理上对家长的依赖，这种独立与依附的矛盾常常使他们苦恼。

过分的独立和过分的依赖都不利于自我意识的发展。过分的独立容易使大学生独断专行、冷漠孤傲。而过分的依赖则会使大学生缺乏独立自我判断的能力，无法为自己的生活负责。

3. 交往需要与自我封闭的矛盾

大学生正值青春年少，开始关注内在自我，渴望知己，具有强烈的交往需要。同时，大学生又存在自我封闭的倾向，希望有自己独处的空间，并与其他人保持距离。

（三）自我意识的统一

自我意识分化所带来的矛盾及由此产生的痛苦不安促使大学生去解决矛盾而求得自我意识的统一。这种统一主要表现为“理想自我”与“现实自我”的统一。其途径一般有三条：一是努力改善现实自我，使之逐渐接近理想自我；二是修正理想自我中某些不切实际的过高标准，并改善现实自我，使两者互相趋近；三是放弃理想自我而迁就现实自我。一般来说，自我意识的统一会出现以下三种情况。

1. 积极的统一

积极的统一，即“现实的自我”能与“理想自我”趋于一致，并转化为积极的自我。这样的大学生对现实自我的认识比较清晰、客观、全面、深刻，理想自我比较正确、积极，既符合社会要求也符合自己的实际，是经过努力可以达到的。统一后的自我既适应社会发展的需要又有助于自身的健康成长。

2. 消极的统一

消极的统一，即牺牲“理想自我”而趋同“现实自我”。消极的统一可分为两种类型：自我否定型和自我扩张型。这样的大学生对现实自我的评价或过低或过高，对理想自我或觉得高不可攀或认为实现轻而易举，这种统一既不适应社会也无助于心理发展，容易产生心理问题或心理疾病。

3. 难以统一

由于理想自我和现实自我无法协调，使自我意识难以由矛盾达到统一。难以统一也可以分为两种类型：自我矛盾型和自我萎缩型。自我矛盾型的大学生自我意识矛盾强度大，延续时间长，内心始终充满着矛盾和冲突，自我意识难以统一，新的自我无从确立。自我萎缩型的大学生，则极度自卑，认为理想自我难以实现，甚至无法实现，于是放弃对理想自我的追求，但对现实自我虽深感不满，却又觉得无法改变，因而自我难以统一。自我意识难以统一的个体，往往内心苦闷，忧心忡忡，产生强烈的失落感和失败感。

心理万花筒

萨提亚自我环①

萨提亚自我环（Satir Model of Self）是维吉尼亚·萨提亚（Virginia Satir）提出的一个关于个人自我概念的心理模型。这个模型通过8个同心圆的图形来表示，每个圆代表个人自我概念的一个不同方面或层次。

萨提亚自我环通常由以下8个同心圆组成。

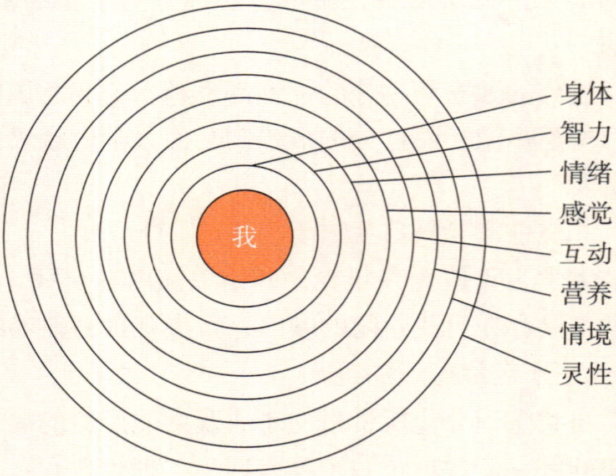

1. 身体：代表个人的生理存在和身体健康。

2. 智力 / 理性：涉及个人的思考、学习和认知能力。

3. 情绪：反映个人的情感状态和情感体验。

4. 感觉：涉及个人的感觉器官和对外界刺激的感知。

5. 互动：代表个人与他人、环境，以及自我之间的互动关系。

6. 营养：关注个人的饮食和营养摄入，以及它们对身心健康的影响。

7. 情境：涉及个人所处的环境，包括物理环境、社会环境和心理环境。

8. 灵性：代表个人的精神追求、信仰和价值观。

萨提亚自我环涵盖了个人自我概念的多个方面，形成了一个全面而系统的框架。各个层面之间是相互关联、相互影响的，一个层面的变化可能会影响到其他层面。萨提亚自我环是一个动态模型，个人的自我概念会随着时间的推移和经历的变化而不断发展。这个模型为个人提供了自我认知和自我提升的指导，帮助个人更好地认识自己、理解自己，并找到适合自己的成长路径。

① 引自约翰贝曼《萨提亚冥想：内在和谐、人际与世界和平》。

二、大学生自我意识的发展特点

（一）自我认知的发展特点

自我认识程度逐渐提高。大学生的自我意识正处于发展和完善时期，这一阶段的学生能够积极地探索自我，强烈渴望了解自我，经常反思“我能成为一个怎样的人”“别人会怎么看我”，不断在反思中认清自我。同时，也在逐渐冷静客观地评价自己。面对失败和挫折，不仅仅是一味地被动和消极地躲避，而是冷静地分析得失对错。既借助于他人的评价又不完全依靠他人的评价来认识自己，能够理性地面对他人的评判，客观地分析自我。

（二）自我体验的发展特点

自我体验内容逐渐丰富。随着自我意识的分化，理想我和现实我的冲突日益体现。大学生开始更多关注自己的内心体验，容易敏感、自我封闭，具有一定的波动性，对别人的言行和态度极为敏感，而自己的情感体验复杂又内敛。获得成功时，自信心较高，容易产生正向的情感体验。相反，遇到挫折时，容易悲观失望，产生消极的情感体验。

（三）自我控制的发展特点

自我控制能力逐渐增强。大学生进入大学后，离开了小家庭进入大家庭，需要自己安排自己的生活，对自我控制能力要求增大。大学生自身也希望独立地控制自我，最大限度地实现自我目标，发挥自己的潜能。

三、大学生自我意识发展的偏差

（一）以自我为中心

以自我为中心是指过度关注自我，不考虑他人的需要和感受。大学阶段是自我意识发展最迅速的时期，大学生们强烈关注自我，愿意从自我的角度认识、评价事物，觉得自己是最重要的，容易出现“以自我为中心”倾向。大学生过分的“以自我为中心”容易忽视周边人的需要，行为处事难得到他人的帮助，影响人际关系。所以大学生应努力摆脱“以自我为中心”，客观地认识自我，既不自傲自大也不自贬自鄙。转换角度从他人的视角思考问题，尊重并关心他人。

（二）自卑与自负

自卑是一种自我否定，是个体对自己不满的情绪体验。表现为对自己缺乏信心，遇事总会胆怯、退缩、缺乏理性，容易将自己封闭起来。而自负则是过高地评价自己的长处和优点，表现为骄傲自大、唯我独尊。自卑和自负是恰好相反的两种体验，但两者也有些内在的联系，极度自负的人往往内心深处隐藏着深度的自卑。大学生渴望成功，表现为有较高的热情，获得成就时容易沾沾自喜、自以为是；遇到挫折和失败时就容易自我怀疑，陷入自卑。处理这两种心理都需要建立正确的个体自尊。自尊是自信的核心，只有提升个体自尊才能建立良好的自信心。

（三）从众

从众是指忽视自己的想法，压制自己的观点，丧失自我跟随大流，是为了缓解个体自身的压力而选择与其他人保持一致的自我保护的行为。从众心理在大学生群体中普遍存在。大学生正处于自我意识发展阶段，外部的评价对自我的主观评价有重要影响。大学生们愿意与其他人保持一致，免得被群体孤立。例如，看到周边的同学吃得好，玩得好，花钱如流水，为了不失面子，自己也就跟着大手大脚起来。从众是自我意识不够独立的表现，所以大学生应谨慎考虑身边多数人的行为和价值观，培养独立思考和行为的能力。

（四）过度追求完美

过度追求完美是指苛求自己，自我期待过高，在不必要的小事和细节上投入过多的时间和精力，从而造成紧张、焦虑等负性情绪体验。“爱美之心，人皆有之”，人们都希望自己的生活是美好、没有缺陷的。但是，绝对的十全十美是不存在的，人人都会有优点也会有缺点，没有人样样出色，也没有人一无是处。大学生中有些同学追求完美，处事认真、勤奋好学、坚持不懈、自制力强，但同时因为自己的要求高，达不到时就容易失落痛苦。另外，自我要求高也会无意识地严格要求身边的同学，造成同学的压力，影响人际关系。所以大学生在制订目标的时候应该符合自己的能力，不过分苛求自己，学会接纳不完美的自己。

（五）虚荣

虚荣是指一种被扭曲了的自尊心，是自尊心的过分表现。按照马斯洛需求层次理论的说法，社会中的个体均具有需要被他人尊重的渴望，企图得到大众的认可和关注，这种心理是正常的，但是一旦发展过度，就会变成负面的虚荣。虚荣的人是指那些不脚踏实地奋斗，侥幸利用吹牛、作假、撒谎等投机取巧行为树立良好个人形象的人。虚荣会使人逐步变得狡猾、懒惰，失去艰苦奋斗的良好品质。

知识延伸

人格发展八阶段理论①

美国著名的精神分析理论家爱利克·埃里克森（Erik H. Erikson）于1940—1950年提出了人格发展八阶段理论。他认为，社会对个体在不同的发展阶段有不同的要求，个体自身的需要和能力与社会要求之间会出现不平衡，这种不平衡就会给个体带来紧张感和内心冲突，埃里克森把这种社会要求在个体心理中引起的紧张和冲突的矛盾，称为心理社会危机。进而根据个体不同时期的心理社会危机特点，将人格发展划分为八个阶段。

婴儿期（0—1.5岁）：基本信任感对基本不信任感。婴儿通过自我探索，如果获得了信任感，就会建立起积极乐观的人格品质，进而才会敢于希望、敢于期望，反之则会产生怀疑和不信任。

儿童早期（1.5—3岁）：自主感对羞耻感与怀疑感。这一阶段的主要任务是克服羞愧感，获得自主能力。如果不能帮助儿童顺利解决心理危机，例如，父母惩罚或保护儿童的方式不当，儿童就有可能感到害羞并产生怀疑。反之则能获得较好的自制力和坚定的意志品质。

学前期（3—6岁）：主动感对内疚感。儿童喜欢尝试探索环境，承担并学习掌握新的任务。此时，如果父母或教师对儿童提出的问题不屑一顾或嘲笑、禁止儿童

① 引自 https://m.xinzhou.huatu.com/2021/1124/1081643.html。

的建议和活动，则儿童会形成退缩、压抑、被动、内疚的人格。

学龄期（6—12岁）：勤奋感对自卑感。发展任务是获得勤奋感而克服自卑感，体验着能力的实现。埃里克森认为，男女儿童在本阶段各自据守自己的疆界，并不断应用自己发展着的肌肉、知觉和身体技能，以及增长的知识，竭尽所能去改善自我过程，以求能成功地解决社会所提出的挑战。

青少年期（12—18岁）：自我同一性对角色混乱感。发展任务是建立同一感和防止混乱感，体验着忠诚的实现。

成人早期（18—25岁）：亲密感对孤独感。发展任务是获得亲密感而克服孤独感，体验着爱情的实现。埃里克森把人的发展阶段延长到成人期，这是他的人格发展阶段说的一大特色。

成人中期（25—50岁）：繁殖感对停滞感。发展任务是获得繁殖感，避免停滞感，体验着关怀的实现，这是成年女性考虑新的一代获得关怀和满意的发展。

成人后期（50岁至死亡）：自我调整与绝望冲突。在回顾自己的一生时，很多人感到满意和幸福，也有人会感到绝望，自己一生事业不成功，家庭不幸福。同时老年人对死亡的态度也直接影响到下一代儿童时期的信任感形成。因此，第八阶段和第一阶段首尾相连，构成一个循环往复的生命周期。

埃里克森的人格发展八阶段理论强调了个体在整个生命历程中的发展，并且突出了社会文化因素在人格发展中的重要作用。这一理论对于理解个体在不同年龄阶段的心理需求和冲突解决具有重要的指导意义。

第 6 章 大学生的自我成长

我比我自己所想象的还要巨大，美好，我从没想到我会有这么多的美好品质。

——沃尔特·惠特曼

当人们开始思考他可以做一些事情时，会变得很了不起，相信自己就等于找到了成功的秘诀。

——诺曼·文森特·皮尔

案例

小东（化名），大一男生，来自浙江农村，父母务农，生活一直很艰辛，父母期盼他能考上一所好大学，将来在大城市生活和发展。他一直是很孝顺、听话的孩子，知道自己是父母的希望。只要考上了大学，父母就能开心起来，家里的境况也会很快好起来。因此，上大学成了他唯一的目标，他也最终实现了这个目标。临走时，妈妈对他说："到大学里要好好学习！不要贪玩把学业给荒废了！"进入大学后，老师和学长告诉他，在大学里除了搞好学习以外，还要学会如何适应这个社会，以及如何与人相处。他慢慢意识到，如果还像以前一样死读书，那么将来就不能更好地适应社会。他开始寻找生活的目标，到底什么才是他应该追求的？从此平静的大学生活起了波澜。他发现自己没有办法再像以前那样专心于学习，更加没有从前的雄心壮志。他说："有些同学整天上网、逃课、睡觉，期末时照样能够顺利通过。有学长说过，在大学里一定要做到三件事——挂科，谈恋爱，逃课。我也知道有很多人，他们没什么文凭却能创办公司或企业。现在真的不知道是该用功只学好自己的专业，还是像其他同学那样跑出去接触社会，或者是安安稳稳地享受自己的大学生活。"刚刚步入大学的他陷入了困惑之中。他说："我不知道自己该怎么做了，开始越来越认不清自己了。"

分析： 上述案例中，小东面临着自我认同的困惑。人的一生，始终都在认识自我、完善自我。现在的大学生经常出现的情况是他们并不能很好地、真正地认知自我，悦纳自我。大学阶段是一个人从青年期到成年期转变的重要时期。著名心理学家爱利克·埃里克森（Erik H. Erikson）认为，青少年期（12—18 岁）的主要任务是建立自我认同感。自我认同感是对自我清晰的认识，并表现出自我认识的一致性，以及完善自我贯通的需要和能力。在中学阶段，学习是主要的生活内容，很多同学在这个阶段并没有完成自我统一，进入大学后，逐渐认清自我，形成自我认同感。自我认同是一辈子的事情，无论在什么时候，只要自己努力，仍然可以有机会去完成自我认同。

一、正确认识自我

英国威斯敏斯特教堂旁边有一块墓碑，上面刻着：“当我年轻的时候，我梦想着改变这个世界；当我成熟以后，我发觉我并不能改变这个世界，我将目光缩短了些，我决定只改变我的国家；当我暮年之后，我发觉我并不能改变我的国家，我的愿望变成仅仅改变我的家庭，但是，这也不可能；当我现在躺在床上，行将就木的时候，我突然意识到，如果我一开始就仅仅去改变我自己，然后，我可能会改变我的家庭；在家人的帮助和鼓励下，我可能会为我的国家做些贡献，然后，谁知道呢，或许我可以改变这个世界。”认识自我是完善自我意识的途径之一，而认识自我的方法大体有以下几种。

（一）调整核心信念

核心信念是扎根于人类内心深处并且不易改变的儿时形成的信念。而负性核心信念反映了你可能是根据自己早年的消极经历，对自己做出的消极、广泛而普遍的判断。负性核心信念包括：我是无能的、我是可怜的、我是没有价值的等。这些信念都是由于过去经历的负性经历形成的。具有负性核心信念的人一般都表现得消沉、无助、失落。并且坚信自己的判断是准确的。一旦你认识到了自己持有的消极核心信念，你可以开始一步步地调整这些信念，发展出关于自己更加平衡、有益的信念了。

1. 选择一个需要调整的负性核心信念

写下自己在多大程度上相信这个信念，什么时候它最让你信服，什么时候又最不让你信服。写下负性核心信念带来你的感受。

2. 发展一个新的、平衡的核心信念

当发展新的核心信念的时候，你希望发展出的是一个更加积极、平衡、实际的信念。在调整负性核心信念时，你不仅要协调一些固有的信念，而且还在促进形成新的更加平衡的信念。新的信念需要权衡所有可用的信息，既包括了你的优势也包括劣势（比如，你擅长做很多事情，在另一些事情上却表现一般）。这一过程在确保你不是为自己塑造完全积极的信念（比如，我是完美的），因为这是不符合实际的。

3. 检验过去支持和反驳自己旧信念的论据是否为真

要开始移除旧的负性核心信念，我们首先需要检查你相信这个信念的证据是否合理。是什么证据让你对自己保持了负性信念？什么经历让你进一步验证了这个负性核心信念是对的？

接下来，就像律师检验证据的说服性强弱一样，让我们评估一下这些证据的准确程度和可信程度。这也是你需要问自己的地方：对于这份证据，还有不同的理解方式吗？对这份证据，有没有你没想到的情况？这份证据有除了评判你之外其他的理解方式或其他的意思吗？

4. 为你的新信念寻找支持

首先，收集和你的新视角一致的证据，注意来自过去、现在的证据，寻找在未来的合适证据。其次，你需要带着新的视角做实验。这句话的意思是，你需要像试穿衣服一样试试新视角，试穿它，看它的大小，然后让自己的新行为和新视角一致。问问

自己，对自己看法更友善的人可能会怎样生活？你还可以做些什么让自己获得更多支持新的、更加平衡的自我信念的证据？哪些新的经历可能会进一步支持你正在发展的新看法？

5. 评估你的新信念和旧信念

一旦你已经完成了调整自己负性核心信念的步骤，接下来回想这些步骤给你带来的影响也是重要的。你可以重新评估，现在的自己在多大程度上相信新的信念，多大程度上相信旧的信念，并将它们进行比较。这份评估可能是你需要反复使用和经常回顾的，因为这些新的信念往往在未来的时间和实践中加强，而旧的信念会被减弱。

心理小贴士

积极的自我信念

1. 虽然有失败，但我仍然可以被谅解和接受。
2. 虽然有过错，但我仍然可以被原谅和理解。
3. 虽然我过去做得不够好，但是我父母依旧爱我，老师和同学依然接受我。
4. 虽然我现在还有很多不足，但是变化已经在我身上发生，我将会变得更好。

（二）培养乐观的解释风格

马丁·塞利格曼（Martin Seligman）认为，乐观是一种解释风格，而不是普遍的人格特质。乐观的人把消极事件或体验归因于外部的、暂时的和特殊的原因，如环境、运气等。而悲观的人则把消极事件或体验归因于内部的、稳定的和普遍的因素，如个人的能力等。

例如，一门课没有考好，乐观的人会说，考试没考好是因为题目看错了，或者考场空气不新鲜，所以我不能集中注意力，或者身心状态不好影响了发挥等。而悲观的人则会说自己的专业课没有学好，或者自己很笨根本就学不好。

培养乐观的解释风格，可以按以下四个步骤来练习。

第一步，捕捉“自动思维” 负性生活事件发生时，我们大脑第一时间闪过的想法就是我们的思维“惯性”，也称为自动思维。这种自动思维会左右个体对事情的解释风格，影响着个体的情绪与行为。然而，我们自己常常难以察觉，因此需要有意识去捕捉它。比如，某一次数学考试不理想，最先冒出来的念头可能是“我真笨”“我永远也学不好数学”。这就是我们捕捉到的自动思维。

第二步，对自动思维进行评估 当捕捉到自己的自动思维之后，问问自己，这种想法的依据是什么？列出所有支持这一想法的依据，然后思考哪些依据是反对这个想法的。提醒自己考虑两方面的可能性。

第三步，找出“更正确的解释”，挑战自己的自动思维 是否还可以从其他方面来评估这个负性生活事件呢？如果找不到，想想如果是某一个好朋友遇到这种事情他会怎么解释？一旦搜集到其他解释后，再应用依据来评估它的正确性。请记住，不要只简单地看到一个悲观性的解释，而要看到引起问题的整体原因。

第四步，化解灾难性思维 人们常常将坏事情看成灾难，一旦发生，就会立刻想到最坏的结果。比如由“数学考试不理想”想到自己数学永远考不好，就会失去升入理想大学的机会，人生就会失败。这种想法使负性生活事件演变成了一场灾难。所以，面对负性生活事件需要思考三个问题：可能发生的最坏情况是什么？可能发生的最好情况是什么？最有可能发生的情况是什么？然后为每一种可能性制订应对计划。

心理万花筒

认知风格[①]

认知风格是指个体所偏爱使用的信息加工方式，也叫认知方式。

认知风格与认知能力的区别：能力是成就水平，风格是认知方式；能力是人们能够达到的最高水平，风格是人们的典型行为；能力有高低之分，风格无高低好坏之分。

个人在认知风格上的差异，具有一定的稳定性。儿童时期所表现出来的某种认知风格，可能会保持到成年。主要的认知风格有以下 4 点。

1. 场独立型和场依存型

威特金（Witkin）在垂直视知觉的研究中发现了这种差异，表现在人对外部环境的不同依赖程度上。用隐蔽图形或镶嵌图形测验可以有效地测量场独立型和场依存型的人格差异。

场独立型：信息加工中对内在参照有较大依赖，心理分化水平高，认知重构能力强，在认知中具有优势，与人交往神经大条。这类人认知改组能力强，理科生偏向于这种。

场依存型：信息加工中对外在参照有较大依赖，心理分化水平低，社会功能高，在人际交往中具有优势，与人交往体察入微。文科生倾向于这种认知风格。

2. 冲动型和沉思型

由卡根（J. Kangan）等提出，冲动型与沉思型的差异主要表现在对问题的思考速度上。

冲动型：反应快、精确性差，信息加工多采用整体性策略。

沉思型：反应慢、精确度高，信息加工多采用细节性策略。

3. 继时性和同时性

达斯等根据脑功能研究，区分了这两种加工风格，左脑优势的个体表现出继时性加工风格；右脑优势个体表现出同时性加工风格。

继时性：一步一步地分析问题，单线程思维，如语言和记忆，一般来说女性擅长。

同时性：同时考虑多种假设，兼顾各种可能，如发散思维、空间问题。

① 引自彭聃龄《普通心理学》。

体验活动

自信心提升训练

1. 导入环节（5 分钟）

通过提问或故事引入自信的话题，激发学生的兴趣和思考。

展示一些成功人士的照片或视频，让学生猜测他们成功的秘诀，引出自信的重要性。

2. 理论讲解（10 分钟）

讲解自信的定义、作用及缺乏自信的表现和后果。

分析自信与自卑、自负的区别，帮助学生树立正确的自信观念。

3. 自我认知（15 分钟）

引导学生进行自我评估，找出自己的优点和不足。

发放自评表格，让学生填写自己的优点、缺点及想要提升的领域。

小组讨论：分享自评结果，互相欣赏和鼓励，提出改进建议。

4. 活动实践（25 分钟）

优点大搜索：让学生分组进行“优点大搜索”游戏，每组轮流说出一位同学的优点，被提到的同学要说出自己的感受。

角色扮演：设定一些情景（如面试、演讲、比赛等），让学生分组进行角色扮演，模拟自信的表现。

挑战自我：设计一些简单的挑战任务（如站在讲台上大声说出自己的优点、完成一项看似不可能的任务等），鼓励学生勇敢尝试，体验成功的喜悦。

5. 嘉宾分享（10 分钟）

邀请嘉宾分享他们的自信故事和心得，包括如何克服自卑、保持自信等。

嘉宾与学生进行互动，回答学生的问题，提供实用的建议。

二、积极悦纳自我

悦纳自我是要相信自我。世界上没有两片相同的叶子，每个人也都是独一无二的。每个人在各自的生命里，带着自己过往的生活，努力地生存和发展。没有人比自己更了解自己走过来的每一步，每个人都完全有理由自尊和自爱。2024 年，代表中国队出战的陕西省西安市灞桥区残疾人运动员刘子旭夺得冬季两项世界杯 7.5 公里男子短距离坐姿组冠军，为中国体育代表团斩获本次比赛首金。在赛场上，刘子旭说：“生活从来不会辜负努力坚持的自己”；感动中国 2011 年度人物、“断臂王子”刘伟说：“我用双脚拥抱这个世界”“我从来没有把我当什么特殊群体，就是你们用手做的东西，我用脚做，只是换了一种方式而已，没有什么不一样。”他们的故事告诉我们，无论遇到什么困难，只要心怀梦想，坚定前行，就一定能创造奇迹。接受自己、欣赏自己、体会自己的独特性，相信自己的能力，就能够创造有价值的人生。

（一）建立积极心态

积极的心态是可以培养的。为了培养积极的心态，我们可以从以下几个方面努力。

1. 保持积极进取的心态，乐观人生

凡事向好的方向想，向好的方向努力争取。积极的心态像太阳，照到哪里哪里亮；消极的心态像月亮，只会吸收别人的光亮。事物都存在阴阳两面，积极的心态会增加我们的力量，消极的心态会摧毁我们的力量。

2. 舒缓打击

成功的路上多坎坷，打击无数，要学会舒缓打击，排解失败的失落情绪。排解打击造成的最有效的方式就是降低期望，降低或平和期望的方法最有用的莫过于“阿Q精神疗法”。

3. 排解思想压力，避免心理长期压抑

经常保持跟朋友的沟通，遇到想不通的问题，可以与朋友聊天、写日记等，但一定要想办法将思想上的包袱甩开——不要有杞人忧天的想法，避免心理长期压抑，不要将自己孤立起来，走到团队中去。因为当一个人心理长期过于压抑，一旦出现小的打击或刺激都会直接导致精神崩溃。

4. 分散注意力，学会精神逃避

遇到人生的难题或困难，要想“只是一时找不到解决方式，过一段时间就有了好的转机”，可千万不要泄气，悲观厌世，对事物一蹶不振。同时先试着做一些自己喜欢或容易的事情，以此分散注意力，缓解精神上的疲惫，给心灵和大脑适当休息的时间，有时甚至可以先采取鸵鸟政策，埋头到其他能寻得精神上暂时逃避的事物中，避免硬碰硬地对抗压力。

5. 自我暗示

提示自己过去有多少成绩现在有了怎样的进步，今后将会更好。心想事成，多给自己成功的心理暗示，实现自我鼓励，以保持继续战斗的充沛精力。

6. 学习创新

创新思想意识，不仅仅能够让工作、生活有多条途径，也会让自我在面对苦难时，不至于陷入思想的死胡同，自寻烦恼。创新不仅会让我们思路开阔，也能使我们心地宽广。对待学习创新，一方面是通过学习获得更多的知识，另外是在学习中积极思考，主动探究，提出新问题、新想法，然后进行创造。创新、创造的过程和结果给人们带来的精神愉悦、充实、满足和快乐，是生活中其他任何过程和结果都不能给予的。

7. 培养爱好，尤其是培养对自己本专业和本职工作的爱好

行行出状元，无论哪一行只要用心做都会给我们带来事业成功的满足感、荣誉和物质收获。做自己喜欢的事情，能使心情愉悦，也能让随之而来的成功喜悦冲淡学习和生活上的不如意，千万不要让学习和生活“四面楚歌”。

8. 体育运动

运动不仅能强身健体，增强体魄，还能使我们与自然、人和谐共存，疏解心理的郁结。

正所谓“良好的心态是成功的一半”，通过建立积极的心态，保持乐观向上的精神状

态，我们能够以更加平和的心境去面对学习生活中遇到的挫折与挑战，同时也能够更好地处理与周围同学朋友的关系，结交到更多知心的好朋友，基于此，我们才会充分发挥个人潜质，体现自我的人生价值。

心理测试

一般自我效能感量表

以下10个句子关于你平时对自己的一般看法，请你根据实际情况（实际感受），在右边合适的□上打“√”。

题号	题　目	完全不正确（1）	有点正确（2）	多数正确（3）	完全正确（4）
1	如果我尽力去做的话，我总是能够解决问题的				
2	即使别人反对我，我仍有办法取得我所要的				
3	对我来说，坚持理想和达成目标是轻而易举的				
4	我自信能有效地应付任何突如其来的事情				
5	以我的才智，我一定能应付意料之外的事情				
6	如果我付出必要的努力，我一定能解决大多数的难题				
7	我能冷静地面对困难，因为我信赖自己处理问题的能力				
8	面对一个难题时，我通常能找到几个解决的方法				
9	有麻烦的时候，我通常能想到一些应付的方法				
10	无论什么事在我身上发生，我都能应付自如				

GSES采用李克特4点量表形式，各项目均为1～4级评分。对每个项目，测试者根据自己的实际情况回答“完全不正确”“有点正确”“多数正确”“完全正确”。评分时，“完全不正确”计1分，“有点正确”计2分，“多数正确”计3分，“完全正确”计4分

GSES为单维量表，没有分量表，因此只统计总量表分。把所有10个项目的得分加起来除以10即为总量表分

（二）完善积极品质

当前大学生的心理压力越来越大，他们的这种巨大压力主要来自于学业、家庭和社会环境。大学生不仅要认真学习专业文化知识，还要面对与日俱增的就业压力和不断变化的社会环境，这些压力的不断累积，会给大学生带来越来越多的心理问题。

对大学生自身来说，良好的人际交往态度和有效的沟通技能不仅可以帮助大学生实现自我价值感，还可以满足其对爱和尊重的需要，同时也对大学生自信、勇敢、乐观、开朗等积极心理品质的培养有重要的促进作用。建立良好的人际关系，就要积极参加各项活动，使自己的兴趣爱好更加广泛。在面对困难时要勇于面对；当遇到自身解决不了的困难时，要学会运用他人所提供给自身的社会支持；当心情沮丧时，要学会向朋友倾诉，适当

地发泄自己的情绪，使自己的情绪得到改善。每个人都有发泄情绪的自由，释放消极、悲观、痛苦的情绪有利于减轻心理压力，尽管情绪不易受控制，但是也有很多调节情绪的方法可以使用。例如，放松法、音乐疗法和宣泄法等。大学生要学会运用这些方法，让自己放轻松，养成积极健康的心态，在遇到不开心的事情时，要将事情说出来；遇到挫折时，要放松心态不要自暴自弃，应保持一个自信乐观的心态。在有压抑情绪并且不愿向他人倾诉时，可以听听音乐平静内心，还可以出去旅游放松自己，也可以通过打游戏和看电影等方式来排遣自己的不良情绪。建立良好的人际关系和学会适当发泄自己的情绪是大学生培养自身积极心理品质的重要渠道，大学生要充分发挥自身优势，帮助自己养成一个积极健康的心理品质。

心理万花筒

幸福五要素

10年前，在《真实幸福》一书中，塞利格曼教授提出幸福生活的三种模式或三要素：快乐的生活（pleasant life）、沉浸其中的生活（life of engagement）和有意义的生活（meaningfullife）。

在《持续的幸福》（*Flourish*）一书中，塞利格曼教授对自己的理论进行了修正，提出了幸福生活的五要素或五个支柱。

1. 积极情绪（positive emotion）。
2. 沉浸其中，参与（engagement）。
3. 人际关系（relationships）。
4. 意义（meaning）。
5. 成就（accomplishment）。

什么是好的生活？快乐的、沉浸其中的、有意义的、有成就的和有良好人际关系的生活就是好的生活。

三、有效控制自我

自我控制是个体主动改变自己的心理品质、特征及行为的心理过程。大学生认识自我和悦纳自我最终都会归结于控制自我的行动之中。

《奥赛罗》是莎士比亚的四大悲剧之一。奥赛罗与苔丝狄蒙娜真心相爱并顶着巨大压力成婚，却因为轻信别人的挑拨，在愤怒中失去理智杀死了妻子。当他得知真相后，悔恨之下拔剑自刎。冲动容易使人失去理智，犯下不可挽回的过错。越是重大的事情，越是需要自我控制的能力。

自我控制能力是个体在没有外界监督的情况下，适当地控制、调节自己的行为，抑制冲动、抵制诱惑、延迟满足、坚持不懈地保证目标实现的一种综合能力，是意志力的表现。很多大学生在受到挫折和打击之后，没有面对挫折的勇气和毅力，无法调整自我，最终选择逃避。

（一）提升自控力

人生的旅途不会是一帆风顺的，其间总会面临各种困难和挫折，大学生应根据自己的实际情况和社会需要，考虑自己的能力、特长、爱好、价值观和人格特点，积极地建立清晰的自我认识，制订具体的行动计划，警惕惰性，克服困难，主动调节自我情绪，养成良好的行为习惯，提升自我控制能力。

（二）发展积极行为

发展积极行为是一个持续的过程，它涉及培养乐观态度、主动解决问题、勇于承担责任，以及与他人建立良好关系等正面行为。通过不断实践这些行为，我们可以增强自信心，提升生活质量，并在个人成长和社会互动中展现出更加积极和正面的形象。

心理小贴士

本－沙哈尔幸福课的10条小贴士①

1. 遵从你内心的热情

选择对你有意义并且能让你快乐的课，不要只是为了轻松地拿一个A而选课，或选你朋友上的课，或是别人认为你应该上的课。

2. 多和朋友们在一起

不要被日常工作缠身，亲密的人际关系，是你幸福感的信号，最有可能为你带来幸福。

3. 学会失败

成功没有捷径，历史上有成就的人总是敢于行动，也会经常失败。不要让对失败的恐惧，绊住你尝试新事物的脚步。

4. 接受自己的全部

失望、烦乱、悲伤是人性的一部分。接纳这些，并把它们当成自然之事，允许自己偶尔的失落和伤感。然后问问自己，能做些什么来让自己感觉好过一点。

5. 简化生活

更多并不总代表更好。你选了太多的课吗？参加了太多的活动吗？都能做好吗？建议求精而不在多。

6. 有规律地锻炼

体育运动是你生活中最重要的事情之一。每周只要3次，每次只要30分钟，就能大大改善你的身心健康。

7. 睡眠

每天7～9小时的睡眠是一笔非常棒的投资。这样，在醒着的时候，你会更有效率、更有创造力，也会更开心。

8. 慷慨

现在，你的钱包里可能没有太多钱，你也没有太多时间，但这并不意味着你无法助人。“给予”和“接受”是一件事的两个方面。当我们帮助别人时，我们也在帮

---

① 引自本－沙哈尔《幸福的方法》。

助自己；当我们帮助自己时，也是在间接地帮助他人。

9. 勇敢

勇敢并不是不恐惧，而是心怀恐惧，仍依然向前。

10. 表达感激

生活中，不要把你的家人、朋友、健康、教育等这一切当成理所当然的。它们都是你回味无穷的礼物。记录他人的点滴恩惠，始终保持感恩之心。每天或至少每周一次，请你把它们记下来。

体验活动

意志力实验：5分钟训练大脑冥想①

1. 原地不动，安静坐好

坐在椅子上，双脚平放在地上或盘腿坐在垫子上。背挺直，双手放在膝盖上。我选择盘腿坐在床上，因为是睡前冥想的，所以床上最舒服。

冥想时一定不能烦躁，这是自控力的基本保证。如果你想挠痒的话，可以调整一下胳膊的位置，腿交叉或伸直，看自己是否有冲动但能克制。简单的静坐对于意志力的冥想训练至关重要。你将学会，不再屈服于大脑和身体产生的冲动。

2. 注意你的呼吸

闭上眼睛。要是怕睡着，你可以盯着某处看，比如盯着一面白墙。

吸气时在脑海中默念“吸”，呼气时在脑海中默念“呼”。当你发现自己有点走神的时候，重新将注意力集中到呼吸上。这种反复的注意力训练，能让前额皮质开启高速模式，让大脑中处理压力和冲动的区域更加稳定。

3. 感受呼吸，弄清自己是怎么走神的

注意呼吸几分钟后，你就可以不再默念“呼”“吸”了。试着专注于呼吸本身。你会注意到空气从鼻子和嘴巴进入和呼出的感觉，感觉到吸气时胸腹部的扩张和呼气时胸腹部的收缩。不再默念“呼”“吸”后，你可能更容易走神。像之前一样，当你发现自己在想别的事情时，重新将注意力集中到呼吸上。如果你觉得很难重新集中注意力，就在心里多默念几遍“呼”和“吸”。

---

① 引自 https://zhuanlan.zhihu.com/p/301213505。

本篇小结

认知是了解社会了解自我的重要手段，良好的自我意识是心理健康的重要部分。大学生正处于自我意识逐渐完善的时期，容易受到他人的影响。所以在运用认知手段发展自我意识时，容易出现一些偏差。大学生应正确处理认知和自我意识的偏差，发觉自己的潜能和优势、正视自己的不足和缺陷。不断认识自我、悦纳自我、调控自我、超越自我。

【复习与思考】

1. 什么是自我意识？
2. 自我意识的结构有哪些分类？
3. 大学生自我意识发展有哪些特点？
4. 大学生常见的自我意识偏差有哪些？如何调适？
5. 自我训练：认识自我——20 个“我是谁”。

请你写下描述自己的 20 个句子，可以从多方面、多角度、更深层次地去认识自己。

我是 ____

我是 ____

我是 ____

我是 ____

我是 ____

我是 ____

……

评估一下你对自己的陈述是积极的还是消极的。在积极的陈述后画“+”，在消极的陈述后画“–”。数一数正号多还是负号多，为什么会这样？你是不是过高或过低地评价自己？想一想如何调整自我评价，正确地认识自己？

【相关量表】

自我和谐量表（SCCS）①

指导语：以下列出了有些人可能会有的问题，请仔细地阅读每一条，然后根据你的实际感觉与情况，请在符合自己情况的项目标记栏中画“√”。

① 引自赵丽琴《大学生心理健康指南》。

序号	项 目	非常不符合	基本不符合	基本符合	比较符合	完全符合
1	我周围的人往往觉得我对自己的看法有些矛盾	1	2	3	4	5
2	有时我会对自己在某方面的表现不满意	1	2	3	4	5
3	每当遇到困难，我总是首先分析造成困难的原因	1	2	3	4	5
4	我很难恰当表达我对别人的情感反应	1	2	3	4	5
5	我对很多事情都有自己的观点，但我并不要求别人也与我一样	1	2	3	4	5
6	我一旦形成对事物的看法，就不会再改变	1	2	3	4	5
7	我经常对自己的行为不满意	1	2	3	4	5
8	尽管有一些不愿意做的事，但我基本上是按自己意愿办事的	1	2	3	4	5
9	一件事好是好，不好是不好，没有什么可含糊的	1	2	3	4	5
10	如果我在某件事上不顺利，我往往会怀疑自己的能力	1	2	3	4	5
11	我至少有几个知心朋友	1	2	3	4	5
12	我觉得我所做的很多事情都是不该做的	1	2	3	4	5
13	不论别人怎么说，我的观点绝不改变	1	2	3	4	5
14	别人常常会误解我对他们的好意	1	2	3	4	5
15	很多情况下我不得不对自己的能力表示怀疑	1	2	3	4	5
16	我朋友中有些是与我截然不同的人，这并不影响我们的关系	1	2	3	4	5
17	与朋友交往过多容易暴露自己的隐私	1	2	3	4	5
18	我很了解自己对周围人的情感	1	2	3	4	5
19	我觉得自己目前的处境与我的要求相距太远	1	2	3	4	5
20	我很少去想自己所做的事是否应该	1	2	3	4	5
21	我所遇到的很多问题都无法自己解决	1	2	3	4	5
22	我很清楚自己是什么样的人	1	2	3	4	5
23	我很能自如地表达我所要表达的意思	1	2	3	4	5
24	如果有足够的证据，我也可以改变自己的观点	1	2	3	4	5
25	我很少考虑自己是一个什么样的人	1	2	3	4	5
26	把心里话告诉别人不仅得不到帮助，还可能招致麻烦	1	2	3	4	5
27	在遇到问题时，我总觉得别人都离我很远	1	2	3	4	5

（续表）

序号	项　目	非常不符合	基本不符合	基本符合	比较符合	完全符合
28	我觉得很难发挥出自己应有的水平	1	2	3	4	5
29	我很担心自己的所作所为会引起别人的误解	1	2	3	4	5
30	如果我发现自己某些方面表现不佳，总希望尽快弥补	1	2	3	4	5
31	每个人都在忙自己的事，很难与他们沟通	1	2	3	4	5
32	我认为能力再强的人也可能遇上难题	1	2	3	4	5
33	我经常感到自己是孤独无援的	1	2	3	4	5
34	一旦遇到麻烦，无论怎样做都无济于事	1	2	3	4	5
35	我总能清楚地了解自己的感受	1	2	3	4	5

计分办法及结果解释：各分量表的得分为其所包含的项目分直接相加，三个分量表包含的项目及题号如下

结　果	包含题目
自我与经验的不和谐	1、4、7、10、12、14、15、17、19、21、23、27、28、29、31、33，共 16 项
自我的灵活性	2、3、5、8、11、16、18、22、24、30、32、35，共 12 项
自我的刻板性	6、9、13、20、25、26、34，共 7 项

“自我与经验的不和谐”反映的是自我与经验之间的关系，包含对能力和情感的自我评价，自我一致性、无助感等，它所产生的症状更多地反映了对经验的不合理期望

“自我的灵活性”与敌对与恐怖的相关显著，可以预示自我概念的刻板和僵化

“自我的刻板性”不仅同质性信度较低，而且与偏执有显著相关，使用仍然在探索中

此外，还可以计算总分，方法是将“自我的灵活性”反向计分，再与其他两个分量表得分相加。得分越高自我和谐程度越高，大学生中，低于 74 分为低分组，75～102 分为中间组，103 分以上为高分组

【推荐读物与影视作品】

1. 图书《遇见未知的自己》

本书是华语世界第一部影响了数千万人的身心成长小说，销量过百万。作者张德芬通过我们每天都可能遭遇到的种种事情，帮助我们看到主宰自己人生的模式是如何形成的，又如何在操控我们的身心。并以故事的形式来分享张德芬多年的心灵成长感悟，来帮助我们解除现有的人生模式，帮助我们找回原本快乐的自己。

2. 图书《心灵七游戏》

本书作者为毕淑敏。这是一部为你、为我、为他、为所有“有心”人而写的书。书中的七个游戏——我的五样、谁是你的重要他人、我是一个怎样的人、你的支持系统、再选你的父母、写下你的墓志铭、生命线，都直指人生的重大问题，深入浅出，梳理过去，指

导现在，昭示未来。人生非游戏，游戏却可以改变人生。

3. 电影《心理奇旅》

电影讲述了热爱爵士乐的中学音乐教师乔伊·高纳的故事。他一直梦想成为一名成功的爵士钢琴家，并终于获得了梦寐以求的登台演奏机会。然而，在一次意外事故中，乔伊的灵魂误入了一个奇幻而神秘的世界——“生之来处”。在“生之来处”，乔伊遇到了22号灵魂，一个孤僻、早熟而厌世的灵魂，它由于迟迟未能找寻到自身的“火花”（生命的独特意义或激情），而长时间游荡停留于此。为了重返地球，乔伊决定帮助22号灵魂找到它的“火花”。在寻找“火花”的过程中，乔伊和22号灵魂共同返回了现实世界，并经历了一段充满奇妙和诡谲的生命之旅。这段旅程让乔伊重新审视了现实生活，挑战了他对生与死的理解，并逐渐重构了自己存在的价值和意义。

4. 电影《放牛班的春天》

影片背景设定在1949年的法国乡村，音乐家克莱门特来到了一间被称为“塘底”的男子寄宿学校当助理教师。学校里的学生大部分都是难缠的问题儿童，体罚在这里司空见惯，而学校的校长则只顾自己的前途，残暴高压。克莱门特性格沉静，他尝试用自己的方法改善这种状况，重新创作音乐作品，并组织合唱团，决定用音乐的方法来打开学生们封闭的心灵。

第三篇

独一无二　完善人格：大学生健康人格的塑造

视频 3　I 人 vs. E 人 MBTI 人格心理测验

案例

F是一名大四女生，因觉得前途渺茫，恐惧毕业和害怕失去室友前来心理咨询。F自诉从小被父母溺爱，被父母包办一切生活，自己的学习几乎完全靠家教。上大学后，F一直难以适应学校生活，很多时候，生活和学习任务总是需要别人的指引和帮助才能顺利完成。F自觉总是没有安全感，依赖性强，日常生活中时刻需要室友和好友陪伴，恋家，害怕独立完成任务。不论大小事，每次做决定F都犹豫不决，必须依靠别人的建议才勉强做决策。大二时，男朋友因"太黏人"为由和她分手，F感觉到强烈的被抛弃感，一度抑郁，成绩一落千丈。

临近毕业，F发现同学们都在忙着准备考研、找工作，而自己英语和专业基础太差，没信心去考研，更没有勇气出去找工作。眼看着同学即将各奔前程，落下自己孤苦伶仃，F无法适应即将毕业带来的转变，感觉到更加无助和迷茫。

思考：自己的身边有类似F这样心理和行为特点的人吗？F这种心理和行为的原因是什么？

生活中，我们经常可以看到人们各具特色的样子——有的人热情奔放，有的人冷淡孤僻，有的人聪慧灵活，有的人反应迟钝，有的人坚韧果断，有的人优柔寡断，有的人多愁善感，有的人笑口常开……这些不同的特征，反映的就是不同个体之间人格的差异。

俗话说"三岁看大，七岁看老"，我们还在懵懂的幼儿时期，就已经形成人格了吗？人格是怎么发展的呢？长大后还能改变吗？新时代的大学生具备什么样的人格特点？我们又该如何塑造健康人格，把命运掌握在自己手里？本章从人格发展的角度来关注人格的概念和特征，探讨大学生人格与心理健康的关系，进而关注大学生健康人格的特征，介绍大学生常见的人格发展偏差及其表现，并指导大学生学会如何塑造健康人格。

学习目标

1. 了解人格的基本概念、特征，了解人格障碍。
2. 了解大学生人格与心理健康的关系。
3. 掌握经典人格理论及人格完善方法，塑造健康人格。

第 7 章 人格与人格理论

泰山不让土壤，故能成其大；河海不择细流，故能就其深。

——李斯

其身正，不令而行；其身不正，虽令不从。

——《论语·子路篇》

桃李不言，下自成蹊。

——司马迁

一脚踩扁了紫罗兰，紫罗兰却把芳香留在脚跟上，这就是宽容。

——安德鲁·马修斯

现实生活中，人们会遇到各种性格的人，如温柔如春、冲动暴躁、诚实憨厚、古灵精怪、抑郁寡欢等，这些关于性格的诸多描述，就属于心理学概念——人格的内容。

一、人格概述

（一）什么是人格

人格是个古老的概念。人格（personality）的词根“persona”在希腊语中有“面具”的意思，即戏剧演员所扮演的角色标志，这似乎在暗示人们要以特定的方式和面貌来生存。道德意义上的人格，指一个人的品德和操守；法律意义上的人格，指具有法律地位的人。那么，心理学意义上的人格指什么呢？

心理学家从许多角度对人格进行了各种定义。事实上，“人格”在心理学界，是个非常复杂并一直有争议的概念。美国当代心理学家普文（Lawrence A. Pervin）对人格的定义为：“人格是认知、情感和行为的复杂组织，它赋予个人生活的倾向和模式。”文中采用的定义是人格心理学家戈登·奥尔波特（Gordon Allport，1961）给出的。奥尔波特认为，人格是一个人内部心理系统的一种动态动力组织，它塑造着一个人的行为、思想和感情的独特模式，它的定义有以下要点。

人格不是一些碎片累加，而是有组织的。

人格并不是静止的，而是动态变化的。人格具有某些过程性的内容。

人格是一个心理学概念，但是，它的存在依赖于物质性的身体。

人格是一种原动性动力，它有助于决定一个人该如何与现实环境相互联系。

人格是在重现和一致性模式中表现出来的。

人格展现的并不仅仅只是一种形式，它是通过人类行为、思想、感情等多种特征表现出来的。

此人格概念涵盖了心理学家们研究人格结构和作用机制的大量基本问题。

上文人格概念的阐述，所涉及范围非常广泛，内容非常庞杂。定义涉及了事物的本质和核心，所以比较抽象。但是，现实生活中有血有肉、形形色色的人物及其表现出的心理和行为方式，可以让人们用以下更形象的表述来揭示“人格”概念的生活性面貌。

（二）人格的特征

作家张爱玲说过，“人性”是本最有趣的书，一生一世也看不完。尽管人们看不完这些多姿多彩的“人性”（人格）的书，但是心理学家们依然归纳和总结出每个人的人格所展现出来的共性特点，即人格的特征。

1. 独特性

人们在生活中所接触的每一个人总是和其他人有所不同。“人心不同，各如其面”，没有两个人格完全一样的人，即便是一对长相惊人相似的同卵双生子（双胞胎），人格特征也存在一定的差异，这就是人格独特性。尽管心理学家一直对个体差异（individual differences）很感兴趣，但是经验也告诉人们，生活在相同文化和自然环境下的某一群体，人格特点也会表现出共性，比如相比北美，东亚人更含蓄、保守。因此，人格特征的独特性也是在大范围的共性里面表现出来的。

2. 整体性

人格的整体性是指，包含在人格中的各种心理特征彼此交织，相互影响，构成一个有机的整体，这个整体是概括性的，表现出个体各种行为所具有的共性。人格的整体性可以通过他人的评价表现出来。“江山易改，禀性难移”，这里的“禀性”就是指人格，比如，人们通过某人的各种行为举止，总结出他是一个易冲动、粗枝大叶的人，多数人也完全相信此人这样的人格特点是渗透在他现在及以后的各种行为当中。因为，在人们的脑海里，能够瞬间闪现的“鲁莽”这个概括性的标签已经紧密地和这个人联系在一起了，如果他哪一次表现得特别有耐心和细腻，反而让人感到难以置信、判若两人。

3. 稳定性

人格的稳定性主要表现在个体行为模式具有跨时间的持续性和跨情境的一致性。人们可能会发现一位很温柔，很有亲和力的医生在医院对待患者很有爱心和责任感，在家对孩子的教育也倾注更多的耐心，给自己爱人的感觉也很温馨，她的人格特点在不同场合都表现出一致性和连贯性，即表现出人格的稳定性特征。英国精神病学家对 1000 名 3 岁幼童进行追踪的研究表明，3 岁幼童的言行可以预示他们成年后（26 岁）的性格，这也验证“三岁看大，七岁看老”的俗语。因此，人格的稳定性意味着，由各种心理特征构成的人格结构是比较稳定的，不受地点和时间的限制。但是，那些在行为中偶尔表现出的心理特征却不能称为人格特征，比如，一向吝啬的人在获得巨额奖学金后，慷慨地宴请同学的行为表现。但稳定性并不意味着人格是绝对一成不变的，后天环境还是可以对人格的发展变化产生很大的影响。

4. 功能性

很多人喜爱读名人传记，因为一些优秀的人格魅力可以让自己深受鼓舞，指导自己的行为方式。优秀的人格特征是很多名人取得成功的基础或者说是优势。同样面对挫折，性格坚强的人会百折不挠、目标坚定，而怯懦的人则很容易一蹶不振、破罐子破摔。《论语》中对君子和小人的描述，如“君子周而不比，小人比而不周”“君子怀德，小人怀土；君子怀刑，小人怀惠”之类的描述，就展示出不同人格特征的君子和小人为人处世的差异。君子博爱、有责任心的人格特征决定了他们总是顾及集体或社会利益，而小人自私、狭隘的人格特征让他们总是盘算自己的利益得失。因此，人格特征对个人的行为具有调节功能，不同的人格特征可以决定一个人采取不同的行为策略，甚至也可以决定一个人在社会生活中的成败。

5. 社会性

由第 1 章里面“狼孩”的故事可以得知，如果婴儿的社会接触被剥夺，就不可能形成真正的社会的人，“狼孩”没有人类社会化的过程，因此，她们很难具备一些诸如诚实、友爱等人格特点。人格的社会性是指社会化把人变成文明社会的成员，人格是在一定的社会环境中形成的，人格是人类所特有的。因而，一个人的人格必然反映出一些社会文化特点，以及受到后天教育的影响等。离开了人类社会环境，人格不可能形成。

知识延伸

十年后你的性格变化会超出你的想象吗①

如果你认为十年之后的自己与现在改变不大，那么请再想一想。一项新研究发现，大多数人都能意识到自己在过去时间里发生的改变，但只有很少人会预料到自己未来会发生改变。人们对于自己过去十年里的品位、价值观，甚至个性的改变十分清楚，但许多人仍然坚持，现在的自己在十年之后并不会发生太大的改变。近期一项来自哈佛大学心理学家丹尼尔·吉尔伯特（Daniel Gilbert）的研究显示，这其实是一个不真实的想法。

在 2013 年 1 月 4 日的《科学》杂志上，吉尔伯特和他的同事们将这种错误的信念称为“历史终结的错觉”（end of history illusion）。吉尔伯特说，不管在什么年龄段，人们总是倾向于认为过去的经历已经将他们塑造成为现在的模样，并且是最终的结果。

研究者在网络上招募了志愿者，分别就十年之前和十年之后的情况填写各种有关个性、偏好和价值观的调查问卷。总共有超过 19 000 名志愿者参与了这一系列调查。在调查中，研究者将 18 岁组对未来十年的前瞻答案与 28 岁组的回顾答案进行了比较，并以此类推（19 岁组与 29 岁组的比较，20 岁组与 30 岁组的比较），最高年龄的参与者是 68 岁。结果显示，年纪大的人往往报告了过去十年里的很多改变，而年轻者则大多没有期待未来会发生什么变化。

当一个 40 岁的人回头看的时候，他们说：“我的个性、价值观还有各种偏好都改变了很多。”但一个 30 岁的人展望未来的时候，他们说：“我不觉得这些方面我会改变很多。”

为了保证研究结果不是人们过分高估了过去的变化，或者过分低估了未来的改

① 引自 http://paper.people.com.cn/rmwz/html/2013-02/01/content_1204940.htm。

变，研究者还分析了3808个真实的个性变化案例。这些人分别在1995—1996年和2004—2005年填写了有关自己个性问题的调查问卷。分析的结果与之前调查的结果几乎完全相同。也就是说，人们很擅长评估从过去到现在的改变，而说到未来就显得估计不足。

这种“历史终结的错觉”可能是由两种因素造成。一是人们更相信自己对自己的了解，并觉得未来是可以预测的，因此人们倾向于将现在的一切看得更长久。另一个原因是，对未来的想象显然比对过去的回忆更加困难。吉尔伯特说：“人们很难想象到未来将发生的改变，因此常做出错误的结论——既然没想出来，姑且就认为不会改变。”

二、气质类型和人格理论

（一）气质类型

心理学家最早描述人格的方法是，通过几种截然不同的类型对个体进行分类。其中，最具代表性的是由公元前5世纪的一位希腊医生希波克拉底（Hippocrates）提出来的，他认为人体含有四种基本的体液，每种体液与一个特定的气质类型（500年后罗马医生Galen提出“气质”概念，即一种情绪和行为的模式）相对应。而个体的人格是由体内何种体液占主导所决定的。希波克拉底将与气质对应的体液依据以下方案进行配置，形成下列4种气质类型。

血液——多血质（快乐，活泼好动）。

黏液——黏液质（缺乏感情，行动迟缓）。

黑胆汁——抑郁质（情感细腻，多愁善感）。

黄胆汁——胆汁质（易激怒，冲动兴奋）。

希波克拉底提出的这个理论由于历史条件限制，可能缺乏一定的科学依据，但是这个理论的确流行了几个世纪，其影响一直延续到中世纪。

在现实生活中，只有少数人具有某种气质类型的典型特征，多数人属于不同气质类型的混合型或过渡型。人的气质没有好坏之分，每一种气质类型既有优势，也有不足：胆汁质的人直率、精力旺盛，但任性、脾气暴躁，容易冲动；多血质的人反应灵活，容易适应新环境，但兴趣容易转移，注意力不稳定；黏液质的人沉着稳重，但反应缓慢；抑郁质的人耐受力差，容易疲劳，但感情细腻、观察力敏锐，审慎小心。

心理万花筒

有趣的气质类型

有心理学家以去电影院看电影迟到为例，对人的几种典型的气质做了说明。假设电影已经放映了，门卫又不让迟到的人进去，不同气质类型的人会有不同的表现。

第一个人来到门口，被保安拦住：“对不起，先生。您迟到了10分钟，现在进去将会影响其他观众。”“不让我进？！你知道我为什么来这么晚吗？刚才，在剧院门口，一个老太太摔倒了，我把她送去了医院，我是做好事，你敢不让我进去？！”（行为带有攻击性，是胆汁质人的显著特征）

第二个人到了门口，被保安拦住：“对不起，先生，您迟到了15分钟，现在进去将会影响其他观众。”“哦，我来晚了，”看看表，“真的来晚了。咦，听口音你是××人吧，我爱人也是，老弟！来，抽支烟，抽支烟，跟你说，我在××局工作，以后需要帮忙随时来找我。”第二个人进去了。（灵活、不生气、总有办法，属于多血质人的特征）

第三个人到了，被保安拦住：“对不起，先生，您迟到了5分钟，现在进去将会影响其他观众。”“哦，迟到了，是不是迟到都不让进？”“是的。”“那，不进了。我站这儿可以吧？”一会儿胆汁质的人来了并进去了。“他咋进去了？”“他，他做了好事。”一会儿多血质的来了，他也进去了。“他咋也进去了？”“他，他是老乡。算了算了，你进去吧。”他的目的达到了。（耐力强，属于黏液质人的特征）

第四个人，“对不起，先生，您迟到了3分钟，现在进去将会影响观众，我不能让您进去。”“哦，就是就是，我迟到了3分钟，这不能怪你，要是我早到，你一定不会不让我进，好吧，那我走了，唉，太遗憾了！”（抑郁质类的人，刻板、悲观）

（二）人格理论

1. 奥尔波特的特质理论

美国心理学家奥尔波特（Gordon Allport）将特质（trait，使个体在各种情况下的行为具有一致性的持久品质或特征）看作人格的框架和个性的根源。根据奥尔波特的理论，特质使得人们很多行为都表现出一致性，特质可以作为一个中介变量，使一系列刺激事件和行为反应产生联系。比如某人有“勇敢”这样的特质，不管是做演讲、谈判、看恐怖片、逃生等，在很多情境下，他都很可能会表现得胆大、意志坚定，“勇敢”这个核心特质决定了他诸多行为的统一性。

奥尔波特确定了三种特质：首要特质（cardinal trait）、核心特质（central trait）和次要特质（secondary trait）。首要特质是一个人最基本的品质，渗透于个人的一切活动之中。以《水浒传》中“鲁提辖拳打镇关西”的故事为例，粗犷、冲动是鲁提辖的首要特质。核心特质是代表一个人主要特征，疾恶如仇、见义勇为、爱憎分明、扶危济困、慷慨大方等都是鲁提辖的核心特质。次要特质则是表现得不明显，在个体身上出现频率较低的特质，鲁提辖虽粗犷鲁莽，但某些时刻也表现出“粗中有细”的次要特质。

2. 卡特尔16种人格因素理论

美国心理学家卡特尔（Raymond Cattell）和奥尔波特一样都是人格特质理论的代表人物。卡特尔受化学元素周期表的启发，用因素分析法对人类的人格特质进行了分析，并且提出了“根源特质”（source trait）的概念，根源特质是指贯穿于诸多行为的内在心理原因。比如，“焦虑”实质是某人害怕考试和体育比赛时双腿发抖的同一个原因。在这里，焦虑就是一种根源特质。

在同事的协助下，卡特尔在几十年的时间里通过对不同年龄、职业和文化背景的人进行测量研究。1949 年，卡特尔用因素分析方法最终确定了 16 种人格根源特质，从而编制了“卡特尔 16 种人格因素调查表”（sixteen personality factor questionaire，简称 16PF）。卡特尔认为，在每个人身上都具备这 16 种人格特质（表 7–1），只是在不同人身上的表现有程度上的差异。所以，他认为人格差异主要表现在量的差异上，可以对人格进行量化分析。

表 7–1　卡特尔 16 种人格因素调查表

代表字母	人格因素	低分者特征	高分者特征
A	乐群性	缄默、孤独、冷漠	乐群、外向、热情
B	聪慧性	迟钝、知识面窄	聪慧、富有才干
C	情绪稳定性	情绪激动	情绪稳定
E	恃强性	谦逊、顺从、通融	支配、攻击、好强
F	兴奋性	严肃、审慎	轻松、兴奋
G	有恒性	权宜敷衍、缺乏奉公	有恒负责、做事尽职
H	敢为性	畏怯退缩、缺乏自信	冒险敢为、少有顾忌
I	敏感性	理智、着重实际	敏感、感情用事
L	怀疑性	信赖、随和	怀疑、刚愎
M	幻想性	现实、合乎常规	幻想、狂放不羁
N	世故性	坦白直率、天真	精明能干、世故
O	忧虑性	安详沉着、有自信心	忧虑抑郁、烦恼多端
Q1	激进性	保守、服从传统	自由、批评激进
Q2	独立性	依赖、随群附众	自立、当机立断
Q3	自律性	矛盾冲突、不拘小节	知己知彼、自律严谨
Q4	紧张性	心平气和、闲散宁静	紧张困扰、激动挣扎

3. 艾森克人格理论

心理学家艾森克（Hans Egsenck，1947，1967）依据因素分析方法提出了人格的三因素模型（three factors model）：外倾性（extraversion），它表现为内外倾差异；神经质（neuroticism），它表现为情绪稳定性的差异；精神质（psychoticism），它表现为孤独、冷酷、敌视、怪异等偏向负面的人格特征。艾森克依据他的理论编制了艾森克人格问卷（eysenck personality questionnaire，简称 EPQ）。

艾森克认为，人格潜在的两个超级特质是内倾—外倾（外倾性）和情绪化—情绪稳定（情绪稳定性）。外向维度指倾向于社交、寻求刺激、有活力、活动性强和控制感。艾森克将外倾性和情绪稳定性这两个维度组合起来建立起一个环状图形（图 7–1）。他指出，这个图形中的每一个象限代表希波克拉底所提出的四种气质类型中的一种。个体可以落在圆圈中的任何一个点上，从非常内向到非常外向的，从非常不稳定到非常稳定的，圆圈上所列出的特质描述了两个维度的组合。例如，一个非常外向并有些不稳定的人可能是冲动的。

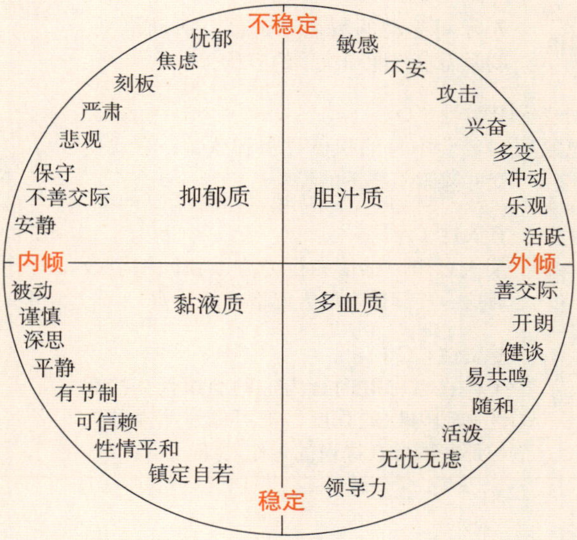

图 7–1 艾森克人格环的四个象限

4. 大五人格因素理论

大五因素模型（big five factors model）是近年来最为流行的人格特质分类模型。卡特尔的 16 种人格因素似乎过于烦琐，而艾森克的外倾性和情绪稳定性两个维度又似乎太简单。不少学者借助自然语言样本重新作了分析，图普斯和克里斯特尔（Tupes 和 Christal，1961）对 8 组不同的从只受过高中教育的空军士兵及一年级的研究生被试样本的相关矩阵进行了重新分析。这些数据包括同伴评定、导师和教师评定，以及经验丰富的临床医师的评定。结果发现，有五个相对显著和稳定的因素，除此之外没有得到任何结果。以后许多学者对美国、德国、荷兰、英国、菲律宾等许多国家的被试加以研究，都重复得到了五因素结构。

这五个因素及其特质是外倾性、神经质或情绪稳定性、宜人性（agreeableness）、责任心（conscientiousness）和开放性（openness），如表 7–2 所示，每一个维度都是两极的，与维度名称意义相似的项目描述的是较高的一级，而意义相反的项目描述的是较低的一级。这五个因素的头一个字母可以构成“OCEAN”一词，形象地寓意“人格的海洋”。这些因素之所以被称为“大五”，不是说它们多么重大，而是强调这五个因素中的每一个因素都极其广泛。有的学者甚至认为，目前大五人格成了“人格心理学里通用的货币”（Funder，2001），是目前对人的基本特质最理想的描述。

表 7–2 大五人格因素

高分者特征	特质量表	低分者特征
烦恼、紧张、情绪化、不安全、不准确、忧郁	情绪稳定性（N） 顺应与情绪不稳定，识别那些容易有心理烦恼、不现实的想法、过分的奢望式要求及不良反应的个体	平静、放松、不情绪化、果敢、安全、自我陶醉
好社交、活跃、健谈、乐群、乐观、好玩、重感情	外倾性（E） 人际间互动的数量和强度、活动水平、刺激需求程度和快乐的容量	谨慎、冷静、无精打采、冷淡、厌于做事、退让、话少
好奇、兴趣广泛、有创造力、有创新性、富有想象力、非传统的	开放性（O） 对经验本身的积极寻求和欣赏；喜欢接受并探索不熟悉的经验	习俗化、讲实际、兴趣少、无艺术性、非分析性
心肠软、脾气好、信任人、助人，宽宏大量、易轻信、直率	宜人性（A） 某人思想、感情和行为方面在同情至敌对这一连续体上的人际取向的性质	愤世嫉俗、粗鲁、多疑、不合作、报复心强、残忍、易怒、好操纵别人
有条理、可靠、勤奋、自律、准时、细心、整洁、有毅力	尽责性（C） 个体在目标取向行为上的组织性、持久性和动力性的程度，把可靠、严谨的人与那些懒散、邋遢的人作对照	无目标、不可靠、懒惰、粗心、松懈、不检点、意志弱、享乐

心理小贴士

最理想的职业

心理学家荣格（Jung）把人格分为下列八种，不同人格类型对应着不同的理想职业。

外向型：要求群体交往，与人会谈，社交聚会的工作，有大量的旅行、讲话和变化。

内向型：安静的，如独立进行文案工作，在进行集中注意和思考的工作时，很少被打扰。

思维型：需要解决大量问题特别是需要逻辑推理的工作，如与数字有关、有明确解决问题方法的工作。

情感型：服务性工作，特别是向普通平民提供服务的工作，满足个人需要的工作。

感觉型：要求注意细节的工作，短期的、有形的、目标直接或与目标直接相关的工作。

直觉型：具有挑战性、非重复性的工作，靠洞察力和沉思来解决抽象问题的工作。

判断型：具有高度组织性和结构性的工作，在新任务开始前能完成的任务。

知觉型：要求具有适应新环境能力的工作，需要新的、创新性头脑的任务。

体验活动

人格大解剖

结合课前自测及同学们的评价，请你从气质类型、性格特征、能力三个方面剖析自己人格特质中的优缺点，找到哪些是你需要接纳的，哪些是你可以尝试改变的。

结　构	具体特质（优缺点）	需要接纳的	可以改变的
气质类型			
性格特征			
能力			

第8章 人格与心理健康

为了成功地生活，少年人必须学习自立，铲除埋伏各处的障碍，在家庭要教养他，使他具有为人所认可的独立人格。

——卡耐基

“特殊的人格”的本质不是人的胡子、血液、抽象的肉体的本性，而是人的社会特质。

——马克思

案例

小杰是一名高中生，家境贫寒，父亲早年因犯罪入狱，家庭关系紧张。在校期间，小杰表现出对学习的热情，但成绩并不理想，这给他带来了巨大的心理压力。他性格内向，不善言辞，很少与同学交流，也没有知心朋友。

一日，小杰的手臂上出现了自伤痕迹，被班长发现后报告给了班主任。班主任深入调查后发现，小杰的情绪已经失控，并表达了对自伤行为的担忧。随后，小杰被送往医院，被确诊为中度焦虑抑郁障碍。

在治疗过程中，小杰向心理医生透露，他觉得自己在家庭和学校中都得不到足够的支持和理解，感到孤立无援。他害怕自己的成绩无法提高，担心未来无法找到工作，甚至无法养活自己。这些担忧和恐惧让他陷入了深深的绝望之中，选择了自伤作为发泄方式。

经过心理治疗和药物治疗，小杰的情绪逐渐稳定下来，开始学会用积极的方式面对生活中的困难和挑战。他也逐渐打开了心扉，与同学建立了良好的关系，找到了自己的兴趣爱好，并积极参与学校的各种活动。

很多读者都非常熟悉《三国演义》中周瑜的典故。因为嫉妒，周瑜放弃了诸葛亮所提出的诸般良策；因为嫉妒，他被诸葛亮“三气”，“怒气填胸，坠于马下”，在36岁时，英年早逝。他在临死之前，仍执迷不悟地悲叹：“既生瑜，何生亮？”。可以看出，不良的人格特质是会影响个体心理乃至生理健康。周瑜非常嫉妒比自己更贤能的人，这样的人格特质最后让他郁郁而终。日常生活中，每个人独特的人格总是在无意识地指导着他（她）的心理行为，换句话说，一个人惯常的情绪状态和心理行为方式可以投射出他（她）的人格基础。心理学家们研究人类人格的同时，也一直在探索人格对心理健康会有怎样的影响。

一、人格类型与心理健康的关系

心理学家对人格类型的分类很多，本节介绍几种具有代表性的人格类型，从社会生活的适应角度进行具体介绍和分析。从下面的内容可以看出，不同人格类型的个体，其独特行为模式表现出了相应的心理健康乃至生理健康特点。但是，不同人格类型的心理健康特点没有单纯的孰好孰坏之分，仅供读者思考和借鉴，取长补短。

（一）A–B–C 型人格

20 世纪 50 年代，两位心脏病学家迈耶·弗里德曼（Meyer Friedman）和瑞·罗斯曼（Ray Rosenman）根据临床经验推测心脏病患者的身体健康可能和其特殊的行为方式有关，他们在大量的调查研究基础上，提出了 A 型人格概念，而与之相对应的是 B 型人格。后来一些心理学者又经过研究增加了 C 型人格。这三种人格的具体表现见表 8–1。

表 8–1　人格的 A–B–C 型分类

类　型	特　征	表　现
A 型	争强好胜、雄心勃勃、勇于进取、急躁易怒、缺乏耐心	在生活和工作中，常有时间紧迫感，行动匆忙，总想一心二用；事无巨细，事必躬亲；说话坦率，语不择人，往往出口无心，极易得罪人；习惯指手画脚，给人以咄咄逼人之感
B 型	情绪较稳定、性格温和、适应性强、生活有节奏、想得开、放得开	在生活和工作中，悠然自得，不求名利，不在乎能否做出成就；缺乏时间观念，喜欢慢步调的生活节奏；待人随和，不爱与人竞争；从容不迫，对工作和生活容易满足
C 型	情绪低落、心境抑郁	在生活和工作中，不善于表述自我，过分压抑焦虑或抑郁等负性情绪，特别是竭力压抑本该发泄的愤怒情绪。这种人格会严重妨碍人体的免疫功能

1976 年，迈耶·弗里德曼和瑞·罗斯曼发表了一项历经 8 年的研究成果。3000 名男性被试者在该研究开始时被诊断为没有心脏病且具有 A 型人格，这些人患心脏病的概率是具有 B 型人格被试者的 2 倍，更易遭受心脏病的威胁，其报告的冠状动脉问题是 B 型人格被试者的 5 倍，A 型人格能够作为独立因素预测人们是否患有冠心病。

有人可能会疑问：A 型人格为什么容易患冠心病？ A 型人格面对应激事件时，容易在生理上变得异常激奋。这种极端兴奋状态致使身体产生过多的诸如肾上腺素等激素，同时也提高了心率和血压。久而久之，这些对应激事件的过度生理反应很可能会促发冠状动脉痉挛或血栓等形成，成为高血压与冠心病的病理基础。

国内外的研究还发现，C 型人格的人易患癌症。北京大学医学部王效道认为，抑郁是癌症的激化剂。癌症患者有 78% 爱生闷气。由此可见，不良的人格是影响身心健康的重要因素之一。

（二）外向 – 内向型人格

瑞士心理学家卡尔·古斯塔夫·荣格（Carl Gustav Jung）根据心理活动倾向于内部还是外部，将人的性格分为内向和外向两大类。他认为，当一个人的兴趣和关注点指向外部客体时，就是外向型；而当一个人兴趣和关注点指向主体时，就是内向型。外向型的人心理活动倾向于外部，情感表露在外，热情奔放，独立自主，善于交往，活泼开朗，处世不拘小节，独立性强，能适应环境，但易轻信，自制力和坚持性不够，有时候表现出粗心、不谨慎、情感动荡多变等；内向型的人心理活动倾向于内部，感情较内蕴、含蓄，处世谨慎，自制力较强，善于忍耐克制，富有想象，情绪体验深刻，但不善社交，应变能力较弱，反应缓慢，易优柔寡断，显得有些沉闷、孤僻、拘谨、胆怯等。外向－内向型人格特点的对比见表 8–2。

表 8–2　内向－外向型人格特点比较

外向型特点	内向型特点
1. 总是注意外界所发生的事情，追求刺激，喜欢变化，敢于冒险	1. 倾向于事先计划，三思而后行，严格控制情感，较少攻击行为
2. 无忧无虑，随和乐观，容易冲动，易怒也易平息，不假思索地行动	2. 性情孤独、内省，生活有规律，重视道德和行为标准
3. 有与他人交流的需要，好为人师，有许多朋友	3. 对书的爱好胜于对人的交往，除亲密朋友外，对人冷漠，保持一定的距离
4. 善于交际，对人热情，不喜欢独自学习	4. 安静，不善交际

（三）独立－顺从型人格

人格按个体独立程度可划分为独立型与顺从型。独立型的人意志较坚强，不仅善于独立地发现问题、解决问题，而且敢于坚持自己正确的意见，自主、自立、自强。但是，独立性过强的人，喜欢把自己的思想和意志强加于人，固执己见，独来独往，不易合群。而顺从型的人服从性好，易与人合作，随和恭谦，但独立性差，依赖性强，易受暗示，在紧急状况下易惊慌失措。独立－顺从型人格类型比较见表 8–3。

表 8–3　独立－顺从型人格特点比较

人格类型	人格特点
独立型	善于独立发现问题和解决问题，自信果断，喜欢表现自己，易主观偏激，喜欢独处
顺从型	缺乏主见，易受暗示，碰到紧急情况不知所措，社会敏感度高，善与人相处

二、常见人格障碍

案例 F 的咨询个案，很多读者可能会觉得 F 的主要问题是依赖性太强。但是 F 这种依赖性人格从小到大都是存在的，而且渗透在生活和学习中的每个角落里，使得她偏离了大多数人应对生活事件的心理和行为方式范围，严重破坏了她积极和独立生活的能力。F 的这种不良个性及其对社会功能的影响已经疑似发展到心理学可以称为“人格障碍”的层面。

（一）人格障碍的含义

人格障碍是“从童年或少年期开始，并持续终生的显著偏离常态的人格”。美国精神疾病诊断标准第五版（DSM-V）认为，人格障碍是指在没有认知过程障碍或智力缺陷的情况下，明显偏离了个体文化背景预期的内心体验和行为的持久模式。所谓没有认知过程障碍或智力缺陷的情况下的人格偏离是指在没有幻觉、妄想、智力低下等可能和生物、医学有关系的情况下出现的情绪反应、动机和行为活动的异常。

人格障碍的一般标准如下。

(1) 存在明显偏离个体文化预期的持久内部经验和行为模式。该模式可体现在以下两个及以上的方面：认知（如感知并诠释自我、他人和事件的方式）、情感（如情绪反应的范围、强度、能力和适度感）、人际功能、冲动控制。

(2) 在大范围的个人及社会情境中表现出顽固的、弥散性的持久行为模式。

(3) 存在能够导致临床上的巨大痛苦，或使个体在社会、职场及其他重要功能领域受到巨大伤害的持久的行为模式。

(4) 该模式稳定长久，可追溯到青春期或成年早期。

(5) 该模式不能被解释为另一心理障碍的表现或后果。

(6) 该模式不是由某物质（如药物、治疗手段）或脑外伤等一般医疗情况直接引起的。

（二）人格障碍的特点

人格障碍具有以下特点：人格障碍是人格的一种现象；人格特征偏离常态，并影响到多数行为；人格特征比较稳定，最长可达几十年；这种人格偏离已经影响到了本人或他人的工作、生活和学习，或两者兼而有之；本人并不能意识到这种人格偏离，或者认为自己的行为是理所当然的或口头上认识，却难以改变；这种人格偏离不是由于其他疾病或严重客观事故造成的。

（三）常见人格障碍类型

国际疾病分类第10版（ICD-10）的精神与行为障碍手册中常见的人格障碍有以下几类。

1. 偏执型人格障碍

这种人格障碍的特征为：①对挫折与拒绝过分敏感；②容易长久地记仇，即不肯原谅曾经给予其侮辱、伤害或轻视的行为；③猜疑及将体验歪曲的一种普遍倾向，或者把他人无意的或友好的行为误解为敌意或轻蔑；④与现实环境不相称的好斗及顽固地维护个人的权利；⑤极易猜疑，毫无根据地怀疑配偶或性伴侣的忠诚；⑥将自己看得过分重要的倾向，表现为持续地坚信自我论证；⑦将与自己直接有关的事件及世间的形形色色都无根据地解释为“阴谋”。

2. 分裂型人格障碍

这种人格障碍符合下列描述：①几乎没有可体验到愉快感的活动；②情绪冷淡，情感平淡；③对他人表达温情、体贴或愤怒情绪的能力有限；④无论对批评或表扬都无动于衷；⑤对与他人发生性接触毫无兴趣（要考虑年龄）；⑥几乎总是偏爱单独行动；⑦过分沉湎于幻想和内省；⑧没有亲密朋友，与人不建立相互信任的关系（或者只有一位），也不想建立这种关系；⑨明显地无视公认的社会常规及习俗。

3. 表演型人格障碍

这种人格障碍的特征为：①自我戏剧化、夸张的情绪表达；②暗示性，易受他人或环境影响；③肤浅和易变的情感；④不停地追求刺激和为了获得他人赞赏及关注的活动；

⑤外表及行为显出不恰当的挑逗性；⑥对自己外观容貌过分计较。其他特征还包括：以自我为中心、自我放任、不断渴望受到赞赏、感情易受伤害、为满足自己的需要总是不择手段。

4. 强迫型人格障碍

强迫行为和观念在大学生的心理问题中还是比较常见的，少数人的强迫是作为人格障碍形式存在的。强迫型人格障碍的特征表现为：①过分疑虑及谨慎；②对细节、规则、条目、秩序、组织或表格过分关注；③完美主义，以至影响了任务的完成；④道德感过强，谨小慎微，过分看重工作成效而不顾乐趣和人际关系；⑤过分迂腐，拘泥于社会习俗；⑥刻板和固执；⑦患者不合情理地坚持他人必须严格按自己的方式行事，或即使允许他人行事也极不情愿；⑧有强加的或令人讨厌的思想 / 冲动闯入。

5. 依赖型人格障碍

这种人格障碍的特征为：①请求或同意他人为自己生活中大多数重要事情做决定；②将自己的需求附属于所依赖的人，过分顺从他人的意志；③不愿意对所依赖的人提出即使是合理的要求；④由于过分害怕不能照顾自己，在独处时总感到不舒服或无助；⑤沉陷于被关系亲密的人所抛弃的恐惧之中，害怕只剩下他一人来照顾自己；⑥没有别人过分的建议和保证时，其做出日常决定的能力很有限。其他特征包括：总把自己看作无依无靠、无能的、缺乏精力的。

三、人格和人格障碍形成的原因[①]

以上介绍了各种常见人格障碍，希望大家不要轻易对号入座，人格障碍的诊断是很复杂的，需要专业的人员进行诊断，而且要考察来访者的详细成长经历和周围人群对其评价。大量的研究资料和临床实践表明，生物学因素和环境因素都会对人格和人格障碍的形成产生影响。

（一）生物学因素

人们常说："龙生龙，凤生凤，老鼠生来会打洞。"这意味着某些行为可能是受遗传因素影响的。许多心理学家认为双生子研究（twin studies）是研究人格受遗传因素影响的最好方法。这种研究方法主要是通过比较同卵双生子（基因相同）和异卵双生子（基因不同）的差异来进行研究。弗洛德鲁斯（Floderus）等于 1980 年对瑞典的 12 000 名双生子做人格问卷的测量，结果表明同卵双生子在外向和神经质上的相关系数是 +0.50，而异卵双生子的相关系数只有 +0.21 和 +0.23。这说明同卵双生子在外向和神经质上的相似性要明显高于异卵双生子，在这两项人格特征上具有较强的遗传性。一项有关高中生的双生子研究，共有 1700 名学生参加了《加州心理调查表》（CPI），这一人格调查表包括 18 个分量表，其中有一些与社会相关较大的人格成分，如支配性、社会性、社交性、责任心等。结果仍旧是同卵双生子比异卵双生子的相关性要高。

哈尔对原发性和继发性人格障碍患者和正常人的静态反应、紧张反应进行了测量，测量包括心跳、皮肤电反应和呼吸。结果发现人格障碍患者对静态和紧张刺激的自主反应程

① 引自 http://www.hzldxl.com/show_content.aspx?fn=3229.html。

度比正常人低，从而进一步证明了人格障碍患者倾向于缺乏焦虑，因而不能从经验中吸取教训等特点。这就表明，人格障碍在某种神经系统功能上是存在障碍的。人格障碍患者虽然没有发现神经系统解剖、生理上的病变，但一般认为，他们在神经系统的先天素质方面有不健全的地方。有人发现有 31%～58% 的人格障碍者脑电图不正常，多是慢波活动形式。大脑不健全可能妨碍他们学习，因此，他们不能从经验中取得教训。

现代分子遗传学技术让科学家们又发现了关于人格遗传因素的有力证据，布鲁纳（Brunner）1993 年的一个研究发现，在一个大家庭中许多男性出现有规律的暴力冲动行为，并发现他们身上的单胺类氧化酶 A 的基因发生了简单的突变，研究者推测这种酶很可能与侵犯性行为有联系。

（二）环境因素

除了生物遗传和生理病理因素之外，家庭和社会环境、生活经历等后天环境因素也会影响人格和人格障碍的形成。同样的人生活在不同的环境里，由于长期耳濡目染，其性格、行为习惯和思维方法等都会有明显的差别，正如人们常说的“近朱者赤，近墨者黑”，这就是心理学中的“泡菜效应”。

斯毕兹（Spitz）于 1945 年对孤儿院里的儿童进行了研究，发现这些早期被剥夺母亲照顾的孩子，长大以后在各方面都会受到影响。许多孩子都患有“失怙性忧郁症”，其症状表现为哭泣、僵直、退缩、表情木然。伯恩斯坦（Burnstein，1981）提出，弃子会使儿童产生心理疾病，孩子会形成攻击、反叛的人格。这是童年经历对人格和人格障碍产生影响的证据。

生态环境、气候条件及父母教养方式等因素有一定的作用。巴理（Berry，1966）关于阿拉斯加州的因纽特人（Eskimos）和非洲的特姆尼人（Temne）的比较研究。这个研究说明了生态环境对人格的影响。因纽特人以渔猎为生，夏天在船上打鱼，冬天在冰上打猎。主食为肉，没有蔬菜。过着流浪生活，以帐篷遮风避雨。这个民族是以家庭为单元，男女平等，社会结构比较松散，除了家庭约束外，很少有持久、集中的政治与宗教权威。在这种生存环境下，父母对孩子的教养原则是能够适应成人的独立生存能力。男孩由父亲在外面教打猎，女孩由母亲在家里教家务。儿女教育比较宽松、自由，不打骂孩子，鼓励孩子自立，最终使孩子逐渐形成了坚强、独立、冒险的人格特征。而特姆尼人生活在灌木丛生的地带，以农业为主，种田为生。居住环境固定，生活稳定，形成 300～500 人的村落。社会结构紧固，有比较分化的社会阶层，建立了比较完整的部落规则。在哺乳期内，父母对孩子很疼爱，哺乳期后孩子就要接受严格的管教。这种生活环境使孩子形成了依赖、服从、保守的人格特点。

但是，人格及人格障碍形成的原因并不是非此即彼的，遗传和环境都很可能共同影响着人格的发展，而且，心理学家们越来越关心的是遗传和环境如何相互作用的机制。

四、人格障碍的矫正方法

通过前面介绍人格的特征可知，个体的人格一旦形成，往往具有一定的稳定性，要改变人格特点比较困难。“江山易改，禀性难移”就是这个意思。但是还有一句古语：“天下无难事，只怕有心人。”所以只要加强自我调适和进行各种心理治疗，人格障碍是可以得到改善的。由于人格障碍主要是自我评价的障碍、选择行为方式的障碍和情绪控制的障碍，集中表现为社会环境适应不良，即不能根据外界环境反馈的信息及时调整自己的行为。因此，人格障碍的治疗应以心理治疗为主，包括对自我合理认知的建构，体验他人情绪情感的能力和适应环境能力的训练，选择适当职业的建议与改善行为方式的指导，人际关系的调整，以及优点与特长的发挥等。

临床实践中发现，有相当一部分人格障碍者，在精神科医生和心理学家的指导下，通过自身的努力，在可控的范围内，在人格障碍的矫正方面取得令人满意的效果。下面简单介绍几种人格障碍的自我矫正方法，这些方法对纠正不良人格特征及完善自我人格同样适用。

（一）反向观念法

人格障碍大多伴随有认知歪曲的特点。反向观念法即改造认知歪曲的一种有效的方法，反向观念法是指自己主动与原有的不合理的自我观念唱反调，原来是以自我为中心，现在则应逐渐放弃以自我为中心，学习设身处地考虑他人处境；原来爱走极端，现在则学习冷静、多方位分析问题，借鉴中庸之道。采用反向观念法要点是：先通过周围人的反馈，对自己的不合理观念进行分析，然后提出相反的、合理的改进意见，在生活中努力按新观念办事。这种自我分析可以周期进行，几天或一星期一次，也可以在心情不好或遭遇挫折时进行。习惯化的不合理认知往往是无意识的，通过上述合理的反向观念的自我分析，自己就可把无意识的不良人格特点上升到有意识的自觉层面，这有助于发现和改善自我不良人格。

（二）习惯纠正法

人格障碍者的许多行为已成为一种习惯，通过系统的自我行为干预破除这些不良的习惯，有利于人格障碍的矫正。以依赖型人格障碍为例，实施这种方法有几个要点。

一是清查自己的行为中哪些事是习惯地依赖别人去做，哪些事情能够自己做决定的，可以每天做记录，记录一个星期，最后把这些行为日记给信任的朋友看，让别人评价自己的行为表现，从中汲取建设性的信息。

二是将自主意识很强的事归纳在一起，分析自己为什么能够做到不依赖，并以此坚定改善依赖性的决心；而对自我意识差、没有按自己意愿做的事，和朋友一起讨论，提出详细、可操作性的改进想法，并在以后的行动中逐步独立实施。例如，在决策某项计划时，如果个体习惯了听从别人的意见，随波逐流。但现在，个体应仔细听完朋友意见之后，可以对朋友的意见逐一进行审查和反驳，以自己认为更客观、合理的方法替代，从而做到自己决策。个体便能从依赖别人意见逐步转为完全自主决定。

三是找一个自己信赖并有足够耐心的人做监督者，并与监督者订立双边协议，当自己有良好的表现时，监督者予以奖励；当违约时，监督者予以惩罚。奖惩的方式要有力，奖，投其所好；惩，投己所恶。

（三）榜样学习法

心理学家阿尔伯特·班杜拉（Albert Bandura）认为，通过观摩榜样的行为可以影响个体的行为。因此，大学生们可以通过各种途径认识到自身人格可能存在一些需要改善的问题时，不妨再仔细搜索周围被大众评价人格较好的同学或朋友，仔细观察他们日常生活中待人接物所表现出来的行为习惯和性格特点，并通过各种方式记录下来。然后，分析或和他人讨论这些榜样人物日常表现出的人格特点。最后，再将这些观察到的行为和自己行为对比，找出自己乐于接受的优点进行改良。这个过程其实是把别人优秀人格特点内化的过程。

如果实在找不到理想的现实行为去观摩，也可以寻找相关的影视作品，从中观察人物的优良品质，或通过看人物传记，在脑海里联想人物活动形象进行学习。

在榜样学习的过程中还要注意自我强化（self — managed reinforcement），即给自己定一个大目标和大目标下的子目标，每达到一个子目标就给予自己一点物质或精神的酬报（强化物），直到最终目标完成，自我强化时要倾向于做出自我满意的行为，拒绝想改变的不良行为。

总之，每个人的人格特点是通过遗传、家庭环境、后天教育、生活事件等诸多因素相互作用、长期形成的，一朝一夕很难改变。如果认为自我人格存在偏差或障碍，有必要通过心理咨询专家的帮助，一起给自己制订一个系统的认知、行为干预方案，并做到即时监督和反馈。此外，自我的“人文干预”也显得尤其重要，通过各种优秀的文艺作品也能够启发自我心理内省，改善自己的不合理认知。

心理万花筒

MBTI职业性格测试

MBTI是迈尔斯－布里格斯类型指标（Myers-Briggs type indicator）的简称，它被认为是一种迫选型、自我报告式的人格类型评估工具，其最初由迈尔斯母女基于瑞士心理学家卡尔·古斯塔夫·荣格的荣格八维理论而来。

具体到中文互联网，MBTI的评价非常两极，一部分人认为MBTI是赛博玄学，是比塔罗、星座等高一阶的新流行文化；另一部分人则认为MBTI是有着百年历史积淀，具备标准测量体系的科学测试。

MBTI职业性格测试的网站提供的MBTI测试，旨在帮助人们更好地了解自己和他人的性格特征、价值观及行为习惯。MBTI测试通过一系列问题来评估个体在四个维度上的倾向性：能量获取（外向E vs. 内向I）、信息获取（感觉S vs. 直觉N）、决策方式（思维T vs. 情感F），以及行动方式（判断J vs. 知觉P）。这四个维度相互独立，每个维度都有两种可能的偏好，因此可以组合成16种不同的人格类型。这些人格类型描述了人们在处理信息、做决策、与他人互动，以及管理日常生活方面的不同方式。通过MBTI测试，个体可以更好地理解自己的性格特征，包括自己的优势、劣势、动机和价值观，以及与他人相处的方式。

随着社会的快速发展，当代年轻人越来越注重自我探索与人生规划。MBTI测试为他们提供了一个系统的自我探索模型与人格发展框架，有助于他们更好地了解自己。MBTI测试结果具有很强的社交属性，在社交场合中备受欢迎。

第 9 章 健康人格的塑造

从悲剧到闹剧，不管哪个类型都行，不过一部剧本总要有让人喜闻乐见的东西。它必须宏伟、妥帖、爽朗优美，至少是健康的，含有某种内核的。凡是病态的、萎靡的、哭哭啼啼的、卖弄感情的，以及阴森恐怖的、伤风败俗的剧本，都一概排除。

——歌德

案例

“小猫可爱，我可以摸它，我可以欣赏它可爱的地方。但是我觉得如果我愤恨的话，小猫也可以提供一个给我这样发泄的……”说这段话时，张某的语气相当平静，外表斯文的他让人难以与一个虐猫成性的人联系起来。

就是这样一个某知名大学的研究生，正在申请进入世界某著名大学就读的男生，陆续虐待、遗弃、杀死了近 20 只小猫，而这个行为最终被周围的校友发现，并揭露了隐瞒已久的秘密，这就是 2005 年轰动一时的“复旦研究生虐猫事件”。

根据记者调查了解到，由于张某班上人数是单数，所以有一个人住单间。张某因为喜欢独处，便和同学换了宿舍，一个人住着一个房间。他把房间收拾得非常干净，井井有条，有学生甚至用“星级宾馆”来形容，一位同学认为张某可能有洁癖。该事件被披露后，学校宿管科已责令张某搬回原宿舍。所有接触张某的人都认为，张某给人的印象非常不错，清秀而得体，文质彬彬。1981 年出生的张某，1998 年考入复旦大学数学系，本科读了 5 年。之前张父接受媒体采访时曾说家境很好，张某外公是老干部，又是高级知识分子。张某自己也非常争气，从初中、高中到大学都是直升，学习上一直很上进。他从小到大没受过什么挫折，平时性格也很健康，能和同学打成一片，但有时候比较内向，碰到事情喜欢搁在心里。其母也认为，张某是一个非常单纯的孩子，和家里的保姆都能和谐相处。她说家里的保姆离开时，谁的照片都没有要，只要了他的照片。但 BBS 上有同学提到，张某大学时和同学的关系并不好。大学期间他留级是因为考试期间回家复习，考试时间发生变动，而他同宿舍的 6 个人并没有通知他，导致课程不及格因而留级。军人出身的父亲十分生气，把张某赶出了家门。

在接受媒体采访时，张某否认了这个说法，他说他确实读了 5 年本科，但事情不是那样的。大一时，成绩优秀，并获得奖学金，但大二时迷恋网络游戏，大三时，疼爱自己的爷爷又去世了，结果过半课程考试不合格，因此被降级，但他同时又说，自己钟爱的课程都得了 A。张某曾说，他对自己的要求非常高：“我从研究生二年级开始，希望奋斗出一条路来。我一年就修了9门课，8门都是A，而一般的人都只修6门。我还是学生会的干部。”

张某的父母对孩子要求一直比较高，张某曾对媒体提到，高中时，要办身份证，父亲让张某单独去，并且说是在提篮桥办理，张某不知道怎么去，又问了一句，父亲却勃然大怒，喝令滚出去。结果当晚他在外面过了一夜。虽然他解释说父亲当时得了甲亢脾气暴躁，但他还是很伤心。张父认为，这个事情的出现与出国有关。“他明年要毕业了，申请了国外30多个院校一直没回音。他有个表姐去美国留学了，他害怕面子上过不去，我是耶鲁毕业的，可能对他也造成压力。”

事情被披露后，张某多次表达自己的忏悔：“现在想来，对弱小而没有反抗能力的小生命的摧残，是可耻和怯懦的行为。”

这件“虐猫”事件发生以后，张某收到很多网友、多个动物保护协会的强烈谴责。更有人骂他是“虐待狂”“心理变态”“应该和某大学泼熊的刘某一样受到法律制裁”。

直到2024年，社会上这样的虐猫事件还时有发生。在2024年暑假期间，付某趁宿舍无人之际，将一只名叫“糕糕”的校园流浪猫秘密抱进自己的房间。接下来的7天里，付某对糕糕进行了惨无人道的虐待，包括不提供水和食物、用工具殴打、用尖锐物品刺伤等。付某不仅将整个虐待过程录下来，还在社交媒体上分享，配以残忍的言辞，炫耀自己的暴行。

事件曝光后，某大学迅速介入调查，确认付某的虐猫行为属实，决定对其做出开除学籍的处理。令人震惊的是，在被某大学开除仅3个月后，付某再次现身街头，对一只无辜的小猫施暴……

人们对比较严重的人格障碍进行干预和治疗固然很重要，但是，人们花更多精力和时间预防人格障碍也同样很重要。如果人人都能维持一个健康的人格心理状态，人格障碍也会离人们越来越遥远。大学生正处于人格完善的关键期，如何利用好当前时机和环境塑造健康的人格，对每一位大学生都很重要。

一、健康人格的心理学标准

怎样才算健康的人格？健康人格其实并没有严格和统一的标准，但是心理学家们一直根据自己严谨的科学态度和视角，努力在充分论证的基础上，总结出一些多数人比较认同，具有良好社会适应性的健康人格特征。本节介绍一些有代表性的心理学家关于健康人格特征的观点，供同学们借鉴。

（一）奥尔伯特的人格健康标准

奥尔伯特（Allport）提出人格健康的六条标准：①力争自我的成长；②能客观地看待自己；③人生观的统一；④有与别人建立和睦关系的能力；⑤人生所需的能力、知识和技能的获得；⑥具有同情心和对一切有生命的爱。

（二）弗洛姆的“创发者”特征

精神分析心理学家弗洛姆（Fromm）提出“创发者”模式，他认为人都有个性发展和内在成长的潜能，个体应当努力成为充分发挥个人潜能的“创发者”，“创发者”有四个特征：①创发性爱情，即相爱双方是平等、自由的，不能因为爱而泯灭了个性；②创发性思维，即对思维对象有强烈的兴趣，能以客观、尊重和关心的方式来考察思维对象；③有真正的幸福感；④以良心为其定向系统，这里的良心是发自内心严肃、真诚地履行道德标准的体现。

（三）马斯洛的“自我实现者”特征

心理学家亚伯拉罕·H. 马斯洛（Abraham H. Maslow）认为，人类的基本需求可以分为高级需求和低级需求，自我实现的需求是最高级的。生理需求和安全需求为低级需求，是人和动物所共有的，但自我实现的需求是人类独有的。自我实现的需求是实现生命价值（being values）和成长需求（growth need），其目的是扩展人们的经验、充实人们的生命，并不是补偿人们的不足，它将把每个人拉向宏大的远景。

但是，并不是每一个成年人都能自我实现，能自我实现的只是极少数。其主要原因是：其一，自我实现是很微弱的，很容易被压抑、控制、更改和消失；其二，许多人不敢正视关于他们自己自我实现所需要的那种知识，对那种知识缺乏自知，使自己处于不确定的状态；其三，文化环境强加于人的规范，阻滞一个人的自我实现；其四，自我实现是由成长需求而不是匮乏需求推进的，其发展和持续成长依赖于自己的潜力。马斯洛通过对他的一些朋友和一些仍活着的，以及已逝世的著名人物，如爱因斯坦、贝多芬、亚当斯、罗斯福、赫胥黎等 49 个人的研究，描述了自我实现者的 15 种特征。

1. 能准确地知觉现实。
2. 悦纳自己、他人和周围的世界。
3. 能自然地表达自己情绪和思想。
4. 超越以自我为中心，而以问题为中心。
5. 具有超然独立的性格。
6. 对于自然条件和文化环境的自主性。
7. 对平凡的事物不觉厌烦，对日常生活永感新鲜。
8. 具有高峰经验（peak experience，发自心灵深处的满足感、超脱感）。
9. 爱人类并具有帮助人类的真诚愿望。
10. 有至深的知交，和亲密、温暖的家人。
11. 有民主的性格，能够尊重他人的人格。
12. 道德标准明确，能区分手段与目的，绝不为达到目的而不择手段。
13. 具有哲理、善意的幽默感。
14. 具有旺盛的创造力，不墨守成规。
15. 对现有文化更具批判精神。

虽然自我实现者具有上述的优秀特征，但他们并非完美无缺的人。他们也有一些人类共同的缺陷。马斯洛指出：“他们也有愚蠢、挥霍或粗心的习惯。他们会显得顽固，令人厌烦，甚至恼怒。他们并没有完全摆脱浅薄的虚荣心和骄傲感，特别是涉及他们自己的作品、家庭或孩子时更是如此。他们发脾气也并不罕见。”

心理小贴士

"自我实现"的途径

对于期望能够"自我实现"的人，马斯洛有以下建议。

1. 把自己的感情出口放宽，不要使心胸像个瓶颈。

2. 在任何情境中都尝试从积极乐观的角度看问题，以长远利害做决定。

3. 对生活多欣赏、少抱怨；有不如意之处，设法改善；坐而空谈，不如身体力行。

4. 设定积极而可行的生活目标，然后全力以赴，但不能期望一定不会失败。

5. 对于是非争辩，只要自己认清真理正义所在，纵使违反众议，也应坚持到底。

6. 不要使生活僵化，为自己的思想和行动留一点弹性空间，偶尔放松一下身心，将有助于自己潜力的发挥。

7. 与人坦率相处，让别人看见你的长处和缺点，也让别人分享你的快乐与痛苦。

二、大学生常见的人格偏差及调适

大学时代既是学习掌握专业知识和技能的关键时期，也是人格在一定空间上继续塑造的重要阶段，大学校园的人文和生活环境对刚进入成年期的大学生人格的继续完善和社会化影响很大。大学生人格发展的主流是健康向上的，但是，也有部分大学生也存在着一些典型、不容忽视、共性的人格偏差问题，主要表现在以下几个方面。

（一）忧郁

刚进入大学生活时，很多大学生对新环境兴奋之后，开始感叹无聊，忽然觉得大学生活和理想中的形象完全不一样。很多同学觉得没人关注自己，有强烈的被忽视感，课程进度太快，难以适应新的学习状态，周围有些很平常的同学忽然表现出惊人的才艺，因此自我挫败感产生，自卑感增强，参加学校活动的兴趣渐退，不清楚每天该干什么，思维消极，情绪低落，陷入忧郁之中。如果个体的忧郁情绪状态持续时间较长，自己调整感觉很困难，则应该向自己的亲友、老师或学校心理咨询师寻求帮助。

（二）懒散

懒散是指一种慵懒、闲散、拖延的状态。主要表现在活力不足，什么也不想做，随心所欲，贪图享乐，被动学习，拖延完成任务，无法将精力集中在学业中，虽然对很多事物有兴趣，但还是很难坚持去做。有些大学生常常是踏着铃声进教室，他人学习我休息，并常为自己的懒散寻求合理化的解释。做事一误再误，无休止地拖延下去，虽下决心改正，但不能自拔，不接受教训，对很多必须做的事没有信心，没有主动欲。

懒惰是影响大学生积极进取、张扬青春活力的天敌。克服懒散的办法是从小事做起，在规定的时间内自我监控必须完成任务，否则以剥夺自己权利的方式（比如减少上网时间）进行自我惩罚。当然，在有好友或心理治疗师的帮助和监督下效果可能会更好。此外，还要在学习或工作任务中发掘符合自己兴趣的方式，比如，一些同学觉得学习英语很枯燥无味，可以通过看美剧或英语电影、听英文歌曲、看英语新闻或趣味杂志来丰富自己的学习方式。找到自己拖拉的根源和学会管理时间也是治疗懒惰的良方。

（三）羞怯

羞怯在大学生中并不少见。具体表现为，害怕在大众场合发表意见、害怕与陌生人打交道，见到老师、异性会面红耳赤，手足无措，紧张不安，说话逻辑混乱，等等。很多羞怯者都表现出社交恐惧，与此同时，羞怯也是一个人在社交认知上过度焦虑的结果。羞怯者常常过于胆小被动，过于谨小慎微，过于关注自己的表现，自信心不足。他们特别注意自己在别人心目中的形象，总觉得自己时刻处在众目睽睽之下，总是很敏感、拘束，一句话要酝酿很久，一件事总要左思右想，不知道如何下手为妥，为此搞得神经紧张，坐立不安，甚至出现强迫障碍。

一般而言，羞怯之心人皆有之，但过分地害羞就不正常了。它会严重阻碍人际交往的进展，影响一个人正常地发挥才能，还导致压抑、孤独、焦虑、抑郁等不良情绪。虽然羞怯的人格特征也受先天生物学因素的影响，但后天环境的不良影响是完全可以控制和干预的，所以通过心理调节可以改变。羞怯的读者不妨从以下几点获得启发。

1. 要对自己做一个具体分析，找到自己的优点，评估自己的潜能，扬长避短，努力培养自信心，提高自尊，增强自我的力量，不断自我成长。许多害羞者在知识才能和仪表方面并不比别人差，反而习惯无意识地低估，甚至忽视自己的长处。心理学家的一项研究表明，怕羞的女大学生自以为长得不美，但不相识的男生凭照片都认为她们与那些社交活跃的女生一样动人。因此要正确评价自己，多看到自己的长处，别总是被自己小部分的不满意消极暗示。

2. 寻找和自己一样害羞的人，加入他们的群体，共同讨论、研究如何应对社交恐惧。强有力的社会支持互动网络对心理问题的缓解能起到非常好的效果。

3. 每个人都会说错话、做错事，这并没什么大不了的，没有完美的人和事。即使有人议论也是正常的，每个人都被议论过，放下思想包袱，不要太在意别人的议论，只要自己看准的就大胆去做。

4. 要强制性地给自己提供锻炼机会。胆量和能力都是练习和感触的结果，要敢于说第一句话，敢于迈第一步。在公共场合，时刻暗示自己不过是一个凡夫俗子，没有人会把自己当“演员”观看。上课、开会时尽管坐到前排去，走路时抬头挺胸，主动、大胆地和别人，尤其是陌生人、异性、老师讲话。如果你仍然觉得自己会害羞，那对方很可能比你更害羞，只是掩饰了而已。

案例

因为3位同学平时不喜欢和他在一起玩，江苏某大学一名大学生竟然在3位同学的饭里投毒。经过警方调查，该同学最终承认了自己投毒报复同学的事情：以前他和中毒的3位同学经常在一起玩，后来由于一点小事情，他和3位同学有了矛盾，3位同学就不和他玩了。每次3人看到他，都会故意避开，见面也爱理不理，该同学感受到了严重的被排斥感。后来，这名同学通过非法渠道获得剧毒物质“铊”，他决定让这3人尝尝铊中毒的滋味。

（四）狭隘

近几年来，新闻报道大学生中由“狭隘”心理引发的恶性事件有增无减。凡事斤斤计较、耿耿于怀、好嫉妒、好报复、得理不饶人等，都是心胸狭隘的表现，即日常说的“气量小”“小心眼”。心胸狭隘往往影响人际关系，伤害他人感情，也常给自己带来烦闷和苦恼，影响自己的情绪，也破坏了自己在他人心目中的形象，因此，于人于己百害而无一利。而且狭隘人格多见于不善交流和沟通的内向者。

克服狭隘，一要停止当下多余的负性感想，向前看，把更多时间和精力留给明天的任务；二要丰富自己阅历，一个人的视野越开阔，就越不会陷入狭隘之中，这就是所谓的“站得高，看得远”；三要学会共情，即假想自己站在对方角度体验对方的情绪和心理状态。践行好这三点，狭隘者的心胸就会逐渐开朗、宽容，并且让心胸更宽厚、包容的潜力依然无限大。正如法国作家雨果所言：世界上最宽阔的是海洋，比海洋更宽阔的是天空，比天空更宽阔的是人的胸怀。

（五）虚荣

虚荣者过分看重荣誉、物质的富足，并经常以夸大，甚至凭空吹嘘的方式自我满足，自以为是。虚荣在当代大学生身上具有普遍性，每个人或多或少都会有虚荣心，潜意识里都会存在一些。虚荣心强的人往往担心自己的地位处于劣势，所以在与别人进行比较的时候，不顾客观事实，不甘落后，甚至用贬低他人的方式来抬高自己。有时候，人们会有意无意地自己提升自己处于更有利的地位，既是满足自我尊严的需要，也是自我保护。但是在现实中，作为“过分自我保护”的虚荣心一旦被发现，可能就面临着别人永久性的负面评价，个体甚至面临着被评价“诚信缺失”的风险。一些虚荣心强的人也往往是在自己的短处上夸张地做掩饰和修饰，其实内心是比较自卑的。他们很担心短处被暴露，哪怕只暴露出来一点点。

所以，要想改善自我的虚荣心，同学们可以尝试做到以下几点。

1. 发掘自己的长处，别抓住自己短处或缺失的地方不放，妄图短时间内改变短处会让自己更加急功近利、不择手段。

2. 人无完人，实事求是，接受自己短处的事实，并努力在自己的优势上取得平衡，这样比苛求自己的短处更务实、更容易成功。

3. 把经营虚荣心的时间和精力转移到拓展人际交往上来，真正的好朋友、好人缘从来都不是以物质和名利为基础的，别人更看重的是个体的真诚和真实。

4. 让好朋友协助，随时提醒自己无意识间流露出来的虚荣心，及时加以纠正。

（六）以自我为中心

以自我为中心是指考虑问题、处理事情都以自我为中心，将自我作为思考问题的出发点与归宿。大学生中较多为独生子女，他们往往容易形成以自我为中心。以自我为中心集中表现为：一切以自己的观点为标准，习惯性地否决他人意见，目中无人；以自己的利益为根本，自私自利；遇到冲突时，总认为自己是对的、无辜和受委屈的，而错在他人。同时具备自尊心强、优越感强、自信心过高、独立性强的大学生，比较容易陷入以自我为中心。

克服过分以自我为中心的途径包括：第一，分析问题立场转移。走出自己的小天地，把自己的利益和他人的利益、公共的利益结合起来进行分析。第二，合理地评价自己，既不低估也不高估自己，既不妄自菲薄，也不自高自大。第三，人人平等，尊重他人。只有平等尊重才能获得友谊。第四，建立公民角色的社会责任感。社会是互助人际网络，社会秩序需要每个人去维护，因此，每个人对社会都有奉献责任和促进社会成员互相合作的义务，即具备社会责任感。

三、健康人格的塑造建议

健全、健康的人格是心理健康的重要标准之一。关于健康人格塑造的建议，尽管心理学家们依据各种经验、理论，以及实证研究提出了很多建设性的建议，同学们可以结合自身的实际情况和需要，有所侧重，有所思考，结合理论探索出适合自己特点和社会角色的人格塑造途径。

（一）改良人际，推进友爱

艾森克的人格理论和“大五”人格理论中所表述的“外倾性”都和人际交往紧密相关。一个拥有优秀人格的个体肯定会展现出和谐、令人称赞、富含技巧和经验的人际关系。因此，人际关系的好坏，也反馈出个体与别人互动的心理行为风格和处理关系的能力。

社会交换理论也认为，人际交往具有经济学特点，即人偏爱获得大于付出。在实际的人际交往中，个体可以适当地让别人占一点小便宜，也许会出其不意地获得别人对自己，诸如“宽容”“慷慨”的积极人格评价。除此之外，西方人一直注重的主动、热情开朗的品质也是获得很好人际关系的品质，因此，积极地培养自己的这些积极人格品质，提高自己的人际吸引。影响人际吸引的因素还包括个体是否会愿意专注地倾听他人，是否爱在别人面前炫耀或表演自己，是否总是见人就倒苦水，是否总是反驳他人意见，等等。个体最好自我搜索和反省一些个人认为理所当然、习惯化，但可能招致别人反感的交往行为习惯，予以纠正，树立合理、引起对方好感的行为，因为这些行为表现最终会被反映到周围人赋予自己的人格标签上。个体可以通过自我学习和同学、老师的帮助，运用各种心理学或生活技巧、经验来改进人际关系，获得和谐、友爱、稳定的人际关系，这是取得他人对自己形成良好人格评价的重要方法。

（二）控制行为，稳定情绪

健康人格的个体行为总是符合社会伦理规范的，情商（EQ）理论认为，情商高的个体拥有良好的自我情绪觉察和控制能力。冲动、易激惹、强迫等行为和情绪都是不良的人格特征的体现。一个人如果不能控制和管理好自己的行为和情绪，长期下去也可以引发相应的人格障碍。有效控制自我行为的方法有上述我们介绍的习惯纠正法（行为强化）、榜样学习法等，此外，个体还可以通过合理的认知来控制行为，如分析自己对刺激事件的看法是否合理，合理、积极信念导致的正向的情绪和行为，有利于问题的解决；稳定的情绪和理智、恰当的行为举止，能够增强个体被社会的接纳程度，并能获得良好的人格评价和认可。

（三）关爱他人，责系社会

在“诚信缺失”的环境下，人们认识到社会责任心和爱心的普遍缺失。民众和社会各界推崇“热心助人”“见义勇为”“慈善捐赠”等行为，这其实涉及社会心理学中的“利他行为”，即帮助他人、奉献社会的精神。如果一个人缺乏利他行为，他的人格很容易被人描述为“冷漠”“自私”“没有责任心”等。

利他行为维系着整个社会的和谐，哈佛大学教授威尔逊认为利他行为是生物本性中天生的部分，这种行为在动物行为学中都能找到大量证据。例如，当危险来临时，兵蚁主动包围巢穴，抵抗入侵者；工蜂会用螯针叮咬入侵者，而螯针留在敌人身上，工蜂也就死了。一个人如果能够主动关心他人，乐于助人，积极维护公共秩序和共同利益，具备责任心，他的人格肯定是社会所推崇的道德风向标。网络经常公示一些“最美大学生”或“感动人物”的事迹，这些事迹更多是记录着英雄人物的利他行为和社会责任感，大学生们可以通过阅读和反思他们的事迹，以提升自我人格的潜意识层面的利他行为和社会责任心。这也是心理学家班杜拉的“榜样学习理论”的自我强化机制（个体对自己符合榜样的行为予以赞许和欣慰，不符合榜样的行为予以自责或惩罚）。

此外，关爱他人还意味着要接纳别人的缺陷和缺点，或者说接纳别人作为独立的个体，不以自我的偏见观点来认知，即以宽容的心胸包容他人，原谅他人。

（四）开阔思维，重视创新

开阔的思维总是可以和创新联系在一起，因为，这种思维是发散的。一个富有创新思维的人能够尽可能广泛地去搜索解决问题的更有效的新方法。他总能仔细、尊重地对待每一个事物，这些事物很可能被常人不屑一顾甚至鄙弃，而善于创新的人的灵感恰恰源于这些容易被人忽视的细节。所以，一个注重创新的人，思维必定是活跃的，他会一直保持耳听八方、不妄加评判、尊重异己、包容接纳的态度和人格特征。

大学有相对自由和宽松的环境氛围，大学生们不仅要学习新知识、感受新生活，也有责任和义务去创造新知识、创造新生活。创新是新知识、新生活诞生的必要手段，是文明进步的关键。一个思维开阔、创新的人格特点的大学生不仅可以更好地利用校园丰富的学习和娱乐资源，在已有的知识和生活基础上创造出新的亮点，也可以借助开放、灵活的思维去身临其境地理解别人的想法和情感。如果一个人做到思维开阔、创新，他的人格会焕发更加智慧、迷人的魅力。

知识延伸

哪一种应对问题的策略最有效①

日常生活中，我们会遇到各种各样有待解决的问题，在这些问题面前，因为人格特征各异，人们应对问题的方式或解决策略也不尽相同，心理学家们归纳出不同的人面对问题常采用的3种策略。

1. 问题中心策略

运用这种策略的人直接关注问题，以克服焦虑。运用问题中心策略的人认识到，哪怕只想出简单的办法去解决问题，也比什么都不干要好。如果经济上出现问题，那就想办法多赚点钱并减少开销。如果学业上有困难，他们就请家教，或者花更多时间去完成作业。

① 引自 https://www.thepaper.cn/newsDetail_forward_29592107。

2. 情绪中心策略

运用这种策略的人则是去减轻伴随问题而来的情绪压力。一个未被热门专业录取的人可以换一个角度，用一种积极的眼光来看待这件事。离婚的夫妇可以从情感的痛苦中吸取教训，以便帮助他们在下一段关系中做得更好。

3. 回避应对策略

运用这种策略的人通过把引发焦虑的情境排除在意识之外来处理他们的焦虑。比如，一位女性得知她的一个朋友身患重病时，她的反应可能是不去想这个朋友，或者努力让自己相信问题并不像人们告诉她的那样严重；一位男性因为害怕失去工作可能会和朋友外出酗酒，以此来转移自己的焦虑。

我们再以实例来比较以下这三种应对策略。

问题中心策略

- 我尽可能去收集相关情况的信息。
- 我制订了一个行动计划。
- 我考虑了各种可供选择的办法，权衡其中的利弊。
- 我与一些有类似经历的人讨论。
- 我一定要努力让事情好转起来。
- 我向一些知道比我多的人寻求帮助。
- 我专门留出时间来好好解决这个问题。

情绪中心策略

- 我向朋友发牢骚。
- 我找心理咨询师宣泄我的不良情绪。
- 我寻找各种方法让自己心情冷静。
- 我试图用积极、乐观的心态来吸取教训或合理认知这次事件。
- 我无奈地接受所发生的一切，继续生活。

回避应对策略

- 我试图不去想这个问题。
- 我假装问题并不存在。
- 我努力把注意力转移到其他事情上。
- 我回避那些让我想起来烦恼的人和场景。
- 我拒绝承认问题的发生。

面对问题，你习惯用哪一种策略？

本篇小结

人格特征表现在大学生日常心理和行为习惯的方方面面。积极、健康的人格特征能够让大学生们更好地适应环境，保持良好的人际关系，甚至成为获得成功的决定性因素。塑造健康人格是大学阶段个体社会化过程的重要环节，大学生应该努力做到，欣赏并保持自己的优秀人格，同时也要正视自己可能存在的人格偏差，寻找有效的途径予以修正和完善。

【复习与思考】

1. 简述气质的四种类型。
2. 简述人格的大五因素。
3. 你认为当代大学生人格发展中值得关注的人格问题有哪些？
4. 大学生应如何完善自我人格？
5. 心理训练：畅想未来。

请你认真想象十年以后的你正在做什么？你的人格和现在相比有变化吗？如果有，会有怎样的变化呢？大概什么原因会引起你的人格发生了变化呢？

【相关量表】

艾森克人格问卷（EPQ）（陈仲庚修订，成人条目）

请回答下列问题，回答“是”时，就在“是”上打“√”；回答“否”时就在“否”上打“√”。每个答案无所谓正确与错误。这里没有对你不利的题目。请尽快回答，不要在每道题目上有太多思索。回答时不要考虑应该怎样，只回答你平时是怎样的。每题都要回答。

1. 你是否有广泛的爱好？ 是 否
2. 在做任何事情之前，你是否都要考虑一番？ 是 否
3. 你的情绪时常波动吗？ 是 否
4. 当别人做了好事，而周围的人却认为是你做的，你是否感到得意？ 是 否
5. 你是一个健谈的人吗？ 是 否
6. 你曾经无缘无故觉得自己“可怜”吗？ 是 否
7. 你曾经有过贪心使自己多得额外的物质利益吗？ 是 否
8. 晚上你是否小心地把门锁好？ 是 否
9. 你认为自己活泼吗？ 是 否
10. 当看到小孩（或动物）受折磨时你是否难受？ 是 否
11. 你是否时常担心你会说出（或做出）不应该说（或做）的事情？ 是 否
12. 若你说过要做某件事，是否不管遇到什么困难都要把它做成？ 是 否

13. 在愉快的聚会中，你通常是否尽情享受？　是　否
14. 你是一位易激怒的人吗？　是　否
15. 你是否有过自己做错了事反责备别人的时候？　是　否
16. 你喜欢会见陌生人吗？　是　否
17. 你是否相信参加储蓄是一种好办法？　是　否
18. 你的感情是否容易受到伤害？　是　否
19. 你想服用有奇特效果或有危险性的药物吗？　是　否
20. 你是否时常感到“极其厌烦”？　是　否
21. 你曾多占多得别人东西（甚至一针一线）吗？　是　否
22. 如果条件允许，你喜欢经常外出（旅行）吗？　是　否
23. 对你所喜欢的人，你是否为取乐而开过过分的玩笑？　是　否
24. 你是否常因“自罪感”而烦恼？　是　否
25. 你是否有时候谈论一些你毫无所知的事情？　是　否
26. 你是否宁愿看些书，也不想去会见别人？　是　否
27. 有坏人想要害你吗？　是　否
28. 你认为自己“神经过敏”吗？　是　否
29. 你的朋友多吗？　是　否
30. 你是个忧虑重重的人吗？　是　否
31. 你在儿童时代是否立即听从大人的吩咐而毫无怨言？　是　否
32. 你是一个无忧无虑、逍遥自在的人吗？　是　否
33. 有礼貌、爱整洁对你很重要吗？　是　否
34. 你是否担心将会发生可怕的事情？　是　否
35. 在结识新朋友时，你通常是主动的吗？　是　否
36. 你觉得自己是个非常敏感的人吗？　是　否
37. 和别人在一起的时候，你是否不常说话？　是　否
38. 你是否认为结婚只是个形式，应该废除？　是　否
39. 你有时会有点自吹自擂吗？　是　否
40. 在一个沉闷的场合，你能给大家活跃气氛吗？　是　否
41. 慢腾腾开车的司机是否使你讨厌？　是　否
42. 你担心自己的健康吗？　是　否
43. 你是否喜欢说笑话和谈论有趣的事？　是　否
44. 你是否觉得大多数事情对你都是无所谓的？　是　否
45. 你小时候曾经有过对父母鲁莽无礼的行为吗？　是　否
46. 你喜欢和别人打成一片，整天相处在一起吗？　是　否
47. 你失眠吗？　是　否
48. 你饭前必定洗手吗？　是　否
49. 当别人问你话时，你是否对答如流？　是　否

50. 你是否喜欢早点动身去赴约会？ 是 否
51. 你经常无缘无故感到疲倦和无精打采吗？ 是 否
52. 在游戏或打牌时，你曾经作弊吗？ 是 否
53. 你喜欢紧张的工作吗？ 是 否
54. 你时常觉得自己的生活很单调吗？ 是 否
55. 你曾经为了自己而利用过别人吗？ 是 否
56. 你是否参加的活动太多，已超过自己可能分配的时间？ 是 否
57. 是否有几个人时常躲着你？ 是 否
58. 你是否认为人们为保障自己的将来而勤俭节约是浪费时间？ 是 否
59. 你是否曾经想过去死？ 是 否
60. 若你确实不会被发现，你会少付人家钱吗？ 是 否
61. 你能使一个联欢会开得成功吗？ 是 否
62. 你是否尽力使自己不粗鲁？ 是 否
63. 一件使你为难的事情过去之后，是否使你烦恼好久？ 是 否
64. 你是否坚持要照你的想法办事？ 是 否
65. 当你去乘火车时，你是否最后一分钟到达？ 是 否
66. 你是否“神经质”？ 是 否
67. 你常感到寂寞吗？ 是 否
68. 你的言行总是一致的吗？ 是 否
69. 你有时喜欢玩弄动物吗？ 是 否
70. 有人对你或你的工作吹毛求疵时，是否容易伤害你的积极性？ 是 否
71. 你去赴约或上班时，是否曾迟到？ 是 否
72. 你是否喜欢周围有许多热闹和高兴的事？ 是 否
73. 你愿意让别人怕你吗？ 是 否
74. 你是否有时兴致勃勃，有时却很懒散不想动？ 是 否
75. 你有时会把今天应做的事拖到明天吗？ 是 否
76. 别人是否认为你是朝气蓬勃的？ 是 否
77. 别人是否对你说过许多谎话？ 是 否
78. 你是否对有些事情易性急、生气？ 是 否
79. 若你犯错，是否都愿意承认？ 是 否
80. 你是一个整洁严谨，有条不紊的人吗？ 是 否
81. 在公园里或马路上，你是否总是把果皮或废纸扔到垃圾箱里？ 是 否
82. 遇到为难的事情，你是否经常拿不定主意？ 是 否
83. 你是否有过随口骂人的时候？ 是 否
84. 若你乘车或坐飞机外出时，你是否担心会碰撞或出意外？ 是 否
85. 你是一个爱交往的人吗？ 是 否

记分方法：

E 量表：外向—内向。第 1、5、9、13、16、22、29、32 、35、40、43、46、49、53、56、61、72、76、85 题答“是”和第 26、37 题答“否”，每题各得 1 分。

N 量表：神经质（又称情绪性）。第 3、6、11、14、18、20、24、28、30、34、36、42、47、51、54、59、63、66、67、70、74、78、82、84 题答“是”，每题各得 1 分。

P 量表：精神质（又称倔强）。第 19、23、27、38、41、44、57、58、65、69、73、77 题答“是”和第 2、8、10、17、33、50、62、80 题答“否”，每题各得 1 分。

L 量表：测定被试的掩饰、假托或自身隐蔽，或者测定其朴实、幼稚水平。第 12、31、48、68、79、81 题答“是”和第 4、7、15、21、25、39、45、52、55、60、64、71、75、83 题答“否”，每题各得 1 分。

大致结果解释：（实际上应按标准差计算再确定）。

E 量表分：分数高于 15，表示人格外向，可能是好交际，渴望刺激和冒险，情感易于冲动。分数低于 8，表示人格内向，好静，富于内省，不喜欢刺激，喜欢有秩序的生活方式，情绪比较稳定。

N 量表分：分数高于 14 表示焦虑、忧心忡忡、常郁郁不乐，有强烈情绪反应，甚至出现不够理智的行为。低于 9 表示情绪稳定。

P 量表分：分数高于 8 表示可能是孤独、不关心他人，难以适应外部环境，不近人情，与别人不友好，喜欢寻衅搅扰，喜欢干奇特的事情，并且不顾危险。

L 量表分：L 量表分如高于 18，显示被试有掩饰倾向，测验结果可能失真。

测测你的人格——自我认同感①

根据埃里克森的看法，大多数青少年和年轻人都努力抗争来形成自我认同感。如果同其他发展阶段的情况一样，我们对这一危机解决得如何，为我们今后人格发展和调整确立了一个模式。奥克斯和普拉格（Ochse 和 Plug，1986）编制了一个量表，用来测量成人是否能成功地通过埃里克森提出的 8 个发展阶段。你可以用这一部分来测验一下自己，看一看这些问题是否适用于你，根据下列标准给自己打打分。

1：完全不适用；2：偶尔适用或基本不适用；3：常常适用；4：非常适用。

1. 我不知道自己是怎样的人。
2. 别人总是改变他们对我的看法。
3. 我不知道自己应该怎样生活。
4. 我不能肯定某些东西是否合乎道德或是否正确。
5. 大多数人对我是哪类人的看法一致。
6. 我看到自己的生活方式很适合我。
7. 我的价值为他人所承认。
8. 当周围没有熟人时，我感到能更自由地成为真正的自己。
9. 我感到自己在生活中所做的事并不真正值得。

① 引自［美］柏格《人格心理学》。

10. 我感到我对周围人们很适应。
11. 我对自己是这样的人感到骄傲。
12. 人们对我的看法与我对自己的看法差别很大。
13. 我感到被忽略。
14. 人们好像不接纳我。
15. 我改变了自己想要从生活中得到什么的想法。
16. 我不太清楚别人怎么看我。
17. 我对自己的感觉改变了。
18. 我感到自己是为了功利的考虑而行动或做事。
19. 我为自己是我生活与其中的社会一分子感到骄傲。

计分时，先把 1、2、4、8、9、12、13、14、15、16、17、18 题的回答结果转换一下，如果选择 1，就计 4 分；选择 2，计 3 分；选择 3，计 2 分；选择 4，计 1 分。其他问题则保持不变。然后把 19 个问题回答的得分相加。奥克斯和普拉格（1986）发现，用这个量表对南非 15—60 岁的人进行测试，他们的平均得分在 57 分左右，标准差在 7 左右。这表明，大多数人的得分在平均得分 57 ± 7 范围内，得分明显高于该数字的人，表明他的自我认同感发展良好；得分明显低于该数字者，表明他的自我认同感还处在发展和形成阶段。

量表：同一性对同一性混乱量表（identity versus identity diffusion scale）。

【推荐读物与影视作品】

1. 图书《动机与人格》

本书作者为亚伯拉罕·马斯洛。该书全面讨论了人本主义心理学和人本主义伦理学的研究目的和研究方法，系统地阐述了马斯洛关于人性、人的需要、人格发展的动力和规律、社会改革和促进健康人格发展的方法和途径的观点和理论。其中包含了马斯洛最出名的三个理论：需求层次理论、自我实现理论、人本主义科学方法论。该书在创建一个积极和全面的有关人性的观点方面，有着巨大的影响。

2. 图书《内向者优势——如何在外向的世界中获得成功》

本书作者为玛蒂·莱利。你是内向型性格吗？内向是天生的吗？作为一个内向者，你有什么特别的优势，有什么方法可以让你克服在工作、恋爱、社会场合中的不适应？作为一个内向者的亲人，有什么方法可以帮助他（她）更好地发挥优势？该书为性格内向的人及那些深爱他们的性格外向的人，指明如何在了解其个性的基础上创造并享受美好的生活。针对如何养育性格内向的孩子、怎样引导他们参与社交活动和工作，作者提出了应对的策略，并提供了几百条有价值的技巧。

3. 电影《搏击俱乐部》

患有严重失眠症的杰克偶然结识了肥皂商人泰勒，两人共同创立了一个秘密的地下组织——搏击俱乐部。成员们通过搏击发泄内心的压抑，试图寻找生活的真实意义。然而，随着搏击俱乐部的壮大和泰勒行为的愈发疯狂，杰克开始质疑一切，甚至包括他自己的存在。最终，杰克意识到泰勒是他自己内心深处的投射，他开始与泰勒对抗，试图找回真正的自我。

4. 电影《弗兰基与爱丽丝》

影片根据真人真事改编，故事主要围绕着一个被诊断患有多重人格分裂症的女性。在正常的情况下，她叫弗兰基·默多克，是一名黑种人脱衣舞娘，过着简单的生活。但是在人格分裂的时候，她会在心理上变成一个有着严重种族歧视倾向的白种人，她叫爱丽丝。因为自己的人格分裂，弗兰基失去了很多朋友，其中包括自己的男朋友。这个叫爱丽丝的“白种人”时时刻刻都在干扰着弗兰基的生活，弗兰基能将其驱逐出自己的心理吗？她能得到正常的生活吗？只有弗兰基本人才知道该如何去做。

第四篇

与情共舞　笑对人生：
大学生积极情绪的培养

视频 4　把握情绪舵盘，驶向快乐人生路

案例

小米一天的情绪日记

5:30，冬天早起去出早操，带着无奈的心情起床，寒冬的早上，6点不到的早晨，还是一团黑，走在寒冷中，缩了缩身子，内心有一点凄凉和萧瑟感，还有对自然的敬畏。

6:30，太阳出来，在冬天看到初升的太阳，红彤彤的一片，有些感动，朝着太阳的方向走向宿舍，心里有种力量感，觉得对生活充满了信心和希望。

8:00，第一场是公共必修的计算机基础课程，黑压压的200多人挤在多媒体教室，让人觉得压抑。教材的内容远远落后于现实生活，但老师还是照本宣读，真的很焦虑。

10:35，沐浴着冬天的阳光，返回宿舍，阳光让身体温暖，也让内心觉得温暖，在道路上，竟然遇到了暗恋许久的那个男生，顿时心怦怦直跳，害羞地低下头不敢看他，心里好紧张，又渴望着他能注意到自己，眼看着他和一群同学谈笑风生头也不偏地走了过去，沮丧之情油然而生。

12:45，宿舍爆炸性消息，室友喜欢的男生居然去偷别人的笔记本电脑，已被公安机关抓起来了，室友听到这个消息，忍不住哭了起来，虽然不认识这个男生，但看到哭得那么伤心的室友，很心疼她，也对那男生的行为不理解，甚至有些气愤。

14:15，下午没有课，想去爬山，于是内心琢磨着约谁一起去，最后打电话给最近看上去关系有些疏远的晓丽，打了好几次，她都没听电话，觉得不安起来，是不是什么事情做得不好，让她这段时间远离了自己，闷闷不乐的自己出去转了一圈，心情沉重，觉得阳光都失去了它应有的光泽。

18:25，回到宿舍，打开笔记本记录这一天，写着写着便开始叹气，停下笔，心不在焉地用笔在桌子上画圈圈，突然听到晓丽的电话在响，这个马大哈，又忘记出门带手机了，想到下午的纠结，原来只是庸人自扰而已，顿时觉得轻松了很多。

22:30，众人齐聚宿舍，开始八卦这一天的见闻和感受。中午时那种压抑的气氛也不见了，充满了欢声笑语。

可以看到，人作为一种“情感动物”，情绪就像影子一样，每天伴随着人们。人们在日常的工作、学习和生活中，时时刻刻都能体验到它的存在，并且影响着他们的心理、生理及日常生活的方方面面。但是你对自己的情绪了解多少呢？每个人是否都会为自己阴晴不定的情绪而苦恼？能否成为自己情绪的主人？如何管理自己的情绪呢？本章的学习也许能给大家一定的帮助。

学习目标

1. 认识情绪，了解情绪的产生与作用。
2. 了解大学生情绪的健康标准及特点。
3. 了解大学生不良情绪的表现和困扰。
4. 培养健康情绪观念，实现自我情绪调控与成长。

第 10 章 情绪情感概述

不要被情绪所吓倒，要有战胜情绪的信心；不要被情绪所困扰，要做情绪的主人。你的情绪是你人生的基点。请记住：有什么样的情绪反应，就有什么样的生活，就有什么样的事业，就有什么样的人生。

——罗俊英《零压力》

能控制好自己情绪的人，比能拿下一座城池的将军更伟大。

——拿破仑

一、认识情绪情感

什么是情绪？日常生活中每个人都会体验到各种各样的情绪。“人逢喜事精神爽，闷向心来瞌睡多”。遇到好事，人们会觉得心情舒畅、愉悦、快乐、幸福等；遇到坏事，人们会感到烦恼、难过、沮丧、愤怒、悲伤等。这些感受就是大家经常说的情绪。人不可能没有情绪，情绪赋予了每个人生命中的各种色彩。有什么样的情绪反应，就有什么样的生活，就有什么样的事业，就有什么样的人生！

（一）情绪及其成分

19 世纪以来，心理学家对情绪进行了长期的研究，对情绪的概念提出了不同的观点。综合以往心理学研究，人们普遍认为情绪是个体对客观事物是否满足内心需要而产生的主观体验及其相应的行为反应。从一般意义上来讲，情绪（emotion）是人们对外界刺激引起的生理和心理变化的一种主观体验，是一种综合的、复杂的、变化的心理过程，它可以通过外部行为表达出来。情绪是主观体验、生理唤醒和外部表现三个成分的统一体。

1. 主观体验

主观体验是主体对自身情绪状态的感受，即“我们的感觉怎么样”，可以用各种词汇来描述自己的主观体验，如愉快、平静、不安、紧张、厌恶、憎恨、嫉妒等。这些感受带着浓厚的主观色彩。面对同样的事情，不同的人会产生不同的情绪体验。如桌子上放着同样的半杯水，有些人会很欣喜地说“真好，还有半杯水！”而有些人则低落地埋怨“怎么只有半杯水呢？”

2. 生理唤醒

生理唤醒是主体体验情绪时所产生的一些生理反应，它包括了所有的身体变化。任何一种情绪都伴随着一定程度的生理反应和身体变化，并且不同情绪的生理反应模式是不一样的。如人在焦虑状态下会感到呼吸急促、心跳加快；在愤怒状态下会出现面红耳赤、血压升高；在恐惧状态下出现呼吸短促、心跳加速等交感神经系统活动亢进的表现。情绪所产生的生理反应和身体变化都是受人的自主神经支配的，不受人的主观意识所控制，具有极大的随意性和不可控性。例如，当人们在面对一些重要的考试或面试时，不可避免地会出现紧张的情绪，即使一再告诉自己不要紧张，努力去控制，但是紧张情绪仍然干扰着他们的正常发挥。

3. 外部表现

外部表现是主体的情绪体验在身体姿势、面部表情和言语上的外部表露，包括面部表情、体态表现和言语表达。

(1) 面部表情是所有面部肌肉变化所组成的模式，如高兴时眉头舒展、面颊上提、嘴角上翘。面部表情模式能精细地表达不同性质的情绪，最直接地反映着人的情绪状态，是鉴定情绪的主要标志。瑞典心理学家伯德斯德尔说，人脸可做出约 25 000 种不同的表情。

(2) 体态表现是指面部表情以外的身体其他部分的表情，包括手势、身体姿势等，如人在痛苦时捶胸顿足、愤怒时摩拳擦掌等。人体的每一个姿态以及各种不同姿态组合都有其内在的含义，都在表达情绪和情感。美国戈登修易斯指出，人体大约可以做出 1000 种不同的姿态。

(3) 言语表达是指通过言语的声调、节奏、速度等方面来表达情绪的变化，如兴奋时语调高昂，语速变快；痛苦时语调低沉，语速减慢等。研究表明，言语所传达的情绪信息比言语本身含义要更多。

（二）情绪的特征

大学生正处于人生中重要的“心理断乳期”，情绪体验更加丰富与深刻，情绪表达上冲动性与稳定性并存，与中学阶段、工作阶段相比，大学生的情绪发展有着鲜明的特征。

1. 丰富性与复杂性并存

相比中学阶段，大学生正处于充满激情与梦想的阶段，有着丰富、强烈而又复杂的情绪情感世界。大学生的价值认同愈加丰富多元，这直接体现在大学生自我意识的不断发展，新的需要和兴趣得到极大的拓展，自我体验更加强烈，有着更加丰富、复杂的情绪情感表现。大学生情绪的复杂性还经常表现为：心理上既渴望独立自主，生活和经济上又对家人存在依赖；人际交往中既渴望被理解、关注和得到认同，又害怕被拒绝，不敢与人交往甚至拒人于千里之外；情感上往往表现出主动与闭锁共存、克制与冲动交错等特征。

2. 冲动性与稳定性并存

心理学家斯坦利·霍尔（Granville Stanley Hall）把青少年阶段描述成一个“疾风暴雨”的阶段。相对于中学阶段，大学生的情绪趋于稳定和成熟；但相对于工作阶段而言，大学生的情感表现和思维方式却又显得稚嫩。大学阶段也是人生当中情绪情感体验最丰富、最激烈的时期。大学生富有激情，在外界刺激下容易冲动，表现出强烈的情绪体验，同时大学生对心理活动的调节和支配的意志和能力仍有限，容易失去对情绪的控制，甚至在面对人际冲突、学业失败等情境时容易产生盲目冲动行为。

3. 内隐性与外显性并存

大学生的情绪表现虽然有时也会喜怒形于色，但已不像中学时代那样容易直露。大学生常常会有意识地将自己的内心情感世界加以隐藏和掩饰，体现为内在体验与外在表现的不一致。例如，小王对同班同学小莉产生了好感，明明很在意对方，经常创造机会与之一起学习，但两人见面时，晓明却经常表现出一副毫不在意、爱理不理的样子。

4. 阶段性与差异性并存

不同年级的大学生面临的现实问题不同，他们的情绪体验也不尽相同。大一新生初进大学，往往首先面对的是生活和人际环境的适应、学习方式的转变，大一新生体验到的情绪更多表现为新鲜、好奇、自豪、遗憾、害怕、迷茫等。大二、大三的学生对大学生活已经适应，情绪相对趋于稳定，他们更希望在学习和社团工作中取得成绩，获得他人的肯定和关注。伴随着学习压力的变化、学业绩点排名的升降、社团竞赛活动的取舍、考研实习择业的选择等现实问题，他们情绪的体验更多受到现实事件的影响而产生波动。

（三）情绪与情感

所谓情感（feeling），即情绪过程的主观体验。情感只用于人类，特别用在描述人类区别于动物的高级社会性情感。社会性情感调节着人们的社会行为，它包括了道德感、理智感、美感等。心理学还用感情（affection）的术语。感情，通常是情绪、情感这一类心理现象的统称。

情绪（emotion）和情感（feeling）两个概念既有区别又有联系。其区别在于以下四个方面。

1. 情绪更多地与生理性需要相联系；而情感更多地与人的社会性需要相联系。

2. 情绪发生较早，动物和婴儿都有情绪；但情感是人类特有的，也是个体发展到一定阶段才出现的。

3. 情绪具有情境性，直接受情境的影响；而情感既具有情境性，又具有稳定性。

4. 情绪带有更多的冲动性和外显性，较少受意识控制；而情感则比较深沉，往往以内隐的形式存在和以微妙曲折的方式表达出来，更多地受意识的控制。

以上四个方面的区别是相对的，在实际的心理活动中，情绪与情感并无明确的界限。情绪是情感的基础，情感则通过情绪表现出来，同时情感对情绪又具有调节和控制作用。一个人的积极情感可以抑制暂时的不愉快情绪；情感是情绪的升华。

每个人都有过着急或紧张的经历，焦虑是种极普遍的情绪体验，一般而言，大多数的焦虑是正常的，而一旦焦虑超出一定的程度，就要警惕焦虑障碍了。焦虑指数测试用于衡量最近一周个体焦虑状态的轻重程度。

表 10–1 是人们常有的一些感受，请在最符合你实际情绪的数字上画圈，代表你在最近一周中的相关感受。

表 10–1 焦虑指数测试

项目	很少	有时	经常	持续
1. 我感到比往常更加神经过敏和焦虑	1	2	3	4
2. 我无缘无故感到害怕	1	2	3	4
3. 我容易心烦意乱或感到恐慌	1	2	3	4
4. 我感到我的身体好像被分成几块，支离破碎	1	2	3	4

（续表）

项　目	很　少	有　时	经　常	持　续
5. 我感到事事都很顺利，不会有倒霉的事情发生	4	3	2	1
6. 我的手足发抖	1	2	3	4
7. 我因头痛、颈痛、背痛而烦恼	1	2	3	4
8. 我感到无力且容易疲劳	1	2	3	4
9. 我感到很平静，能安静坐下来	4	3	2	1
10. 我感到自己的心跳较快	1	2	3	4
11. 我因阵阵眩晕而不舒服	1	2	3	4
12. 我有要昏倒的感觉	1	2	3	4
13. 我呼吸时进气和出气都不费力	4	3	2	1
14. 我的手脚感到麻木或刺痛	1	2	3	4
15. 我因胃痛和消化不良而苦恼	1	2	3	4
16. 我必须经常排尿	1	2	3	4
17. 我的手总是很温暖而干燥	4	3	2	1
18. 我觉得脸红发热	1	2	3	4
19. 我容易入睡，晚上休息很好	4	3	2	1
20. 我经常做噩梦	1	2	3	4

1. 计分方式

(1) 评定采用 1～4 级计分

(2) 把 20 道题的得分相加得总分粗分

(3) 焦虑指数 = 总分粗分 ×1.25。四舍五入取整数，即得标准分

(4) 焦虑指数范围为 25～100，指数越高，说明焦虑程度越严重。焦虑评定的分界值为 50 分，50 分以上，就可诊断为有焦虑倾向。分值越高，焦虑倾向越明显

2. 结果解释

(1) 你的焦虑指数为 25～49。你的得分远低于平均水平，你的焦虑程度较低，请你继续保持这份好心境

(2) 你的焦虑指数为 50～59。你的得分略高于平均水平，你有轻度的焦虑倾向，人群中约 30% 的人与你有类似情况。请你注意调节好情绪状态，心情不好时可以多与朋友倾诉或通过运动、听音乐等方法努力调节

(3) 你的焦虑指数为 60～69。你的得分高于平均水平，你容易为一些不必要的事而焦虑，这必须引起你的注意。也许最近有些事，让你感到焦躁不安。是时候关注一下自己的心情了，情绪平衡是一门艺术，你需要寻找一套适合自己的放松方法，比如，在家中练练瑜伽，或者晚饭后和家人、朋友到外面散散步，聊聊天，既可放松自我，亦可增进彼此间的交流，宽容看待自己和他人

(4) 你的焦虑指数在 70 及以上。你的得分远高于平均水平，你可能有着严重的焦虑问题。在过去的一周里，你可能被各种压力所围绕，甚至让你觉得透不过气，经常感到烦躁不安，容易被一些小事所激惹。最近是否有事情让你觉得压力大？如果没有，并且这种情况已经持续 1 个月以上了，请你及时寻求专业心理帮助

二、情绪的分类与作用

（一）情绪的分类

人类的情绪是复杂多样的，我国古代著作《说文》中描述情绪的文字就有354个，其类型难以有一个统一的划分方法。目前，情绪的类型大致可以概括为以下几种。

1. 七情之分

在我国，人们将情绪按其表现分为“喜、怒、哀、惧、爱、恶、欲”，称为“七情”。喜、怒、哀、惧是人们最为普遍的情绪反应。

喜，即喜悦，是人在其需求达到充分满足时产生的一种满意、愉快和欢乐的情绪体验。喜悦会使人感到轻松、舒畅和满足感。怒，即愤怒，往往是因为当事者的愿望、需求不能得到满足或为此而进行的活动受到阻碍时而产生的一种不满、恼怒的情绪体验。愤怒的情绪会使人产生紧张、压抑，甚至狂躁的感觉。哀，即悲哀，常由于当事者的期望或愿望不能得到实现和满足，或遭遇重大的丧失而引起的一种悲凉、哀叹的内心感受。悲哀的情绪会使人产生一种失落、无奈、痛苦的心理感受。惧，即惧怕、恐惧，是当一个人面对危险境地或是巨大灾难时，产生的一种极度的恐慌和畏惧感。恐惧的情绪会使人感到呼吸急促、紧张、心悸、全身战栗，甚至使人本能地产生想逃离的心理。

除此之外，情绪反应还有喜爱、憎恶、渴望、害羞等形式，并且一个人的情绪状态很多时候会表现为复合情绪反应，它是由基本情绪的不同组合派生出来的。例如，一个人做了错事后，会有一种内疚感，它包含了对自己的自责、悔恨、自罪等方面的内心体验；当一个人经过了多年的努力，终于取得了学位，会产生百感交集的情绪体验，它包含着“酸甜苦辣”各种复杂的情绪反应。

2. 基本情绪和社会情绪

从情绪形成与发展的角度进行分类，可将情绪分为基本情绪和社会情绪两种。

基本情绪主要是指与人的生理需要相联系的情绪体验。例如，人的恐惧、焦虑、满足、悲哀等。人的基本情绪是先天性的，在人的幼年时期就已经形成，人和动物都具有基本情绪。近代心理学家把快乐、愤怒、悲哀和恐惧列为情绪的基本形式，并且认为人类只存在几种基本情绪，其他情绪都是从基本情绪中分化出来的。

社会情绪是指与人的社会性需要相联系的情绪反应，表现为一种较为复杂而又稳定的态度体验。例如，一个人的善恶感、责任感、羞耻感、内疚感、荣誉感、美感、幸福感等，都是后天随着人的成长而逐步发展和形成的。社会情绪是在基本情绪上形成和发展起来的，同时又通过基本情绪表现出来。在大学阶段，更多的是建立和形成一个人的社会情绪。

3. 正性情绪与负性情绪

从情绪功效的角度进行分类，可分为正性情绪与负性情绪。正性情绪包括愉快、欢乐、舒畅、喜欢等情绪，负性情绪包括痛苦、烦恼、气愤、悲伤等情绪。也有人将情绪划分为积极情绪和消极情绪。

每一种情绪都是有其功能的，包括负性情绪。比如，痛苦能让人回到此时此地的现实之中；内疚能让人重新检查自己的行动目的；悲哀会让人重新评价目前的问题所在，并改变某些动力；焦虑能引起注意，多做准备；恐惧则能动员身心，使之行动起来，应付险情；疲惫会使人放下一些重负，获得休息；愤怒促使人奋起反抗，自我保护。但如果负性情绪持续的时间过长或程度过深，就需要对这些负性情绪进行合理的宣泄和管理。而正性情绪有助于增加生活的乐趣，提高工作、学习的效率，促进潜能开发，并有助于人的自信心的建立。大学生需要学会和自己的负性情绪和平相处，也要培养积极的正向情绪，促进情绪健康。

4. 心境、激情与应激

心理学家根据情绪发生的强度、速度、持续性和紧张度等指标，把情绪状态划分为心境、激情与应激三种状态。

(1) 心境是一种微弱、平静而持久的情绪状态，具有渲染性和弥散性的特点。当个体处于某种心境时，其心理活动和言行举止都会蒙上一层相应的情绪色彩。“忧者见之而忧，喜者见之而喜”正是对心境的概括性描述。例如，当一个人心情舒畅时，看什么都会觉得乐观积极；而一个人郁郁寡欢时，则会对许多事物失去兴趣。心境可能持续几小时、几周、几个月甚至更长时间。心境有积极与消极之分。积极的心境能使人精神振奋，朝气蓬勃，有助于提高学习和工作的效率；消极的心境会使人颓废、悲观、疲倦、消沉，降低活动效率，使人丧失信心和希望，有损人的健康，不利于学习和工作的顺利进行。因此，保持良好心境对于学习和工作都十分有益。

(2) 激情是一种猛烈、爆发式、短暂的情绪状态，具有强烈的冲动性和爆发性的特点，表现为狂喜、暴怒、绝望等。例如，狂喜时手舞足蹈，开怀大笑；暴怒时咬牙切齿，暴跳如雷；绝望时心灰意冷，反应木讷。激情通常是由突然发生的对个人具有重大意义的事件引起的，如亲人意外亡故、失恋、遭人侮辱，或取得特别好的成绩、自己喜欢的球队赢得了比赛等。激情有积极和消极两种。前者能够激励人们积极向上，克服困难，感受高峰体验；后者则会导致理智的暂时丧失，情绪和行为的失控。生活中的激情犯罪多由消极激情引起。

(3) 应激是指由于出乎意料的紧张或危险情境所引起的极度紧张的情绪状态。在突如其来或十分危险的情况下，个体必须迅速地做出决定，此时容易出现应激状态，如开车时路上突发交通事故、地震、火灾、水灾等自然灾害意外发生，突发性生活事件（如亲人去世）等，容易使人们处于应激状态。人在应激状态下，会有一系列生理反应，如心律、血压、呼吸和肌肉紧张度等发生显著变化，从而增加机体的应变能力。一个人如果长期或频繁地处于应激状态中，对身心健康极为不利。激情也有积极和消极两种状态，当机体处于积极状态时，个体头脑清醒、思维敏捷、行动准确快速，做出平时难以做到的事，从而转危为安、化险为夷，及时摆脱困境。当机体处于消极状态时，个体会出现目瞪口呆、手足无措，陷入一片混乱之中。

心理万花筒

踢猫效应[1]

一位员工在公司无缘无故受到了老板的批评，回到家便和妻子吵了一架。愤怒的妻子又把沙发上跳来跳去的孩子臭骂了一顿。孩子心里委屈，便一脚把身边的猫踢出窗外。这时正好一辆卡车开过来，司机避让不及，碰巧撞了开车路过的老板。人们把这种坏情绪传染而引起的连锁反应称为踢猫效应。

踢猫效应提醒人们警惕情绪的“污染”，我们不要成为坏情绪的污染源，应养成及时打理心情的习惯。

（二）情绪的作用

情绪时刻与人们相随相伴，情绪在日常生活中发挥着以下三方面的作用。

1. 适应功能

情绪最根本的作用在于适应，它能使个体知觉情境的危险，从而使个体对机体进行调整，帮助个体适应环境，因而情绪具有自我保护的生存价值。各种情绪都有其必要的功能，并产生一定的生理反应，如当人们处于危险状况时，就会有紧张害怕的感觉，伴随的是心跳加快、呼吸急促，从而使个体产生“奋力对抗”或“落荒而逃”的反应，以保护自己，回避危险或更快地脱离险境。

2. 社会功能

情绪在社交活动中具有广泛的作用。首先，要对别人情绪表达信息的敏感和把握，可以帮助人们在人际交往场合确切地理解别人的意图，以便做出相应的反应。例如，当个体观察到交谈对象皱眉的表情、不停地看表和心不在焉的神态时，那么就需要判断并决定是否中止谈话或改变谈话的内容和方式。因此，良好的情绪觉察能力是良性活动的开始和继续的前提。其次，恰当地表达自己的感受和意愿，就能得到别人的正确回应。情绪的夸张表现和过分掩饰，容易引起对方的误解，从而导致双方交往的障碍，人与人之间的冲突很多时候都来源于这种误解。因此，情绪在人际沟通中起着非常重要的信息传递和调节作用，情绪的觉察和表达能力是情绪智力中很重要的一种品质。

3. 认知功能

情绪具有影响和调节认知过程的作用。情绪能促进或阻碍学习、记忆、判断和问题的解决。心理学家研究发现，那些处于温和愉快情绪中的人，比起那些处于消极情绪中的人，在创造性测验中明显表现更好。愉快的情绪会使人们的认知活动更有效率，想法更富有创造性，更容易解决问题。

三、情绪理论

1. 情绪的行为理论

美国心理学家华生（J. B. Watson）在1929年首次明确地提出了情绪的行为理论，他

---

① 引自 https://baike.baidu.com/item/%E8%B8%A2%E7%8C%AB%E6%95%88%E5%BA%94?fromModule=lemma_search-box。

认为情绪是一种遗传的“模式—反应”，华生认为心理本质是行为，其突出的观点是环境决定论，否认遗传的作用。他认为，行为是由刺激引起的反应，刺激来源于外界，并取决于所处的环境。

华生从刺激—反应的公式出发，认为环境和教育是行为发展的唯一条件。他认为不管多么复杂的行为，都可以通过控制外部刺激而形成，因此他曾提出能够任意将一个没有缺陷的婴儿训练成为一个有成就或一事无成的人。

不可否认，华生的环境决定论片面夸大了环境和教育在个体心理发展中的作用，忽视了个体的主动性、能动性和创造性等心理发展的内部动因。但情绪的行为理论为我们调节情绪提供了可借鉴的思路：我们可以通过改变环境刺激改变行为，进而改变情绪。

2. 情绪 ABC 理论

情绪 ABC 理论是由美国心理学家艾利斯（A. Ellis）所创立。艾利斯常引用古代斯多葛学派哲学家爱比克泰德（Epictetus）和莎士比亚的话来表达 ABC 理论的核心观点。爱比泰德曾说：“人的烦恼不是起于事，而是起于他对事的看法”。莎士比亚在《哈姆雷特》中则有这样一句话：“世事无好坏，思想使之然”。

ABC 理论中，A 表示诱发性事件（Activating events），B 表示个体针对此诱发性事件产生的一些信念（Beliefs），即对这件事的一些看法、解释。C 表示自己产生的情绪和行为的结果（Consequences）。艾利斯认为激发事件 A 只是引发情绪和行为后果 C 的间接原因，而引起 C 的直接原因则是个体对激发事件 A 的认知和评价而产生的信念 B，即人的消极情绪和行为障碍结果（C），不是由于某一激发事件（A）直接引发的，而是由于经受这一事件的个体对它不正确的认知和评价所产生的错误信念（B）所直接引起。错误信念也称为非理性信念。

第11章 大学生的情绪体验

如果你对周围的任何事物感到不舒服，那是你的感受所造成的，并非事物本身如此。借着感受的调整，可在任何时刻都振奋起来。

——奥雷柳斯

世界如一面镜子：皱眉视之，它也皱眉看你；笑着对它，它也笑着看你。

——塞缪尔

案例

刚踏入大学校园的小林，心中充满了对未来的无限憧憬。他积极参加各类社团活动，如辩论队、摄影社，还报名参加了多个学术讲座和工作坊，希望能在大学期间全面提升自己。然而，随着课程难度的增加和社团活动的频繁，小林开始感到力不从心。他开始质疑自己的选择，是否真的适合这样快节奏、高强度的生活方式。每当夜深人静时，他都会躺在床上，望着天花板，心中充满了迷茫与不安。

大二上学期，小林的专业课程难度骤增，特别是高等数学和计算机科学这两门课程，让他倍感吃力。与此同时，他在处理人际关系上也遇到了难题。由于性格内向，他很难快速融入新的社交圈子，与室友和班级同学的关系也显得疏远。一次偶然的机会，他在图书馆偶遇了同专业的女生小芳，两人因为对同一本书的喜爱而开始交谈，逐渐成为朋友。然而，随着交往的深入，小林发现自己对小芳产生了超越友谊的情感，这让他既兴奋又紧张，担心自己的表白会破坏现有的友谊。

一次重要的数学考试，小林发挥失常，成绩远低于预期。这次失败如同一记重锤，击碎了他原本就脆弱的自信心。他开始怀疑自己的能力，甚至考虑是否应该转专业或休学一段时间。与此同时，小芳因为个人原因，与小林的联系也逐渐减少，这使他感到更加孤独和无助。那段日子，小林经常独自一人在校园里漫步，思考着未来的方向。

在经历了一段时间的情绪低谷后，小林决定不再逃避问题，而是积极寻找解决方案。他开始主动寻求老师和学长学姐的帮助，参加学习小组，利用课余时间恶补数学和编程知识。同时，他也加入了学校的心理健康协会，通过参加心理讲座和工作坊，学会了如何更好地管理自己的情绪，如何与他人建立健康的人际关系。在一次社团活动中，小林结识了一群志同道合的朋友，他们相互鼓励，共同进步，这让小林重新找回了生活的乐趣和自信。

小林的故事是许多大学生在成长道路上都会遇到的情感波动与自我探索的缩影。它告诉我们，面对困难和挑战时，保持积极的心态，勇于寻求帮助，不断自我成长，是走出困境、实现自我价值的关键。

一、大学生情绪发展的特点

大学生正处于青春期，生理发育趋向成熟的同时，心理也正经历着急剧的变化，反映在情绪上尤其如此。根据对在校大学生心理状况的调查，大学生具有开放、活泼、富有激情等的情绪特点，大多数学生的情绪状态相对比较成熟、稳定。

（一）外向、活泼、充满激情

就大学生整体水平而言，在情绪特点上，表现为乐观、活泼、开放、热情、精力旺盛、积极向上、充满着朝气和激情。

（二）情绪延迟性，趋向于心境化

相比于青少年情绪反应为外界情境所左右——来得快，消失得也快的特点，大学生的情绪活动一旦被刺激所激发，即使刺激消失，情绪状态会有所缓和，但其影响时间将延长，趋向于心境化，并对他之后的其他活动产生持续的影响。大学生许多不良情绪，如焦虑、抑郁、自卑等都具有这种心境化的特点。

（三）情绪体验更加深刻丰富

大学生的情绪体验更加丰富多彩，并随着自我意识的不断发展、各种需要和兴趣的扩展而表现得更加丰富、敏感细腻和深刻，并带有更加丰富的社会内容的情感体验。

（四）波动性与两极性

大学生的情绪年龄正处于未成年人与成年人的过渡阶段，与成年人相比，大学生的情绪带有明显的起伏波动性，表现为大起大落、大喜大怒的两极性。今天可能对某个人物崇拜得五体投地，明日又可能恨之入骨，常常从一个极端走向另一个极端。

（五）冲动性与爆发性

大学生的情绪特点还表现在情绪体验上特别强烈和富有激情，有时表现为一定的盲目狂热和冲动。“热血青年”“血气方刚”“初生牛犊不怕虎”等这些词正是青年大学生情绪冲动性特点的写照。

（六）矛盾性与复杂性

心理学家霍尔将青少年阶段形容为“疾风暴雨”时期。相对于中学阶段，大学生的情绪趋于稳定和成熟；但是与工作阶段相比，大学生的情感表现和思维方式却又显得稚嫩。大学阶段是大学生面临着许多重大选择的时期，在这个时期，在外界刺激下，大学生往往容易冲动，表现出矛盾和复杂的情绪状态。例如，他们希望自己独立和希望依赖于他人的需要同时存在；既希望得到他人的理解，又不愿意接受他人的关心等复杂矛盾的心态。

（七）内隐与掩饰性

大学生的情绪，虽然有时也会喜形于色，但已经不像青少年时期那样坦率直露。大学生由于具有了一定的自我控制能力，受思维独立性和自尊心的影响，情绪体验上有时出现外在表现与内在体验的不一致性，如对自己爱慕的人表现得很冷淡，对自己在乎的事情表现得不屑一顾。这也无形中给同学们的相互交流带来了障碍，使一些学生陷入孤独和苦闷的情绪困惑中。

（八）想象性

有时大学生的情绪体验，还会出现陶醉于以前的某一特定的愉快情绪状态或是沉湎于某种负性的情绪状态之中，甚至会陷入某种想象出来的欢乐或是忧虑之中而不能自拔。例如，有的大学生因在一次运动会比赛中失利，而感到无地自容，后来竟然泛化想象为周围人都在轻视自己，从此产生了“处处都不如人”的不良心态。

心理万花筒

情绪小故事[①]

古时候，两个水平差不多的秀才一起去参加科举考试。两人租了同一间屋子，准备好好休息一晚，为第二天的考试养足精神。

谁料，就在当天晚上，有小偷潜进了屋子，把两位秀才的钱财和衣物都偷走了。

面对这一突发事件，两位秀才的反应却大不相同。

甲秀才认为，这就是上天对自己的一次考验，没什么大不了的，于是满怀信心地进了考场；乙秀才则方寸大乱，一直在内心抱怨小偷，结果在考场上心事重重。

最后，在情绪的影响下，甲秀才金榜题名，乙秀才则名落孙山。

有句话说得好：“强者控制自己的情绪，弱者让情绪控制自己。”

只有成为情绪的主人，我们才能掌控自己的人生，追求自己想要的生活。

因此，不管你此时正处于何种境地，都要保持一颗积极乐观的心。记住：良好的情绪是你好运的源头。

二、大学生情绪的影响因素

（一）生理因素

生理因素主要是指人的身体和神经系统等方面的特点。研究发现，生理方面的问题也是影响心理健康的重要因素。首先，母亲孕期的身体有病、营养不良或情绪不好，可能影响到胎儿的生理发育，并进而影响到其心理功能的正常发展。其次，脑神经递质的变化也会对人的心理状态和精神疾病产生重要的影响。再次，维持人的心理健康，有赖于脑和整个神经系统保持正常的生理功能。此外，饮食习惯和身体健康状况也是影响大学生情绪的重要因素。不均衡的饮食和缺乏运动可能导致身体不适，进而影响情绪的稳定。

（二）心理因素

心理因素在大学生情绪的形成和变化中起着决定性的作用。首先，个人的认知方式、

① 引自 https://mp.weixin.qq.com/s?__biz=MzA3ODg4MDU0NA==&mid=2652543889&idx=2&sn=5764d197f6317ce805886c78e883c3ec&chksm=85a237fa98b83580a7d7efbfd55fd9540e481a0e8819cd2e7a182e18957b00bb1d90ef7412bd&scene=27。

期望值和应对策略会影响他们的情绪体验。例如，悲观主义者可能更容易体验到消极情绪，而乐观主义者则可能更容易保持积极情绪。其次，压力和自我效能感也是影响大学生情绪的重要因素。面对学业、就业等压力，如果大学生缺乏有效的应对策略和足够的自我效能感，就容易产生焦虑、抑郁等负性情绪。此外，自我认同和适应能力也是影响大学生情绪的关键因素。在探索自我认同的过程中，大学生可能会遇到困惑和焦虑，特别是在面临职业选择和人生规划时。同时，从高中到大学的转变需要适应新的学习环境和生活模式，适应不良也可能导致心理问题。

（三）环境因素

环境因素包括自然环境和社会环境的诸多因素，它们也会影响人的心理健康。例如，在自然环境中，有自然灾害造成的环境污染，有工业和农业生产所造成的污染，如空气、饮水质量的恶化等，这些因素都能影响人的心理健康。学校环境如课程设置、教学方法、师生关系等也会影响大学生的情绪状态。例如，填鸭式的授课模式可能限制大学生创造性思维的发展和人格的完善，不利于其认知水平的发展和情绪的成熟。社会生活中的各种因素，如社会制度、劳动条件、社会关系、人际交往、社会生活中突发的经济危机、政治动乱、战争等也都是影响人心理健康的重要因素。

心理小贴士

左右鼻孔交替呼吸法

这种方法有助于平衡与和谐，提高思考力，有益于心与肺，可提升人体供氧量。

这种方法练习时要注意采取轻松的坐姿，上半身挺直。将左手轻轻放在左腿上，掌心朝上，拇指与食指轻轻碰触；右手的小指、无名指与拇指伸展，中指和食指朝向手心并轻触掌心。

接着请闭上眼睛，举起右手，将大拇指按住右鼻孔，以左鼻孔吸气 4 秒；以无名指按住左鼻孔，保持闭气 16 秒，放开右鼻孔，呼气 8 秒。再用右鼻孔吸气 4 秒，以大拇指按住右鼻孔，保持闭气 16 秒，再放开左鼻孔，呼气 8 秒。随着控制呼吸，你的身体要尝试体会放松、很放松的感觉，这种放松的感觉让你非常舒服。

如此这般 5 个呼吸作为一组，你可以连续做 5 组。请注意，结束时应以左鼻孔呼气（从左鼻孔开始，在左鼻孔结束），然后放下右手。每次吸气、屏气、吐气时长按 1∶4∶2 比例进行即可。

三、大学生常见的情绪困扰

大学生常见的情绪困扰又称为不良情绪。按照不同情绪，可分为抑郁情绪困扰、焦虑情绪困扰、自卑情绪困扰、愤怒情绪困扰、嫉妒情绪困扰。

（一）抑郁情绪

抑郁是一种以持久的心境低落、消沉为特征的情绪状态，它常常与苦闷、不满、烦恼、自卑、厌恶等情绪交织在一起。抑郁十分普遍，以至于被称为“心理感冒”。一些专家认为，人类正处于一个“抑郁的时代”。多数人在人生的某个时点上都会经历一定程度的情绪低落或忧郁，这时的整个生活似乎都是灰色的，似乎什么都不值得去做。忧郁的情绪如果持续数周或数月，有可能会变成抑郁障碍。

大学生的抑郁情绪主要表现为：情绪低落，郁郁寡欢；无精打采，缺乏活力，兴趣减退；不愿参加社交，避免与人接触，常常拒绝别人；对生活缺乏信心，体验不到生活的快乐；食欲减退，出现失眠等。长期的抑郁会使人的身心健康受到严重损害，使人无法有效地学习、工作和生活，甚至会出现自伤或自杀行为。

如何走出抑郁的情绪呢？

1. 改变自己的思维

抑郁时，消极的思维以及负性的记忆很容易进入人们的头脑，而且挥之不去。大家可以去反思自己是否有以下思维习惯：草率地做出消极的结论；思考问题绝对化、非黑即白或过分概括化；不相信他人；放大消极因素等。如“没有考好，这下全完了”“我必须受到他人的尊重”“我必须取得优异的成绩”“朋友必须对我诚实”“他和我分手了，证明我没有吸引力”等。

每个人可以在纸上写下自己的想法和观念，这样便于识别和监控。试着用积极的想法和观念去代替它们。下面的思维监控与挑战表(表 11–1)可以帮助个体来改变自己的思维。

表 11–1　思维监控与挑战表

A 诱发事件、观念、情感与意向	B 信仰与主要观念	C 情绪与行为	D 挑战消极思维的新观念
需要做的工作太多	• 我无法完成全部任务 • 我永远不可能成功 • 我真失败、真无能	• 抑郁 • 无所事事	• 我应关注于哪些事能做，而不是一下子完成所有的工作 • 我是在用全或无的思维方式给自己贴标志，而不是鼓励自己 • 我经常把结果想得太悲观 • 如果朋友遇到我的问题，我会帮助他们循序渐进地解决问题 • 我目前处于抑郁状态，所以感到身心疲惫，不像过去那样精力充沛。但是，如果我能为自己所能做的小事而鼓励自己，我可能就会振作起来 • 我之所以认为我很失败，是因为我折损了生活中的积极事件。但这些情绪并不能将我变成一个失败者
帮助你识别消极观念的主要问题：发生了什么事情	• 你在想什么 • 你如何看自己 • 你如何看他人 • 你如何看未来	你表现出来的主要情绪与情感反应是什么	• 你将如何对朋友说 • 有没有其他可能的想法 • 是否有更客观的想法

2. 及时清理负性情绪

生活中每个人都会有许多消极的情绪体验，如生气、焦虑、悲伤、烦躁、痛苦等，要及时地加以疏导和清理。尤其是生气、愤怒等情绪，压抑久了就会引发更糟糕的情绪。

3. 参加一些积极的活动

当情绪低落时，可能对许多活动没有兴趣。但是，要强制自己去改变一下，参加一些积极有益的活动，如体育锻炼、与朋友交流、外出旅游等。

4. 寻求生活支持

当觉察到自己的情绪处于低谷时，要主动去寻求来自朋友、家人、老师，以及心理咨询机构的支持与帮助。每个人都需要支持，寻求支持并不意味着自己无能、无助。

（二）焦虑情绪

焦虑是个体主观上预料将会有某种不良后果产生或模糊的威胁出现时的一种不安情绪，伴有忧虑、烦恼、害怕、紧张等情绪体验，是一种复合性负性情绪。焦虑是人类生活的一部分，几乎每个人都会在生活的某个时刻或多或少地有过焦虑的体验。美国心理学家罗洛·梅（Rollo May）曾经说过："人们几乎在每一个十字路口都会遇到焦虑问题。"焦虑其实是个体适应环境的一种重要的防御机制，适度的焦虑可以唤起人的警觉，使人集中注意力，有利于提高学习和活动的效果。但过度焦虑，往往会使人因过度紧张而分散注意力，使工作和学习效率降低。过度焦虑的大学生常常会感到内心紧张不安、惶恐害怕、心神不定、思维混乱、注意力不能集中，甚至记忆力下降，同时还容易产生头痛、失眠、食欲不振、胃肠不适等不良生理反应。

焦虑情绪的发生原因是多方面的，可分为情境性焦虑、情感性焦虑和神经性焦虑。情境性焦虑又称为反应性焦虑，指由于面临考试、学习及当众演说等外界的心理压力所造成的焦虑情绪；情感性焦虑是指由于对预期发生的事情的担心、对自己过错的自责等引起的焦虑反应；神经性焦虑则是指由于情绪紊乱、恐慌、失眠、心悸等心理和生理原因引发的焦虑。

大学生常见的焦虑有自我形象焦虑、学习焦虑与情感焦虑。一是自我形象焦虑，如担心自己不够漂亮、身体过胖或矮小等；也有的因为粉刺、雀斑等影响自我形象而引起的焦虑。二是与学习有关的焦虑，如学习焦虑、考试焦虑等。三是情感焦虑，多数由于恋爱受挫而引发的自我否定，认为自己不具备爱人与被爱的能力，因而过度担心引起焦虑。

为了减轻或克服焦虑的困扰，可以采用以下方法。

(1) 调整期望

容易焦虑的学生，往往背负着沉重的思想负担，把事情的结果看得太重，对自己要求过高，如考试决不能失利，演讲必须做好。如果能够适当地降低自己的期望和要求，把心态放平和一点，可能会有助益。

(2) 增强自信

容易焦虑的学生往往不自信，有时候并非他们缺少能力，而是对自己缺少信心，因此可以通过各种途径来提升自信。如学会肯定自己，经常进行积极的自我暗示（如"我能行""我很棒"），增加成功的体验等。

(3) 加强锻炼

有的学生之所以焦虑，是因为他们缺少必要的锻炼，在许多场合没有实践经验，如很少当众发言的同学，在众目睽睽之下很容易产生焦虑。因此可以抓住各种机会来锻炼自己，不断尝试，积累自信。

(4) 放松训练

肌肉放松、深呼吸等放松训练方法能很好地降低焦虑。深呼吸是最简单的放松方法，具体做法是：站定后，双肩自然下垂，闭上双眼，深吸一口气，然后慢慢呼气。

（三）自卑情绪

自卑是个体由于某种生理或心理上的缺陷或其他原因所产生的对自我认识的情绪体验，表现为对自己的能力或品质评价过低，轻视自己或看不起自己，担心失去他人的尊重等。大学生自卑心理主要表现为以下四个方面。

1. 自我评价过低，这是自卑的实质，表现在对自己的生理条件，如长相、身高，以及对学习、交往等各方面能力的评价上，认为自己明显不如他人。

2. 泛化，即由于某一方面的原因造成的自卑情绪容易泛化到其他方面。

3. 自卑敏感性和掩饰性。具有自卑心理的大学生往往对自己的不足和别人的评价很敏感，常常把他人与自己无关的言行看成对自己的轻视。感到自卑的大学生由于担心自己的缺陷被人知道，常常加以掩饰或否认，有时表现出较强的虚荣心。

4. 回避心理，为避免他人看出自己的缺陷和不足，感到自卑的大学生常常把自己禁锢起来，从而产生孤独的情绪，容易形成心理闭锁。

心理小贴士

1. 自我控制是最强者的本能。
2. 容易发怒，是品格上最为显著的弱点。
3. 心胸开阔，不要为令人不快的区区琐事而心烦意乱，悲观失望。
4. 生气的时候，开口前先数到十，如果非常愤怒，先数到一百。
5. 成功者与失败者的最大不同在于前者是情绪的主人，后者是情绪的奴隶。
6. 心灵纯洁的人，生活充满甜蜜和喜悦。
7. 凡是有良好教养的人有一禁戒：勿发脾气。
8. 好脾气是一个人在社交中所能穿着的最佳服饰。
9. 无论你怎样地表示愤怒，都不要做出任何无法挽回的事来。
10. 在你发怒的时候，要紧闭你的嘴，免得增加你的怒气。
11. 凡事只要看得淡些，就没有什么可忧虑的了；只要不因愤怒而夸大事态，就没有什么事情值得生气的了。
12. 讲话气势汹汹，未必就是言之有理。
13. 脾气暴躁是人类较为卑劣的天性之一，人要是乱发脾气就等于在人类进步的阶梯上倒退了。

（四）愤怒情绪

愤怒是由于客观事物与个体的主观愿望相违背或无法实现愿望时，人们内心产生的一种激烈的情绪反应。愤怒是人的基本情绪反应，从程度上可分为不满、气恼、生气到愤怒、暴怒、狂怒。心理学研究表明，当愤怒发生时，可能导致个体心跳加快、心律失常、血压增高等躯体性疾病，同时还会使人的自制能力减弱甚至丧失，思维受阻，行为冲动，甚至会做出一些后悔不迭的蠢事或造成不可挽回的损失。

控制愤怒情绪的方法有以下三种。

1. 理性分析

当感到自己愤怒的时候，首先立刻强迫自己离开使人冲动的环境，可以委婉地告知对方，如“现在我感到有点愤怒，我想先离开一下静一静，待会儿再回来”“恕我失陪一下，等我专心一点时再跟你谈”“我现在不能跟你谈，明天再说吧”“我得仔细想一想再回答你”等。其次，告诫自己必须冷静下来。可以先转移注意力，听听舒缓心情的音乐或做自己喜欢的事情。伏尔泰（Voltaire）指出：“动不动就发怒的人还没有达到自我控制的境界。对于所有的罪恶，以平静来抵抗是最大的胜利。”从心理层面分析，一个人愤怒情绪最多维持 10 分钟。最后，在足够的冷静之后，想想生气的真正原因，愤怒的根源是什么？愤怒是否适当？美国心理学家米勒和米尔在其合著的《快乐是一种选择》中谈到，不适当的愤怒有三大主要来源：自私、完美主义的要求和猜疑。一个人自私的要求如果未能如愿，愤怒情绪便会产生；如果对自己或他人太苛求，总是追求完美，也会产生愤怒情绪；具有猜疑性格的人，常常错误地诠释别人的动机，也容易引起愤怒情绪。如果发现自己的愤怒是不适当的，那么就要学会摒弃自己的不合理要求，用成熟的态度来对待周围的事物。

2. 妥善表达

当认为自己的愤怒是有理由的，并非自己本身的原因时，要学会用恰当的方式来表达自己的情绪。攻击（言语或行动）、生闷气、自责、压抑等方式都是不可取的。如果通过指责、谩骂，甚至攻击行为直接将怨恨发泄到让自己愤怒的当事人身上，虽然自己的怒气暂时得到了发泄，但往往事与愿违，有可能造成彼此间更大的冲突和怨恨；但如果不加以表达，愤怒会不知不觉地隐藏在自己的行动之中，如敷衍、懈怠、埋怨、口是心非等。美国心理学家米勒和米尔指出：“几乎所有抑郁的根源都来自压抑的愤怒，不管是对自己（真或假的罪恶感）还是对他人（怀恨在心）。”在表达情绪时也要妥善表达，如别人失信了，可以告诉他：“我期待很久了，但不知为何你没有履行你的承诺，这件事真的让我很生气，我不希望这样的事再发生。”如果认为表达自己的愤怒不会有好的结果或是没有勇气表达，可以换一种方式进行表达，如与朋友、家人一起谈论自己的感受，或是写封信给自己，把不良的情绪疏导出来。

3. 学会宽恕

当感觉到愤怒的时候，除了通过有效的方式加以表达外，学会宽恕也很重要。有时候，感觉自己的确受到了不公平的待遇，被人误解，替别人受过等，委屈、愤懑在所难免。此时可以说服自己去宽恕别人，也包括自己。德国学者康德说过：“生气是拿别人的错误惩罚自己。”每个人需要学会理解自己的父母，原谅自己所犯的错误，宽容地对待身边的同学、朋友、老师。记住这样一句话：“仇恨在你心间，快乐永远无法进驻。”

案例

一位大一女生自诉："我来自一个并不富有但生活也算比较宽裕的家庭，父亲非常爱我，但我在童年时发生过重大创伤性生活事件，自从这件事发生后，我不再相信任何人，也不再相信很多人们确信不移的事物，比如友谊、爱情等。我想通过努力学习离开原来的生活环境，开始新的生活，摆脱童年生活的阴影。来到大学后，看到同学们都快乐无忧地生活着，长久潜藏于心的愤怒悄悄地滋长着，我不知道如何化解与排解这种情绪，便经常翻同学的书柜和床位，将他们正在看的参考书藏起来，我并不是为了看书，而是看到他们焦虑、着急的样子时，我内在的愤怒便找到了宣泄的出口，这样我还不解气，我将同学的存折悄悄取出，并将钱全部花掉以化解我心中的愤怒。"

分析：这位女同学在童年遭受的挫折与伤害，因为缺乏必要的心理辅导与心理支持，在她升入大学后，心理问题也没有得到及时的解决，所以潜在的愤怒并没有得到升华与缓解而是压抑起来，并寻找机会进行发泄，最后受到学校纪律处分。假如她能及时意识到自己的问题，并能寻求专业心理咨询老师的帮助，处理好童年的创伤，就能和大多数同学一样，顺利地度过大学生活。

（五）嫉妒情绪

嫉妒是个体的社会尊重需要受到现实的或潜在的威胁时产生的忧虑、恐惧和愤怒等复杂的情绪体验。在日常生活中，嫉妒是普遍存在的。英国科学家培根说："在人类的一切情欲中，嫉妒之情恐怕要算作最顽强、最持久的了。"在大学生中，嫉妒对象多为与自己各方面相近的同辈，嫉妒的事物种类包括学习成绩、竞赛、职务分配 、友谊、爱情、服饰、外表等。常见表现形式有：攻击、讽刺、嘲弄、贬低别人向同情者倾诉、避免与嫉妒对象接触等。

面对嫉妒，有的大学生能将它转化为积极的行为，但有的大学生则转向消极的一面，产生焦虑、恐惧、愤怒、敌意、憎恨、羞耻等情绪和行为，如果个体长期处于这样的不良情绪状态，会严重影响身心健康。一是破坏人际关系的和谐。嫉妒容易造成个体之间隔阂甚至对立，个人结交不到知心朋友，集体的团结和良好的心理氛围被破坏。二是造成个人的内心痛苦。一个嫉妒心强的人，常常陷入烦躁、痛苦中。时间长了会产生感到孤独和寂寞，甚至可能采取不正当的手段伤害别人，使自己陷入更恶劣的处境。法国文学家巴尔扎克曾说过："嫉妒者比任何不幸的人更为痛苦，因为别人的幸福和他自己的不幸，都将使他痛苦万分。"

如何处理别人对自己的嫉妒呢？

(1) 积极定义。被人嫉妒，说明自己在某方面肯定比别人强，这也是对自己能力的一种肯定。所以遇到嫉妒，不要过于被他人的冷嘲热讽、流言蜚语所困扰。

(2) 不要在失意的人面前得意，对失意的人要表示关心。自己成功了，自然值得庆贺，但别忘了，还有许多失意的人。如果在他们面前得意，只会引起别人对自己的加倍嫉妒。

(3) 适当地表露自己的缺点与努力，适时地肯定他人的优点。坦白、公开自己的缺点，诚实表达取得成绩所付出的努力，减轻对方的自卑感，缩小心理差距，让对方产生平等感。不计较嫉妒者的态度与言行，主动求助于嫉妒者，使他能认识到自己的优点，满足他的自尊心，从而缓和嫉妒。

如何克制住自己的嫉妒情绪呢？

(1) 面对自己，接纳自己，以豁达的态度看待一切。

(2) 用积极的方法，取他人之长，向对方学习，在自己的努力中逐步打消嫉妒的念头。

(3) 磨炼意志，时常自我反省，将嫉妒化为动力。

(4) 分析自己嫉妒别人的原因，思考是否值得去嫉妒，抛开自己的立场，客观地去分析，并且要仔细想一想，嫉妒别人，使他失去了什么？又使自己得到了什么？经过这样的比较分析，便会明白："与其嫉妒别人，不如完善自己。"

知识延伸

情绪实验①

心理学家韦格纳曾做过这样一个有趣的实验：让一些大学生做被试者，事先规定，要求他们在实验的 5 分钟内，谁也不许想到白熊，如果想到了白熊，就必须按下眼前的电铃按钮。结果在实验开始后的 5 分钟内，这些大学生被试者几乎都在不停地按电铃。因为这些大学生被试者在排斥自己的心理活动过程中，正在关注和强化着这些观念和感受。

情绪实验解释了为什么一些学生越是害怕考试时的紧张，结果考试过程中真的紧张；失眠时越是担心自己失眠，结果真的失眠。这也是一些人感到自己的情绪难以控制的原因所在。造成这种情绪困扰的内在因素是多方面的，比如过于追求完美的不良心理定式、早年负性情绪所造成的阴影、神经性焦虑等。如何解决这类的情绪困扰呢？一是要尝试着接受自己的情绪状态；二是学习不追求完美。

① 引自 https://baike.baidu.com/item/%E5%8F%8D%E5%BC%B9%E6%95%88%E5%BA%94?fromtitle=%E7%99%BD%E7%86%8A%E6%95%88%E5%BA%94&fromid=19424609&fromModule=lemma_search-box。

第 12 章 情绪的积极管理

真正的管理人是去管理人的情绪。

——颜修全

成功的秘诀就在于懂得怎样控制痛苦与快乐这股力量，而不为这股力量所反制。如果你能做到这点，就能掌握住自己的人生，反之，你的人生就无法掌握。

——安东尼·罗宾斯

知识延伸

关于猴子的心理学试验①

预备试验：把一只猴子放在铜条里，双脚绑在铜条上，然后给铜条通电。旁边有一弹簧拉手，是电源开关，一拉就断电了，猴子就不痛苦了，这样猴子一被通电就拉开关，建立了一级条件反射。然后在每次通电前，猴子前方的一个红灯就亮起来，多次以后，猴子知道了，红灯一亮，它就要受苦了，所以每次还不等来电，只要红灯一亮，它就先拉开关了。这样建立了二级条件反射。预备试验完成。

正式试验：在这只猴子的旁边，再放一只猴子，与第一只猴子串联在铜条上，隔一段时间就亮红灯，通电，每天持续 6 小时。第一只猴子注意力高度集中，一看到红灯亮就赶紧拉开关，第二只猴子不明白红灯亮是什么意思，无所事事，无所用心。这样过了二十几天，第一只猴子就死了。

第一只猴子为什么死了呢？科学家发现，它死于严重的消化道溃疡，胃烂掉了。试验之前体检时它没有任何胃病，没有溃疡，可见这是二十几天内新得的病。第一只猴子要工作，它的责任重，压力大，精神紧张，焦虑不安，老担惊受怕，它的消化液分泌增加了，各种内分泌系统发生了紊乱，所以得了溃疡病。

由此说明，不良的情绪所产生的过高应激值，会严重损害个体的身体健康。

---

① 引自 https://zhidao.baidu.com/question/1391239309566270220.html。

一、情绪与身心的关系

情绪与个人的身心健康关系密切，情绪直接影响人们的身心健康。

（一）情绪对身体的影响

情绪影响身体健康。中医学认为情绪是健康的寒暑表，情绪不调，百病丛生；情绪协调，则可身安体健。俗话说："笑一笑，十年少；愁一愁，白了头"。积极的情绪是增强抵抗疾病的免疫能力，促进生理健康的有效途径。它不仅能保持身心平衡，使人精神振奋，还能激活神经系统，使之兴奋和协调，调节内分泌系统的平衡，提高人体的自然治愈力。在日常生活中，我们常常可以见到，情绪乐观、心情愉快的人往往是身体健康的人；也可见到，许多得病的人通过自我调节，发挥良好的情绪作用使某些疾病自愈的例子。

人在焦虑、愤怒、怨恨时会出现胃痉挛，使胃部营养不足，抵抗力下降，分泌过多的胃酸腐蚀胃壁，最后导致胃溃疡。据美国新奥尔良一家医院统计，500 个求诊入院的肠胃患者中，因长期情绪不好而致病的高达 74%。当个体处在焦虑、紧张、压抑、悲伤、惊恐、愤怒时，身体内部会发生一系列生理变化，这是正常现象，当情绪反应终了时，生理方面又将恢复正常。但如果一个人长期处于矛盾、焦虑、紧张状态中，那么身体内的环境也容易失衡。这些不良的情绪会导致人体免疫功能下降，人体的内脏器官尤其是消化系统和心血管系统受到明显的影响，容易导致高血压、冠心病、消化道溃疡等疾病。大学生中常见的偏头痛、心律失常、胃溃疡等疾病也多和紧张、压抑、焦虑等不良情绪有关。

良好情绪有利于个体的身心健康。美国俄亥俄州立大学的研究人员发现，开怀大笑能使人减轻心理压力，有利于保护心血管内壁，减少心脏病发作的概率。一个人若能经常保持开朗、愉快、舒畅的心情，就会使其大脑处于最佳活动状态，能充分调动机体潜能，增强机体活力，增加免疫功能，减少感染疾病的机会，更有益于身心健康。因此，平和稳定、积极乐观的情绪是身心活动和谐的重要象征，是心理健康的重要标志之一。

知识延伸

情绪与健康试验①

医学心理学用狗做了嫉妒情绪的试验：把一只饥饿的狗关在一个铁笼子里，让笼子外面的另一只狗当着它的面吃肉骨头，笼内的狗在急躁、气愤和嫉妒的负性情绪下产生了神经症性的病态反应。试验结果表明，恐惧、焦虑、抑郁、嫉妒、敌意、冲动等负性情绪，是一种破坏性的情绪，长期被这些情绪困扰的人容易患身心疾病。

美国生理学家艾尔玛做了一个简单的试验，研究情绪对健康的影响。他将一支支玻璃管插在冰与水混合的容器里，收集人们不同情绪状态时呼出来的"气体"。结果发现，心平气和时呼出来的气体，凝成的水清澈透明、无色、无杂质。生气时呼出的气体会凝成一种紫色的沉淀物（生气水）。研究者将这"生气水"注射到小白鼠身上，几分钟后，小白鼠竟然死了。他指出，一个人生气十分钟所耗费的精力，其程度不亚于参加一次 3000 米的赛跑；生气时的心理反应十分强烈，其内分泌比任何情绪状态下都复杂，分泌物具有更强的毒性，因此动辄就生气的人是很难健康的。

① 引自 https://wenku.so.com/d/88b99954c4f600243f6f313ea4b928f.

在非洲草原上，有一种吸血蝙蝠是野马的天敌。它攀附在野马的腿上，用其尖利的牙齿咬破野马的皮肤，吸食野马的血。任凭野马怎样暴怒、狂奔、跳跃，蝙蝠也不会掉下来，直到吸饱了，蝙蝠才会心满意足地离去，而野马则在不断暴怒中慢慢死去。动物学家认为，吸血蝙蝠的吸血量并不足以使野马致死，真正杀死野马的是它自己的愤怒。

（二）情绪对心理的影响

情绪影响心理健康。情绪是心理健康的重要指标。良好的情绪能够增加心灵的自由度，让内心充满能量，积极地面对生活赋予的挑战和使命。良好的情绪还可以增进自我愉悦度的体验，增强内在的和谐感，常常让人体会幸福的滋味。反之，长期沉浸在消极的情绪体验中无法自拔，会让人的内心蒙上阴霾，怨天尤人，精神萎靡不振，甚至出现心理问题和精神疾病。情绪还能够通过对其他心理因素的作用，如动机、行为、认知、个性、人际交往等方面而对心理健康产生促进或阻碍的影响。

不良情绪会影响神经系统的功能，破坏大脑皮质的兴奋与抑制的平衡，使人的认知范围变得狭窄，分析判断能力减弱，失去自制力，严重的还能引起精神错乱、行为失常等。例如，《儒林外史》中屡试不第的穷书生范进，在突然听到自己中了举人的消息后，乐极生悲，突然发疯。如果个体的负性情绪持续过久往往是心理不健康或心理疾病的征兆，比如长时间处于抑郁情绪中的个体就容易出现各种心理问题。

良好情绪有利于开发人的潜能。潜能的开发和利用必须有良好情绪的参与和支持。积极的情绪状态可以激发热情、好奇心和活动能力，促使个体积极地行动，挖掘自身的潜力，自觉地学习，不断地激发想象力。同时，良好情绪也给个体带来了良好的人际关系，为其创造了良好的工作、学习氛围，更有利于发挥创造力。

知识延伸

健康成熟的情绪

美国心理学家马斯洛曾经提出了健康情绪的六个特征。

1. 平和、稳定、愉悦和接纳自己。
2. 有清醒的理智。
3. 适度的欲望。
4. 对人类有深刻、诚挚的感情。
5. 寓于哲理、善意的幽默感。
6. 丰富、深刻的自我情感体验。

二、学习有效的情绪管理技巧

（一）情绪管理的概念

知识延伸

软糖试验①

1960 年，美国斯坦福大学心理学家瓦特·米伽尔把一些 4 岁左右的孩子带到一间陈设简陋的房子，然后给他们每人一个非常好吃的软糖，同时告诉他们，如果马上吃软糖只能吃一颗，如果 20 分钟后再吃，将奖励一颗软糖，也就是说，总共可以吃到 2 颗软糖。

有些孩子急不可耐，马上把软糖吃掉。有些孩子则能耐心等待，暂时不吃软糖。他们为了使自己耐住性子，或闭上眼睛不看软糖，或头枕双臂自言自语。结果，这些孩子终于吃到两颗软糖。

试验之后，研究者进行了长达 14 年的追踪。继续跟踪研究参加这个实验的孩子们，一直到他们高中毕业。跟踪研究的结果显示，那些能等待并最后吃到两颗软糖的孩子，在青少年时期，仍能等待机遇而不急于求成。而那些急不可待只吃一颗软糖的孩子，在青少年时期，则表现得比较固执、虚荣或优柔寡断，当欲望产生的时候，无法控制自己，一定要马上满足欲望，否则就无法静下心来继续做后面的事情。换句话说，越是能够控制自我欲望和情绪的人，越能够在未来的发展中获得成功。

通过软糖试验可以看到，情绪是一把双刃剑，一个人如果把握得好，它就会为他插上腾飞的双翼。反之，如果一个人成为情绪的奴隶，那么他的人生道路上将注定要布满坎坷和荆棘。学会情绪管理，做自己情绪的主人，是大学生成长过程中非常重要的课题。心理学家通过研究发现，几乎所有情绪的困扰，都是由情绪管理不当引起的。情绪管理（emotion management）一词最早由丹尼尔·戈尔曼（Daniel Goleman）提出，他认为良好的情绪管理能力是一种可以让自己的情绪处于一种比较平衡状态的调节能力。

何谓情绪管理？情绪管理是指人们主动地调整自己的情绪，使自己能够在适当的时间和适当的场合，对适当的对象恰如其分地表达情绪，达到内心世界与外部环境的平衡，从而保持身心健康。情绪管理对当代大学生来说，不仅是维护身心健康的手段，也是获得幸福感的重要方式。

（二）情绪察觉和表达

情绪表达是指一个人情绪的外在表现，往往伴随着生理唤醒、主观感受、认知过程、行为反应等重要心理成分，并呈现出面部表情、身体姿势、主观感受、生理反应、行为动作上的变化。在现实生活中，我们通常会通过语言、面部表情、肢体语言、行为动作等方式表达情绪。情绪的管理不是要去除或压制情绪，而是在觉察情绪后，调整情绪的表达方式。

1. 觉察情绪

觉察情绪是情绪管理的开始。觉察情绪要先觉察自己的情绪，只有当个体清楚自己

① 引自 https://baijiahao.baidu.com/s?id=1652341059213628461&wfr=spider&for=pc。

现在的感觉时，才能掌握自己的情绪，做情绪的主人。有些时候人们只知道自己的状态不佳，情绪低落，但对究竟是什么原因导致了这样的情绪，却并不清楚。因此，当自己目前的状态与平常的状态有所不同时，需要停下来觉察自己内心真正的感受。

如何觉察自己的情绪呢？可以尝试以下的方法。首先，列出自己的各种情绪体验；其次，要探求情绪产生的原因，即发生了什么事情；再次，分析自己对所发生事件的想法、观念、态度等；最后，观察自己出现什么行为反应，可能会有什么后果（表 12–1）。

表 12–1　觉察情绪监控表

我的情绪	发生的事情	背后的想法	行为反应

除了对特定时刻的情绪进行觉察外，还可以反思自己在出现各种情绪反应后习惯性的反应。如生气时会有什么反应，会做什么等。可以借助下面的句子来帮助自己觉察自己的情绪。

当我生气时，我会……

当我愤怒时，我会……

当我害怕时，我会……

当我紧张时，我会……

当我悲伤时，我会……

当我忧虑时，我会……

当我烦躁时，我会……

当我后悔时，我会……

当我失望时，我会……

当我郁闷时，我会……

当我嫉妒时，我会……

当我怨恨时，我会……

当我开心时，我会……

……

觉察自己的情绪的同时也学习理解他人。因为持续不断地了解自己的情绪感受是了解他人感觉的关键。如察觉自己在某种情绪状态时出现的情绪征兆，以此识别他人的情绪状态，及时了解他人的感受，可以让人际沟通更有效和顺利。通过确认自己遭遇某种情境或事件产生的情绪体验，以此准确地感觉他人的情绪，在人际关系中做到“己所不欲，勿施于人”。

2. 情绪的表达

情绪的表达是指在不同情境下通过恰当的方式表达自己的情绪。有的人“喜怒形于色”，所有的情绪都写在脸上，而有的人则喜欢掩饰自己的情绪，不愿表露自己的内心体验。如果一味地压抑自己的情绪体验，不愿自我表露，那么压抑在内心深处的情绪并不会随着时间流逝而消失，最终会像火山爆发一样造成不可收拾的局面。情绪的合理、正确表达，不仅有利于人际交往过程中的相互理解和沟通，而且有利于心理健康。研究发现，善于表达情绪的人很少有抑郁情绪。因此，在表达自己的情绪时需要讲究策略和方法。

(1) 选择适当的时机：无论是积极的情绪还是消极的情绪，在表达时都需要选择适当的时机，要考虑到他人的时机情况。如果他人没有时间或没有心情关注别人的情绪，表达的感受非但不会得到理解，反而可能给彼此带来新的情绪困扰。如他人情绪低落的时候，自己却眉飞色舞地畅谈自己的喜讯，可能会招来他人的不满；如果他人正忙得不可开交，找其诉苦未必合适。因此，掌握良好的表达时机非常重要，只有在他人空闲和平静的时候，表达的情绪才能被理解。

(2) 选择适当的对象：表达情绪需要选择适宜的对象。当一个人开心、快乐的时候，可以与好朋友、身边的同学一起分享；当一个人郁闷的时候，要选择自己可以信任、善解人意的倾诉对象。有了烦恼不能压抑，但也不能逢人便说，否则就会成为招人厌烦的祥林嫂式的人物。

(3) 选择适当的方法：情绪的表达，尤其是负性情绪的表达，更需要注意方式。一是要让对方有心理准备，可以先告诉对方："我心里有些话想跟你谈谈，可以吗？"如果只想表达感受，可以事先告诉对方自己不期待他的安慰。有时候必须直接告诉对方自己的需求，要对方倾听自己的感受。二是要表达以平静、非评判的方式表达情绪，描述而不是直接发泄。三是表达情绪的言语要清楚、具体，让对方了解自己的状况。表达情绪要注意说清楚，如单单告诉别人"我很生气"，他人可能不知道你为什么事生气，毕竟个人的主观感受不同。因此，在表达情绪时要清清楚楚地告诉对方理由，将特定的情境说清楚。四是正确的情绪表达是需要以行为、感觉、理由陈述为主，这种表达只是谈谈你的感觉，而不牵涉判断、指控或定论。所谓行为、感觉、理由陈述的表达可以简单地用下列语句来说明："当……时候（行为），我觉得……（感觉），因为……（理由）"。五是表达情绪的目的是为分享而不是改变对方，人无法改变或控制对方。要学习为自己的内心感受找到出口，让对方多了解自己。

心理万花筒

情绪的表达

已经快到晚上十二点了，宿舍里还有同学在聊天或干别的事情，想睡觉的同学有些生气。如果是你，会怎么表达呢？

请看看一些同学的表达方式。

同学 A：心里很不高兴，但不愿直接说出来，躺在床上辗转反侧，不时发出不满的叹息声"唉"。

同学 B：很生气，忍不住大吼一声："烦死人了，真自私。"

同学 C：先是忍着，后来控制不住了说："你们能不能不影响别人，难道不知道别人要休息了吗？"

请你想想这样的表达会有什么样的效果？你可以换种说法，委婉地提醒别人："我今天困了，有点不舒服，咱们能不能早点休息，谢谢各位了。"

（三）情绪管理的方法

1. 宽容待人、忍让克制

每个人都有着不同的气质、性格、爱好和生活方式，以及缺点和过错，在不违背原则的基础上，宽容待人是一种较高的修养，是心胸开阔的表现。宽容待人包括两个方面：一是宽容自己，二是宽容他人。宽容自己，不是宽容自己的缺点和错误，而是宽容自己主观努力也无法改变的客观现实，不能宽容自己的人则容易陷入自责、自怨、悔恨的情绪之中。宽容别人也就是宽容自己，不要因为他人的错误使自己的心情不愉快，身心受到损害。有了宽容大度的胸怀，在发怒时，才会理智地克制和约束自己，扑灭心头之怒火。克制不良情绪可采用以下方法。

(1) 平心静气法：在激烈争论，即将发生冲突时，通过有意识地降低说话的音量、放慢语速、避免身体前倾，就可淡化、缓和紧张冲突的气氛，渐渐心平气和。

(2) 冷静处理法：怒火中烧时，先从 1 数到 10 再开口，或采用俄国作家屠格涅夫的方法，将舌头在口内转 10 圈后再开口，以加强自我克制能力。

(3) 暂离现场法：在感到即将控制不住愤怒时，可迅速离开现场，避开双方“气头”，一般待回来后往往已风平浪静、时过境迁了。

(4) 转移注意力：注意力转移法就是把注意力从引起不良情绪反应的刺激情境转移到其他事物上去或从事其他活动的自我调节方法。当出现情绪不佳时，要把注意力转移到使自己感兴趣的事上去，如外出散步、看看电影和电视、读读书、打打球、下盘棋、找朋友聊天、换换环境等，都有助于使情绪平静下来，学会在活动中寻找到新的快乐。这种方法，一方面中止了不良刺激源的作用，防止不良情绪的泛化、蔓延；另一方面，通过参与新的活动，特别是自己感兴趣的活动而达到增进积极的情绪体验的目的。

心理小贴士

学说三句话

“算了吧！”——生活中有许多事，可能付出再多努力都无法达到，因为一个人目标的实现要受各种条件的限制，只要自己努力过、争取过，结果已经不是很重要了。

“不要紧！”——不管发生什么事，没有过不去的坎。上天在关上一扇门时，必定会打开一扇窗，那么现在要做的就是寻找那扇窗。

“会过去的！”——不管雨下得多么大，连续下了多少天，你都要对晴天充满信心，因为一切都会过去的。不论何时，以积极的心态去面对生活，坚信总有雨过天晴之时。

2. 合理疏泄、消除压抑

不愉快的消极情绪，虽然可用理智暂时约束压抑它，但不能彻底排除，这种心理能量的积聚，如果超过一定的负荷，就会破坏心理的平衡，引起心理疾病。采用适当的途径，合理地宣泄，把不愉快的情绪释放出来，消除压抑感。合理的情绪宣泄的途径主要有以下几个方面。

(1) 倾诉：在内心充满烦恼和忧虑时，可以向知心朋友或信任的老师、家长倾诉心声。若一时找不到合适的倾诉对象或难以启齿，也可以通过写信、写日记等方式，把郁闷的情绪或是烦恼的事情写出来。美国总统林肯就使用写信的办法发泄心中的怒气，当他在外面受了别人的气，回家就写一封骂对方的信，第二天，家人要为他发信，他却说："写信时我已经出了气，何必把它发出去惹是非。"写过后并不一定要寄出，把它撕毁或付之一炬都行。

(2) 哭泣：哭可以缓解情绪的紧张、抑郁与悲伤，还可以促进新陈代谢。美国生物学博士威廉姆·H. 弗雷二世（William H. Frey Ⅱ）认为，人在悲伤时不哭是有害人体健康的。在极为悲伤、委屈的时候，不论男女都不必强忍眼泪，尽情地痛哭一场，必定会感到一种特别的轻松、平静。调查统计发现，有 88.8% 的人认为哭出来会让他们心情好转，只有 8.4% 的人认为哭出来反而让心情更糟。科学家研究发现，哭可以让个体重新恢复力量。

知识延伸

情绪眼泪的秘密[1]

人体会排出三种泪水，第一种是"持续泪水"，每眨一次眼睛都会制造出一点点泪水，让我们的眼睛保持湿润，对抗外界微物质。第二种泪水叫"反射性泪水"，有外物掉进眼里，亦会自动产生泪水，试图将外物排除。第三种则是我们所熟知的"情绪泪水"，因为某种情绪而引发的哭泣。

美国明尼苏达大学的生物化学家威廉姆·H. 弗雷二世（William H. Frey II）发现，三种泪水虽然都是从泪腺流出的，但它的成分是不同的。在情绪性眼泪中，蛋白质的含量比反射性眼泪多 20%～25%，钾含量更是后者的 4 倍，而且锰浓度要比血清中的高 30 倍。这种眼泪还富含激素，比如肾上腺皮质激素和催乳素，是人体在紧张、压抑时容易产生的物质，太多太少都不好，而泪水就是在帮助排除这些，让身体维持平衡。科学家还发现，哭泣的时候，皮肤敏感度会增加，呼吸也会较深较沉，这些都是身体在调整，使身体恢复到健康的状态。

(3) 剧烈地活动：如较大运动量的体育活动、体力活动、激烈的快节奏的喊叫等，亦有助于释放紧张的情绪，消除烦闷和抑郁。

情绪的疏泄要做到适时、适度，注意时间、场合和方式方法，既不能影响他人的工作、学习和生活，也不能有损自己的身心健康，更不能触犯法律法规、危害社会。

3. 改变认知

认知在情绪的产生中起着重要的作用。美国临床心理学家阿尔伯特·艾利斯（Albert Ellis）认为，人们对事件的情绪反应不在于事件本身，而在于对事件的看法、信念。如果这个看法、信念不合理就可能会给个体带来焦虑、抑郁、悲伤等情绪。

如何改变认知呢？首先要识别自己身上存在哪些不合理的信念，然后不断地驳斥自己的不合理想法，用合理的信念取代原有的不合理信念。

① 引自 http://www.chinadaily.com.cn/hqbl/2007-03/16/content_829368_2.htm。

有人将不合理信念归纳为以下几点。

(1) 绝对化的要求，即人们从自己的意愿出发，认为某一事物必定发生或一定不会发生，常与“必须”“应该”“不得不如此”等字联系在一起。如“我必须获得成功”“他必须很好地对待我”。

(2) 过分概括化，是一种以偏概全的不合理思维方式，如有的人因为经历一两次失败就认为自己“一无是处”，从而自卑、抑郁或焦虑。

(3) 糟糕透顶，即自己将一件不好的事情设定为是非常可怕、糟糕至极，认为一旦这件事件发生，自己是绝对不能承受的。例如，有的人认为失恋是非常糟糕的事情，自己再也无法见人。

知识延伸

合理情绪疗法①

20世纪50年代，美国临床心理学家阿尔伯特·艾利斯创立了合理情绪疗法，又称情绪的ABC理论。该理论认为，情绪并不是由某一诱发事件本身直接引起的，而是由经历这一事件的个体对该事件的解释和评价所引起的。

艾利斯认为，每个人的内心深处都隐藏着许多非理性信念。有些观念很明显就能看出是非理性的，也容易改变，但有些却比较微妙。

日常生活中，人们常表现出下列非理性的信念。

一个人应该被周围的人喜欢和称赞，尤其是生活中重要的他人。

一个人必须能力十足，各方面都有成就，这样才有价值。

那些邪恶可憎的人及坏人，都应该受到责骂和惩罚。

当事情不如意的时候，是很可怕也很悲惨的。

不幸福、不快乐是由于外在因素造成的，个人无法控制。

我们必须非常关心危险可怕的事情，而且凡是重要的事情我必须做得很好。

我必须在任何时候都能成功地完成任务。

有价值的人应该在各方面都比别人强。

……

合理情绪疗法的基本步骤如下。

第一，找出引发不良情绪的非理性信念。

第二，明了非理性信念与消极情绪之间的关系。

第三，改变不合理观念，调整认知结构，找出合理的观念。

第四，学习合理的信念，并内化为自己的观念。

---

① 引自 https://baike.baidu.com/item/%E6%83%85%E7%BB%AAABC%E7%90%86%E8%AE%BA/2316861?fr=ge_ala#1-3。

4. 自我心理暗示

心理暗示，从心理学角度讲，是指个人通过语言、形象、想象等方式，对自身施加影响的心理过程。这个概念最初由法国医师库埃于1920年提出，他的名言是“我每天在各方面都变得越来越好”。自我暗示分积极自我暗示与消极自我暗示。积极自我暗示，在不知不觉之中对自己的意志、心理以至生理状态产生影响，积极的自我暗示使个体保持好的心情、乐观的情绪和自信心，从而调动人的内在因素，发挥主观能动性。心理学上所讲的“皮格马利翁效应”也称期望效应，就是积极的自我暗示。而消极的自我暗示会强化个体个性中的弱点，唤醒个体潜藏在心灵深处的自卑、怯懦、嫉妒等，从而影响情绪。

如何进行自我心理暗示呢？大家可以利用语言的指导和暗示作用，来调适和放松心理的紧张状态，使不良情绪得到缓解的方法。心理学的实验表明，当个人静坐时，默默地说“勃然大怒”“暴跳如雷”“气死我了”等语句时心跳会加剧，呼吸也会加快，仿佛真的发起怒来。相反，如果默念“喜笑颜开”“兴高采烈”“把人乐坏了”之类的语句，那么他就会产生一种乐滋滋的体验。由此可见，言语活动既能唤起人们愉快的体验，也能唤起不愉快的体验；既能引起某种情绪反应，也能抑制某种情绪反应。因此，当个体在生活中遇到情绪问题时，不妨充分利用语言的作用，用内部语言或书面语言对自身进行暗示，缓解不良情绪，保持心理平衡。比如默想或用笔在纸上写出下列词语：“冷静”“三思而后行”“制怒”“镇定”等。实践证明，这种暗示对人的不良情绪有奇妙的影响和调控作用，既可以松弛过分紧张的情绪，又可用来激励自己。

5. 放松调节、有益身心

当人感到身心疲惫、情绪紧张、焦虑、烦躁不安、心理压力过重时，采用放松技术进行自我调适，可以排除杂念干扰，平静心绪，有效地缓解心理压力和消除不良情绪，实现身心放松。放松调节既可以采用动态方式，也可采用静态方式，前者主要是当人在烦恼忧愁或愤怒激动时，进行如体育锻炼等较剧烈的活动，从而释放紧张的情绪，达到身心放松的目的。

静态放松的主要方式有以下几种。

(1) 想象法：当一个人感到疲惫、焦虑或紧张时，可通过对一些安宁、舒缓、愉悦的情境想象，以达到身心放松的目的。要尽量发挥各种感官，观其形、听其声、嗅其味……恰如亲临其境。如想象自己在海边散步，头上是繁星满天，脚下是柔软的沙滩，这时可以充分发挥自己的想象力，体会海浪的哗哗声，海风拂面带来的凉爽、潮湿和腥味，脚底踏着沙砾和贝壳的感觉，是柔软还是扎人？接着想象自己在海边小憩一下，然后离开海滩回来，深呼吸数次，从1数到5，再慢慢睁开眼。刚开始进行时，不易宁静，但坚持下去就会感到大有裨益。

(2) 音乐调节：现代神经生理学家证明，音乐对神经结构，特别是大脑皮层，有直接影响。优美的乐曲可以使人血压下降、肌肉松弛、脉搏放慢，使人感到心情宁静、轻松愉快。不同的音乐会引起不同的情绪反应，因而可以根据自己的情绪状态有选择地欣赏音乐。当心情烦躁、焦虑紧张时，旋律优美、柔和、悦耳的音乐，能够使人情绪安静，感到轻松愉快；而当感到忧郁、消沉时，听听节奏鲜明、雄壮有力的音乐能够使人情绪振奋、激昂奋进。

(3) 放松训练：放松训练又称为松弛反应训练，是一种通过肌体的主动放松来增强个体对自我情绪的控制能力的有效方法。它对于过度焦虑、恐惧、稳定情绪具有特殊效果。放松训练的基本原理是：通过训练，放松所产生的躯体反应，如减轻肌肉紧张、减慢呼吸节律、减慢心律等，使焦虑情绪得到缓解。可采用站、坐、卧的姿势，但以卧式为主，在放松之前，先充分体验全身紧张的感觉，然后从头到脚依次放松，同时可伴以想象，如想象一股热流从头顶流向全身，肌肉放松可以使人全身松弛、轻松舒适、内心宁静。此外，气功、瑜伽等也是进行放松调节的有效途径。

知识延伸

认识情商

哈佛大学心理系教授丹尼尔·戈尔曼（Daniel Goleman）于1995年发表了《情商》一书，提出了“情绪智商”的概念，简称“情商”（EQ），它是一个人自我情绪管理和管理他人情绪的能力指数。他主张情商应该比智商（IQ）更能影响一个人的成功与否，许多智商很高，学业优秀的人，因其不善于表达和管理自己的情绪，不关心他人的感受，不善于与人相处，所以走上社会之后，他们的发展并不顺利，甚至慢慢停滞不前。而不少智商不高，学业平平的人，由于善解人意，行为得体，受到同事和上司的普遍欢迎，成功的机会反而比较多。心理学家告诉我们：预测一个人的未来成就，智商至多只能解释成功因素的20%，其余的80%则归因于情商。具体来讲，情商主要包括以下5个方面的能力。

(1) 认识自身的情绪或自我意识：当某种情绪出现的时候，能够自我觉察，这就是情商的核心。

(2) 情绪管理：能够控制自己的情绪，使之适时、适地和适度。情绪管理建立在认识自己情绪的基础之上。

(3) 自我激励：将情绪专注于某项目标而调动、协调和指挥情绪的能力。任何方面的成功都必须有情绪的自我控制。

(4) 识别他人的情绪或移情：通过细微的社会信号可以敏锐地感受到他人的需要和欲望，并能对他人处境有同样的感受，能客观地理解、分析他人的情感。

(5) 对关系的处理或社会能力：管理他人情绪的技巧，也就是调控与他人的情绪反应的技巧。对关系的处理能力可以强化一个人受欢迎的程度、人际互动的效能等。

6. 积极交往、寻求支持

良好的人际交往可以满足大学生归属与安全的心理需要，消除孤独、寂寞，能增强大学生的自信心和自尊心。产生友谊，获得支持和帮助，对大学生情绪和情感的稳定与发展具有重要作用；而不良的人际交往则阻碍大学生基本需要的满足，容易激化心理矛盾和冲突，导致情绪困扰。因此，当大家遇到不顺心、不如意的事情时，要学会主动地找亲朋好友交往、谈心，这比一个人独处冥想、自怨自艾要好得多。因此，在情绪不稳定的时候，应当积极争取亲朋好友的支持和帮助，共同商量解决问题办法，消除不良情绪。当情绪困扰程度较为严重，时间持续过久，心理负担过重时，还应及时到心理咨询机构寻求专业的帮助。

7. 自我安慰、情绪升华法

当一个人遇到不幸或挫折时，为了避免精神上的痛苦或不安，可以找出一种合乎内心需要的理由来说明或辩解。如为失败找一个冠冕堂皇的理由，用以安慰自己，或寻找的理由强调自己所有的东西都是好的，以此冲淡内心的不安与痛苦。这种方法，对于帮助人们在大的挫折面前接受现实，保护自己，避免精神崩溃是很有益处的。比如，对于失恋者来说，想到“失恋总比结婚后再离婚要好得多”，便可减轻因失恋带来的痛苦。因此，当人们遇到情绪问题时，经常用“胜败乃兵家常事”“塞翁失马，焉知非福”“坏事变好事”等词语来进行自我安慰，可以摆脱烦恼，缓解矛盾冲突、消除焦虑、抑郁和失望，达到自我激励，总结经验、吸取教训之目的，有助于保持情绪的安宁和稳定。

升华是改变不为社会所接受的动机、欲望而使之符合社会规范和时代要求，是对消极情绪的一种高水平的宣泄，是将消极情感引导到对人、对己、对社会都有利的方向去。如一同学因失恋而痛苦万分，但他没有因此而消沉，而是把注意力转移到学习中，立志做生活的强者，证明自己的能力。

体验活动

体验演习

分别选择若干名同学扮演“焦虑”“抑郁”“愤怒”等负向情绪，再请其余同学觉察自己平时哪类负向情绪出现得比较多，然后分别选择一个该类负向情绪频率出现较高又愿意上台参与情景扮演的同学，与扮演情绪的同学开展情景对话（以“焦虑”情绪为例）。

场景一

焦虑的主人：你走开，你不要跟着我，我讨厌你！（此时，“焦虑”紧紧拉着“主人”的衣服不放，“主人”一边说一边试图摆脱“焦虑”，但是“焦虑”却拉得更紧了）。

体验结束，教师分别询问双方当事人的想法和感受。

场景二

焦虑的主人：我看到你了，你是我的焦虑，谢谢你的提醒，我知道自己应该怎么做了（此时，“主人”转身面对“焦虑”并看着对方的眼睛真诚地说）。

体验结束，教师再次询问双方当事人的想法和感受。

三、发展情商

萨洛维和梅耶认为，情商包含准确地觉察、评价和表达情绪的能力，产生感情以促进思维的能力，理解情绪及情绪知识的能力，调节情绪以助情绪和智力发展的能力。从该定义出发，了解一下如何发展情商。

1. 大学生情商的主要元素

(1) 解读自己情绪的能力：可以觉知自己的情绪状态，并对其进行准确的命名。会区分复杂情绪，能够解读情绪背后的思维。

(2) 管理自己情绪的能力：不会被自己的情绪状态所控制，可以良好地管理自己的情绪，理智地应对面临的各种情境。

(3) 自我激励：自我感觉良好，不容易受外界控制，能按捺住自己的冲动，以乐观积极的态度应对人生，达成自己的目标。

(4) 解读别人情绪的能力：可以敏感地觉察到人际交往中别人的情绪状态，能感受别人的感受，了解别人基本的情感和态度。

(5) 人际关系的管理：能体谅他人的感受，与他人有效地沟通，与他人建立正面良好的人际关系。

总结起来，所谓高情商就是能觉察自己和别人的情绪状态，很好地管理自己的情绪，发挥积极情绪的作用，能恰当地运用情绪管理自己行为的能力。

情商并非先天就有，更大程度上是靠后天培养而成的。从大学生情商所包含的元素出发，可以看到，培养和发展情商可以从解读和管理自己的情绪、解读别人的情绪、人际关系管理、自我激励等方面入手。

2. 解读和管理自己的情绪

培养和发展自我对情绪的解读和管理能力，首先要培养的是觉察自己的情绪、区分各种复杂的情绪并为之命名的能力。这一部分，在情绪管理一节中已经有较详细的介绍，本节着重讨论以下两点。

(1) 接纳自己的情绪：任何情绪，无论是正性的还是负性的，都有其存在的意义与价值。接纳情绪就是接纳情绪存在的意义。高情商的人，面对自己每一种情绪的时候，他们不会否认，也不会压抑，而是去面对和接纳。

(2) 建设性地表达自己的情绪：情绪需要被疏解而不是压抑。所以，合理地表达自己的情绪就显得非常重要。情绪本身没有绝对的好坏之分，但是情绪的表达方式有好坏之分。

心理万花筒①

韩剧《鹊桥兄弟们》中，有一个小孩子因为皮肤太黑被其他小孩欺负，他们说他是非洲人。这个小孩非常生气，于是就把欺负自己的小孩打了一顿。孩子的爸爸是这样去处理这件事情的。

爸爸：我知道你这样一定有自己的原因，说说看。

儿子：（很惊恐地望着爸爸，只怕自己做错事）他们说我是非洲人……

爸爸：这么被人嘲笑真是让人气愤，如果是爸爸，爸爸也会和你一样做的。

儿子：（惊讶地望着爸爸）

爸爸：可是，儿子，你发现打人之后问题解决了吗？（儿子摇头）打人并没有解决问题，这个问题仍然存在。如果下次你再遇到这种事情，你就要挺胸抬头地对他们说一句：“我是韩栽植的儿子，是堂堂正正的韩国人！”

---

① 引自 https://baike.baidu.com/item/%E9%B9%8A%E6%A1%A5%E5%85%84%E5%BC%9F%E4%BB%AC?fromModule=lemma_search-box。

在这段简单的父子对话中，父亲一方面很好地为孩子的情绪做了命名——气愤，并告诉孩子，他的这种情绪是很真实且正常的，不用惊恐负疚，帮助儿子接受自己的情绪。接受儿子的情绪，并不表示同意他的行为，所以爸爸并没有到此为止，而是继续告诉儿子，在愤怒的情绪下，除了打人，还有哪些更好、更有建设性的表达方式。

建设性地表达自己的情绪，是在接纳和尊重自己情绪的基础上，学着去用建设性的方式表达，其目标是既表达了自己的情绪，又能解决该情绪引起的冲突。做到这一点，往往离不了共情能力。

四、培养积极情绪

情绪在人类生活中扮演着重要的角色，是人类生活中必不可少的素材。正确地管理情绪不意味着要消除或压制情绪，而是在觉察情绪之后，适当地表达自己的情绪，以正确的方法应对消极情绪，增加积极情绪体验。以下是五个培养积极情绪的方法。

(1) 增加愉快的生活体验：这样即使偶尔遇到不愉快的事情，也不至于过于强烈的情绪反应。研究发现，增加令人愉快的体验，可以减弱消极情绪状态，而提高免疫球蛋白，提高免疫反应水平。

(2) 使情绪获得适当表现的机会：人都有“七情六欲”，情绪是生活的组成部分，对于起伏情绪不必也不能一概予以抑制，而应该选择适当的方式，如运动、旅游、倾诉等，给情绪适当的发泄机会。

(3) 积极参与社会交往：保持积极情绪和心身健康的最佳途径，就是积极参与社会活动，多与人交往，为社会贡献力量的同时体现自我价值。研究表明，社会交往能使人产生积极的情绪体验，积极的情绪体验又会使人们更积极地与人交往，更好适应环境的变化。从而形成一个良性循环。

(4) 对问题当机立断：犹豫不决会引起不良情绪，损害身心健康，不要太追求完美，宁可偶尔出些小错，也不要为一些问题左思右想。

(5) 培养幽默感：幽默感常常可以使一个人原来比较紧张的气氛变得轻松。研究发现，在问题面前，那些经常运用幽默作为应对机制的人，健康问题较少；而那些经常运用哭喊作为应对机制的人，健康问题就较多。

本篇小结

一个人情绪好时，山含情，花含笑；一个人情绪不好时，感时花溅泪，恨别鸟惊心。任何人都离不开情绪和情感，情绪是人“生命的指挥棒”“健康的寒暑表”，喜怒哀乐乃人之常情。不良的情绪会对人的身心健康、学习和生活造成负面的影响，可以使一个人从天堂走进地狱，而良好的情绪不仅有益健康，而且有益于学习、生活和工作，可以使一个人从平凡走向卓越。认识情绪、了解情绪、合理调节和管理情绪，幸福和快乐就在每个人的身边。

【复习与思考】

1. 情绪包括哪几种成分？
2. 情绪与人的身心健康之间有什么关系？
3. 当你情绪不佳时，如何来调试自己的情绪？
4. 情绪体验活动：请列出你日常生活中所发生的 20 种情绪，例如，高兴、忧郁、兴奋……并找出发生频率最多的前 10 种情绪，按频率多少排序，说说哪种情绪对自己的影响最大。
5. 情商是什么？结合自己的实际，谈谈如何提高自己的情商。

【相关量表】

大学生情绪稳定性自我测验量表

情绪是身心健康的重要标志，一个人的情绪是否稳定就反映了他的身心健康状况。那么，怎样测量情绪是否稳定呢？请做一做下面这个测验。该测验共有 30 道题，请从中选择出与自己的实际情况最接近的一种答案，对测验题中与自己实际情况不符合的可不选。在作答过程中，请根据看完题后的第一反应回答，不要在同一题上斟酌太多时间。

1. 看到自己最近一次拍摄的照片，你有何想法？

A. 觉得不称心　　B. 觉得很好　　C. 觉得可以

2. 你是否想到若干年后会有什么使自己极为不安的事？

A. 经常想到　　B. 从来没有想过　　C. 偶尔想到过

3. 你是否被朋友、同事、同学起过绰号、挖苦过？

A. 这是常有的事　　B. 从来没有　　C. 偶尔有过

4. 你上床以后是否经常再次起来一次，看看门窗是否关好？

A. 经常如此　　B. 从不如此　　C. 偶尔如此

5. 你对与你关系最密切的人是否满意？

A. 不满意　　B. 非常满意　　C. 基本满意

6. 在半夜的时候，你是否经常觉得有什么值得害怕的事？
A. 经常有　B. 从来没有　C. 偶尔有
7. 你是否经常因梦见可怕的事而惊醒？
A. 经常有　B. 从来没有　C. 极少有
8. 你是否曾经有过多次做同一个梦的情况？
A. 是　B. 否　C. 记不清
9. 是否有一种食物使你吃后呕吐？
A. 是　B. 否　C. 记不清
10. 除去看见的世界外，你心里是否有另外一种世界？
A. 是　B. 否　C. 偶尔是
11. 你心里是否时常觉得你不是现在的父母所生？
A. 是　B. 否　C. 偶尔是
12. 你是否曾经觉得有一个人爱你或尊重你？
A. 说不清　B. 否　C. 是
13. 你是否常常觉得你的家庭对你不好，但你又确知他们的确对你好？
A. 是　B. 否　C. 偶尔是
14. 你是否觉得没有人十分了解你？
A. 是　B. 否　C. 说不清
15. 在早晨起来的时候，你最多的感觉是什么？
A. 忧郁　B. 快乐　C. 讲不清楚
16. 每到秋天，你通常的感觉什么？
A. 秋雨霏霏或枯叶遍地　B. 秋高气爽或艳阳天　C. 不清楚
17. 在高处的时候，你是否觉得站不稳？
A. 是　B. 否　C. 偶尔是
18. 你平时是否觉得自己很强健？
A. 是　B. 否　C. 不清楚
19. 你是否一回家就立刻把房门关上？
A. 是　B. 否　C. 不清楚
20. 当你坐在房间里把门关上时，是否觉得心里不安？
A. 是　B. 否　C. 偶尔
21. 当需要你对一件事做出决定时，你是否觉得很难？
A. 是　B. 否　C. 偶尔是
22. 你是否常常用抛硬币、玩纸牌、抽签之类的游戏来测凶吉？
A. 是　B. 否　C. 偶尔是
23. 你是否常常因为碰到东西而跌倒？
A. 是　B. 否　C. 偶尔是
24. 你是否需用一个多小时才能入睡，或醒得比你希望的早一个小时？
A. 经常这样　B. 从不这样　C. 偶尔这样

25. 你是否曾看到、听到或感觉到别人觉察不到的东西？
A. 经常这样　B. 从不这样　C. 偶尔这样
26. 你是否觉得自己有超越常人的能力？
A. 是　B. 否　C. 不清楚
27. 你是否曾经觉得因有人跟你走而心里不安？
A. 是　B. 否　C. 不清楚
28. 你是否觉得有人在注意你的言行？
A. 是　B. 否　C. 不清楚
29. 当你一个人走夜路时，是否觉得前面潜藏着危险？
A. 是　B. 否　C. 偶尔
30. 你对别人自杀有什么想法？
A. 可以理解　B. 不可思议　C. 不清楚

计分与评价：以上各题的答案，凡选 A 得 2 分，选 B 得 0 分，选 C 得 1 分。请将你的得分统计一下，算出总分。根据你的总分查下面评价表，便可知你的情绪稳定水平。

总　分	情绪稳定水平
0～20 分	情绪稳定，自信心强
21～40 分	情绪基本稳定，但较为深沉、冷静
41 分以上	情绪极不稳定，日常烦恼太多

情商测试量表

情商测试量表是 Schutle 等研究者以多维情绪智力模型为理论基础构建的自我报告式问卷。量表包含情绪感觉能力维度、觉察和调控他人情绪维度、觉察和调控自身情绪维度、情绪表达能力维度。

请你根据自己的实际情况，选择最符合你情况的选项（对应的得分）。

题号	题　目	非常不同意	不同意	不确定	同意	非常同意
1	我知道什么时候该和别人谈论我的私人问题	0	1	2	3	4
2	当我面对某种困难时，我能够回忆起面对同样困难并克服它们的时候	0	1	2	3	4
3	我期望我能够做好我想做的大多数的事情	0	1	2	3	4
4	别人很容易信任我	0	1	2	3	4
5	我觉得我很难理解别人的身体语言	4	3	2	1	0
6	我生命中的一些重大事件让我重新评估什么是重要，什么是不重要的	0	1	2	3	4

（续表）

题号	题　目	非常不同意	不同意	不确定	同意	非常同意
7	心境好的时候我就能看到新的希望	0	1	2	3	4
8	我的生活是否有意义，情绪是影响因素之一	0	1	2	3	4
9	我能清楚意识到自己体验的情绪	0	1	2	3	4
10	我希望能够有好的事情发生	0	1	2	3	4
11	我喜欢和别人分享自己的情感	0	1	2	3	4
12	情绪很好时，我知道如何把它延长	0	1	2	3	4
13	安排有关事情，我尽可能使别人感动、满意	0	1	2	3	4
14	我会去找一些让我感到开心的活动	0	1	2	3	4
15	我很清楚传递给别人的非言语信息	0	1	2	3	4
16	我尽量做得好一些，以给别人留下好的印象	0	1	2	3	4
17	当我心情好的时候，解决问题对我来说很容易	0	1	2	3	4
18	通过观察面部表情，我可以辨别别人的情绪	0	1	2	3	4
19	我知道自己情绪变化的原因	0	1	2	3	4
20	心情好的时候，新奇的想法就会多一些	0	1	2	3	4
21	我能够控制自己的情绪	0	1	2	3	4
22	我很清楚自己在某一刻的情绪	0	1	2	3	4
23	学习时我会想象自己即将取得好成绩，以激励自己	0	1	2	3	4
24	当别人在某个方面做得很好时，我会称赞他们	0	1	2	3	4
25	我能够了解别人传递给我的非言语信息	0	1	2	3	4
26	当别人告诉我他人生中的某件重大事件时，我几乎感觉到好像发生在自己身上一样	0	1	2	3	4
27	当我感到情绪变化时，就会涌现一些新颖的想法	0	1	2	3	4
28	遇到困难时，一想到可能会失败，我就会退却	4	3	2	1	0

（续表）

题号	题　目	非常不同意	不同意	不确定	同意	非常同意
29	只要看一眼，我就知道别人的情绪怎样	0	1	2	3	4
30	当别人消沉时，我能够帮助他，使他感觉好一点	0	1	2	3	4
31	在挫折面前，我让自己保持良好的情绪以应对挑战	0	1	2	3	4
32	我能够通过别人讲话的语调判断他当时的情绪	0	1	2	3	4
33	我很难理解别人的想法和感受	4	3	2	1	0

1. 计分方式

量表采取五点计分（第 5、28、33 题为反向计分题）

情绪感觉能力维度得分：2、3、9、12、13、14、16、22、23、28、30、31，这 12 个项目的得分相加，然后除以 12

觉察和调控他人情绪维度得分：4、18、24、26、29、32，这 6 个项目的得分相加，然后除以 6

觉察和调控自身情绪维度得分：6、7、8、10、11、17、19、20、21、27，这 10 个项目得分相加，然后除以 10

情绪表达能力维度得分：1、5、15、25、33，这 5 个项目得分相加，然后除以 5

2. 结果解释

(1) 情绪感觉能力维度得分

36～48 分，处于中等偏上水平，代表你能敏锐地感受到情绪的存在与变化

0～24 分，说明你的情绪感觉能力较弱，不太能意识到自己的情绪变化

(2) 觉察和调控他人情绪维度得分

18～24 分，处于中等偏上水平，代表你能敏锐觉察到其他个体的细微情绪变化并进行调控

0～12 分，说明你在人际交往中较为迟钝，不太擅长调节他人的情绪

(3) 觉察和调控自身情绪维度得分

30～40 分，处于中等偏上水平，代表你能觉察到自己的细微情绪变化，并及时调整

0～20 分，说明你对自身情绪的觉察和调节能力都比较弱，可能容易被情绪困扰

(4) 情绪表达能力维度得分

15～20 分，处于中等偏上水平，你在生活中更善于用适当的方式表达自己的情绪，善于与他人交往

0～10 分，代表你不太擅长表达自己的情绪感受。尝试对他人敞开心扉也许能帮助你建立更密切的人际关系。当我感到情绪变化时，就会涌现一些新颖的想法。遇到困难时，一想到可能会失败，我就会退却。只要看一眼，我就知道别人的情绪怎样。当别人消沉时，我能够帮助他，使他感觉好一点。在挫折面前，我让自己保持良好的情绪以应对挑战。我能够通过别人讲话的语调判断他当时的情绪。我很难理解别人的想法和感受

【推荐读物与影视作品】

1. 图书《伯恩斯新情绪疗法》

本书作者戴维·伯恩斯（David D. Burns），美国斯坦福大学医学博士，著名心理学家，认知疗法最重要的发展者之一，“伯恩斯抑郁状况自查表”发明人，也是运用认知疗法、不使用药物治疗抑郁障碍的先行者。在《伯恩斯新情绪疗法》这本书中，作者介绍了许多神奇有效的方法，旨在帮助读者迅速提振情绪，建立积极的生活态度。自出版以来，广受

读者好评和心理学界赞誉。

2. 图书《我的情绪为何总被他人左右》

本书由著名心理学家阿尔伯特·埃利斯（Albert Ellis）所著，他被称为理性情绪行为疗法之父。本书提供了一套非常具体的技巧，帮助读者在他人或某件事操纵自己的情绪时学会应对，埃利斯在书中指出，错误的思维方式（包括恐怖化、应该化、合理化）是导致情绪失控的主要原因。要想管理好情绪，就需要破除这些错误的思维方式，并做出更好的选择。该书主要探讨人们为何会经常受到他人或外界事件的影响，导致情绪失控，并提供了如何避免这种情况、成为自己情绪主人的方法。

3. 电影《步履不停》

影片讲述了位于偏远小镇的横山一家因长子纯平的忌日而团聚的故事。父亲恭平是退休的医生，母亲敏子则在家中操持家务。长子纯平曾继承了父亲的事业，却在15年前为救落水儿童而溺水身亡。次子良多与父亲意见相左，前往异地当起了绘画修复师，却因失业而困顿，后与带着孩子的由香里结婚，继续生活。忌日这天，良多和姐姐千奈美带着家人分别赶回家中，一家人在两天一夜的时间内发生了许多温馨而又略带伤感的故事。电影通过细腻的情感描写和人物塑造，引导我们更深入地了解人类的情感世界，从而提升情绪觉察和管理能力，能够更加积极地面对人生的挑战。

4. 电影《头脑特工队》

影片讲述了小女孩莱莉因为爸爸的工作变动而搬到旧金山，她的生活被快乐、忧愁、厌恶、愤怒、恐惧这五种情绪所掌控的精彩故事。莱莉的大脑中有一个指挥总部，总部里有五个情绪小人分别管理这五种情绪。因为搬家后难以融入新环境，五个情绪小人经常出现争执。一次争执中，莱莉脑中控制欢乐与忧伤的两位情绪小人乐乐与忧忧迷失在茫茫脑海中，导致本来乐观的莱莉变得整日消沉、易躁易怒。乐乐与忧忧必须尽快在复杂的脑中世界回到大脑总部，让莱莉重新恢复正常的情绪。在历经磨难后，乐乐和忧忧终于回到大脑总部，并与大家一起让莱莉重新恢复正常的情绪，莱莉的生活也再次充满了乐趣。这部电影是大多数人的皮克斯“电子榨菜”，也是心理学家送给世界的礼物。

第五篇

和谐你我　心意相通：
大学生人际交往和沟通

视频5　斯腾伯格的爱情“三元论”

案例

小云（化名）是一名从小山村里走出来的某名牌大学一年级新生，朴实真诚，学习刻苦。漂亮的校园、明亮的教室、知识渊博的老师等让她觉得学习如鱼得水，对知识更加渴求，但是两个多月的大学生活也让她产生了隐隐的不安。学习不再是大学生活的全部，当来自各地城市的寝室同学谈论名牌服饰、化妆品、娱乐八卦时，她不懂，也怕同学笑她老土，唯有选择沉默，这时的小云心里有说不出的难受。渐渐地，小云在寝室待的时间少了，课余时间不是在教室就是在图书馆。学习让她觉得很自在，生活却让她觉得很孤独，和她之前对大学生活的憧憬完全两样，小云困惑了。

分析：当代大学生多元化的评价标准让一心只有学习的小云觉得自己被忽视和排挤了，成长环境让渴望融入周围同学的小云处处受阻，最后选择逃避。像小云这样在大学中人际关系出现问题的同学还有很多，特别是大一新生时期。很多大一新生远离父母，面对陌生环境，对人际交往既渴求又迷茫。一旦人际关系出现问题，很可能影响整个大学期间的学习生活质量，影响大学生心理健康和未来人生发展。

马克思说："人的本质不是单个人所固有的抽象物，在其现实性上，它是一切社会关系的总和。"这意味着每个人都不能孤立地存在，而要与他人发生这样或那样的联系。人际交往为人与人之间的沟通联系提供了前提条件，是一种无处不在、时刻发生的社会现象。

我国著名心理学家丁瓒先生曾经指出，人类的心理适应主要是对人际关系的适应，所以人类的心理病态主要是由于人际关系的失调而引起。大量调查资料显示，人际关系问题是大学生日常心理咨询中最常见的问题之一，也是引发大学生心理困扰的最主要因素之一。人际关系问题解决不好，会影响大学生心理健康的发展。那么，什么是人际交往？它有什么重要意义？

学习目标

1. 了解人际交往的含义、建立过程、影响、因素及人际交往理论。
2. 了解大学生交往常见的不良心理。
3. 建立社会归属感，用积极的人际交往来塑造积极的价值观。
4. 把握人际交往的基本原则，掌握大学生人际交往的艺术。

第13章 人际关系概述

一个人事业的成功，只有15%是由于他的专业技术，另外85%要靠人际关系和处世的技巧。

——戴尔·卡耐基

人生最大的财富便是人脉关系，因为它能为你开启所需能力的每一道门，让你不断地成长，不断地贡献社会。

——安东尼·罗宾

一、人际关系含义

人际交往，也称人际沟通，是指个体与个体，或者个体与群体之间通过一定的语言、文字或肢体动作、表情等表达手段传递信息、沟通思想与交流情感，从而在行为和心理上相互作用、相互影响、相互适应的过程。人类自远古以来就过着群居生活，人类的历史就是一部人际关系史。良好的人际关系是一个人能够在社会上立足的必要条件之一。与人相处的学问，在人类所有的学问中位于前列。

（一）人际关系的基本内涵

人是社会的人，人在社会中生存、发展，离不开和他人交往，离不开和周围的人建立各种各样的人际关系。日常生活中，人们因社会角色的不同建立起如夫妻关系、亲子关系、朋友关系、师生关系、同事关系等一系列人与人之间的关系。

人本主义心理学家马斯洛认为，人类的需要可以分为各种等级和层次，由低到高依次为生理需要、安全需要、社会需要、尊重需要、自我超越（图13–1），并按从低到高依次排序。

其中第三层次社会需要（归属与爱的需要），是指个人渴望得到家庭、团体、朋友、同事的关怀、爱护、理解，是对友情、信任、温暖、爱情的需要。心理学中的人际关系是指人与人之间由于沟通而产生的一种心理关系，它主要表现为人与人之间的心理距离，反映着人们寻求归属与爱的需要的满足情况。

马斯洛认为每个人都潜藏着这五种不同层次的需要，但在不同时期表现出来的对各层次需要的迫切程度是不同的。处于青年时期的大学生，思想活跃、精力充沛、兴趣广泛，乐于接受新生事物。他们渴求被接受、被理解、被肯定，希望通过人际交往去认识世界，获得情感。可以说大学时期是人的一生中人际交往需求最为强烈的时期。

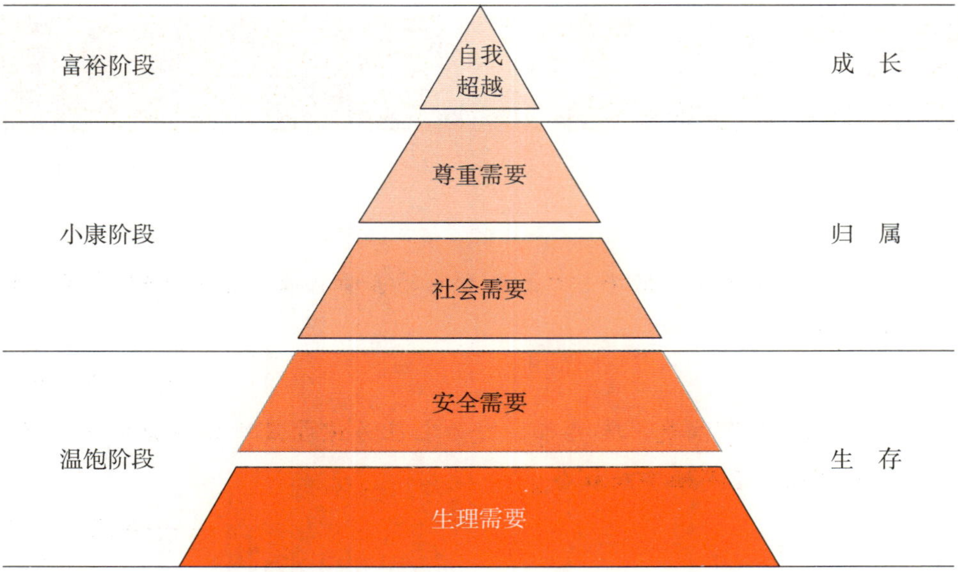

图 13-1　马斯洛需要层次

（二）人际关系的核心

人际关系包含着认知、情感和行为三个相互联系与相互制约的成分。良好的人际关系以感情相悦和价值观相似为核心。

1. 感情相悦，即你喜欢别人的同时别人也喜欢你。双方彼此喜欢，相互接纳，就可以减少人际交往中的摩擦与冲突，使交往得以良性循环。反之，你喜欢别人而别人不喜欢你，或是别人喜欢你而你不喜欢别人，达不到感情相悦，良好的交往很难建立起来。

2. 价值观相似，即能吸引自己的人，必须是在价值观念、态度、信念等方面与自己相似的人。在交往过程中，价值观相似，容易达成共识，形成共鸣，相处就比较容易。而且相似的价值观会促进双方频繁交往，关系趋向稳定。

感情相悦和价值观相似，是人际吸引的两大心理机制，其功能的差异是前者作用于交往的前期，后者作用于交往的后期。理想的人际关系是两机制同时发生作用，既感情相悦又价值观相似。

（三）人际关系与心理健康

人际关系对大学生的心理健康具有特殊而重要的意义。拥有良好人际关系的大学生，相互关爱，心情舒畅，充满自信，学习生活的质量大大提高。处于人际关系失调中的大学生，被压抑、孤独、苦闷等消极情绪包围，必然产生对学习、生活的消极态度，大大降低了大学生行为的有效性，甚至影响心理健康。所以，建立和谐、融洽的人际关系，具有重要的心理保健功能。

1. 满足需要，增进交流

正如亚里士多德所言：“离群索居者，不是神灵，便是野兽。”每个人都害怕孤独，渴望别人了解自己，都不希望自己离群索居，希望归属于一定的组织或群体，并得到相互关心和照顾。美国心理学家沙赫特曾做过一项“人际剥夺”实验，他以每小时 15 美元的高薪招募了 5 位应试者在他创设的小房间里单独居住。此小房间与世隔绝，每天只供应饮食等必需用品。结果显示，5 位应试者中最短的只待了 2 小时，最长的待了 8 天。呆了 8 天的应试者出来后说："如果再让我在里面呆 1 分钟，我就要疯了。"沙赫特的实验告诉我们，当个体的人际需要被剥夺时，就会产生消极情绪和心理紊乱。

人际交往是信息的沟通、思想的交流和经验的分享。当代大学生处于以互联网为纽带的信息社会，大学生通过现实和虚拟相结合的交往环境，快速获取更多信息，拓展知识，开阔视野，为成长成才奠定坚实基础。如果你有一个苹果，我有一个苹果，彼此交换，那么每人只有一个苹果；如果你有一种思想，我有一种思想，彼此交换，那么我们每个人就有两种思想，甚至多于两种思想。多种的人际交往形式，使大学生得到心理上的满足感和愉悦感，从而有利于身心健康。

2. 排遣不良情绪，促进心理平衡

生活是五味杂陈的，一个人生活中难免会遇到坎坷和挫折，产生焦虑、抑郁、失望、恐惧、苦恼、悲观等消极情绪也在难免。消极情绪如果不能及时宣泄，久而久之，会造成身心紧张，影响身心健康甚至导致疾病。所以大学生在情绪不好的时候，要学会及时求助于家人、好友、同学、老师等，寻求心灵上的慰藉，把抱怨环境的心情，化为上进的力量，促进心理上的平衡。而良好的人际关系不仅是保证人身心健康的基本条件，同时也是治疗心理障碍的一个重要资源。

3. 完善自我，重塑个性

认识自我、确立自我、发展自我、完善自我，是一个人青年时代重要的心理过程。而要认识自我、确立自我、发展自我和完善自我，他人的评价很重要。通过与他人相处，与他人相比较，并通过他人的评价，大学生可以看到自身的价值、优点和缺点，从而正确地认识自我。个性的形成和发展也需要在交往中去实现，只有在交往中，自我才会完善，个性才会发展。

知识延伸

长时间使用电脑易影响人际关系①

国外心理学专家研究发现，长时间使用电脑易影响人际关系。长时间面对没有生命的电脑屏幕，会影响日常的人际关系，进而产生心理和精神上的障碍。由于电脑无法进行心理上的沟通，长时间使用电脑缺少了人与人的沟通，容易忽视了身边的同事或朋友，导致人际关系冷漠。

日本的精神内科医生经常遇到这样的患者，他们大多缺乏丰富的社会实践，学校毕业后即从事计算机基础设计或软件开发，以后进入管理层工作。他们对电脑虽早已驾轻就熟、操作自如，但面对其他工作，特别是在处理人际关系时却屡屡受挫，感到无所适从，由此产生程度不同的心理障碍。

专家们研究认为，习惯了与计算机交流的人，往往很难体谅对方。他们对于自己的观点，要么执意坚持，要么全盘放弃，容易陷于一种非此即彼的思维定式之

① 引自 https://easylearn.baidu.com/edu-page/tiangong/composition?id=aececdfecdcae1802560003225490562&fr=search。

中。但在实际的社会交往中，处理人际关系要比电脑交流复杂得多，即使你的要求是合理和正确的，也不一定会马上被人接受。正因为如此，在实际工作中，这些人无法有效地进行上下级人际关系的沟通，以至于无论干什么事都畏缩不前，最终对自己失去信心。时间一长，容易导致内心烦躁、身心疲惫、精神沮丧。

为此，专家们给出解决问题的方法。

一是要注意丰富自己的日常生活，注意自我心理调整。

二是学会处理好复杂的人际关系，勿将与电脑交流的准则引入实际的人际交往中。

三是尽量创造一个宽松的工作环境。对于已经出现心理偏差者，为缓解其症状，可适当调整一下他们的工作，以减轻身心疲劳，必要时可辅以一定的药物治疗。

二、人际关系的建立过程

茫茫人海中，人与人之间互动交往都是自觉或不自觉地进行选择的结果。良好人际的关系的建立，需要经历定向阶段、探索阶段、深入阶段、融合阶段四个发展历程。

（一）定向阶段

定向阶段包含着对交往对象的注意、选择和初步沟通等多方面的心理活动。来自五湖四海的大学生们，从新生报到前的互不认识，到入学报到后融入学院、专业、班级、寝室、老乡等不同群体，都在自觉或不自觉地选择。或一方开始注意另一方，或彼此相互注意，人际交往由此开始。选择是建立人际关系的第一步，也即人际关系的定向阶段。

（二）探索阶段

经过定向阶段后，交往双方通过打招呼、聊天、学习生活上相互帮助和照顾等形式开始一般性的人际接触。这是人际间最为普遍的关系，许多人际关系都停留在这一阶段。交往双方有一定的情感探索，但情感卷入程度较低。该阶段的目的是彼此探索双方在哪些方面可以建立真实的情感联系，而不是仅仅停留在一般的正式交往模式上。

（三）深入阶段

随着交往的频繁和更多情感的投入，交往双方心理上信任感和安全感得到建立。交往范围开始涉及自身许多方面，并有较深的情感卷入，稳定的友谊随之建立。大学生在这个阶段往往会明确哪些人是自己的知己好友，彼此间倾心交谈，分享快乐、分担忧愁。如果关系在这一阶段破裂，彼此心理上会受到一定程度的创伤。

（四）融合阶段

这一阶段，交往双方的自我暴露更为广泛和深刻，允许彼此进入个人高度私密领域。交往双方心理领域高度重合，交往默契，心有灵犀。部分男女大学生深化友谊，在内心深处相互倾慕，相互依恋，最终发展成亲密的恋人关系。

人际关系可以建立在任何一个阶段上，人际关系是否深入发展取决于双方的交往意愿，一个人和大多数人的人际关系保持在第二和第三阶段，这属于处在一种正常自然的人际交往状态，而第四阶段需要彼此有更多的承诺。应注意的是，人际关系在第二阶段向第三阶段发展时特别敏感，如果处理不好，情感将止步这一阶段，甚至退回至前一阶段（图 13–2）。

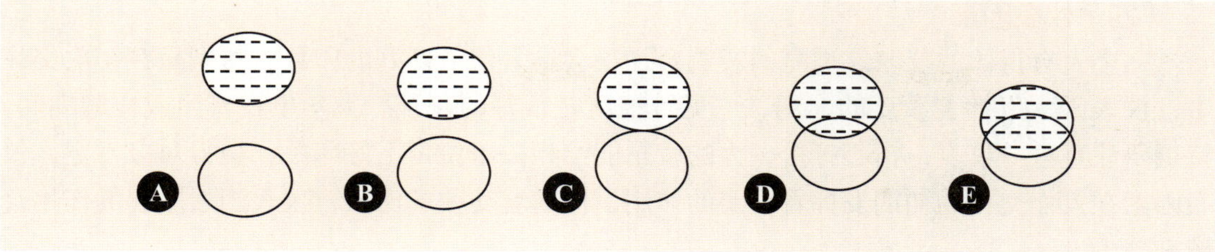

图 13–2 人际关系的发展

A. 互不认识；B. 开始注意；C. 表面接触；D. 建立友谊；E. 关系亲密（引自 Levinger&Snoek，1972）

三、人际关系的影响因素

当代大学生，人际关系主要表现为同学关系、师生关系、亲子关系、网络中的虚拟关系，等等。身处各种人际关系中，有的同学受人欢迎，广交朋友，拥有好人缘；有的同学独来独往，周围没有一个相伴的朋友，为什么会出现这两种截然不同的情况呢？影响人际关系的因素有哪些呢？

（一）接近性因素

空间距离是人际关系产生和发展的一个重要因素。人与人之间空间距离越近，交往机会就越多，熟悉程度就越高。俗话说“远亲不如近邻”就是，接近性因素使然。美国心理学家费斯汀格（L. F. Festinger）等在 1950 年曾对住在同一楼层彼此成为亲密朋友的情况进行了实验研究。结果表明，人们交往的次数与距离的远近成正比关系，两人住得越近，越容易成为朋友，不住在同一层、同一楼的就减少了成为朋友的可能性。大学生也一样，大学新生报到后，经过一段时间的大学校园生活，渐渐地会找到要好的朋友，而要好的朋友，基本上来自同寝室或相邻寝室的同学当中。在这样一个近距离的生活空间里，大家“抬头不见低头见”，容易产生接近性吸引，建立友谊。但是，近距离相处，太过熟悉，也可能导致接近性排斥。而且近距离的频繁接触让个体自身的一些缺点和坏习惯暴露无遗，如只顾自我，任其放纵，容易造成人际冲突，同寝室同学间不能和谐相处就属于这一情况。

（二）相似性因素

相似性能增进人际吸引。俗话说“物以类聚，人以群分”“志同道合”等，说的就是交往双方因在性格、态度、信仰和价值观等方面的相似性而引起的彼此投缘和相互喜欢。因相似性而引起的人际交往在大学生交往中普遍存在。有的同学喜欢和老乡一起，是因为相似的地域、风俗习惯、语言等；有的同学因参加同一个社团成为朋友，是因为共同的爱好和相似的价值追求，相似性会让交往双方谈话投机，相处默契，彼此感觉很投缘。

（三）互补性因素

在日常生活中，两个性格迥异的人却成了好朋友，这缘于双方互补性因素的影响。如果交往双方的不同之处刚好是对方所期望和需要的，彼此就会产生交往兴趣，建立感情。互补性因素在异性朋友、夫妻之间尤为明显。大量研究表明，夫妻间维持婚姻长久的基础在于彼此间需求的互补。应该注意的是，互补不仅仅是不同，光有不同之处而没有相互需要，也产生不了交往的兴趣。

（四）仪表因素

一个人有得体的仪表、漂亮的容貌，往往会给人留下良好的印象。特别是在初次交往中，仪表因素发挥着重要的作用，一见钟情就是很好的例子。大学生在实习或应聘期间，特别要注重自身仪表，精心打扮，为的就是能给相关单位留下好印象，赢得对方肯定。仪表因素在人们交往的初期发挥着重要的作用，但随着交往的深入，仪表因素所起的作用会越来越少。

（五）个性因素

个性即人格，包括人的兴趣、爱好、理想、信念、价值观、能力、气质、性格等。个性因素是决定人际关系好坏最本质的因素。它是维持深入而持久的人际关系的原动力。一个人可能被对方的气质打动、可能为对方的才华倾心、可能被对方的思想感染等。那些具有人格魅力的人，一定是别人喜欢并十分乐意与之深入交往的人。看看身边的同学，人际关系良好的人往往具有待人真诚、尊重他人、做事负责、积极向上、团结合作等优良品质。相反，具有自私狭隘、孤僻冷漠、自负自卑等个性缺陷的人，往往人际关系一团糟。

四、人际交往理论

心理学家在对人际交往行为模式研究的基础上，提出了若干人际交往理论。其中，社会交换理论、PAC 理论和情感强化理论等最具代表性。

1. 社会交换理论

美国社会学家乔治·卡斯珀·霍曼斯（George Casper Homan）受强化心理学和经济学理论的启发，于 1961 年提出了社会交换理论。该理论把人际交往过程看作一种商品交换过程，认为人际交往有赖于双方的相互满足、相互强化，人际关系就是个人或团体彼此寻求满足的需要状态。它揭示了人际行为中的交换规律，为了解人的社会行为、解释人际吸引现象提供了有益的借鉴。

在霍曼斯看来，人际交往类似一种商品交换，不仅包括物质交换，而且也包括赞许、声望等精神交换。人们在交往时所遵循的是利益原则。所谓利益就是指从他人处得到的收益（报酬和奖赏等）减去自己付出的成本。当人们在交往中得到的报酬和奖赏越多，其相应的行为就越会受到重视。该理论还认为，人们能否相互吸引，人际关系能否持续，主要取决于双方需要的满足程度。当双方都有利可图（收益≥支出）时，交往就能继续。反之，交往则中止。

大学生在人际交往中，需要遵循互惠互利、公平交换原则，寻求双方共同的利益和愿望，力求实现双赢。过度受益和过度受损都不利于人际关系的建立。正如古人云：“来而不往非礼也。”

2. PAC 理论

美国心理学家艾瑞克·伯恩在《人间游戏》一书中提出了 PAC 理论（又称相互作用分析理论、人格结构分析理论等），用来说明人际交往中角色心态对人际沟通效果的影响。该理论认为，每个人的“自我”由三种心态构成，即“父母”（parent）心态、“成人”（adult）心态和“儿童”（child）心态。它们汇合为人的个性，蕴藏在人的潜意识中，在一定条件下，会不自觉地表现出来。

3. 情感强化理论

情感强化理论是用来解释情感强化与人际吸引之间关系的一种理论，建立在行为主义心理学的强化理论基础上，由美国社会心理学家伯恩和克洛利于 1974 年提出。该理论认为，人们喜欢给自己奖励的人，而不喜欢给自己惩罚的人，前者引起愉悦体验，因而产生吸引，后者带来厌恶感觉，因而产生排斥。

伯恩和克洛利认为，人际吸引的大小和奖罚有相应的关系。如果和交往对象的接触背后紧跟着诸如表扬、称赞、报答之类的奖励，就会引起对方的喜欢，产生愉悦的情绪体验，对行为起正强化作用，人际吸引更为增强。相反，如果和交往对象的接触背后紧跟着诸如批评、讽刺、嘲笑之类的惩罚，则会引起对方的厌恶和反感，减少或失去与对方交往的热情，对行为起正惩罚作用，毫无人际吸引可言。

情感强化现象在大学生人际交往中普遍存在。在通常情况下，同学们都喜欢那些嘻嘻哈哈、幽默搞笑的乐天派，因为与他们在一起感到的是轻松、愉快和惬意；还喜欢那些给自己以肯定、鼓励和信任的同学。这个过程经不断强化，双方人际吸引大为增强。相反，与愁眉苦脸的悲观者在一起，受其影响，体会到的是焦虑和忧愁，人际吸引难以产生。那些指责、埋怨、否定自己的人则是我们尽力要回避的。在人际交往中，应尽可能给对方点赞，给予对方真诚的赞扬，切不可做差评师，更不能恶语相向，毒舌损人。唯有如此，才能建立良好关系。

心理万花筒

廉颇与蔺相如的故事

在战国时期，赵国有两位大臣，一位是骁勇善战的武将廉颇，另一位是能言善辩的文臣蔺相如。廉颇因屡立战功而备受推崇，而蔺相如则因出使秦国保全和氏璧，以及在赵王与秦王的渑池之会中维护了赵国的尊严，被封为上卿，职位在廉颇之上。

起初，廉颇对蔺相如的职位高于自己感到不满，认为自己的战功远胜于蔺相如的言辞之功。因此，他每次见到蔺相如都故意刁难和羞辱。然而，蔺相如并没有与廉颇针锋相对，而是选择了忍让和回避。

蔺相如的门客见状纷纷表示不满，认为他太过懦弱。但蔺相如解释说，秦国之所以不敢攻打赵国，正是因为有他和廉颇两人在。如果两人关系破裂，赵国将陷入危险。这话传到了廉颇耳里，他深受感动，意识到自己的错误。

于是，廉颇脱下上衣，背着荆条，来到蔺相如的府上负荆请罪。蔺相如则热情地接待了他，两人从此化干戈为玉帛，成为生死之交。

此后，廉颇和蔺相如齐心协力保卫赵国，使得秦国在渑池之会后十年内都不敢大举进攻赵国。他们两人相互理解、相互信任，并在此基础上真诚地合作，产生了 1+1＞2 的神奇力量。

第 14 章 大学生人际交往常见的不良心理

现实生活中有些人之所以会出现交际的障碍，就是因为他们不懂得或忘记了一个重要的原则：让他人感到自己重要。

——戴尔·卡耐基

要根据一个人的发问来判断这个人，而不要根据他的答复来判断他。

——伏尔泰

案例

小明（化名），男，大学一年级学生。从小胆小，性格内向，小时候家里来客人总喜欢躲起来，不敢打招呼。高中以后稍有好转，但仍不愿参加聚会、集体活动，勉强参加几次，也不太敢讲话，讲话时不敢看对方的眼睛。读大学后，大部分时间都用在学习上，不敢主动交朋友，与女同学交往更是不敢想，也不敢参加集体活动，虽然成绩很好，但内心痛苦，别人无法理解。

分析：文中的小明存在社交恐惧。此类大学生虽不多，但也不乏其人。他们对人际交往特别敏感、害怕，极力回避与人接触。不得不交往时，则心跳加快、面红耳赤，难以自制，总是处于一种紧张、焦虑的状态。小明应该在日常学习、工作和生活中，逐步培养对外界的适应能力，有意识地多接触周围的人和事。尽管起初会不太习惯，有时会出现失态的情境，但是要有信心，任何人都不是天生就有那种良好的社交心理和手段的，需要在后天的社交活动中慢慢培养，才能变得自如起来。

另外，如果情况已经比较严重，还要学会寻求专业机构的帮助，例如专科医院的心理咨询门诊或学校心理咨询室。

在社会转型时期，在日益激烈的社会竞争中，大学生培养自身的合作协调能力，建立良好的人际关系显得尤为重要。根据国内高校心理咨询工作的现状分析，人际关系问题在大学生心理咨询的各类问题中位居前列。浙江大学马建青教授等于 2010 年至 2011 年间对全国 300 余所高校的心理健康工作者进行了一次较大规模的问卷调查，结果发现，人际关系问题是引起大学生心理危机的重要因素之一，位居第二位（55.1%）。因此，了解大学生人际交往中常见的不良心理，并加以积极调适，已成为大学生心理健康发展的必修一课。

一、羞怯、恐惧心理及调适

羞怯指羞于见人，怯于在公开场合讲话。表现为与人交往时的害羞、胆怯、紧张、拘束等。羞怯可分为三类：一是气质性羞怯，天生腼腆、内向、胆怯，举手投足思前顾后；二是认识性羞怯，过分注重自我，特别在乎别人的评价，唯恐自身言行有误而被人耻笑，缺乏交往主动性；三是挫折性羞怯，因遭遇挫折而变得胆怯怕事，消极被动，如一次唱歌跑调，再也不敢当众唱歌。

恐惧是一种个体企图摆脱、逃避某种情境而又无能为力的情绪体验。表现为与人交往时害怕、退缩、逃避等。恐惧比羞怯在生理和心理上的压力表现要强烈得多，对人际交往的破坏性影响更为严重。如有的大学生在公众场合、众人面前或陌生异性面前感到心跳加快、面红耳赤、局促不安、语无伦次、词不达意等，长此以往可导致社交恐惧症。社交恐惧症是恐惧的一种病态形式，患者与他人交往体验到一种极度的和非理性的害怕，所产生的恐惧与现实刺激的危险性不相协调，需要接受专业心理咨询和心理治疗。

羞怯、恐惧心理在部分胆小、内向、孤僻的大学生中存在较多，这种心理将直接导致学生自我孤立，自我封闭，社交圈狭窄，不利于身心健康发展，需要加以克服。

1. 卸下包袱，合理归因

有的大学生在交往中曾面临碰壁、遭遇尴尬，一次被拒后，导致以后都不敢交往。面对失败，一定要合理归因，交往失败可能双方都有原因，切不可将失败原因都归到自己身上，挫伤自信心。

2. 鼓足勇气，适当地自我表露

适当地自我表露有利于增进交往双方彼此之间的信任，有助于亲密关系的建立。因此，交往中要意识到自我表露的重要性，并有意识地将一些个人信息与他人分享。

3. 创造机会，多途径交往

对于交往中有羞怯恐惧心理的大学生来说，越是羞怯、恐惧，越要尝试与人交往。创造与人交往的机会，多参加一些班级、协会、社团等集体活动，尝试多与人交往，让自己逐渐脱敏。

二、以自我为中心、自负心理及调适

当今大学生，独生子女现象普遍。“四、二、一”组合的家庭结构模式和以孩子为中心的家庭教育方式，催生了一大批以自我为中心的学生。以自我为中心者首先考虑的是自己，好表现自己，处处强调自我，不顾他人感受，很少关心他人，出现问题不会从自身找原因。自私是他们的突出表现。

自负心理则是指个体由于认知歪曲所形成的对自我价值的过高评价，并由此产生过度自我接受的态度及与之相应的自以为是、骄傲自大的情绪体验。自负者自我感觉良好，高傲自大，总觉得别人都不如自己。在人际交往中，他们高高在上，盛气凌人，苛求责备，指手画脚。

没有人会喜欢自私自利或自以为是的人，以自我为中心、自负的人要改善人际关系，必须要自我调整、自我改变。

1. 正确评价自己和他人

每个人都不可能十全十美，以自我为中心和自负的人往往眼里只看到自己的优点和别人的缺点。去掉“我行，你不行”的待人态度，遵循“我行，你也行”的交往模式，恰如

其分地评价自己与他人，给自己和他人一个恰当合理的定位，不盲目乐观、不狂妄自大。

2. 学会换位思考

交往中每个人都希望得到别人的尊重，希望被接纳、认同和肯定，只考虑自己的感受，过分的自我表现会让他人在交往中受损。要学会从他人的角度考虑问题，多一分理解和包容，注意自身言行举止，顾及他人感受，注意双方需要的满足。

案例

考入大学后，小丽（化名）当上了寝室长，正逢学校开展文明寝室建设活动，她想好好做好寝室整洁和美化工作，给寝室同学提供一个优美的生活环境。于是，她制订寝室公约，分配落实相关工作。小丽工作积极性高，工作也初显成效，寝室环境整洁美观。但是，小丽渐渐发现，寝室同学不但不感谢她，反倒对她颇有微词。大家对寝室工作积极性不高，寝室工作常变成她一个人劳动，其他同学越来越不配合，小丽心里感到很委屈。委屈的同时，小丽及时作了反省，自己虽然在寝室工作上能以身作则，但是当看不惯同学的生活习惯时，喜欢当着大家的面责备对方；寝室同学对某一事情意见相左时，常常以自我想法为准，不能很好听取别人的意见。反省后，小丽暗下决心，改掉这些坏毛病，做一个让大家从心里接受的寝室长。

心理小贴士

宿舍冲突的有效解决方案

1. 协商作息时间——公共场所不同于自己家中，宿舍成员尽可能统一起居时间。如果有的同学喜欢熬夜，尽量注意在熄灯后减少动静，可以戴着耳机听英语或听音乐；如果有的同学不考虑他人的情况，为所欲为，就直接和他（她）谈，尽量单独交流，避免当众发生冲突。

2. 宿舍卫生公共明确——没有规矩不成方圆。安排好值日表，责任到人。如果违反或忘记，就接受一定的惩罚，如多值日，请大家吃饭等。

3. 避免口舌之争——心平气和，就事论事。

4. 不触犯他人的隐私——尊重别人就是尊重自己。

5. 理智控制冲突——远亲不如近邻。

6. 不要斤斤计较——宽容不会让你损失什么。

7. 有矛盾及时化解——不要让小冲突演变为大矛盾。

三、自卑、闭锁心理及调适

自卑是个体在社会比较过程中由于认知歪曲所形成的对自我价值的消极评价，并由此产生自我否定的态度及与之相应的鄙视自己的情感体验。与自负者刚好相反，自卑者与人交往的模式为“我不行，你行”，不能肯定自己，妄自菲薄是他们的典型心理。

长期自卑必然导致闭锁心理，脱离集体，故步自封，形影相吊，生活孤立无援。

大学生中造成自卑、闭锁心理的原因很多，有家庭环境、身体缺陷、学习成绩、性格能力等。如大学贫困生群体中的部分同学，因为拮据的家庭经济、坎坷的成长环境、长期的生活负担等原因觉得自己低人一等，不敢抬头视人，不敢大声说话，久而久之，习惯卑微地活在自己的世界里（见第五篇小云的案例）。

自卑、闭锁心理从根本上看都是缺乏自信心的表现。克服自卑、闭锁心理，需树立应有的自信心。

1. 正视自身优缺点

人无完人，每个人都有自身的优点和缺点，要学会欣赏自己的优点，正视自己的缺点。对于自卑、闭锁者，需要做的是多找自己身上的优点，可以自己去找，也可以让周围同学、朋友帮忙指点。还需注意的是，千万不要拿自身的缺点和别人的优点进行比较，避免放大缺点。

2. 发挥自身特长

根据自身条件，培养兴趣爱好，持续地加以发展，拥有并发挥自身特长。通过特长更容易寻找到自身价值，获得积极主动的生活态度。

3. 积累成功体验

积极投入多种活动中，制定切实可行的目标，通过实际行动，亲身参与，付出努力，积累成功的体验。享受成功有利于增加自信，悦纳自我，提高自身的交往期望，并通过交往增强情感的愉悦性体验。

四、嫉妒、敌意心理及调适

嫉妒是指在与他人比较时，发现自己在才能、名誉、地位或境遇等方面不如他人而产生的一种由羞愧、愤怒、怨恨等组成的复杂情绪状态。人际交往中，有些大学生因为别人姣好的容貌、出众的才华、优异的成绩等心生嫉妒，或者直接冷嘲热讽、造谣中伤，在别人遭遇挫折时表现出幸灾乐祸的扭曲心态。

敌意心理与嫉妒心理相伴随。对人缺乏信任感，不能做到以诚待人，潜意识中常把别人作为假想敌，抵触对立情绪比较严重。

嫉妒、敌意心理损己不利人，是建立良好人际关系的绊脚石。每个人必须搬走这块绊脚石，为建立良好的人际关系清除障碍。

1. 树立正确的思维方式

嫉妒心强的人常常有这样的错误认识：你取得比我好的成绩是对我的威胁，侵占了我的利益。其实，别人取得好成绩，也是别人通过努力应得的回报，自己没有取得好成绩，更多的应该从自身找原因，不能怨天尤人。

2. 开阔胸襟

改变凡事斤斤计较的狭隘心胸，开阔视野，做到宽容大度。

3. 与人为善

与人交往时大方、热情，待人真诚，多展现友善的一面，接受别人的同时自己也会被别人接受。

案例

近日，一女生被同寝室5位女孩齐发“逐客令”。原因很简单，她常常偷看室友私人信件，窥视别人情感秘密。有一次，一位室友的男友从北京打来长途，寝室里就她一人，于是，找了一封“虚拟”情书，对着电话详细描述室友与“新欢”的发展动态。结果，“北京那边”与室友分手了。她已经让几乎所有室友的情感都出现裂痕。她说：“一看到室友与男友出双入对，甜言蜜语地煲‘电话粥’，心里就不爽，感觉快要发疯了。”

分析：案例中的女生因寝室同学进展顺利的感情心生嫉妒，进而产生敌意心理，做出了非理智的举动，给其他同学造成了破坏性后果。她的这种极端嫉妒和敌意的心理和举动，已超出了正常人的范围，妨碍了大家正常的生活秩序，其结果必然是被大家所嫌弃。

五、猜疑、防御心理及调适

猜疑是对别人的言语和动作过于敏感、多疑。对于多疑的人来说，别人的举手投足都有含沙射影之意，从而千遍琢磨、万遍考量，顾虑重重。在人际关系中受过挫折的人最容易产生这种心理。例如，某同学与同寝室同学关系相处不好，当看到寝室同学背着他轻声交流，便认为他们说他坏话。猜疑者常凭主观臆想推测他人，容易捕风捉影，无事生非，扭曲事实。

大学生一方面渴望被人关注和理解，另一方面又不愿主动敞开心扉向人流露内心矛盾和秘密，有较强的防御心理。部分大一新生在经过一段时间的大学生活后表示：大学里的友谊和中学里的友谊不一样，与大学同学交往感觉没有中学同学那么单纯。所以，他们告诫自己与同学相处要小心再小心。其实，这在无形之中为自己建立了防御心理。俗话说：“防人之心不可无”，适当的防御心理在社会的大熔炉里生存是需要的。但在大学校园里，面对周围的老师、同学，一开始就应该敞开心扉，接纳别人，而不是建立过度的防御心理，把自己保护起来的同时也孤立了自己，排斥了别人。这样会错过很多珍贵的友情，得不偿失。

人与人交往需要起码的信任感，猜疑、防御心理与信任背道而驰，大学生在人际交往中应卸下猜疑、防御心理，敞开心扉，坦诚相待，加深了解，增强信任，让友谊之花遍地开放。

1. 敞开心扉，坦诚相待

交往中对于陌生人保持必要的戒备和防范心理是可以理解的，但大学校园里面对的是再熟悉不过的同学，敞开心扉，与同学密切交往，坦诚相待，建立良好的关系，是很有必要的。否则，一味地以猜疑、防御的心理对待周围人，容易走向极端。

2. 及时沟通，消除疑虑

沟通是化解猜疑和防御心理的一剂良药。人与人的交往不可避免地会产生矛盾，矛盾发生后，如不及时解决，人际交往就会受阻。及时缓解和消除矛盾，沟通是个有效的方法。冷静地思考，推心置腹的交流，化解误会，消除疑虑。沟通，让人际交往顺畅通达。

案例

大一学生小文（化名），单亲家庭，初一时因父亲外遇，父母离婚，她和母亲一起生活。一向让她敬仰的父亲做出背叛母亲的行为让她很难接受，父母离婚对小文的心灵造成了巨大的伤害，她变得郁郁寡欢。进入大学后，小文很少主动与同学交往，即使与同寝室同学接触也是小心谨慎，客客气气，寝室同学常聚一起有一搭没一搭地聊天，她基本不加入，寝室和班级等集体活动也很少有兴趣参加。小文其实心里也很落寞，但是她怕与人交往，怕付出感情后得到的是伤害。

分析：小文的父亲对家庭的背叛让小文的心灵受到了伤害，她变得不信任人，与人交往中产生了强烈的防御心理。以逃避友谊来避免可能受到的伤害，这种做法是不恰当的，小文应该适当地自我表露，敞开自己的心扉，增加自我“透明度”，用热情、坦诚和同学建立信任感，寻找更多的朋友。

知识延伸

人际交往中的黄金规则与反黄金规则

黄金规则：像你希望别人对待你那样去对待别人。

反黄金规则：期待别人像你对待别人那样对你。

我们每个人都是独立存在的个体，我们怎样对待别人，是我们自己心甘情愿的，也是我们自己能够把握和控制的；他人想要以怎样的方式对待我们，是他人自己的权利和自由，是我们的意志所无法把握和控制的。

虽然在感情上我们更喜欢反黄金规则：我对别人怎么样，别人必须对我怎么样；我为人人，人人必须为我；我接受别人，别人必须接受我。但这是我们单方面从以自我为中心角度出发的想法，是一种想要控制别人按你的愿望行事的支配欲望。

你对别人好，别人有两种方式来反馈你，可以对你好，也可以对你不好。所以你心里已经有这两个答案了，那么别人怎么对你，都已在你的预料之中，应有充分的思想准备去面对。

所以，亲爱的同学们，我们不能要求别人做什么或不做什么，但我们却有能力让自己做什么或不做什么。我们改变不了别人，但却能改变我们自己。若想拥有快乐的人生，请遵循人际交往中的“黄金规则”，抛弃“反黄金规则”吧。

第15章 大学生人际交往的技巧

爱人者，人恒爱之；敬人者，人恒敬之。

——孟子

一个永远不欣赏别人的人，也就是一个永远也不被别人欣赏的人。

——汪国真

人际关系是可以培养和改善的，掌握人际交往的技巧，提升人际交往的能力，建立和维护良好的人际关系，是大学生身心健康发展的需要，也是大学生成长、成才、服务社会的需要。大学生活较之中学时代有了很大的变化，对大学生提出了更高的人际交往能力要求，尤其对于大一新生而言，一开始便注重建立良好的人际关系尤为重要。拥有良好的人际关系是高质量完成大学生活的保证。

一、把握人际交往的基本原则

（一）平等尊重原则

人都有受人尊敬的需要，人的这种需要，就是平等的需要。人际交往中的平等，主要是指交往双方在态度和人格上的平等，平等是建立人际关系的前提。每位大学生在家庭经济、社会地位、个人信仰、才华能力、性格特点等方面各有差异，但他们在人格上是平等的，不存在高低贵贱、孰优孰劣之分。随着自我意识的日趋成熟和独立性、自尊心的日益增强，大学生的平等意识更加强烈，对交往平等更加渴望。

渴望得到尊重是每个人的基本心理需求，在平等前提下，人际交往还需遵循尊重原则。尊重他人的人格、个性习惯、情感兴趣和隐私等，以防冒犯到他人。一般认为，自尊心是人的心灵里最敏感的角落，最容易受伤害。大学生在人际交往中，既要做到自我尊重，又要尊重他人，从而达到彼此尊重。

（二）诚信宽容原则

诚信是诚实、守信、信任的内在统一，它是一个人立身处世之本。《论语·为政》中孔子说："人而无信，不知其可也。"诚信是中华民族的传统美德，也是当今社会发展的迫切需要。诚信原则要求人们在人与人交往过程中诚实、不欺骗、遵守诺言，从而取得他人的信任。根据安德森的个性品质受喜爱程度的序列，不难发现，受喜爱程度最高的6个个性品质，都和"诚信"相关。做一个受人欢迎的大学生，与人交往需做到待人真诚、言而有信、表里如一，切不可虚情假意、满嘴谎言，让人避而远之。

宽容是一种在人际交往中以容忍和谦让对待人与人之间的差异、误会、分歧，处理或应对他人对自己感情的伤害、利益的侵犯和某种无理行为的态度，是在一定原则和某种限度内，一般不采用针锋相对的反击态度。宽容并不是软弱、怯懦的表现。做到大是大非问题上讲原则，在非原则问题上不斤斤计较，这是人际交往中的重要原则，也是个体人际交往的良好心理品格。大学生过的是集体生活，同学间抬头不见低头见，磕磕碰碰在所难免，更要有一颗宽容的心。不但要容纳他人的个性，还要容忍他人的短处，谅解他人的过失，对他人不求全责备。《尚书·陈君》上说："有容，德乃大。"无论做什么事，都要推己及人，将心比心，设身处地为别人着想。

（三）竞争合作原则

竞争与合作是人际相互作用的基本形式，也是最常见的一种社会现象。所谓竞争，是指个人或群体在一定范围内为谋求他们共同需要的资源而进行比较、追赶和争胜的过程。在社会飞速发展的今天，大学生也处处面临竞争环境，成绩、能力、情感等各方面都有可能面临挑战。适当的竞争会激发人的潜能，增强人的智慧，磨炼人的意志。

竞争在所难免，合作更是无所不在。合作是个人或群体为谋求共同的目的彼此配合的社会行为，它产生的群体力量是个体力量无法比拟的。比尔·盖茨曾说："一个人永远不要靠自己一个人花100%的力量，而要靠100个人，每个人花1%的力量。"可见集体的力量是多么强大。人际关系以能否满足交往双方的需要为基础，如果交往双方的心理需要都能获得满足，交往双方通过合作达到利益共享，其关系才会继续发展。事实证明，交往中通过合作达到的互利性越高，双方的关系越稳定。

竞争和合作，两者相互依存、相互作用。竞争离不开合作，合作也离不开竞争，人类社会就是在不断地竞争与合作中进步和发展的。作为生活在群体当中的大学生，竞争意识、合作精神都是自身必备的素质。

二、调整人际交往认知偏差

处在青年期的当代大学生，长期在爱护式的家庭环境和封闭式的学习环境中成长起来，社会接触少，社会阅历浅，心理上处于从不成熟逐渐向成熟迈进的过渡期，他们认知上的偏差比较突出。常见的有以下几种认知偏差需要及时调整。

（一）调整对人际交往绝对化的认知偏差

部分大学生认为，要建立良好的人际关系必须顺从别人、讨好别人，不能表达自己的想法和观点，否则将破坏正常的人际交往。他们在交往中委曲求全，以失去自我为代价来获得人际关系表面上的和谐。另一部分大学生认为，搞好人际关系就是拉关系，巴结讨好别人，是黑暗腐败的行为，靠同学朋友帮忙是没本事的表现，拒绝与人交往。以上两种观点都因绝对化的认知对人际交往产生误解。一个人拥有正常的人际交往，是满足自身的需要，是适合社会化发展的需要，也是身心健康发展的需要。新时代大学生迫切需要与人交往，在交往中表达自我，满足自我需要，那种"两耳不闻窗外事，一心只读圣贤书"的成才方式已无法适应当代社会的发展需要。

（二）调整对人际交往对象的认知偏差

人与人产生人际交往的过程中，由于认知者自身因素和环境因素的影响，对交往对象的印象形成会产生首因效应、近因效应、晕轮效应、刻板印象、投射效应五种认知偏差。

1. 调整首因效应的认知偏差

首因效应又称第一印象，指第一次交往给他人产生的影响和效果。初次交往中，第一印象起着至关重要的作用，并对以后的人际交往产生重要的影响。留给对方第一印象的好坏，往往成为决定双方是否继续交往的重要因素。但是，就凭第一印象来评判一个人，显然是有失偏颇的。表里不一的人，往往会以良好的第一印象赢得别人的肯定；而有些不拘小节的人，往往因其邋遢的外表、过于直率的表达方式给人留下糟糕的印象。正所谓“路遥知马力，日久见人心”，一个人的道德品质、思想修养、素质能力等，不能凭第一印象臆断，我们要注重长期交往中的信息积累，不断调整首因效应的认知偏差。

2. 调整近因效应的认知偏差

近因效应指个体在总体印象形成过程中，因最近对他人形成的深刻的认知体验而否定以前的思维判断。近因效应往往在熟悉的人之间产生。在日常生活中，近因效应非常普遍。譬如，一名平时表现很好的学生，一旦做错了一件事，就容易给人留下深刻的负面印象；一名默默无闻的选手，突然在一次大型比赛中勇夺第一，成为名副其实的黑马，令大家对他刮目相看。近因效应也常常产生认识偏差，为克服近因效应带来的不良后果，应采用“对事不对人”的处理方式，并用历史的、动态的和发展的眼光来判断、评价对方。

3. 调整晕轮效应的认知偏差

晕轮效应又称为光环效应，指人们在交往过程中常从对方所具有的某个或某些特征出发，推论到其他方面特征的现象。面对班里一名成绩最好的学生，容易想当然地认为他思想也是最上进的，兴趣也是最广泛的，劳动也是最积极的等。很显然你犯了晕轮效应的认知偏差。日常生活中，人们常常因他人一方面的好或坏而对他其他方面进行想当然地评判，这是不科学、草率的态度。大学生应克服偏见，实事求是，客观公正地看待他人。

4. 调整刻板印象的认知偏差

刻板印象指以一种固定不变的态度去看待交往对象，习惯性地将某个人归于某一类人。比如，一说到北方人，人们脑子里就会闪现诸如粗犷、豪爽等词汇；一说到南方人，人们脑子里就会闪现诸如温婉、细腻等词汇，这是大家对南北方人形成的整体、概括的印象。但是，人作为个体又是丰富多样、千变万化的，北方人中也有一些人类似南方人的温婉细腻，南方人中也有一些人类似北方人的粗犷豪爽。如果一味地以南北方人的整体印象去判定，势必会产生刻板印象的认知偏差。人际交往中应避免刻板印象带来的消极影响，具体问题具体分析，在实践中全面而深入地认识他人。

5. 调整投射效应的认知偏差

投射效应指与人交往中，把自己的观点、情感、意志投射到他人身上并强加于人，认为别人也具有同样的特征。例如吸烟的人，总喜欢把吸烟的比例说得比实际高，以获得别人对吸烟行为的肯定。在大学生人际交往中，投射效应现象亦非常普遍。一位自私自利的学生总觉得别人对他的帮助另有企图；一位平时经常说谎的学生总认为他人的话是不可信的，等等。投射效应的认知偏差往往使人际交往中产生各种误解。大学生应尽量避免由此带来的消极影响，注意克服和摒弃个人的主观臆断，站在对方的角度和客观的立场去认识和评价他人。

（三）调整对人际交往自身的认知偏差

正确认识、对待他人，首先要正确认识、对待自己。世界上最重要的事就是认识自己，最难的事也是认识自己。一个人产生认知偏差，往往都是因为不能正确认识自己、对待自己造成的，正确认识自己是避免在人际交往中产生问题的前提条件。大学生在集体中生活，容易产生比较心理，而如何恰当、客观地比较常常是很多大学生面临的问题。一个害羞内向的学生，偏要和一个活泼外向的社团学生干部比活动的参与度、比交往的朋友数量，结果自然是让人灰心丧气的。人无完人，每个人都有优缺点，切不可拿自己的短处和别人的长处作比较，打击自信心；也不可眼里只看到自身的缺点，看不到自身的优点，无形中放大自己的缺点，做到全面客观地看待自己，不卑不亢地与人交往。

三、端正人际交往的态度

美国精神病学家托马斯·哈里斯（Thomas Harris）提出人生的四种态度类型："我不行，你行"；"我不行，你不行"；"我行，你不行"；"我行，你也行"。其中，"行"的意思包含着可以放心、被人爱、好人、有价值、正确、强壮、快乐、美丽、有能力、有所帮助、出色、自我实现等；"不行"的意思包含着不能放心、不值得爱、丑陋、弱小、幼稚、没规矩、愚笨、迟钝、失败、无能、落后、不能实现等。他进一步指出，孩子在2岁左右时就已经选定了前三种态度中的一种，这种态度将伴随他的一生，除非他在以后的生活中有意识地将其改变成第四种："我行，你也行"。

在"我不行，你行"这样一种自卑、怯懦与"我行，你不行"这样一种狂妄自大的态度下，人际交往必将"有赢有输"；在"我不行，你不行"这种悲观消极的态度下，人际交往很可能"双败"；只有在"我行，你也行"这种积极乐观的态度下，人际交往才会"双赢"，双方互惠互利，最终建立和谐而持久的人际关系。

"我行，你也行"的交往态度是可以学习和建立的。要做到"我行，你也行"这种交往态度，首先要接纳自我，建立积极的自我概念；同时要接纳他人，尊重他人。

四、优化人际交往的个性品质

人际交往中，善于交往的人往往具有许多良好的个格品质，不善交往的人往往具有不良的个性品质，大学生优化个性品质，有助于提高人际交往能力，改善人际交往的质量。

我国学者黄希庭采用社会测量、访问与观察方法，研究大学生的人际吸引，归纳的"嫌弃型学生"与"人缘型学生"的人格特质（表15-1）。

表15-1 "嫌弃型学生"与"人缘型学生"人格特质

"嫌弃型学生"人格特质的等级顺序	"人缘型学生"人格特质的等级顺序
1. 自我为中心，不考虑他人的处境和利益，嫉妒心强	1. 尊重他人，关心他人，富于同情心
2. 对集体的工作缺乏责任感，敷衍，浮夸，不诚实	2. 热心集体活动，工作可靠、负责
3. 虚伪，固执，吹毛求疵	3. 持重，耐心，忠厚老实
4. 不尊重别人，操纵欲、支配欲强	4. 热情、开朗，喜欢交往，待人真诚
5. 淡漠，孤僻，不合群	5. 聪颖，爱独立思考，成绩优良，乐于助人
6. 敌意，猜疑，报复性格	6. 独立、谦逊
7. 行为古怪，喜怒无常，粗鲁，粗暴，神经质	7. 兴趣和爱好广泛
8. 狂妄自大，自命不凡	8. 温文尔雅，端庄，仪表美

大学生优化个性品质，前提要做到诚实。在人际交往中敞开心扉、以心相交、实事求是，坦诚待人，必然会赢得真心朋友和纯洁友谊。

大学生优化个性品质，还需注意结合自身实际培养兴趣爱好。兴趣爱好相投的人，彼此间最容易产生共鸣，建立交际圈。如喜欢下棋的人，有固定的棋友；喜欢打球的人，有固定的球友等。

体验活动

你的优点我来夸

活动目的：学习发现别人的优点并欣赏，促进相互肯定与接纳。

活动要求：必须说优点，态度要真诚，努力去发现他人的长处，不能毫无根据地吹捧，这样反而会伤害别人。

操作步骤

1. 大家可以在班里或寝室里完成这个活动。5～10 人一组围圈坐。
2. 请一位同学坐或站在中央，其他人轮流说出他 / 她的优点及欣赏之处（如性格、相貌、处事等）。请记住运用“延伸阅读”中提到的赞美法则，尽可能多地、真诚地赞美对方。
3. 被称赞的同学反馈自己的感受与体验。
4. 每个同学轮流到中央体验这个活动。

活动的要求

1. 体验并思考，当别人赞美你时，你的感觉如何？
2. 最能打动你的赞美是什么？
3. 你赞美别人时，通常赞美哪些地方？
4. 你在赞美别人时，你的感觉如何？

五、掌握人际交往的艺术

人际交往是一种技巧，也是一门学问，更是一种艺术。交往艺术就像润滑剂，学习和掌握一些交往艺术，减少交往中的矛盾冲突，对大学生来说是非常必要的。

（一）掌握语言艺术

“良言一句三冬暖，恶语伤人六月寒。”可见语言艺术的运用是多么的重要。一个人能很好地运用语言艺术，往往会化干戈为玉帛，优化人际交往。相反，如果不注意语言艺术，往往在无意间出口伤人，产生摩擦。

语言包括有声语言和肢体语言，前者是人际沟通的最主要形式，后者是人际沟通的有效补充，包括面部表情、目光、微笑、手势、体态等。有时，肢体语言比有声语言更能传情达意，“此时无声胜有声”就形象地说明了在某一时刻肢体语言较之有声语言的重要。研究发现，在信息传递的全部效果中，肢体语言达 55%，声音为 38%，词语仅为 7%。这表明，个体的肢体语言和声音要比说话内容更能影响别人。研究还发现，当语言符号和肢体语言符号所代表的意义不一致时，人们更相信肢体语言，正可谓“身教胜于言教”。

如何掌握语言艺术?

第一，学会用简练、流利、生动的语言来清楚、准确地表达自己的思想感情。表达要清楚，语音、语调和语速随讲话内容而富有变化。

第二，学会察言观色。根据说话的时间、地点、场合、对象、事件等具体情况，寻找适合当时情境的表达方式，以求得积极的说话效果。

第三，学会赞美。真诚而适度的赞美对方往往能获得出乎意料的效果，瞬间赢得对方的好感，提高对方的交往需求，增强彼此的吸引力。

心理小贴士

批评的智慧

1. 先扬后抑

先称赞对方的长处，再指出不足，比一针见血地批评更有效。

2. 间接提醒对方的错误

让对方既保留面子又乐于接受意见。

3. 提问而不是下命令

态度要诚恳，切不可发号施令，比如，你可以这样说："你觉得这样做可以吗？"

4. 善于自我批评

当事情牵涉到双方时，先责己，再指出对方的不妥之处。

5. 勇于接受批评

当对方善意批评自己时，勇于接受才能进步。

（二）掌握倾听艺术

人们在交往中重视语言的表达，却常常忽略倾听的重要。倾听是说话的补充，俗话说："会说不如会听。"倾听者要用耳、用心倾听，不仅要听进、更要听出对方的言外之意。只有听得真切，才可能恰当地做出准确的反应，而说话者也才能根据你的反馈信息来确定是否继续交谈。倾听者还要配合肢体语言，如目光注视、面带微笑、适时点头、伸手示意、轻拍肩背等来表示对说话人的主动反馈和积极回应。倾听时不要心不在焉，否则对方会认为你对他的话题不感兴趣或对他本人不感兴趣，从而中止交谈。对于有些需要情绪宣泄，只想找人倾诉的人来说，耐心而专注地倾听对方说话，就是对他最好的安慰和帮助。

（三）注重仪表整洁得体

追求美、欣赏美、塑造美是人的天性。我们不能以貌取人，但端庄、大方、整洁、得体的仪表是人际交往中应该达到的基本要求，也是尊重他人的表现。形象是个人综合素质的外在体现，良好的形象让人赏心悦目，令人心生向往。所以，大学生应恰当地修饰自己的仪表，扬长避短，注意在不同场合下选择适合自己的穿着打扮，形成自己独特的气质和风度。比如，大学生在实习和应聘期间，往往特别注重自身的仪表容貌，因为外在美也是对方认识自己的一个重要途径。

（四）把握恰当距离

不管人们的生活空间有多大，每个人都拥有一个不受侵犯的私人空间。人的自我感觉往往十分敏感，当私人空间遭到他人侵犯时，会本能地加以防御，这就是心理学揭示的结论。向他人自我暴露的程度越高，彼此关系就越亲密；反之，关系就越疏远。但是，无论关系多么亲密，人们都有不愿暴露内心深处敏感的私密空间。即使是关系亲密的恋人、情侣、夫妻和亲子之间也不是完全没有距离。恰恰相反，“距离产生美感”，保持亲密有间，给对方拥有一个私密空间是人际和谐的制胜法宝。

知识延伸

礼仪小常识

一、礼仪的基本规范

1. 绅士风度（淑女风姿）

要求讲究仪表、举止大度、讲究身份、遵时守约、遵守公共秩序。

2. 礼貌用语

要习惯使用“请”“谢谢”“劳驾”“对不起”“再见”等语言。

3. 入乡随俗

“十里不同俗，百里不同风”。不同的国家、民族、地域都有自己的风俗习惯，遵循当地的风俗习惯和礼节，能够缩小人们交往时出现的文化差距并减少相互间的观念冲突。

4. 尊重隐私

尊重隐私，要坚持三条原则：一是以个人为交往对象；二是不侵犯属于个人的空间与领域；三是在交谈中做到“五不问”（不问年龄、不问婚否、不问经历、不问收入、不问住址）。

5. 女士优先

女士优先的核心，就是要求男士在任何场合、任何情况下，都要从行动上尊重女性、照顾女性、帮助女性、保护女性。

二、几种常用交往礼仪

1. 介绍

介绍是人们社交活动中相互结识的最初形式，也是交际的基础。介绍有三种情况：第一，自我介绍。自我介绍时用语要正确、恰当、文雅、适度、大方。第二，介绍他人。介绍时要注意顺序，基本原则是尊者有“优先知晓权”。一般应先把年幼者介绍给年长者，将男士介绍给女士，将职位低的介绍给职位高的。第三，他人介绍。即通过第三方让你与另一人认识。当第三方为你作介绍时，要主动向被介绍者问好或微笑致意。

2. 握手

握手是社交场合中相互见面与离别时的常用礼节。握手时要注意两点：第一，顺序。在长辈、上级、女性面前，要等对方先伸手，方可迎上去握手，不可贸然先伸手。第二，时间与力度。握手时间以2～5秒为宜，既不可太短，也不可太长。握手力度，老朋友力度可稍大，一般的交往用力要轻，对异性则稍握即可，不宜用力。

握手的禁忌：不可戴手套与人握手；不能用左手与人握手；多人同时握手，不可交叉握手。

3. 拜访

拜访前，要与主人约好时间，并准时赴约，要注意尽量回避用餐时间。拜访时要注意仪表整洁。拜访中要观察对方，如果对方有疲劳之意或不耐烦的表示，应及时告辞。告辞前，要向主人表示谢意。

4. 男女交往

男女同行。一般来说，男士应走在女士左侧。不能并行时，男士应让女士先行一步。但是，在开门、下车、下楼、遇到障碍或危险时，男士应走在女士前面，为其开道。

“狭路相逢”。在门口、楼梯口、电梯口及其他通道走廊上遇上女士，男士应侧立一旁，让女士先行通过。

社交聚会。男士看到女士进门，应起身表示礼貌；当客人见到男女主人时，应先与女主人打招呼。

本篇小结

大学生建立良好的人际关系，需要学习相关的人际关系理论，掌握必要的人际交往技巧，提高自身人际交往能力。此外，还要主动参与人际交往实践，大胆尝试，积极探索，调适自我，化解矛盾，完善人际关系。

【复习与思考】

1. 人际关系对于心理健康的意义是什么？
2. 人际交往中有哪些心理效应会影响人们的交往？
3. 你认为人际交往中应遵循哪些原则？
4. 结合个人具体情况，请你谈谈如何调适人际关系？
5. 请尝试与陌生人打招呼，并和同学分享个人体验。

【相关量表】

人际关系的自我评定量表

请仔细阅读下列各题，从每题后面的三种答案中，按照自己的真实情况任选其一。

(1) 在人际关系中，我的信条是（　）。

A. 大多数人是友善的，可与之为友

B. 人群中有一半是狡诈的，一半是善良的，我将选择善良者为友

C. 大多数人是狡诈虚伪的，不可与之为友

(2) 最近我新交了一批朋友，这是因为（　）。

A. 我需要他们

B. 他们喜欢我

C. 我发现他们很有意思，令人感兴趣

(3) 外出旅行时，我总是（　）。

A. 很容易交上新朋友

B. 喜欢一个人独行

C. 想交朋友，但又感到很困难

(4) 我已经约定要去看望一位朋友，但因为太累而失约了。在这种情况下，我感到（　）。

A. 这是无所谓的

B. 有些不安，但又总是在自我安慰

C. 很想了解对方是否对自己有不满意的情绪

(5) 我结交朋友的时间，通常是（　）。

A. 数年之久

B. 不一定，合得来的朋友能长久相处

C. 时间不长，经常更换

(6) 一位朋友告诉我一件极其有趣的个人私事，我是（　）。

A. 尽量为其保密

B. 根本没有考虑过要继续扩大宣传此事

C. 朋友刚走，即与他人议论此事

(7) 当我遇到困难时，我（　）。

A. 通常是靠朋友解决的

B. 要找自己可依赖的朋友商量怎么办

C. 不到万不得已，绝不求人

(8) 当朋友遇到困难时，我觉得（　）。

A. 他们大都喜欢来找我帮助

B. 只有那些与我关系密切的朋友才来找我商量

C. 一般都不愿意来麻烦我

(9) 我交朋友的一般途径是（　）。

A. 经过熟人介绍

B. 在各种社交场所

C. 必须经过相当长的时间，并且还相当困难

(10) 我认为选择朋友的最重要的品质是（　）。

A. 具有能吸引我的才华

B. 可以依赖

C. 对方对我感兴趣

(11) 我给人们的印象是（　）。

A. 经常会引人发笑

B. 经常在启发人们去思考问题

C. 和我相处时别人会感到舒服

(12) 在晚会上，如果有人提议让我表演或唱歌时，我会（　）。

A. 婉言拒绝

B. 欣然接受

C. 直截了当地拒绝

(13) 对朋友的优缺点，我喜欢（　）。

A. 诚心诚意地当面赞扬他的优点

B. 会诚实地对他提出批评意见

C. 既不奉承，也不批评

(14) 我所结交的朋友（　）。

A. 只能是那些与我利益密切相关的人

B. 通常能和任何人相处

C. 有时愿与自己意气相投的人和睦相处

(15) 如果朋友们和我开玩笑（恶作剧），我总是（　）。

A. 和大家一起笑

B. 很生气并有所表示

C. 有时高兴，有时生气，依自己当时的情绪和情况而定

(16) 当别人依赖我的时候，我是这样想的（　）。

A. 我不在乎，但我自己却喜欢独立于朋友之中

B. 这很好，我喜欢别人依赖我

C. 要小心点！我愿意对一些事物的稳妥可靠持冷静、清醒的态度

各题的记分标准如下：

(1) A.3；B.2；C.1	(2) A.1；B.2；C.3	(3) A.3；B.2；C.1	(4) A.1；B.3；C.2
(5) A.3；B.2；C.1	(6) A.2；B.3；C.1	(7) A.1；B.2；C.3	(8) A.3；B.2；C.1
(9) A.2；B.3；C.1	(10) A.3；B.2；C.1	(11) A.2；B.1；C.3	(12) A.2；B.3；C.1
(13) A.3；B.1；C.2	(14) A.1；B.3；C.2	(15) A.3；B.1；C.2	(16) A.2；B.3；C.1

根据你所选择的答案，找出相应的分数，将 16 个题的得分累加起来，这个总分数值可以大致评定你的人际关系是否融洽。

38～48 分，说明你的人际关系很融洽，在广泛的交往中很受欢迎。

28～37 分，说明你的人际关系不稳定，有相当数量的人不喜欢你。

16～27 分，说明你的人际关系不融洽，你的交往圈子太小了。

社交恐惧测试

请阅读以下题目，按照四种情况进行选择：1. 从不或很少如此；2. 有时如此；3. 经常如此；4. 总是如此。在题后用代号写出你的答案。

1. 我怕在重要人物面前讲话。
2. 在人面前我容易脸红并很难受。
3. 聚会及一些社交活动让我害怕。
4. 我常回避和我不认识的人进行交谈。
5. 我不愿让别人议论我。
6. 我回避任何以我为中心的事情。
7. 我害怕当众讲话。
8. 我不能在别人注目下做事。
9. 看见陌生人我就不由自主地发抖、心慌。
10. 我梦见和别人交谈时出丑的窘样。

评分标准

你写出的答案的代号就是你本题得分。将分数累加就是你的最后得分。

结果解释

1～9 分：没有社交恐惧。

10～24 分：已经有了轻度症状，照此发展下去可能会不妙。

25～35 分：已经处在社交恐惧症中等程度的边缘，如有时间要去进行心理咨询。

36～40 分：社交恐惧比较严重，建议尽快到心理咨询机构接受系统的心理治疗。

社交恐惧症表现为对自己的举止和言谈过分敏感，与人交往时紧张、面红耳赤、害怕出丑，严重到一定程度时不敢见生人，拒绝与家人以外的任何人发生社交关系，把自己关在房间里孤立起来，对日常工作、学习造成极大阻碍，需要进行有针对性的系统治疗。

【推荐读物与影视作品】

1. 图书《沟通的艺术》

本书作者罗纳德·B. 阿德勒（Ronald B. Adler）和拉塞尔·F. 普罗科特二世（Russell F. Proctor Ⅱ）为读者提供了关于提高沟通技巧的建议。讨论的话题包括积极倾听，阅读身体语言，处理冲突的技巧，与孩子和家人谈话的技巧，公开演讲，群体内的互动，工作面谈等。该书还提供了许多提高倾听技巧、自我暴露和表达的策略。

2. 图书《人性的弱点》

本书是作者戴尔·卡耐基（Dale Carnegie）思想精华的汇集，深刻剖析了人性中的弱点，并提供了实用的方法和技巧，帮助读者更好地理解和应对人际关系中的种种问题。书中通过列举大量名人及普通人的真实案例，讲述了他们如何领悟书中的真谛，改变自己为人处世的态度，理解他人，真诚待人，提高语言沟通能力并增强自信，从而获得他人的信任甚至影响他人，取得成功。

3. 电影《穿普拉达的女王》

女总编米兰达.普莱斯特里是每一个员工的噩梦。身为老板，她不仅以自我为中心，而且专横跋扈、尖酸刻薄，对待为她工作的下属就像奴隶一样。普莱斯特里简直就是一个集齐所有倾听坏习惯的极品例子。她只关注和自己有关的事情（“关于你无能的细节，我不感兴趣”），而且反应很鲁钝，仿佛一点感情也没有（“用你的问题去烦其他人”）。虚伪地去聆听别人，防卫地去聆听别人，自恋地去聆听别人——所有这些无效的倾听模式她都有。不仅如此，她还常常打断别人，听到不喜欢的东西就翻白眼，在谈话到一半的时候撇下她的下属不管。也许普莱斯特里是一个成功的商业女性，但她在很多方面是失败的——尤其是作为一个聆听者。

4. 纪录片《和陌生人说话》

这是一部关于人际交往和沟通的纪录片，通过采访不同职业、不同背景的人们，探讨了人与人之间的连接和理解。节目内容涵盖了广泛的主题，包括但不限于人生经历、情感纠葛、家庭关系、职业选择等。通过个体的故事和情感历程，节目对这个时代人们的普遍价值与情感取向进行剖析，传递尊重、善意和温暖。

第六篇

怡情理性　收获爱情：大学生爱情与性心理健康

视频6　大学生宿舍关系处理：同处一室，遇见美好

案例

欣欣（化名）是医学院大三女生，是个活泼、开朗、上进的姑娘。但自从上了大三以后，她觉得自己变了，变得很敏感，很暴躁，经常为小事伤感，为寂寞伤心，她已经很久不能体验轻松快乐的感觉。别人的话语、眼神、动作都会让她觉得不舒服，看见书本、习题就觉得烦心，对学习根本提不起兴趣。上课时总是东瞅瞅西望望，一副心不在焉的样子。跟同宿舍的同学一起上课、一起走路、一起吃饭，都觉得很不自在。她很苦恼，一直搞不清是怎么回事。她说，上大一时经常和同宿舍同学一起，没有这种感觉。到大二时，和她们一起有点不自在的感觉，到了大三就感觉非常的明显。大一那年暑假，她谈了一个男朋友，比她高两届，现在男朋友已经毕业了。大二时，男朋友总是陪她上晚自习，周末陪她玩，他们俩生活在自己的小世界里，过得很开心。只要和他在一起，学什么都有兴趣，那时自己的学习成绩也很优异。现在男朋友上班了，空余时间少了，来学校陪她的机会相应也少了。有时答应周末回来看她，却因种种原因失约了，欣欣的情绪便特别低落，经常偷偷哭泣。每每看到校园里成双成对出入的情侣，特别的羡慕和嫉妒。

“哪个男子不钟情，哪个少女不怀春？”爱情无疑是当代大学生们最为关注的话题之一，爱情是那样独具魅力，令人寻觅和向往。大学生们吟唱着“不得不爱，否则快乐从何而来；不得不爱，否则悲伤从何而来；不得不爱，否则我就失去未来”的歌谣，投身到最美好的情感中去。然而，大学生在恋爱的旅途中，不仅品尝到了甜蜜和喜悦，其中也会有苦涩和悲伤。爱情需要激情与承诺，需要理性与智慧，需要恋爱双方共同经营，是灵与肉的统一。爱情是一门学问，更是一门艺术。

正值青春妙龄的大学生，对爱情充满了浪漫的幻想，但却总带有一丝挥之不去的惆怅，“才下眉头，却上心头”。案例中的欣欣，把占有当作爱情是一种不成熟的表现，一旦占有爱情，同时就失去爱情与自我。其实，真正的爱情是与自由相通的，是双方在独立自主人格和独立生活能力的基础上进行平等的交往。从古至今，爱情是人类永恒的主题。那到底什么是爱情？它究竟有怎样的魔力？每个人又该如何把握呢？

学习目标

1. 了解大学生爱情的特点，理解爱情的本质。
2. 了解大学生常见的恋爱心理。
3. 了解大学生性心理健康，正视性健康教育。
4. 树立健康的爱情观，实现自我爱情调控与成长。

第 16 章 大学生爱情的特点

爱情是一位伟大的导师，他教会我们怎样做人。

——车尔尼雪夫斯基

爱情构成生命一个环节，没有这个环节的生命是残缺的。

——黑格尔

不仅爱你伟岸的身躯，也爱你坚持的位置，足下的土地。

——舒婷

一、爱情的内涵

（一）爱情的定义

爱情是什么？爱情是人际吸引的强烈形式和最高形式，也是西方社会心理学家的经典研究课题，但就人的内在本质而言，爱情是正常人的生理和心理发展的必然结果。一百个人对爱情会有一百种理解，每个人的定义和感受各不相同，但却有其共同部分。比如，爱情是专一的、爱情能带来内心强烈的情感体验、爱情离不开性爱等。那到底什么是爱情？所谓爱情，就是一对男女之间，基于一定的客观物质基础和共同生活理想，在各自内心形成的对对方最真挚的仰慕，并渴望对方成为自己生活伴侣的最强烈、稳定和专一的感情，是两颗心灵相互向往、吸引，进而达到精神升华的产物，是人类特有的一种高尚的精神生活。

（二）爱情的属性

爱情是一种美好而崇高的情感，既包含性的吸引和欲望的满足，同时又有更高的心理需求，是心灵的共鸣、精神的享受。人不但是自然人还是社会人，所以人类的爱情是生物性与社会性的统一。

1. 爱情的生物学属性

爱情产生于男女两性之间性的吸引，这是产生爱情最原始动力。处于自然中的两性关系的存在，是生命为延续生命进行的传承，处于生命本身的两性在印象的意识里都有着向往的相同的作用意识，这种意识的作用是一种生命本身对自然的回应。

2. 爱情的社会学属性

爱情是一对男女包含着理性而有目的的交往，它以生理力量作为基础，但其精神力量才是爱情中永恒与不竭的动力源，爱情的道德意识与人的善恶观紧密地联系在一起，调节双方关系的手段是动物所不具备的羞耻感。爱情作为一种社会现象，有其社会功能，一方面要生儿育女、传宗接代，另一方面要受社会道德、法律规范的制约。

知识延伸

爱情和婚姻[①]

有一天，柏拉图问老师苏格拉底什么是爱情？老师就让他先到麦田里去，摘一棵全麦田里最大最金黄的麦穗来，期间只能摘一次，并且只可向前走，不能回头。

柏拉图于是按照老师说的去做了。结果他两手空空地走出了田地。老师问他为什么摘不到？他说："因为只能摘一次，又不能走回头路，期间即使见到最大最金黄的，因为不知前面是否有更好的，所以没有摘；走到前面时，又发觉总不及之前见到的好，原来最大最金黄的麦穗早已错过了；于是我什么也没摘。"

老师说："这就是爱情。"

有一天，柏拉图又问他的老师什么是婚姻，他的老师就叫他先到树林里，砍下一棵全树林最大最茂盛、最适合放在家里作圣诞树的树。其间同样只能砍一次，同样只可以向前走，不能回头。柏拉图于是照着老师说的话去做。

这次，他带了一棵普普通通，不是很茂盛，亦不算太差的树回来。老师问他怎么带这棵普普通通的树回来，他说："有了上一次经验，当我走到大半路程还两手空空时，看到这棵树也不太差，便砍下来，免得错过了，最后又什么也带不出来。"

这时，苏格拉底告诉他："这就是婚姻。"

二、理解爱情

（一）爱是一种信任

信任源于爱，来自于爱的双方心灵的碰撞，是人与人之间缔结的纽带。若对爱情缺乏一种信任，那爱不再是爱，过多的猜疑，只会让对方离自己越来越远。若不敢或不肯信任对方，那将永远无法品尝爱的甘甜，获得爱的真谛。仔细观察身边人和事，之所以导致感情产生隔阂与疏离的，表面上或许是因为金钱、权益等方面的利害冲突，追究本质上的原因，还在于对身边爱人所持的怀疑、猜测、保留与不坦诚。爱一个人并不是日日夜夜厮守在一起，让他不曾离开你的视线，他的一举一动在你的关注下，这样的爱情会让人无法喘息。在爱情的世界里，最重要的不是甜言蜜语，而是两颗彼此信任和互相宽容的心。只有不断地提升信任感与被信任感，才能获得爱情的快乐。

（二）爱是一种尊重

爱情双方走向幸福的终点需要一个平衡，那么尊重就是生成这种平衡的源泉。尊重是一种高尚的美德，没有尊重就没有爱，真诚的爱是建立在双方平等与理解基础之上。首先，要充分尊重对方的人格，接受对方的优点、缺点；其次，尊重对方的意见和要求，平等待人。爱不是抽象的一个字，而是一种具体的互动过程，是建立在双方的理解、宽容、赏识、信任的基础上，所形成的一种心理相容。苏格拉底曾言："不要靠馈赠来获得一个朋友，你须贡献你诚挚的爱，学习怎样用正当的方法来赢得一个人的心。"之所以尊重对

① 引自 https://baijiahao.baidu.com/s?id=1714962353834186468&wfr=spider&for=pc。

方，不是出于顺从他人的意愿，而是真正地给予对方肯定。爱，需要呵护，需要真诚，更需要尊重。“不懂得爱的人不要和他说爱，不尊重爱的人不要和他谈爱，不珍惜爱的人不要和他爱，不会爱的人不要和他恋爱”。

（三）爱是一种给予

爱情是一种彼此的给予，不是一味地占有和索取。给予能给对方带来关怀、爱意，同时也能让自己的内心得到愉悦和升华。耳熟能详的安徒生童话《海的女儿》中善良的、对爱情执着的美人鱼便是最好的诠释。美人鱼为了追求爱情，不惜忍受巨大的痛苦，变成人形，但心仪的王子却和别人结了婚。巫婆告诉她，只要杀死王子，并让王子的血流到自己腿上，就可回到大海里，重新过上幸福的生活。可美人鱼并没有被自私和占有冲昏了头，她毅然决然地投入大海中，献出了自己宝贵的生命。美人鱼对爱情的执著追求和为爱而不惜牺牲自己生命的感人举动，一直深深地感动着人们。这不正是一种崇高的给予吗？人类成熟的爱情也是将自己完整地给予对方，一起分享快乐、悲伤，一起创造生命的奇迹。

（四）爱是一种能力

爱情并不仅仅是两颗心的碰撞和交融，还必须有爱的素质、爱的能力、爱的艺术。就如心理学家艾瑞克·弗洛姆（Erich Fromm）所说：“爱是一种主动能力，一个突破把人和其他同伴分离之围墙的能力；一种使人和他人相联合的能力。”爱的能力不是与生俱来的，它与人的成长、知识、修养密切相关。在爱情发展过程中，怎样恰如其分地表达爱、接受爱、拒绝爱、承受爱，既是人类生存本能的体现，更是爱的能力体现。经历爱情之花后，每个人的内涵修养和生活处事能力都会有很大程度地提升。在这个多元开放的现代社会里，每个人都应该培养爱的能力，不断发展和完善自己，沐浴爱的阳光，成为爱的艺术家。

知识延伸

罗密欧与朱丽叶效应

所谓“罗密欧与朱丽叶效应”，就是当出现干扰恋爱双方爱情关系的外在力量时，恋爱双方的情感反而会加强，恋爱关系也因此更加牢固。莎士比亚的经典名剧“罗密欧与朱丽叶”中罗密欧与朱丽叶相爱，但由于双方世仇，他们的爱情遭到了极力阻碍。但压迫并没有使他们分手，反而使他们爱得更深，直到殉情。

三、爱情理论

迄今为止，世界各国的心理学家、社会学家等都对爱情进行了研究，如罗宾的爱情态度理论、约翰李的爱情彩虹理论、Hazan 和 Shaver 的爱情依恋理论。这些理论从不同角度对爱情进行了阐述。而美国耶鲁大学罗伯特·斯滕伯格（Robert J. Sternberg）教授的爱情三元理论，是目前解释人类爱情最有影响的观点。他认为人类的爱情虽然复杂多变，但均由三个基本元素组成：亲密、激情与承诺。

（一）爱情三元素

1. 亲密，是以彼此的信任为基础的情感表现，是一种温馨的体验，包括理解、尊重、珍爱、分享等特点，它属于爱情的情感纬度。

2. 激情，则是强烈地渴望与伴侣结合，是一种兴奋的体验。与性相关的动机驱力是引起激情的主导形式，促使爱情双方产生浪漫和吸引力，它属于爱情的动机纬度。

3. 承诺，是内化为个体心灵需求的一种责任和约定，包含短期和长期两方面。它属于爱情的认知纬度，是爱情中最理性的成分。

（二）三元理论下的爱情关系

斯滕伯格教授认为在爱情的不同阶段、不同时期，爱情中的三元素所持续的时间和强度也会有很大差别。两性间的爱情形式之所以千姿百态，就是因为这三元素组合各不相同。具体来说可以分为以下八种（图 16–1）。

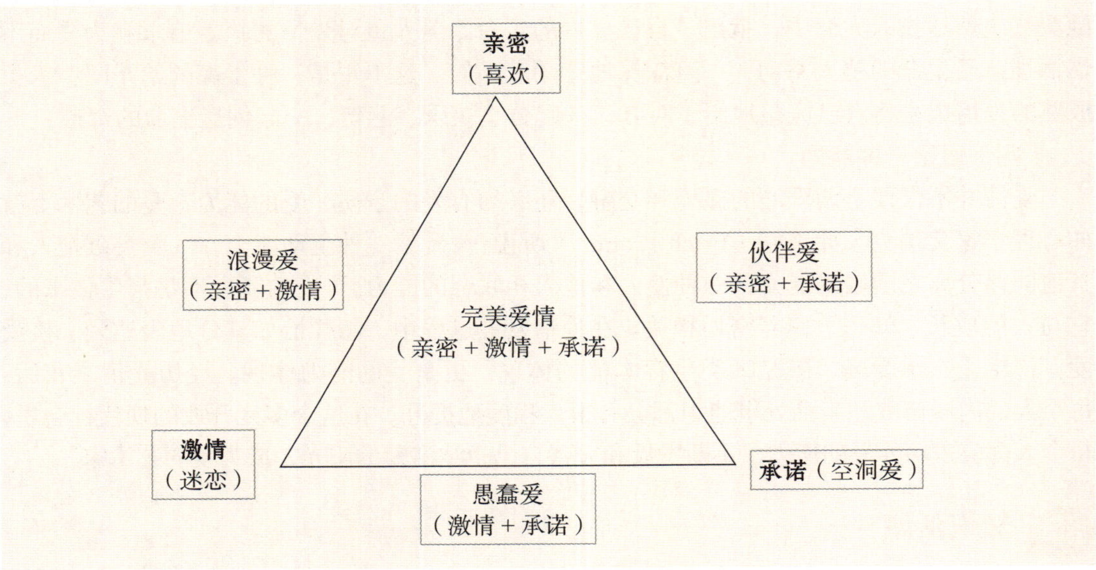

图 16–1　斯滕伯格爱情三元素组合

1. 无爱

如果亲密、激情和承诺三元素都缺失，爱就不存在。在我国古代有很多父母包办的婚姻就是属于此类，这样的结局给双方带来无尽的痛苦和悲哀。

2. 喜欢式爱情

当亲密程度高，但激情和承诺程度非常低的时候，会产生喜欢的感觉。它一般发生在让人倍感舒服和自然的友情中，但缺乏激情，当然，更不会产生与之共度余生的想法。

3. 迷恋式爱情

当两性间彼此缺乏了解和信任，只有强烈的性的吸引时，会让人迷恋。但是，却仅仅只有激情体验，它不可能也不会发展到亲密和承诺的阶段。

4. 空洞式爱情

当两性之间亲密或激情成分低，只有承诺因素，那就是空洞式爱情。表明恋爱双方只有责任和义务，是高度道德化的或价值高度异化的两性伙伴关系。

5. 浪漫式爱情

当亲密和激情两因素高度结合的时候，人们体验的就是浪漫的爱。这时，两性的关系不需要承诺来维持，故被认为是一种最轻松、最享受、最唯美的浪漫之爱，正如歌谣里所唱的“没有承诺，却被你抓得更紧”。但若不加上承诺因素，这份情感一般不会维持很久。

6. 伴侣式爱情

当亲密和承诺两因素结合时所形成的对亲密伴侣的爱，称为伴侣式爱情。当两性之间的关系只有亲密和承诺，而缺乏性爱吸引时，双方的关系已经升华为亲情式的依赖和信任。就如很多携手走过漫漫人生路的夫妻，他们虽没有青春时的激情，却具有难以描述的情感深度，不离不弃。

7. 虚幻式爱情

当两性间缺少激情和承诺时，就会产生一种愚蠢的体验，称为虚幻的爱。这样的爱情没有以信任为基础的亲密因素时，就如大厦没有坚实的地基，是虚幻的空中楼阁，随时都有可能变化。

8. 完美式爱情

当亲密、激情和承诺三因素都以相当的程度同时存在时，人们的体验是最完美的。这是天下所有情侣的梦想，但是却不易达到。

心理万花筒

真爱永恒[①]

从前，在一座小岛上住着知识、快乐、悲伤和爱等。有一天，岛上流传开一个消息，说小岛不久就要沉没了。于是，岛上的居民人心惶惶，纷纷想找船离开，只有爱没动，她想坚持到最后。

过了几天，小岛果真开始下沉了，水已经打湿了爱，于是爱不得不想法子离开。这时，她看见富裕乘着一艘大船过来了，便请求道：“富裕，你能带我离开小岛吗？”富裕回答道：“哦，不行，我的船上装满了金银财宝，没有你的位置。”富裕走了，虚荣乘着船过来了，爱便请求虚荣带她走。虚荣骄傲地说：“你身上水淋淋的，会弄湿我漂亮的衣服。”虚荣走后，悲伤来了，爱说：“悲伤，请你带我离开小岛吧！”“啊，不行！”悲伤回答说，“我太悲伤了，你还是让我一个人待一会儿吧！”悲伤过后，快乐驾着船唱着欢快的歌过来了，爱向他喊道：“快乐，求你带我离开吧！”可是，快乐太快乐了，他竟然没有听见爱的求救。

爱有些绝望了。这时，一位老人和蔼的声音在爱的耳边响起：“来吧，爱，我带你走。”爱终于到了安全的地方，但她没来得及问那位好心人的名字，他就已经走了。于是爱就问知识老人。“他叫时间。”知识老人回答。

爱很奇怪，接着问：“时间为什么要救我呢？”知识老人告诉他：“因为只有时间才知道爱是多么伟大！”

① 引自 https://xueshu.baidu.com/usercenter/paper/show?paperid=154q0890yh540tj0xv4p0xv08n328372。

四、大学生恋爱

（一）大学生恋爱特点

如今的大学生作为青年群体中文化层次较高的人群，相对于其他同龄人，对于爱情有着不同的理解。但同时又由于社会阅历浅，很多学生对自己的人生目标和需求还没有明确的概念，从而在恋爱问题上有着属于自己的鲜明特点，主要表现在以下四个方面。

1. 恋爱表达随性化

主要表现为恋爱周期短、频率快。当面对无法解释的情感纠葛时，学生会以缘来缘去解释情感的变化。有些学生因为一时冲动，在没有考虑清楚未来的情况下开始恋爱，交往一段时间后发现彼此不适合，马上分手，又开始重新寻找下一位。

2. 恋爱动机多元化

今天的大学生更重视爱情的即刻性，将恋爱作为一项独立的人生任务而非与婚姻等长久的人生目标相连，传统的爱情理念在今天的大学校园受到一些挑战。以“建立家庭”为恋爱目的的大学生占比较少，很大一部分以“丰富生活”“摆脱孤独寂寞”为目的。许多大学生只注重体验恋爱过程，不再走“交往—恋爱—结婚”的传统爱情三部曲。“不求天长地久，只求曾经拥有”，很多学生把恋爱当作一种爱情体验，及时行乐，满足精神享受，也有一些学生把恋爱当作一种消遣，只是为了充实课余生活，解除寂寞，填补空虚。

3. 恋爱感性化

大学生在选择自己的恋人时，偏重于感性的冲动，缺少些理性的思考。恋爱双方将两人在一起非常快乐的感觉列在重要位置，而较少考虑双方是否合适，将来是否会走进婚姻殿堂。当面临职业选择等人生重大课题时，恋人常因不能长相守而劳燕分飞，对未来生活明显心理准备不足。爱情一旦离开坚实的大地，脱离现实生活，必然是“见光死”。

4. 恋爱普遍化、公开化

曾经有位央视主持人说过：“大学恋爱成了一门必修课。”于是在大学里，恋爱已成为一种“热”，一股“风”。以往大学生恋爱都采取比较隐蔽的方式，不到比较成熟时期是不公开恋爱关系的。

（二）大学生恋爱发展过程

恋爱是一个很复杂的心理过程，从产生、发展到成熟，一般都经历以下几个阶段。

1. 朦胧阶段

这是爱情的萌发阶段，即男女大学生在交往中，产生了对某位具有某种魅力的异性感兴趣的阶段。在这一时期异性的外表起着很大的作用，它能够激起感观快乐，使得有种想亲近的冲动。一些学生可以凭着这短暂的感受就一下子跌入“情网”，导致盲目恋爱。这是一种非常原始的感受，因此它是脆弱并容易见异思迁的。

2. 心动阶段

一旦被某位异性所吸引，就会自觉地将注意力集中，指向某位异性所从事的一切活动，并开始关注他的爱好、学业、情绪等情况，从而被他的言行、品格、才能等深深地吸引和陶醉。然后开始考虑自己如何接近，如何表露真情，并设计和幻想一些见面的情景，此阶段多表现为“白日痴梦”状态。如果没有恰好的契机，爱慕之心就会随之消失或埋在心底。

3. 求爱阶段

“关关雎鸠，在河之洲，窈窕淑女，君子好逑”。向心仪的对象表达爱，这是一个挑战自信和勇气的阶段，短暂却有重大意义。这时期求爱者一般心理负担比较重，各种担忧不断涌现：怕情书言不尽意；怕向对方表白后遭到拒绝；担心求爱不成反被人讥笑等。如何求爱？这是很关键的问题，这一阶段技巧起着十分重要的作用。求爱的技巧基于双方的性格和心理特点，是恋爱成功的重要条件。

4. 恋爱阶段

一方表白与一方接受，双方的恋爱关系就确定了，爱情的扁舟就驶入了恋爱的海洋，两个异性之间开始了共同的情感交换活动。

知识延伸

各地不同求爱习俗①

在英国的约克市，小伙子如果要求找某个姑娘作为自己的伴侣，是比较容易的。因为该市的女子，到了结婚年龄，便采用一种“交通灯”的方式，特地穿上不同颜色的紧身衣服，向男子示意。如果是穿绿色，就表示：“来吧，通行无阻”；如果穿黄色，则表示：“可能，机会是一半”；如果是红色，那表明：“停止，不要碰我！”

在意大利的西西里岛，男女求婚，主动权往往操纵在女子手里。如果女子在一个男子面前把头发打了一个尖结，那就表明：“你被我猎取了。”

在太平洋的特洛布里安群岛上，青年人求爱的方式也很特别，如果有一个姑娘用牙猛咬了一个小伙子，那就表示姑娘爱上了他。

刚果的小伙子向姑娘求婚时，常常是把一只烤熟的鸟送给姑娘，并说：“这鸟是我亲手打来的。”如果姑娘爱他，也回赠给他一个玉米棒子，并说：“这是我亲手种出来的。”

墨西哥的男青年，如果爱上了一个姑娘，他就聘请乐队到姑娘的窗下奏小夜曲，表示求婚，有时可以从半夜唱到天亮。

坦桑尼亚的马萨伊族中，小伙子要想找到一个称心如意的姑娘，他必须首先杀死一头诸如狮子之类的猛兽，表示自己的勇敢，才能娶得好姑娘。

南美洲北部苏里南的印第安人，把雪茄作求婚的媒介物。如果小伙子爱上了一位姑娘，便告诉自己的父母，选定一个吉日良辰，亲自到女家，并把精心制作的雪茄赠送给女家，表示男方求婚的诚意。如果女方的父亲欣然接受，这门亲事就算成功了。

在南美洲的马怀安族中，多是姑娘向小伙子求婚。姑娘平时注意观察自己爱慕的小伙子的去向。当发现小伙子在田里劳动，便不声不响地下田，靠近小伙子的身边，帮助他耕作，若是小伙子不离开她，那就意味着，他们情投意合了。

阿富汗的某些部落，当一个小伙子爱上了一个姑娘时，他会到姑娘的住所前对空鸣枪，表示：我爱你！

---

① 引自 https://zhidao.baidu.com/question/884881664741364332.html。

在坦桑尼亚的帕雷族中，如果男青年看中某个女青年，男方就选择日子，带着一个宽瓷罐到女方家。女方如果同意，便把瓷罐留下，否则就退回男方。

在尼日利亚东北的伊搏族中，当一个小伙子爱上一位姑娘，前去求婚时，女方的亲属就会手持木棒相迎，当男子到来时，就毫不客气地将这位男青年痛打一顿。如果这位青年经受不了这番棒击，这就说明婚后不能应付遇到的种种不幸，姑娘也就不愿意和这位青年结婚了。

在东南亚的一些国家求婚比较文明。每当傍晚，青年男女们坐在一个特殊的台子上，周围点起棕油灯。这时，小伙子们就大书诗句，然后把诗献给自己爱慕的姑娘，向她求婚。

在荷兰，求婚更富有诗意。当某一女子成年时，她便在自己卧室的窗台上，放一盒玫瑰花，意思是说：来求婚吧，青年小伙们！

第 17 章 爱情心理调适

失恋时，与其颓丧灰心，不如在心中埋下另一颗期待的种子。

——莎士比亚

要提升爱的能力，就必须不断健全自己的人格。

——埃利希·弗洛姆

案例

小强是体育专业大三学生，最近刚谈了一个女朋友，但总感觉少了点什么，觉得爱情没有想象中那么美好。当问他怎么开始恋爱的？他说："我同寝室的其他 3 个同学都有女朋友了，还有我原来的高中同学、同乡，都在恋爱。我感觉自己各方面都不比他们差，我也想找一个女朋友谈恋爱。谈恋爱后，发现爱情和我想象中的不一样，没有让人特别的心醉和激动。"小强有些疑惑，有些不解。

随着大学生年龄的增长，大学生性心理已经趋于成熟，想谈恋爱是很正常的。看到身边的人谈恋爱，自己也有这样的想法也是很自然的。正如案例中的小强一样，看到身边的人都在谈恋爱，沐浴在爱河中，一起吃饭，一起游乐，很是羡慕。又感觉自身条件也不错，何尝不谈场轰轰烈烈的恋爱。于是，大家都在"爱"，都被"爱"感染着。但如果是因为从众、妒忌、寂寞等原因而谈恋爱，那爱情的美丽就会荡然无存。

一、大学生恋爱常见心理

（一）从众心理

大学生恋爱中的从众心理是指恋爱活动受众人评价和行为的影响，这种从众心理表现在恋人选择、恋爱方式等很多环节上，体现了一种很大的盲目性。有些同学看到周围同学都谈恋爱了，也想潇洒一回，不经过理性的判断，随意找一个恋爱对象，很快步入爱情，但并没有体会真正的爱情。这种从众心理是造成大学生谈恋爱集中在某些班级、寝室的重要原因。

在选择和评价恋爱对象上，从众心理也起着很大的作用。身边的人表扬自己的恋爱对象，那么就会越看越喜欢，反之则亦然。恋爱作为一种社会行为，会受到周围人评价的影响，但恋爱更是两人之间的志趣相投和感情吸引。所以，要正确分析和对待外部评价，不要让从众心理主宰了恋爱的进程，从而造成判断失误。

（二）光环心理

光环心理是指人们相互交往过程中形成的一种夸大了的社会现象。它往往将对方的最初印象不加分析地用来判断能力，推论其他品质，从而对其本来面貌认识不清，导致认识上的偏差。在恋爱初期，恋爱双方都会刻意地去掩藏自身的缺点，把自己的优点和长处呈现出来。恋人很容易被爱情美好的光环笼罩，以至于看不到对方的缺点和不足，“情人眼里出西施”这一古语便是最好的论证。因此恋爱时一定要对对方做全面的了解，多听他人的意见，摒弃偏见，理智、客观地分析，避免让光环效应引入爱的歧途而后悔莫及。

（三）高原心理

恋爱双方随着时间的推移，和同伴、朋友的交流越来越少，社交越来越窄，精神世界变得单一。虽然保持着恋爱的甜蜜，但内心却又有种说不出的失落感和不满足感，逐渐发现恋人的各方面表现不如从前，慢慢地冲淡了双方的感情。恋爱双方均有一种不满足却又茫然不知所措的心理，这种心理被称为恋爱中的“高原心理”。要避免这种心理的困扰，双方都应适当地保持各自原有的活动和交际，从而减少内心这种不适感。

（四）自卑心理

大学生恋爱自卑心理是大学生自我性爱意识发展障碍和自我情爱能力评价不当的结果。一种可能是自我评价不当造成的，因为生理方面有缺陷、相貌不如人意、家庭经济困难、性格比较孤僻等，遇到自己理想的异性时担心对方看低自己，不敢大胆地表达，从而形成了消极的心理定式。即使已经开始恋爱，也会惶恐不安，异常敏感小心。另一种是恋爱挫折后归因不当，如多次遭到拒绝、一直单相思或在男女交往中经常受到阻碍而怀疑自己恋爱能力，从而不敢去爱。

（五）忌妒心理

恋爱中的忌妒心理是恋爱中的人独占爱情的一种心理反应，当恋人和自己同性别的人一起时，感觉自己的恋爱对象有被占有或夺取的危险时，所产生的一种复杂的情感体验。忌妒是人之常情，是每对恋人都具有的一种情感，也是爱情的一个重要组成部分。忌妒具有积极和消极的两面作用。合理的忌妒之心，能激发自己的壮志雄心，从而增进恋人间的深厚感情；不合理的忌妒则恰恰相反，容易猜忌、忧虑、敌视、憎恨，从而破坏感情。

（六）对抗心理

对抗心理指不断增加外在压力反而降低个体的依从性，引起个体产生相反的心理和行为。这一心理表现为“明知故犯”的逆反行为，它是一种内生的反向力量，在心理学中被称为“罗密欧与朱丽叶效应”，即遭到父母、家人、老师、朋友反对或阻挠的爱情，就表现得越坚定。对抗心理的形成，主要原因是大学生的自我意识和成人感已逐渐确立，对真善美有自己独特的见解，希望别人能尊重他的人格和意见。一旦他们的主观愿望与客观实际发生冲突，得不到满足时，就表现出一种不合理的偏执行为。在恋爱中表现为，有些同学对周围众多狂热的追求者不屑一顾，却投入到对自己感情冷淡的异性中去；还有些正在恋爱的大学生，一方为了博取另一方的欢心而不断地舍弃自己，讨好和取悦对方，反而不被对方接受，导致了相反的结果。

二、大学生恋爱困惑及调适

爱情的神圣与庄严、神秘与美好吸引着无数青年男女步入爱河，大学生恋爱早已不再是“犹抱琵琶半遮面”了。然而，恋爱问题恰恰又是莘莘学子最感困惑的问题之一，如果处理不当，会严重影响他们的学习、生活乃至人格的健康发展。

（一）单恋的困惑与心理调适

单恋是一方的倾慕情感苦于不被对方知晓和接受的一厢情愿式的渴望，俗称“单相思”。其最大的特点便是单向性。单恋一般有两种情况：一种是毫无理由的“单相思”，对方毫无表示，而自己执着地爱着对方，追求对方，是纯粹的“单向”；另一种是自认为有“理由”的单相思，错认为对方对自己有情，于是“落花无意”变成“落花有意”，这是假“双向”真“单向”。

单恋较多地出现在性格内向、敏感、富于幻想、自卑感强的人身上。由于缺乏自信或因为爱恋的对象已经有了恋人而不敢表白，但是又无法自控，常常一个人默默地相思。很多人都会把这种爱埋藏在心底深处。当然，单恋也发生在那些自己爱上了对方，于是也希望得到对方爱的人身上，他们在这种具有弥散心理的作用下，就会把对方的亲切和蔼、热情大方当作爱的表示，并坚信不已，从而陷入单恋的深渊不能自拔。

如何勇敢地走出单恋的困境？

首先，要勇敢地表达爱。一旦单恋已然发生，要鼓足勇气，克服羞怯的心理，大胆地表达自己的感情。与其受这种相思之苦的煎熬，还不如下定决心通过适当的方法表达自己的心迹，至少还有 50% 成功的希望。如果不表白，就没有希望。若被接纳，爱的快乐就取代了等待的痛苦；若是“落花有意，流水无情”，则应该面对现实，勇敢地抛弃幻想，用理智主宰感情，通过思想感情的转换和升华来获取心理平衡。

其次，学会准确地观察和分析对方，用心明辨，避免“恋爱错觉”的发生。自古以来，爱情就是双方你情我愿的事。对方某种信息的经常出现可能意义很深，而一两次就不足为凭了；希望自己的单恋能开花结果，就应主动了解对方的态度。对方是否有意中人？对方选择恋人的标准是什么？对自己和其他人是否有不同寻常的地方？只有弄清这些问题，才可以进一步采取行动，若自己被困其中，无法看清，可以请周围的朋友帮忙分析。同时不要强化内心形成的一见钟情式的浪漫爱情和完美爱情。

（二）爱情错觉及其调适

爱情错觉是指把不属于爱情的情感误认为是爱情。最常见的是把好感与爱情、友谊与爱情混淆在一起。好感、友谊、爱情都是人际关系的一种表现，并且在相处过程中都能给人带来愉悦感，但实际上他们是有区别的。

1. 好感与爱情

好感也能够像爱情一样带来快乐、愉悦，但好感并不等同于爱情。第一，好感具有广泛性特点，可以同时针对好几个对象；爱情却只能针对一个特定的对象，具有排他性。第二，好感可以产生于看到对方身上某一个优点，或者说只是认同对方某一方面，但并不是接纳他的全部；爱情却要深得多，要接纳包括缺点在内所有的品质和个性。第三，好感持续时间一般较短；爱情却是稳定的、持久的。好感和爱情的距离可以很短，也可以很长，主要取决于好感的引力。

2. 友情与爱情

案例

晓丽（化名）是某大学大四学生，她说我的生命中有两个很重要的异性男友。一位是同专业高一届的学长，有过几次交流，多为点头之交，但他帮我找到了工作。大四实习时，我在宿舍百无聊赖，他说帮我联系了一家公司让我去实习，若合适的话可以留那里工作。起初我并没在意，结果他冒着烈日，从城市的那一端到了我这一端，来说服我，让我不要轻易放弃一个机会。就这样，带着些许的感动，抱着试试看的心理，我走进了那家公司。我曾经一直在想：他是不是对我有意思？可他从此消失了。偶尔打一两个电话联络，很久都没消息。我想，这种真心实意的帮助，若不是友谊是什么？

到公司实习后，我又遇见了一位异性朋友——小李。他是我办公室的同事，因为是实习生，很多东西都不懂，他经常帮助我。随着彼此间了解的加深，我们成了无话不谈的朋友，真正的、纯洁的友谊就这样慢慢地在我们之间成长。

如案例中晓丽一样，爱情与异性友谊本质上是两种完全不同的情感。异性友谊表现为彼此能进行深层次的心智交流，彼此能施予关爱、帮助不图回报。但是，异性友谊的情感是开放的，达不到渴望对方成为自己终身伴侣的那种朝思暮想的强烈、专一的程度。有人错把爱情当友情，让爱情擦肩而过；有人错把友情当爱情，让友情稍纵即逝。有人曾用“友情淡如茶，爱情烈如酒”来形容友情与爱情，它们既相互联系，又相互区别。

友情和爱情的相互联系表现在：其一，友情和爱情都是人与人在相互尊重、相互依赖基础上建立起来的一种美好感情。它们给双方带来爱、快乐、分享，都是温馨而甜蜜的。有人说：“友谊是高尚爱情的学校。”其二，友情和爱情都是人们之间良好情感的凝结，他们互不排斥，异性之间的友谊在一定条件下是爱情的桥梁。但是友情和爱情却又有着很大的不同：首先，爱情除了具有友情的爱好、志趣、尊重外，还与性欲有关，而友情却不涉及性需求；其次，爱情具有独占性、排他性和专一性，而友情除了对方，还可以拥有多个不同层次亲疏的他和她。

知识延伸

爱与喜欢的区别[①]

站在你爱的人面前，你心跳加快；站在你喜欢的人面前，你只是感觉到开心。

站在你爱的人面前，寒冷的冬天犹如夏日；站在你喜欢的人面前，冬天只不过是美丽的冬天。

与你爱的人双眸相碰，你脸红心跳；与你喜欢的人双目相接，你只是微笑。

站在你爱的人面前，你无法表明心意；站在你喜欢的人面前，你表达自如。

站在你爱的人面前，你会变得羞涩；站在你喜欢的人面前，你就是你自己。

你不敢正视你爱的人的双眼；你却总能自然地看着你喜欢的人的双眸微笑。

---

① 引自 https://zhidao.baidu.com/question/1957768603296225740.htm。

当你爱的人哭泣时，你也跟着他/她哭泣；当你喜欢的人哭泣时，你最后只会是安慰。

爱的感觉源于双眸，可能是一见钟情，无法言表；喜欢的感觉源于语言，没有那么神秘。

要忘记你喜欢的人，你只要堵住耳朵；但即使你闭上眼睛，你爱的人仍然在你心中。

（三）多角恋困惑与心理调适

多角恋是一个人同时被两个或两个以上的异性追求，或自己同时追求两个或两个以上的异性并建立了关系。多角恋是现在爱情纠纷的主要原因，比单恋、失恋等更为复杂，更为严重。

产生多角恋的原因有四个方面：一是没有明确目标。由于个性不成熟，生活经验缺乏，恋爱前没有一个较为明确的目标，不知道怎样的异性适合自己。因此只好全面铺开，多个追逐。有的女生因为恋父情结，被具有父亲特征的成年男性深深吸引而不可自拔。二是有很强的虚荣心。很多同学误以为追求者越多，越能显得自己优秀，于是把异性掌控在手掌间。还有部分同学因为喜欢攀比，在校大学生不能提供很好的物质保障，因而选择做已婚者的“金丝雀”，用名牌衣服、名牌包、名牌首饰来满足自己的虚荣心和享受欲。三是择偶动机不良。有的同学很容易见异思迁，觉得小A帅气英俊，小B幽默大方，小C成熟稳重，看到他们身上一个闪光点就被深深地吸引。为了满足自身不同欲望，于是在不同角色间周旋以寻求快乐。四是盲目跟从。部分同学因为恋人在异地，看到校园里出双入对、卿卿我我的情侣甚是羡慕，因而也想结交一个新恋人。但内心仍然觉得自己深爱以前的恋人，或觉得愧对以前恋人，因而不忍心提出分手。无论出于何种原因，因为恋爱具有排他性、专一性，因此任何一种多角恋都潜伏着极大的危险性，一旦理智失控，就会带来极其严重的恶果。

知识延伸

珍惜当前，永远胜于三心二意①

深夜，寺里，一女人一和尚，和尚坐，女人站。

女人：圣明的大师，我是一个已婚之人，我现在狂热地爱上了另一个男人，我一天不见他都很难受！我真的不知道该怎么办。

和尚：你能确定你现在爱上的这个男人就是你生命里唯一的最后一个男人吗？

女人：是的。我有很多年没有动心了！遇上的这一刻，我不想错过！

---

① 引自 https://wenku.baidu.com/view/21b703e507a1b0717fd5360cba1aa81144318f26.html?_wkts_=1735645853811&bdQuery=%E7%8F%8D%E6%83%9C%E5%BD%93%E5%89%8D%2C%E6%B0%B8%E8%BF%9C%E8%83%9C%E4%BA%8E%E4%B8%89%E5%BF%83%E4%BA%8C%E6%84%8F&needWelcomeRecommand=1。

和尚：你离婚，然后嫁他。

女人：可是我现在的爱人勤奋、善良、有责任，我这样做是否有一点残忍，有一点不道德？

和尚：在婚姻中没有爱才是残忍和不道德的，你现在爱上了别人已不爱他了，你这样做是正确的。

女人：可是我爱人很爱我，真的很爱我。

和尚：那他就是幸福的。

女人：我要与他离婚后另嫁他人，他应该是很痛苦的又怎么会是幸福的呢？

和尚：在婚姻里他还拥有他对你的爱，而你在婚姻中已失去对他的爱，因为你爱上了别人，正所谓拥有的就是幸福的，失去的才是痛苦的，所以痛苦的人是你。

女人：可是我要和他离婚后另嫁他人，应该是他失去了我，他应该才是痛苦的。

和尚：你错了，你只是他婚姻中真爱的一个具体，当你这个具体不存在的时候，他的真爱会延续到另一个具体，因为他在婚姻中的真爱从没有失去过。所以他才是幸福的而你才是痛苦的。

女人：他说过今生只爱我一个，他不会爱上别人的。

和尚：这样的话你也说过吗？

女人：我，我，我……

和尚：你现在看你面前香炉里的三根蜡烛，哪根最亮。

女人：我真的不知道，好像都是一样的亮。

和尚：这三根蜡烛就好比是三个男人，其中一根就是你现在所爱的那个男人，芸芸众生，男人何止千千万万，你连这三根蜡烛哪根最亮都不知道，都不能把你现在爱的人找出来，你为什么又能确定你现在爱的这个男人就是你生命里唯一的最后一个男人呢？

女人：我，我，我……

和尚：你现在拿一根蜡烛放在你的眼前，用心看看哪根最亮？

女人：当然是眼前的这根最亮。

和尚：你现在把它放回原处，再看看哪根最亮

女人：我真的还是看不出哪根最亮。

和尚：其实你刚拿的那根蜡烛就好比是你现在爱的那个最后的男人，所谓爱由心生，当你感觉你爱它时，你用心去看就觉得它最亮，当你把它放回原处，你却找不到最亮的一点感觉，你这种所谓的最后的唯一的爱只是镜花水月，到头来终究是一场空。

女人：哦，我懂了，你并不是要我与我的爱人离婚，你是在点化我。

和尚：看破不说破，你去吧。

女人：我现在真的知道我爱的是谁了，他就是我现在的爱人。

和尚：阿弥陀佛，阿弥陀佛。

你我曾经深爱过的某人，无非也就是芸芸众生中的一个，只是爱由心生，自以为他/她会是今生最爱，当你感觉你爱他，你用心去爱就觉得他/她最珍贵，当万物归原，生命仍然继续，他/她无非也就是我们生命中的一个过客。

我们根本无法确定哪一个才是今生最爱，如果不懂得去珍惜，你身边这个爱你的/你爱的人，在某一天，也会成为你身边的过客。

找一个你爱的人不容易，找一个爱你的人也不容易。如果无法确定哪一个才是你最爱的人，何不在自己成为别人的爱人的时候珍惜这份感情？爱由心生，你告诉自己是爱他/她的，自然就可以爱上他/她。

如果你爱的人不爱你，也请记得：爱由心生。是你太过于把目光集中在他/她身上了，试着放开视线焦点，你会发现光亮的蜡烛到处都有。

爱与不爱，无非也就是在一念之间。

过去的事情过去的爱情，就让它过去吧，那只是我们生命的一部分，只是茫茫大海中的一滴水珠，只是漫漫苍穹中的一粒微尘。没有那些过去，也不会造就现在的你我。

珍惜当前，永远胜于三心二意。

（四）失恋困惑与心理调适

案例

梁某，男，21岁，最近刚刚和本市另一所大学就读的女朋友分手。他说两个人在高中的时候就已经暗生情愫，并相约一起考入同一个城市的大学，两年来两个人的感情一直风平浪静。可是大约一个月前女友身边的另一个男生对她展开了攻势，女友对梁某的态度发生了转变，两个人经常因为小事产生口角。最不能忍受的是，女友总是将他和那男生做比较，时不时提及对方多么优秀。梁某提出让她尽快在他和另外一个男生中做出选择。女友最终选择放弃了他。他无法接受这个现实，很难相信两年的感情何以这么不堪一击，可是心中又实在放不下她，试图与她谈话沟通尽力挽回却无果。近日更觉情绪低落，茶饭不思，那种心酸、痛彻心扉的感觉真的很难割舍。走不出这个圈，迈不过这道坎，他不知道还能去做些什么。

无助的小梁向心理咨询中心的老师求助。老师告诉他，失去女友，自己所有的付出和努力都付之东流，不管是谁，都会感到委屈和不甘。老师理解他的感受，爱是一种感觉，但是此时不爱却已成事实。失恋是一种极为痛苦的情感体验，在给人带来伤害无助的同时，却也让人收获了很多。首先，你知道了她不是你理想中的另一半，勉强结合在一起也不会快乐。其次，你重新开始生活，可以遇到一个懂你、珍惜你、爱你的女生，拥抱属于自己的幸福。如果你一直耿耿于怀，生活在哀怨中，那么自己就会和幸福失之交臂。就这样通过先后6次心理咨询，小梁渐渐走出了失恋的困扰，去追求自己的幸福。

失恋是指一方否认或中止恋爱关系后给另一方造成伤害的一种严重心理挫折。若不能及时排解失恋所带来的危害，极有可能导致心理失衡，性格反常。处于青春期的少男少女总是富于幻想和激情，对于不期而至的爱情总会感到神秘和心醉。他们的情感虽然纯真但却稚嫩，很容易受伤。因而，一旦遭受失恋的打击，就很可能肝胆欲裂、身心憔悴，深深地陷入痛苦的境地而无法自拔。

1. 失恋心理

失恋后容易产生以下心理。

(1) 悲愤心理：失恋者在情感上产生极大的悲痛和愤怒，终日沉浸在痛苦中，反复咀嚼失恋的痛苦。若久久不能自拔，感情就会变得异常脆弱，性格古怪。更有甚者，还可能产生鲁莽的异常行为，如自杀、殉情等。

(2) 自卑心理：有的失恋者因自尊心受挫而产生强烈的自卑感，感到羞愧难当，陷入自卑、心灰意冷之中，性格变得孤僻、古怪，有的从此拒绝爱情，更有甚者因此走上绝路。其实，失恋是恋爱生活中的正常现象，并不是一种错误，也不存在失面子的问题。

(3) 报复心理：很多学生认为恋爱是一种展现自我价值、自我能力的一种方式，成功的恋情在某种程度上可以增强自信心。但是一旦恋情失败，就会对他人和自己的认识产生偏差，从而产生报复心理。有些失恋者在失恋后把自己的痛苦统统归罪于对方的抛弃，于是采取不正当手段，侵害他人利益，毁坏他人名声。更有甚者为了宣泄自己的愤怒和不满，可能采取非理智的极端行为，以发泄胸中的仇恨。

2. 失恋心理调适

失恋者应面对现实，积极地寻求多种方法和途径，疏导因失恋而带来的郁闷、不安和愤怒心理，注重身心健康。具体有以下几种调试方法。

(1) 接受分手事实：爱情是双方的，失去任何一方恋爱即终止。无论失恋的一方爱得有多深，恋爱关系也不能再成立。作为一个有理智的大学生，应该勇敢地正视并接受这个现实，不要再给自己留任何幻想。

(2) 合理宣泄情绪：面对失恋，无论是多么坚强的人，都会痛苦、郁闷、悲伤。这时该怎么办？首先请接纳失恋的痛苦，并用任何合理的方式去宣泄内心的苦闷、痛苦和空落。可以找人倾诉、大声哭泣等。用一切自己喜欢的方式方法，尽情地宣泄内心的情感。

(3) 理智分析原因：当内心渐渐平和下来，失恋者就应该理智地面对自己，冷静地去分析原因。不能简单直接归结为自身相貌欠佳、能力不足等，可以分析自身在相处过程中哪些方面做得不够，避免下次犯类似错误。但不要过分苛责，只要真心相爱，就不言后悔。一段恋情的终结不是谁对谁错的问题，而是爱情双方适合不适合的问题。找到分手症结所在，若是自身问题，那就努力改进自身缺点，使自己更加成熟和完善起来。若实在是无法更改的、与生俱来的、属于你的特性的，那就予以保留，并在下段恋情中找一个欣赏自己的人。

(4) 丰富自身生活：由于对方曾经的陪伴，一旦失恋，会忽然让你觉得眼前的生活空落和乏味。因此，失恋后改变环境，暂时离开触动恋爱回忆的景、物、人，把自己主动置身于欢乐、开阔的情境之中。可以去旅行、做运动、结交新朋友、阅读书籍、听音乐等，通过这些活动转移目标，让自己的生活充实起来，并渐渐走出失恋的阴影。爱情固然重要，但不是生活的全部。要提醒自己不断地进步，才会有机会赢得新的、更为美好的爱情。

(5) 失恋不失志：失恋带来的挫折感往往会让人产生“我是一个失败者”的负面想法，给当事人带来强烈的自卑感，从而影响到他们对生活、学习等方面的兴趣和信心，甚至令人一蹶不振。其实，每个人应该清楚地认识到失恋并不等于失去人生的价值和意义，要坚信每一个人都是独特的个体，都有自己独特的价值，做到失恋不失志。同时告诉自己，衡量一份感情是否圆满的方法并不一定是走向婚姻，而是自己是否从中学会了如何去爱别人和爱自己。如果这份感情让一个人更了解自己，让一个人学会了如何去爱，这将是自己最大的收获，因为自己获得了如何幸福的能力。

心理小贴士

心灵排毒的 5 个贴士[①]

1. 自我合理宣泄，找人倾诉、痛哭和写日记。
2. 情志转移，把注意力转移到平时感兴趣和喜欢的事上。
3. 自我理性升华，看书，看好电影，接触自己喜欢的人，充实自己的内心世界。
4. 适度让步，退一步海阔天空，给自己心理上的解脱。
5. 自我遗忘，忘记不愉快的事情。

知识延伸

苏格拉底与失恋者的对话[②]

苏（苏格拉底）：孩子，为什么悲伤？

失（失恋者）：我失恋了。

苏：哦，这很正常。如果失恋了没有悲伤，恋爱大概就没有什么味道。可是，年轻人，我怎么发现你对失恋的投入甚至比对恋爱的投入还要倾心呢？

失：到手的葡萄给丢了，这份遗憾，这份失落，您非个中人，怎知其中的酸楚啊！

苏：丢了就是丢了，何不继续向前走去，鲜美的葡萄还有很多。

失：等待，等到海枯石烂，直到她回心转意向我走来。

苏：但这一天也许永远不会到来。你最后会眼睁睁地看着她和另一个人走了。

失：那我就用自杀来表示我的诚心。

---

① 引自 https://mp.weixin.qq.com/s?__biz=MzI4NjAzNjAxNg==&mid=2651014071&idx=4&sn=10e8bfb07d28f282f1d6e67d0e8f46a9&chksm=290643b4f23b8d2dfb35f405322dbe535c217d380a666d107cffd00749966daa66612c860f03&scene=27。

② 引自：https://www.douban.com/group/topic/5162541/?_i=5645231QPjtdQi。

苏：但如果这样，你不但失去了你的恋人，同时还失去了你自己，你会蒙受双倍的损失。

失：踩上她一脚如何？我得不到的别人也别想得到。

苏：可这只能使你离她更远，而你本来是想与她更接近的。

失：您说我该怎么办？我可真的很爱她。

苏：真的很爱？

失：是的。

苏：那你当然希望你所爱的人幸福？

失：那是自然。

苏：如果她认为离开你是一种幸福呢？

失：不会的！她曾经跟我说，只有跟我在一起的时候她才感到幸福！

苏：那是曾经，是过去，可她现在并不这么认为。

失：这就是说，她一直在骗我？

苏：不，她一直对你很忠诚。当她爱你的时候，她和你在一起，现在她不爱你，她就离去了，世界上再没有比这更大的忠诚。如果她不再爱你，却还装得对你很有情谊，甚至跟你结婚和生子，那才是真正的欺骗呢。

失：可我为她所投入的感情不是白白浪费了吗？谁来补偿我？

苏：不，你的感情从来没有浪费，根本不存在补偿的问题，因为在你付出感情的同时，她也对你付出了感情，在你给她快乐的时候，她也给了你快乐。

失：可是，她现在不爱我了，我却还苦苦地爱着她，这多不公平啊！

苏：的确不公平，我是说你对所爱的那个人不公平。本来，爱她是你的权利，但爱不爱你则是她的权利，而你却想在自己行使权利的时候剥夺别人行使权利的自由。这是何等的不公平！

失：可是您看得明明白白，现在痛苦的是我而不是她，是我在为她痛苦。

苏：为她而痛苦？她的日子可能过得很好，不如说是你为自己而痛苦吧。明明是为自己，却还打着别人的旗号。年轻人，德行可不能丢哟。

失：依您的说法，这一切倒成了我的错？

苏：是的，从一开始你就犯了错。如果你能给她带来幸福，她是不会从你的生活中离开的，要知道，没有人会逃避幸福。

失：可她连机会都不给我，您说可恶不可恶？

苏：当然可恶。好在你现在已经摆脱了这个可恶的人，你应该感到高兴，孩子。

失：高兴？怎么可能呢，不管怎么说，我是被人给抛弃了，这总是叫人感到自卑的。

苏：不，年轻人的身上只能有自豪，不可自卑。要记住，被抛弃的并不是就是不好的。

失：此话怎讲？

苏：有一次，我在商店看中一套高贵的西服，可谓爱不释手，营业员问我要不要。你猜我怎么说，我说质地太差，不要！其实，我口袋里没有钱。年轻人，也许你就是这件被遗弃的西服。

失：您真会安慰人，可惜您还是不能把我从失恋的痛苦中引出。

苏：是的，我很遗憾自己没有这个能力。但，可以向你推荐一位有能力的朋友。

失：谁？

苏：时间，时间是人最伟大的导师，我见过无数被失恋折磨得死去活来的人，是时间帮助他们抚平了心灵的创伤，并重新为他们选择了梦中情人，最后他们都享受到了本该属于自己的那份人间快乐。

失：但愿我也有这一天，可我的第一步该从哪里做起呢？

苏：去感谢那个抛弃你的人，为她祝福。

三、提升爱的能力

爱是一种能力，而这能力却不是与生俱来的，是一种可以通过学习和有意识的练习而获得的能力。

每个人都有爱的种子、爱的潜力。对于处在豆蔻年华的大学生来说，谈一场健康的恋爱，是值得终生回忆的事。那如何才能智慧地应对和解决爱情中的问题呢？这就涉及爱的能力。那什么是爱的能力呢？如何提升自己爱的能力呢？

爱的能力是指和他人建立亲密关系的能力。爱的能力包括对爱的感知、认知及接受能力；能够准确地了解、感悟、体会对方对自己爱的表达，并能够很好地回应对方爱的表达的一种能力。

（一）提升表达爱的能力

一个人纵有万种风情而拙于表达，无异于木头一块！爱，不是让自己心安，而是用正确的方式表达自己对对方的关怀，让对方感到安心。

1. 善用言语表达

想说“我爱你”其实不容易，是因为其中蕴涵的意义远比这三个字来得复杂，这意味着一生的承诺。勇敢、大胆地说“我爱你”，实际上是让对方感受爱的过程，这是一种最佳的表达方式。在日常生活中恋人善用语言适时表达自己的关怀和爱意。如在生病时嘘寒问暖；在悲伤痛苦之时，给予安慰；在喜悦欣喜时，一起分享。若不及时表达爱，就会让对方难以捉摸，陷入一种尴尬境地。

2. 善用行动表达

“爱就一个字，我只说一次，你知道我只会用行动表示”。正如这首歌曲所描述的，更多的时候，人们习惯于用行动向对方表明爱意。很多大学生情侣一起学习、一起实验、一起玩乐、参与对方喜欢的各项活动；写表达爱意和想念的纸条、卡片或E-mail给对方等，让对方时时感受到自己的心意。

3. 善用礼物表达

浪漫的鲜花、甜美的糖果、浓情的巧克力、精致的首饰等，这些都是让人能够感受到爱的礼物。当然礼物并非越贵重越好，贵在真诚、符合心意。礼物无论大小，都有浪漫的功效。它们能让对方觉得自己很用心，自己很特别，自己正在为爱情不断努力。

（二）提升接受爱的能力

当期望的爱来到身边时，能够勇敢地接受，是爱的能力的表现。但是现实生活中，很多大学生不善于或者说不知道如何把握，等它悄然溜走时才暗自神伤。

首先，能感知爱的信息。当对方以朋友的名义请吃饭、看电影、出游，你都欣然前往，但是却不曾把这些与爱联系在一起。久而久之，对方没有接收到你爱的信号，以为你不曾有意，对方会把这份爱慢慢消失。因而，同学们要用自己的慧眼去观察和感受爱的信号，并及时给对方以回应。

其次，在心理上做好准备。开始一段恋情之前，要考虑清楚自己是否对对方有感情？是否有足够的信心开始这段恋情？是否有能力面对失恋？若自己只是逢场作戏，或说抱着无所谓的态度，或说不忍心拒绝，那就不应该接受，否则只会让对方受到更大的伤害。

最后，当对方用明确的方式向你表达爱之时，应该愉快地接受对方。有些大学生内心已经完全接受，但为了考验对方，故意躲躲闪闪，多次拒绝。这样可能会扼杀一段恋情，也可能会将心爱的人推到他人身旁。

（三）提升拒绝爱的能力

拒绝爱主要是指对自己不愿或不值得接受的爱加以拒绝。在爱情的世界里，只有爱和不爱。那么当一个自己不喜欢的人向自己表达爱的时候，应该如何拒绝呢？是躲而不见还是见而不睬呢？是直截了当还是含蓄委婉？是装糊涂还是一针见血？在拒绝爱的时候，每个人都需要智慧，需要技巧。

1. 尊重对方

在向对方说明自己的态度时，要注意尊重对方，话要说得婉转一点，切莫恶语伤人后扬长而去。要肯定对方的优点，对对方的爱表示谢意，但要让对方明白彼此不合适。同时要注意，在拒绝了对方之后，切不可肆意告诉他人，对方是多么爱自己，而自己是如何残酷地拒绝他。

2. 明确态度

一般情况下，拒绝他人的求爱要如实说明自己的态度，要清楚表达自己的态度，不能吞吞吐吐、模棱两可，免得对方误解自己的感情而陷入“单相思”之中。经过深思熟虑的斟酌之后，可以告诉对方自己可以接受对方做朋友的程度和以后彼此交往的互动方式。

（四）提升解决爱的冲突能力

刚坠入爱情的恋人是甜蜜的，随着时间的流逝，双方会发现彼此的不完美。很多人会发生争吵，并觉得难以忍受。这时不宜轻率地提出分手，人无完人，恋爱进入了磨合期，要用建设性的方式去解决爱的冲突。

1. 平等有效的沟通

所谓有效的沟通，是通过听、说、读、写等思维的载体，通过对话、讨论、信件等方式准确、恰当地表达感受，以促使双方接受。首先，有效沟通是一种动态的双向行为，恋爱双方都充分表达了对这一问题的看法，才具备有效沟通的意义。其次，真诚是沟通的桥梁。缺乏诚意的交流难免带有偏见和误解，从而导致交流的信息被扭曲。最后，要掌握沟通的方法，通过语言、肢体动作、面部表情的有效结合，真实恰当地表达内心的感受，使对方能够准确无误地理解。

2. 理智地自我控制

在恋人相处过程中，很多时候，都会因为一些小事而发生口角，进而激化矛盾。其实，双方都应学会理智地控制自己的情绪，用开放、坦诚的方式表达自己的需求和关怀，有效化解冲突。

3. 转换角色，换位思考

是指设身处地为对方着想，即想对方之所想，这是理解至上的一种处理人际关系的思考方式。恋爱双方要互相理解和信任，并且适时地学会换位思考，互相宽容和理解，多站在对方的角度上思考，而不是一味地埋怨。

（五）提升爱情保鲜的能力

善于交流，欣赏对方，是爱的重要源泉。要保持爱情的常新，需要智慧、耐力、持之以恒及付出。

1. 欣赏彼此相异特质

爱既要保持自己的独特性，也要尊重对方的独特性；爱只有保持各自与对方的相异之处，两性关系才能激情永存。若男人和女人变得日渐相似，那就肯定失去吸引的力量。但在保持彼此差异的同时，又应逐渐融合彼此的特质。这种相异又相似的矛盾，正是充满激情两性关系必不可少的因素。因为相异，彼此吸引；因为相似，彼此互相融合，并拥有熟悉、沟通、亲密的可能。

2. 适量吃醋与嫉妒

不懂吃醋的恋人，就像拍下去弹不起来的皮球一样令人乏味，适时适量的嫉妒和醋意可以证明自己对他的爱与重视，满足彼此的虚荣。但切不可醋意大发，适时地哄一哄，醋劲就过去了，这样不动声色地让对方感到自己心中只有他。

心理小贴士

五个让浪漫保鲜的好方法[①]

1. 永远忠贞

对另一半永远忠贞。一旦结婚，你就把生命都交付给那个人，无论遇到什么样困难境地，都不要这山望着那山高，因为最好的就在你身边。

2. 给予对方无微不至的照顾

如果你想和另一半白头到老，就施以无微不至的关怀吧。无论是做一顿饭还是过马路时牵着对方的手，或是遇到困难的时候成为一个顶梁柱。

3. 学会包容

每个人都有坏习惯。无论是把毛巾放在地上还是开很大声音听广播，你都需要

① 引自 https://www.sohu.com/a/34610715_188434。

包容对方，意识到人无完人。如果你想要婚姻持久，学着去爱那些坏习惯吧。

4. 学会倾听

婚姻中最重要的就是倾听。随着工作越来越忙碌，人们更愿意花时间看电视而不是倾听对方。听听你爱人每天遇到的麻烦和担忧，帮助他们去解决，使他们更开心。这也会让你与他的距离更近，因为当生活有麻烦时，你才是他的港湾。

5. 别忘了社会和宗教美德

要尊敬、关心、珍惜、爱护和重视你的另一半——想他们怎么对待你，就先学会如何对待他们。

体验活动

说一说身边亲人的爱的语言，看看其中是否有因为懂得双方的爱语而带来的好的相处模式，或因为不懂爱语而造成的冲突或摩擦。

____

____

____

第 18 章 大学生的性心理健康

性健康是人类身心健康的重要组成部分。

——世界卫生组织

案例

我是一名大一男生，19 岁。平时性格比较内向，从小在爸妈的严格教育下，只知道读书，不善于与人交往，更不用说和哪个女孩子特别亲近。到大学后，发现很多女同学都打扮得很漂亮，我很想像其他男生一样，和他们说笑、嬉戏。但是每次当我走近她们的时候，我就面红耳赤，满头大汗，为此我苦闷极了。出于生理的驱动，我有时手淫，想用幻想来满足自己，但事后总感到懊悔和空虚。更可怕的是不久前做了一个梦，梦中居然和同班一个女生发生了性关系。梦醒后我愧疚不已，觉得自己做了坏事。但是不知道为何我总是回味梦里的场景，慢慢地就冒出一个想和那女生一起，想要拥抱她，和她发生性关系的念头。只要一见到那个女生，这种坏念头就出现，可是我心里清楚，这种想法是不道德的，是要犯罪的，但就是克制不住。强烈的罪恶感使我不能安心学习，担心自己要变成性犯罪分子。心理的负荷使我不敢入睡，生怕重温旧梦。我痛苦至极，怎么也摆脱不掉这种念头。

正处于青春期的大学生，随着他们性意识的发展，会自然地萌发性冲动，它不仅限于性器官，也可以遍及整个身体和整个心灵，案例中的大一男生就是最好的体现。在这个阶段，大学生的本能、性激素，以及情感、记忆、想象等都能引起性欲望，出现性幻想、性梦和手淫等都是正常现象。案例中男生后来通过自学性知识，了解了大学生性心理发展特点，并对其存在的困惑进行了心理调适，从而走上了健康幸福的人生道路。性能给大学生带来快乐，也能带来痛苦。因此，不能抑制和歪曲对性的认知，要正确地加以引导，使之有利于大学生的发展和幸福。

一、大学生性心理发展特点

奥地利心理学家弗洛伊德将“性”和“饥饿”称为推动机体生存发展和心理发育的本能力量。性是每个健康人自然的本能欲望和需求，是生理成熟以后的一种正常需要。人的性心理和性行为有一个随年龄增长不断发展变化的过程。大学生的性心理受到父母和学校早期社会化的影响，也受到社会环境中各种性文化资讯和所在群体的影响。与中学阶段、工作阶段相比，大学阶段个人的性心理呈现出明显的特点。

（一）对性知识产生渴求

由于大学生正处于青春期，身体上产生了急剧变化，会对异性产生兴趣、好感和羡慕，但这只是性爱的一种萌动。很多青春期孩子对性知识都不是很了解，因此，他们对性表现出神秘感，受到异性的吸引，伴随着成长，他们的心理产生了变化，性意识也随着逐渐强烈和成熟起来。

（二）对异性产生浓厚兴趣

在性激素作用下，大学生容易产生向往或爱慕异性的心理，这是他们性心理发育成熟的表现，是合情合理的。青春期由于性别不同，性心理也不同。在对异性的感情上，一般男孩子表现的比较明显和强烈，而女孩子则表现得含蓄和深沉；而从内心体验上，男孩子更觉得好奇、喜悦和神秘，而女孩子则会惊慌、羞涩和不知所措；在表达方式上，男孩子一般比较主动，而女孩子则往往采取暗示的方式。

（三）具有性欲望和性冲动

随着生理不断发育，大学生到了一定年龄后产生性欲，即对性感兴趣，这包括爱看言情小说，做有关性内容的梦，出现性幻想和憧憬，性欲强烈时还会发生手淫的自慰现象，这些都是正常现象，也是每个人都必然经历的发育阶段。大学生既不要把性欲望和性冲动看作是思想不健康或低级下流的事，也不能完全由欲望控制自己，突破性道德和性文明的约束，模仿西方的性自由和性解放，而出现感染性病、未婚先孕等不文明的恶果，使自己的身心受到严重伤害。

（四）具有压抑性和文饰性

青春期学生对性具有矛盾性心理，他们既想了解其中的奥秘，又因为多种原因而自动闭锁，这形成了他们表面的文饰性和内心的压抑性的矛盾心理。他们一方面十分重视自己在异性心中的印象和评价，内心对异性感兴趣，而另一方面却又对异性表现得拘谨、羞涩和冷淡，表面上却显得无动于衷、不屑一顾。这种矛盾的心理是他们产生种种心理冲突与苦恼的主要原因。

二、大学生性爱困惑及调适

随着社会的日渐开放，大学生们了解性的渠道日益增多，性这一敏感的话题也成为寝室卧谈的热门话题之一。随着性生理不断成熟，性需求的不断增加，很多大学生存在性困惑。他们的困惑主要来自性知识缺乏、性压抑、性行为失调等。因此，高校教师应关注大学生的性心理问题，帮助他们解决特殊时期的困惑，让他们拥有健康、幸福的人生。

（一）自慰行为及其调适

自慰，指用手抚弄自己的生殖器官满足性欲的自慰行为，也包括不限于生殖器官的自我性刺激。自慰在男女不同年龄阶段皆有，是一种很普遍的现象。通过自慰可以释放内心积聚的性冲动的能量，以缓解性冲动的矛盾。

大学生由于性激素增加，产生了性冲动和性欲望，可能会有自慰行为。在这一时期，只要是适度、有节制的自慰，可以理解为一种合理的解除性紧张的方式。有报道表明，性学家对有自慰行为者和无自慰行为者进行了大量的对比研究后证实，自慰与神经衰弱、躁狂抑郁障碍、精神分裂症、人格障碍、精神发育不全等精神疾病，以及胃十二指肠溃疡、支气管哮喘、原发性高血压、冠心病等身心疾病都无关联。研究还表明，有无自慰现象，与日后的智能、成就、社会适应能力，以及性功能等也无联系。适度的自慰不必担心，但如果过分的话，则会使中枢神经系统处于兴奋状态，致使头脑昏沉，身体疲乏，可能引起失眠，注意力不集中和记忆力减退等不良反应。

1. 辩证看待自慰

引导大学生正确认识人体，正确认识自慰的利弊，消除对性的神秘感。正确对待自慰，既不感觉到害怕、恐惧，又不毫不在乎。及时进行性心理和性生理卫生的教育，使他们掌握有关性的基本知识，排除对自慰有害的错误认识，能够正确地处理性紧张与性冲动。

2. 养成良好习惯

注意生活规律与生活调节，避免穿着太紧衣裤；按时睡眠，睡眠时被褥不要过暖过重，睡眠不宜俯卧；晚餐不宜过饱，不宜食用刺激性饮食，如酒、咖啡、辛辣之品；养成良好的卫生习惯，注意保持外阴清洁，经常清洗，除去污垢的不良刺激。

3. 转移注意力

心理学家认为，当人独处时，心理活动就会朝向自我，活动范围就变得窄小，使自己陷于某一方面不能自拔。所以有过度自慰行为的大学生要争创机会，多与人交流，转移自己的注意力；同时要培养良好的爱好和兴趣，通过丰富多彩的业余生活，健全个性，丰富心理，陶冶情操。

4. 减少不良刺激

大学时期是人生最重要的、最关键的时期，此时的他们好奇心重，思想感情不稳定，自我控制能力差，易受外界影响。所以要注重性知识的学习，提高分析鉴别能力。鼓励男女参加社会活动，减少对异性的敏感。要自觉抵制黄色书刊、淫秽影视，以免诱发性刺激。

（二）婚前性行为及调适

案例

转眼间，小杰（化名）和娜娜（化名）相恋三年了，如今已步入即将分离的大四。虽然三年间两人甜蜜的感情一直为其他同学所艳羡，但是两人的关系始终只限于牵手、吻别而已。眼看即将各奔东西，小杰内心开始蠢蠢欲动，他决定采取行动，让娜娜永远属于自己。

于是，他约娜娜星期天晚上一起共进晚餐，而后一起看电影。娜娜很重视这个约会，特意把自己打扮得美美的。那天晚上，小杰带她到非常高雅的西式餐厅用餐。享受完美食后，他们又相拥看完了电影。而后，小杰提议到附近的湖边散步，娜娜以为和往常一样，想都没想就答应了。

那晚的月亮美好而又宁静，散发着它的永恒诗意。聊着聊着他们情不自禁地拥抱、接吻、抚摸。当小杰去脱娜娜的裙子时，娜娜拼命地拒绝了。若在平时，小杰肯定把手移到别的地方。但在那一晚，他坚决地毅然地做出了这个举动。娜娜在反抗和迷离之间，被小杰牢牢地压在了身下。就这样，这对学生情侣在湖边发生了第一次性行为。

事后，娜娜一个人坐在湖边哭了很久，她想不明白，一场原本浪漫美妙的约会，怎么会演变到这种状况呢？以后该怎么面对小杰？面对他人？

后来娜娜通过心理咨询中心老师的帮助，学会了如何更好地避免婚前性行为的发生，已经发生性行为该如何处置，通过怎样合理的途径来调整自己的心态等，逐渐走出了阴霾，重新变得阳光。

性行为是夫妻之间传播爱的信息的一种手段，是男女双方爱情的升华，是人们满足生理和心理需要，以及繁衍后代需要的必要途径，它为社会制度所认可，为道德和法律所保护。婚前性行为是指没有配偶的男女之间在未履行结婚登记手续的情况下发生的两性关系，是一种违反婚姻与性相统一的法律原则的婚外性行为。大学生一旦把这种行为提前了，那就会带来很多隐患。婚前性行为无论对社会还是个人都是十分有害的，婚前性行为的禁果是苦涩的。

1. 婚前性行为原因

(1) 主观因素：①出于好奇和性体验心理。由于我国对性教育还比较缺乏，许多书籍刊物偏重于性器官、性生活内容的介绍，性心理、性道德等教育比较少，加之公园里、大街上搂腰搭肩，拥抱、接吻的情境时不时映入眼帘。使得很多大学生对性既有一些了解，但又不全面，从而激发了他们的性好奇和体验心理；②期望用性增加感情。两人由初恋进入热恋，感情如胶似漆，有“一日不见如隔三秋”之感。恋爱达到白热化程度，一旦海誓山盟，性行为也随之而来。有些大学生把“性”作为衡量爱情的尺码，认为只有性方能维持爱情、发展爱情。还有些大学生认为，婚前性行为是恋爱的必经之路，一旦发生性行为，可以使爱情升华，以便确定日后关系。这些不全面的性爱观念，使得大学生过早发生性行为。

(2) 客观因素：①婚姻观念的改变和避孕用品的发展，为婚前性行为提供了基础。大学生婚前性观念发生了巨大变化。避孕用品的普遍使用，加上人流手术的完善，使得性行为的负效应大大减少，从而使得大学生对婚前性行为采取宽容态度；②影视文化等传播媒介的过多宣扬，增强了婚前性行为刺激性。有调查显示，网络是青少年获取性知识的第一渠道；③性成熟期与婚龄期存在空白期，增加了婚前性行为可能性。随着生活条件的改善，物质生活的丰富，大学生生理发育期提前到来。而在校生一般不提倡结婚，这就导致身体性需求与法定结婚年龄有长达十多年的空白期。大学生一方面需要渠道释放生理需求，另一方面大龄青年越来越多，催生了性观念的开放。加之我国性教育一度缺失，使得大学生对性理解产生误区，进而误入性歧途。

2. 婚前性行为的危害

(1) 可能被“歧视”：婚前性行为多数是在爱情没有成熟的条件下进行的，时间一长可能会发现对方并不适合自己，交往一段时间后，便分道扬镳。目前，依然有一些男性对有婚前性行为的女性存在偏见。当男方知晓女方有这类问题时，恋爱关系可能被立即中止或使婚姻关系严重恶化。

(2) 影响双方感情：原来恋爱双方相互平等，自由选择的关系被婚前性关系所破坏，男方认为女方再也离不开自己故对其态度随便，任意支配。相反女方则因委身于对方，害怕或担心男方变心，故对其一再迁就容忍，即使男方有较大缺点也不得不将就成婚。有些人更是因怀孕而完婚，并非出于两人的真正爱情，因此婚后可能导致悲剧发生。婚前性行为一旦破坏恋人之间神秘、含蓄、神圣的美感，那两人的关系可能遭到严重的破坏。

(3) 造成心理压力。苏联著名教育学家安东·谢苗诺维奇·马卡连柯（Антон Семёнович Макаренко）指出："少女过早地开始性生活，不仅在身体和精神上留下创伤，还会产生复杂、病态的心理。"大学生发生婚前性行为一般是在一时冲动、失去自控的前提下发生的，没有事先避孕，事后容易处于惶恐、不安、自责悔恨的心理状态中。尤其女生既害怕怀孕，又不敢告诉他人或父母。这种巨大的心理冲突严重的会形成某些性障碍或性变态，给未来美满的婚姻生活带来隐患。同时很多女性因为多次流产造成终身不育，即使今后能生育也易于发生并发症。

3. 婚前性行为避免措施

首先，进行正面教育和正确引导，帮助大学生树立正确的异性观。为了预防和减少发生婚前性行为和未婚先孕现象，对大学生要进行适当的性生理、性心理和性道德的正面性教育。帮助他们充分认识婚前性行为可能存在的危害；对影视文化中接吻、拥抱、性爱镜头等要增强免疫力，培养正确的性审美意识。

其次，家长、学校、社会三方共同参与，形成合力。决不能简单、粗暴地干涉大学生的社会交往，要循循善诱，谆谆教导，让他们不要沉溺于对异性的盲目追求中。一旦发生婚前性行为和未婚先孕时，绝不能责骂、讽刺、歧视，要避免增加她们的精神创伤；要从爱护、帮助和尊重的角度出发，劝导她们吸取教训。

再次，社会应减少各种性污染，还大学生一个洁净的环境。只有全社会动员起来，才能减少和杜绝婚前性行为和未婚先孕的不正常现象，才能使处于青春期的大学生们顺利地度过青春危险期，促进他们身心健康。

知识延伸

多种避孕方式[①]

1. 安全期避孕法

避孕成功率不高，安全期并非绝对安全。

原理：根据排卵规律避免生育期性生活。

方法：月经规律的女性（月经周期28天的女性），在预算的下次月经前14～16天排卵，在此日期前后2～3天不安全，其他日期是安全期。

医生关照：在排卵期，会有轻微腹痛，腹胀，白带透明拉长丝，或极少量出血，性欲比较强的现象，但其他因素也会造成类似的现象，长期使用这种方法很不安全。

2. 外用避孕药

避孕药膏、药膜等，避孕成功率70%～80%。

原理：含杀精子药物的可溶性药膜，减低精子的活性。

方法：在性生活前，将药膜团成一团放入阴道，溶化后可起作用。

① 引自 https://health.baidu.com/m/detail/ar_5848390232804993358。

医生关照：有人每次误将药膜吃掉，有人将膜之间的分隔纸放入阴道，都不能达到避孕效果，还有，膜放置的情况每人不同，避孕效果较差。

3. 男用避孕套

避孕成功率 80%～98%。

原理：避免精子与卵子相遇。

方法：在性交前，由男方套在生殖器上。

医生关照：是年轻人中最普遍使用的方法，最大的优点是丝毫不干扰妇女生理，还可以防止性传播疾病。

4. 液体避孕套

避孕成功率 96% 以上。

原理：该品通过化学杀菌和物理屏障作用，1 分钟内杀灭多种性病病原体和精子，从而起到避孕目的。

用法用量：使用特制推进器。在入睡或房事前 3 分钟，将 4.2 毫升膏液一次性注入阴道内即可，功效持续 8 小时。

医生关照：该品经国家计划生育委员会科学技术研究所检验，1 分钟内 100% 杀死人体精子，期望怀孕的女士禁止使用。并按说明书操作！

5. 宫内节育器

避孕成功率 95% 以上。

原理：防止受精卵在子宫着床。

方法：由医生放入子宫内。

医生关照：环的放置和取出需要一定的操作，放环后可能会有经量增多，经期腹痛，子宫穿孔，或诱发炎症，多用于产后妇女。

必须注意：带环前先到医院检查，有妇科炎症，月经不规律或过多，生殖器肿瘤的女性不宜带环。

6. 口服短效避孕药

避孕成功率 99.9%。

原理：用药物抑制排卵及使子宫内颈膜发生变化。

方法：首次服用应该在经期的第 1～5 天开始，每天 1 片，不要间断，功效从服用之后 14 天开始。

医生关照：在国外青年女性中使用很普遍，但是中国女孩子常常对它有错觉、发胖、起雀斑、影响未来的孩子，其实这些担心没必要，现在的口服避孕药，不仅可以最小幅度的干扰女性生理，而且已经证实对随后的妊娠没有影响，相反却有利于女性皮肤的美观，使皮肤细嫩、减少痤疮。

7. 避孕针

避孕成功率 99.9%。

原理：用药物抑制排卵及使子宫颈膜发生变化。

方法：每月肌内注射一次。

医生关照：减少了每日服用的麻烦，容易引起月经不规律，如果尚未生育最好不用。

8. 皮下埋植药物避孕

避孕成功率 99.9%。

原理：通过血液流动使药物效果缓慢发挥作用，抑制排卵及使子宫颈膜发生变化，药效 2～3 年。

方法：在上臂皮下切一个半厘米的口，扇形插入 2～6 个小棒样的避孕药。

医生关照：这些长效的方法减少了每日服药的麻烦，也不会因漏服而怀孕。但是，相当比例的女性使用会月经不规律，甚至发生严重的紊乱而再次求医，因此，如果几年内打算生育，最好不用。

9. 永久性避孕法

女性结扎输卵管，男性结扎输精管，避孕成功率 99.9%。

原理：防止精子与卵子相遇。

方法：需到医院做手术。

医生关照：最常被误解，其实，产生女性激素的器官是卵巢，发生月经的器官是子宫，性生活的主要器官是外阴，阴道和部分宫颈，这些都没有损伤，只是把运送卵子的输卵管切断或夹闭，伤口范围示不超过 1 厘米。

10. 紧急避孕

要求在无保护性交或避孕失败的性生活后 24 小时内首次使用紧急避孕药，最迟不超过 72 小时。

原理：改变子宫内膜，使孕卵不能着床。

医生关照：紧急避孕不应作为经常使用的避孕手段，因为它不能阻止排卵和受精，此种药物对子宫内膜和内分泌干扰很大，用后往往有不正常出血和闭经。一个月最多使用 1 次，一年不超过 3 次。

三、增强大学生性健康教育的途径

（一）性健康教育原则

1. 启发教育原则

应以正确的人生观、性意识、性行为方式和正确的性道德进行正面启发教育为主的性教育内容。

2. 同步教育原则

性教育是一个社会系统工程，必须做到家庭、学校、社会、舆论协调一致，才能收到良好效果。同时，性教育要与人生观教育、法制教育相互渗透，协调配合，保证性教育的系统性和连续性。

3. 群体普及与个别咨询指导相结合的原则

性教育既要“点”“面”结合，将知识的普及教育和共性问题的防治与个别特殊问题的咨询与解决结合起来；又要防与治相结合，一面做好“预防第一”的宣传，一面积极帮助大众解决实际存在的问题。

（二）性健康教育途径

1. 科学地掌握性知识

通过学习，了解大学生性生理、心理特点，系统地掌握性生理、性心理、性伦理、性美学等知识，正确处理爱情与学业的关系，把握正确的择偶标准，树立起正确的人生价值观，可以有效减少性神秘感，降低性压抑。

2. 培养正确的性行为

随着生理发育不断成熟，性冲动也随之而来，这是人的一种本能。但大学生应充分认识到，性行为还受社会条件的制约，并不是随心所欲的。要充分认识到适度的手淫、性梦等是一种合理的宣泄；但若涉及另一方，那要承担更多的社会责任。每一位大学生都应了解不恰当的性行为会给自己、他人及社会带来严重后果。要加强性道德和性法律意识，用道德和法律来规范自己的性行为。尊重自己、尊重他人，对自己的行为负责。

3. 文明适度的异性交往

文明适度的异性交往，既符合大学生性生理和心理的发展需求，又有利于缓解性压抑，对个体的恋爱婚姻观及成长、成才具有举足轻重的作用。因而，大学生在与异性交往过程中，要注意场合，规范交往行为。尽量减少和异性独处机会，若遇异性骚扰，要勇敢地说不。

4. 进行积极的自我调节

每个人都有性欲，这是正常和健康的。但同时大学生要懂得“性欲是可控的”。要尽量避免网络、电视、黄色书刊的不良影响，克服月经焦虑和遗精恐惧，正确对待手淫、性梦。通过采取一些积极、健康的方式，来转移、取代和控制性冲动，把自己投入到学习、工作、生活中去，不断完善人格，陶冶情操。

本篇小结

对处于豆蔻年华的大学生来说，爱和性就像一块充满魔力的魔法石，深深地吸引着他们。在探索爱和性的道路上，充满着幸福和甜蜜，但也面临着诸多困惑。了解大学生爱情和性的特点、心理，积极采取措施应对困惑，有助于大学生爱情和性心理的健康发展。

【复习与思考】

1. 什么是爱情？大学生恋爱有哪些特点？哪些常见心理？
2. 大学生有哪些常见爱情困惑？应如何调适？
3. 可以从哪些方面提升大学生爱的能力？
4. 大学生的爱情困惑有哪些？可以通过哪些途径来调适？

【自我训练】

失恋助我成长

失恋是我们人生中常见的感情挫折，它给我们带来了悲伤、孤独、郁闷等不良情绪，但却让我们犹如凤凰涅槃后的成长。当不得不面对失恋时，我们该怎么办？

(1) 宣泄失恋的痛苦

当我失去恋人的一刹那，我的心情是怎样的？请用下面的句型模板。

失恋以后，我显得__________________

(2) 分析失恋的原因

之所以失恋了，是因为自身的原因？对方的原因？还是双方的原因？若是自身的原因，我将在哪些方面进行改进；若是对方的原因，那在以后碰到类似的情况我将如何面对？

原因一：__________________

原因二：__________________

原因三：__________________

(3) 放松失恋心情

失恋以后，心情特别糟糕，但是我不会一直都这样。我可以通过很多方式来放飞自己的心情。

方法一：__________________

方法二：__________________

方法三：__________________

(4) 寻找失恋的益处

尽管失恋是痛苦和不幸的，但并不全是坏事，在某种意义上助我成长。请以下面的句型为模板。

经历了失恋，我获得了__________________

【相关量表】

爱情需求配合度测试

下面有一些描述你和恋爱对象之间的句子，请按照你的实际情况，勾选出你的答案。

1. 非常不同意；2. 不同意；3. 无意见；4. 同意；5. 非常同意

项　目	非常不同意	不同意	无意见	同　意	非常同意
1. 我觉得与另一半之间应该无话不谈					
2. 我希望另一半能仔细聆听我的话					
3. 我无法忍受另一半不告诉我她 / 他心中的想法					
4. 我觉得真正的爱情都是从友谊开始的					
5. 我对“完美的爱情”的联想是：两人亲密地促膝夜谈					
6. 我最想做的是另一半的“亲密朋友”					
7. 我觉得与另一半之间在性生活的配合上应该无懈可击					
8. 我希望另一半能满足我的生理性需求					
9. 我无法忍受另一半不在床上对我表现他 / 她的热情					
10. 我觉得没有欢愉的性生活，就不可能有真正的爱情					
11. 我对“完美爱情”的联想是：两人热情地做爱缠绵					
12. 我最想做的是另一半的“性感爱人”					
13. 我觉得与另一半应该白头偕老					
14. 我希望另一半能对我忠心不渝					
15. 我无法忍受另一半用情不专					
16. 我觉得感情一旦缺少了彼此不二的承诺，就不值得追求					
17. 我对“完美爱情”的联想是：两人无悔地相扶相持					
18. 我最想做的是另一半的“忠贞伴侣”					

计分方法：1～6 题代表的是亲密；7～12 题代表的是热情；13～18 题代表的是承诺。计算三个维度的总分，再依分数高低，排出亲密、热情和承诺三者之间的关系，就可以测

试出在自己的情感需求中，情感三元素的排列顺序是怎样的。

【推荐读物与影视作品】

1. 图书《爱的五种语言》

每个人都有爱与被爱的需要，都有一个情绪的爱箱，但不同的人却使用不同的语言来表达和接收爱，以致这个爱箱常常不能被填满。本书作者为盖瑞·查普曼，他发现人们有五种爱的语言：肯定的言词、精心的时刻、接受礼物、服务的行动、身体的接触。两性间许多误解、隔阂和争吵都是由于不了解或忽略对方的主要爱语造成的。当双方主动选择使用对方的主要爱语时，就能很好地发展彼此的亲密关系，并积极地处理冲突和失败。本书将带领我们跨越两性沟通的迷思与阻隔，填满自己和伴侣的爱箱。

2. 图书《活在爱中的秘诀》

本书作者为黄维仁，综合了过去 30 年国际最尖端的临床心理研究，并综合了世界上最优秀的婚姻治疗和培训中最有效的因素，总结出三个“活在爱中的秘诀”：一是刻意地经营爱情。爱情就像是有生命的大树一样，需要两个人有意识地培养、经营；二是有效地处理差异与冲突。关系越近的人越容易产生冲突，回避冲突会导致更大的矛盾，但是有效地处理冲突会使双方的关系更上一层楼；三是发展健全的真我。只有内心健全的人在一起，才能建立健全的亲密关系。要改变两人的关系要先从改变自己开始。

3. 电影《傲慢与偏见》

《傲慢与偏见》改编自简·奥斯汀的同名小说，是一部细腻描绘 19 世纪英国乡村爱情故事的经典之作。影片以伊丽莎白·班纳特与富家子弟达西之间的爱情纠葛为核心，通过展现两人从傲慢与偏见中逐渐成长，最终找到真爱的过程，传递出温暖治愈的力量。

4. 电视剧《性爱自修室》

故事主人公青少年欧帝斯因为母亲是一名性治疗师，因此对性爱很了解。欧帝斯和朋友之间一起在学校地下室成立了性爱治疗诊所，解决同学之间各种各样的问题。全剧不单是在讲性，还讲了和性有关的方方面面，包括家庭亲子关系，自我接纳和取悦，朋友伙伴之间的关系等。

第七篇

直面挑战　拥抱幸福：大学生挫折和压力管理

视频 7　“三步呼吸空间”：正念减压法

案例

小张（化名）是一名品学兼优的大学生，因学习成绩和各方面表现突出，被评为市级三好学生，优秀事迹在学校的展板上展出。

他自幼家境贫寒，父母天生残疾没有工作，主要生活来源就是国家的贫困补助和亲戚的资助。在他8岁那年，父亲因受伤而半身不遂，母亲大多数时间都放在照顾父亲的饮食起居上。因为这样的家庭状况，小张从小就十分懂事，他勤奋学习，并用幼小的肩膀挑起了家庭的重担，他帮助母亲做家务、干农活；他为了赚得上学的费用，从小学到大学，坚持捡卖废品。有些同学看见他每天上下学都提着一个编织袋，常常取笑他是“破烂王”，而他却笑着说：“捡的又不是偷的，有什么难为情的。”

困难与挫折没有压倒小张，反而让他更加珍惜学习机会，成绩年年名列前茅。生活的磨难教给他更多的是爱心和感恩，用实际行动回馈人们的帮助。小张的同班同学遭遇家庭变故，失去生活来源，小张鼓励他克服困难，并帮助他找兼职补贴生活；四川遭遇地震，学校组织大家向灾区献爱心，经济不宽裕的他捐出了50元，相当于他整整一个星期的生活费；暑假，他在村里开办免费兴趣班，让村里的孩子们度过充实、快乐的暑假。

面对困难与挫折，小张用自己的成长展示了坚忍顽强的生命力和独立自尊的人格。

受挫一次，对生活的理解加深一层；失误一次，对人生的醒悟增添一阶；不幸一次，对世间的认识成熟一级；磨难一次，对成功的内涵彻悟一遍。从这个意义上说，一个人要想获得成功和幸福，想过得快乐，他首先要读懂失败、挫折、不幸和痛苦。

俗话说“人生不如意事常十之八九”，随着社会的发展，竞争的加剧，生活节奏的加快，人们每天都面临着各种各样的挫折和压力。有时候，有些人能自信地应对挫折，排解压力，取得成功；而有些人却面对压力一筹莫展，苦苦纠结无法自拔。年轻的大学生们，大家应学会正确看待挫折和压力，从挫折中汲取智慧，从压力中积累能量，更好地健康成长。

学习目标

1. 了解大学生挫折和压力的含义。
2. 了解大学生常见的挫折与压力问题。
3. 正确应对挫折、管理压力，促进个人健康成长。

第 19 章 挫折与压力概述

挫折和不幸，是天才的晋升之阶，信徒的洗礼之水，能人的无价之宝，弱者的无底深渊。

——巴尔扎克

艺术的大道上荆棘丛生，这也是好事，常人望而却步，只有意志坚强的人例外。

——雨果

一、挫折概述

（一）挫折的含义

挫折是指当个体从事有目的的活动时，在环境中遇到障碍或干扰，致使需要和动机不能满足，因而产生焦虑和紧张不安的情绪状态。用通俗的话来说就是“失败”“碰钉子”，是挫败、阻挠、障碍的意思。在心理学上，挫折指一种情绪状态，即个体在从事有目的的活动过程中遇到障碍或干扰，使个人动机不能实现，需要不能满足时，所产生的紧张状态和情绪反应。它包含三方面的内容。

1. 挫折情境

指干扰或阻碍意识行为的情境因素。案例中的小张虽然遭遇挫折情境（贫困），但他在贫困中磨炼意志，贫困不能阻碍他成长、成才，反而造就他成熟的心智和健全的人格。

2. 挫折认知

指个体对挫折情境的态度和评价，它直接决定着个体对挫折情境的反应，是一种主观反应，这种认知和评价的过程存在着很大的个体差异，同样 60 分的成绩，有些同学觉得很满足，而有些同学觉得很沮丧。正如巴尔扎克所说：“世上的事情，永远不是绝对的，结果完全因人而异。苦难对于天才是一块垫脚石，对于能干的人是一笔财富，对于弱者是一个万丈深渊。”

3. 挫折行为

指在挫折认知评价的基础上，引起的情绪和行为反应，如愤怒、焦虑、紧张、攻击、退缩、逃避等。

当挫折情境、挫折认知和挫折反应三者同时存在时，便构成典型的心理挫折。若主体认知不当，即使缺少挫折情境，只要有挫折认知和挫折反应这两个因素，也可以构成心理挫折。

（二）挫折的意义

对于每个人而言，挫折的产生是必然的，也是普遍存在的。挫折就像一把双刃剑，它对个体产生积极或消极的作用。强者看到了它的积极面，勇敢应对，使之成为垫脚石，让人站得更高；弱者却只能看到它的消极面，为之牵绊，一蹶不振。事实证明，人们成就事业，其实就是他们勇于面对挫折、挑战挫折的过程。认识挫折产生的积极作用对大学生应对挫折具有很重要的意义。

1. 挫折是一种磨炼

个体的承受力强，在遭遇挫折后仍能正常地进行社会活动。当一个人历经艰辛，遇到的挫折比较多，那么他对挫折的承受感也随之增强。一次次挫折及其应对措施，日积月累，奠定了他以后面对挫折的策略及心理准备的基础。这种预期可以大大降低挫折对他的影响程度，并提高他对挫折的耐受力。普鲁士最著名的政治家和外交家俾斯麦说过：“对于不折不挠的人来说，没有失败这回事。”西汉苏武为完成使命，留居匈奴十九年持节不屈；孙中山为推翻清朝封建统治，流亡海外十六年；邓小平经历了人生三起三落，才成为社会主义建设的总设计师；屠呦呦领导团队历经了 380 多次失败，才成功提取出青蒿素。他们都把挫折当成一种磨炼，一块垫脚石。

2. 挫折是一种动力

挫折不仅是一种磨炼，更是一种动力。历史上一帆风顺而又有大作为的人是很少见的，真正出类拔萃的人大多历尽艰辛，他们往往因为挫折而激发出强大的自身力量，虽身处逆境，却百折不挠，投入更多的时间和精力，发奋努力，终于实现了自己的愿望，把挫折当成成功路上的一种动力。孔子因失意而著《春秋》；司马迁在宫刑后才著《史记》；屈原在痛苦流放过程中作《离骚》；著名作家歌德因失恋写出了《少年维特之烦恼》这部旷世名著；苏联著名作家奥斯特洛夫斯基也正是经历了战场、恋爱的挫折，才写出了激励无数年轻人的《钢铁是怎样炼成的》。

3. 挫折是一种提升

生活事件的发生、发展虽然带有一定的规律性，却没有现成的剧本可依，充满了未知的因素，挫折的发生也是如此，谁也无法精确预料它如何发生、何时发生。有时它和人们相遇，却对个体影响不大；有时它接踵而来，让人觉得疲惫不堪。无论如何，大学生应当有经受挫折的心理准备，遇到挫折要放平心态，要坦然接受挫折的磨炼，少些抱怨，多些总结和反思，找出不足及时补救，提升自己解决问题的能力。林肯的人生路上曾遭遇贫穷、失业、破产、爱人离世、疾病、竞选失败等多重挫折打击，但他始终没有放弃自我，最终成为美国最伟大的总统之一；爱迪生一生约有 2000 项发明，每一项发明都不是一帆风顺的，他曾深情地说：“我的成功乃是从一路失败中获得的。”钱学森在美国留学并取得卓越成就后希望回国为祖国效力，但却遭到美国政府的监视、软禁和威胁，但最终冲破阻力回到祖国，带领团队攻克一个又一个技术难题，为中国的导弹和航天事业做出了杰出的贡献。每一个人的成功都是在总结了无数次失败经验的基础上取得的。

知识延伸

生命的奇迹

1982年12月4日，一个奇怪的婴儿在澳大利亚出生，他叫尼克·胡哲（Nick Vujicic）。出生时，他天生残疾没有四肢，看到刚出生的儿子，父亲吓了一大跳，甚至忍不住跑到医院产房外呕吐；母亲无法接受这一残酷的事实，直到尼克·胡哲4个月大她才敢抱他。但他们没有放弃对儿子的培养，而是希望他能像普通人一样生活和学习。

一岁半时父亲教他游泳，6岁时，父亲开始教他用两个脚指头打字。后来，父母把尼克·胡哲送进当地一所普通小学就读。尼克·胡哲行动得靠电动轮椅，还有护理人员负责照顾他。母亲还发明了一个特殊塑料装置，可以帮助他拿起笔。

随着年龄的增长，小尼克终于发现自己的“与众不同”。他自卑过、沮丧过，甚至自杀过。但双亲的鼓励让他学会了战胜困难，他也逐渐交到了朋友。

13岁那年，尼克·胡哲看到一篇刊登在报纸上的文章，介绍一名残疾人自强不息，给自己设定完成一系列伟大目标的故事，他深受启发，决定要坚强生活。经过长期训练，残缺的左“脚”成了尼克·胡哲的好帮手，不仅帮助他保持身体平衡，还可以踢球、打字。他要写字或取物时，也是用两个脚趾头夹着笔或其他物体。“我管它叫‘小鸡腿’”尼克·胡哲开玩笑说，“我待在水里时可以漂起来，因为我身体的80%是肺，‘小鸡腿’则像是推进器。”游泳并不是尼克·胡哲唯一的体育运动，他对滑板、足球也很在行，他最喜欢英超比赛。他还能打高尔夫球，击球时，他用下巴和左肩夹紧特制球杆，然后击打。他在美国夏威夷学会了冲浪，甚至掌握了在冲浪板上360度旋转这样的超高难度动作，由于这个动作属首创，他完成旋转的照片还刊登在了《冲浪》杂志封面。他平静地说：“我的重心非常低，所以可以很好地掌握平衡。”

2003年，21岁的尼克·胡哲获得会计与财务规划双学士学位。由于他的勇敢和坚韧，2005年他被授予“年度澳大利亚年轻公民”称号，同年出版励志DVD《生命更大的目标》。2008年至今任国际公益组织“没有四肢的生命（Life Without Limbs）”总裁及首席执行官，2009年出版励志DVD《神采飞扬》，2010年出版自传式励志书籍。

如今的尼克·胡哲已是“成功”的“名人”，在全世界各地巡回演讲。但他的演讲不是为了获得多少名利和物质财富，他在用自己向全世界宣告，无论经历多少挫折，生命都可以如此精彩！“人生最可悲的并非失去四肢，而是没有生存希望及目标！人们经常埋怨什么也做不了，但如果我们只记挂着想拥有或欠缺的东西，而不去珍惜所拥有的，那根本改变不了问题！真正改变命运的，并不是我们的机遇，而是我们的态度”。

上帝给了他残缺的身体，他却还给了世界一个健康的灵魂。于是我们不得不说，尼克·胡哲——一个生命的奇迹。

二、压力概述

（一）压力的含义

心理学上的压力，主要是从物理学中借鉴来的。压力最早是用在工程、力学方面，指的是单位面积所承载的力量。把物理学中的压力借鉴到心理学中来，指的是由某种具有威胁性的刺激，如失业、天灾、贫困等，而引起的生理和心理反应。与压力相关的科学研究最早来自生理心理学家坎农（W. B. Cannon）关于情绪兴奋功能的研究，他认为压力就是当我们的身体面对疼痛、饥饿、恐惧和愤怒等多种来自环境的挑战时，所激发身体的应急响应，即“战或逃反应”。20 世纪 60 年代拉扎勒斯（R. S. Lazarus）从心理学角度对压力进行了解释，即压力是个体经过认知评价察觉环境需求超出个体处理能力时，表现出的伴有心理活动和躯体功能改变的心身紧张状态。

压力的特点包括以下三个方面。

(1) 压力是人类社会生活的一部分，是自然的，不可避免的。

(2) 压力是一个动力过程，在这一过程中，个体的身心积极回应，不断努力来适应和保持体内平衡，但长期持续的压力状态，会导致机体的衰竭。

(3) 压力既可以是有益的，也可能会造成消极影响，关键是看压力的强度、持续的时间和个体的承受能力。

（二）压力的作用

1. 压力的消极作用

偶尔的压力在所难免，无限放大有限的压力却会让人更加痛苦。一般来说，压力是通过早期的预警信号和压力症状开始呈现的，当一个人处于压力之下时，常常会表现出急躁、焦虑、坏脾气、抑郁、注意力不集中、思维混乱、语速过快、双手发抖、胃绞痛、肩部绷紧、腰疼等情绪和行为表现。这些压力症状被视为警告信号，提示个体需要对压力进行管理了。如果个体忽视了这些预警信号，这些压力症状可能会演变为慢性病，如偏头疼、紧张性头痛、胃炎结肠炎、溃疡等。

长期周而复始的压力会给个体带来比较明显的消极作用，如工作或学习效率降低，潜能被埋没，快乐和价值感减弱，事业停滞不前，不关心公众问题，对生活、工作和人际关系满意度降低，不参加娱乐活动，活力衰退等。压力的消极作用不仅仅局限于个体，有时还会影响他人。在家庭中，如果某个家庭成员深受压力的消极作用，往往给家庭带来一系列问题，如家庭氛围紧张、相互间缺少交流、忽视其他成员的情感和生理需要、家庭暴力等。

面对日常学习、生活、工作中的各种压力，大学生应避免压力的消极作用，从中汲取压力的积极作用。

2. 压力的积极作用

压力过大，虽然会带来不良影响，然而压力对人们都是有害的吗？事实上并非如此，成长过程需要经受很多压力，压力就像生命中的甜点心，压力中潜藏着成长的机缘，哪里有压力，哪里就有成长的契机，适度的压力可以促使人们弥补自己的缺失，增加自己的动机与能力，使得个人成长、成熟得更快。此外，一定程度的生理压力能保持人的身心平衡，保证了人体许多器官处于最佳功能状态。压力的积极作用表现在：其一，可以帮助身体在紧急状态下做出迅速、有利的反应，如避免车祸；其二，有助于激发潜能，在压力下有更加出色的表现；其三，有助于突破个人极限，实现个体成长。

如果没有压力，生活将会停滞不前，潜力很难激发，大学生们要保持一种乐观进取的态度与压力博弈，尽情发挥压力的积极作用。

心理万花筒

蝴蝶的启示

一只茧上裂开了一个小口，有人看到蝴蝶艰难地将身体从那个小口中一点点地挣扎出来，几小时过去了，似乎没有任何进展。看样子它似乎已经竭尽全力了。这个人实在看得心疼，决定帮助一下蝴蝶，他拿来一把剪刀，小心翼翼地将茧破开。

蝴蝶很容易地挣脱出来。这个人期待着，看到一只健康美丽而飞翔的蝴蝶。然而，这一刻始终没有出现！

实际上，这只蝴蝶在余下的时间都极其可怜的带着萎缩的身子和瘪塌的翅膀在爬行，它永远也没能飞起来。

这个好心的人并不知道，蝴蝶从茧上的小口挣扎而出，是上天的安排，它要通过这一挤压过程将体液从身体挤压到翅膀，这样它才能在破茧而出后展翅飞翔。

有时候，在我们的生命中需要奋斗乃至挣扎。

如果生命中没有障碍，我们就会很脆弱。我们不会像现在那样强健，我们将永远不能飞翔。

如果生活中的障碍与困难，是我们成长必然经历的过程，那我们应欣然接受，并毫无畏惧地正视它，面对并解决它。

第20章 大学生常见的挫折与压力

> 泾溪石险人兢慎，终岁不闻倾覆人；却是平流无石处，时时闻说有沉沦。
>
> ——杜荀鹤
>
> 人的生命似洪水在奔腾，不遇着岛屿和暗礁，难以激起美丽的浪花。
>
> ——奥斯特洛夫斯基

案例

一个大学生的成长报告

回首四年的大学生活，我想说，大学并不如高中时想象的完美如天堂，在这里我遇到了各种挫折和压力，而积极面对并且克服这些困难，使我的成长之路走得更加精彩。

1. 经济贫困不等于知识贫困

因为家里地处山区，单亲的母亲身患慢性病不能外出赚钱，经济的贫困差点让我失去上大学的机会。拿着亲戚的借款迈入大学时，我对自己说："经济贫困不等于知识贫困，物质贫困不等于精神贫困，今天的贫困不等于明天的贫困。"但是由于生活紧张，除了必要的生活开支，我吃不起零食，买不起漂亮的新衣服，没有多余的钱参加活动，有一段时间甚至变得自卑、敏感起来。为了改善现状，我一方面努力学习，充实知识，取得助学金；另一方面还在课余承担了一些勤工助学的工作，从最初的打扫卫生、做家教、发传单，到后来的申报科研项目、暑期开办辅导班等，努力的过程充满辛劳，但带给我的是丰富的工作经验，生活的改善和自信心的重树。

2. 学习，最擅长又最不擅长

学习了十多年，进入大学后，我却曾经因为学习迷茫无措过。大一刚入学，我奇怪于每节课都在换教室，烦恼于没有固定的自习教室，很多不适应都让我烦躁不安。课程绝大多数都是以前没有接触过的，每个老师的教学又各有特点，有很长一段时间，我和同学们都在适应课程特点，摸索学习的新方法。幸运的是，学长们无私的经验传授让我们找到了方向，渐渐地融入正常的大学节奏中来。为了适应各个阶段的新课程，比如实验、实践等，我都会对学习方法做一些调整。现在看来，一直被我认为最擅长的学习，在面对新问题时，也需要不断调整才能适应新的环境，否则不知道要多走多少弯路。

3. 友爱室友是笔财富

大学四年，我最要好的朋友就是寝室的三朵金花，虽然我们来自不同地方，背景不同，但是善良和宽容让我们互相理解和包容。由于我家庭贫困，有段时间自卑孤僻，但很幸运地得到了她们的关注，她们鼓励我一起报名参加学校的社团活动，通过活动，我与大家的交流多了，取得成绩后，人也逐渐变得开朗自信。四年来，我们从开始的青涩、小矛盾不断，到后来的互相欣赏、学习彼此的长处，包容他人的缺点，改正自己的问题，渐渐成熟起来。每当有人遭遇困难挫折，除了家人老师，我们就会成为彼此的倾诉对象，用爱温暖彼此，一起扶持度过。就是这样友爱的寝室让只身在外的我有了家的感觉，这段友谊也成为我人生的一笔宝贵财富。

4. 挫折求职终圆满

求职是每个人大学生活的最终考验，我也希望能给自己的大学生活画上一个圆满的句号。当我满心期待地迎来第一次面试时，却忘带了重要材料，错失良机，懊悔不已。求职的那段时间里，我已经记不清投了多少份网上简历，跑了多少个招聘会，有时跑了半天却又找不到合适的岗位，身心俱疲；有时通过了几轮面试，胜利在望，却在最后惨遭淘汰。面对失败，我沮丧过，低落过，但是看到家人信任的眼神，听到朋友鼓励的话语，凭借不服输的劲头，我稍作休息便又重振精神，积极面对。我总结经验，不断完善简历，突出自己的优势，调整自己的目标和期望，终于找到一份比较满意的工作，为大学生涯画上圆满的句号。

这就是我的大学成长报告，期间无论经历多少困难挫折，面对多少压力，总有正能量为我指引，总有家人、老师和同学给予帮助，总有办法跨过生活的坎，总有时间证明我可以。

大学生活其实就是一连串面对困难并且战胜困难的过程。案例中的这位大学生从进入大学到毕业求职，无论学习、生活都遇到了很多挫折和压力。成长报告中显示，她虽然在家庭贫困、学习适应、人际交往、求职就业这四个方面遭遇困难，但都能够积极应对，通过自身努力改善经济条件，及时调整学习方法，不断适应新环境，建立良好的寝室人际关系，积极应对就业困难，实现了自身的成长成才。她所列出的挫折与压力具有普遍性，当代大学生所面临的挫折与压力也主要来自于家庭贫困问题、学习问题、人际关系问题、求职择业问题和情感问题等方面。

一、大学生挫折与压力的来源

（一）贫困问题

家庭经济条件困难，对于尚未能自食其力的大学生而言可能会造成一定的心理影响。它通常表现为内向、自卑、自闭、偏激、易愤世嫉俗等心理，对周边的评价过于敏感，易引发挫折感，产生心理压力。但大学生要深知，英雄不问出处，很多成功人士都出身贫寒，历史上家境贫困，乐观向上的故事更是不胜枚举。况且今日的贫困并不代表明日的贫困，经济贫困并不等于人格贫困，物质贫困并不代表才学的匮乏。如前文案例中的大学生，积极面对家庭经济困难的问题，保持乐观，依靠自己的力量改善条件，在她的成长路上走出了精彩。

（二）学习问题

学习是大学生的主要任务，大学生生活中的绝大多数时间都在学习，从新生的学习适应问题，到学业步入正轨后的学习竞争压力，学习生活上考试焦虑、挂科、对所学专业无兴趣、课业负担重的压力，再到毕业前的就业、升学压力等，大学的不同阶段都会面临不同的学习压力。另外，父母、老师的过高期望也会增加大学生的压力。

（三）人际关系问题

人需要友情，人需要交际互动，摩擦和冲突是日常生活、学习及工作中常见的现象。大学生在寝室、班级、社团、实习单位等环境中，应该保持清醒的头脑，避免与人发生摩擦和冲突，如果不可避免，就要考虑采取适当的措施进行化解，以免因人际关系处理不当而加重矛盾，导致双方都产生不愉快的挫折感受。例如，有些同学因生活习惯不同而产生矛盾，若不妥善解决，可能使负性情绪累积，从而影响寝室和睦；有些同学与他人缺少沟通交流，有问题不能得到及时改善和解决，从而出现人际关系紧张，产生孤独感。

心理小贴士

友谊如同一朵小花，必须靠双方小心培育。

朋友间误会应当坦率地交流看法，不可背地诽谤；有过失应当面劝之，在背后则应赞扬他人的优点。

当你的朋友向你倾吐胸臆的时候，你不要怕说出心中的“否”，也不要瞒住你心中的“可”。当他安静的时候，你仍要用心倾听他的心声；因为在友谊里，不用言语，一切的思想，一切的愿望，一切的希冀，都在无声的喜悦中发生而共享了。

友情在我过去的生活里就像一盏明灯，照彻我的灵魂，使我的生命有了光彩。

友谊是一种温静与沉着的爱，为理智所引导，习惯所结成，从长久的认识与共同的契合中产生，没有嫉妒，也没有恐惧。

（四）求职择业问题

当前形势下，就业竞争激烈：竞争择业，竞争上岗，适者生存，不适者淘汰。大学生求职择业难免会遇到挫折和艰辛。如有些同学找不到工作或找到的工作不理想，原定的就业计划因各种原因无法实现，比自己学习差的同学找到比自己好的工作，片面纠结于就业中的某些不公平现象，都会使自身产生挫折感。

（五）情感问题

大学生青春年少，处于性觉醒期，对爱情充满了憧憬，但在品尝爱情的甜蜜时，也会遭遇情感的苦恼。大学校园里的爱情不确定因素较多，大学生的爱情价值观还不成熟，他们渴望爱情，却不知道自己需要什么样的爱情。很多人盲目恋爱、从众恋爱，因情感引发的问题很多。如有些大学生把爱情想象得很美好，缺乏心理准备，一旦出现问题，则可能产生压力和挫败感。

心理小贴士

作为一个人，要是不经历过人世上的悲欢离合，不跟生活打过交手仗，就不可能懂得人生的意义。

最精美的宝石，受匠人琢磨的时间最长。最贵重的雕刻，受凿的打击最多。

困难和挫折可以把人吓倒，使人唉声叹气，退缩不前；也可以使人精神振奋，经受磨炼，增长才干，增强意志。只有那些面对困难和挫折毫无惧色的人，才能到达成功的顶峰。

真正的人生，只有在经过艰苦卓绝的斗争之后才能实现。

生活就像海洋，只有意志坚强的人，才能到达彼岸。

生活的理想，就是为了理想的生活。

不管人生的得与失，总要让自己的生命充满亮丽与光彩照人，不再为过去掉泪，努力活出自己的生命！

二、认识挫折和压力的信号

在日趋激烈的竞争环境下，大学生面临越来越多的挑战和困难。影响大学生挫折和压力的因素至少有两个方面：一是个体因素，面对同样的问题，个体间因素质、个性、经验储备不同，对挫折和压力的感受也会不同。二是外部环境因素，包括宏观环境和微观环境。宏观环境主要指国内外的政治、经济、教育、文化、就业形势等；微观环境是指大学生学习、生活、活动的环境，主要包括校园环境、生活氛围、学习氛围、人际关系氛围等方面。在这些因素的综合影响下，大学生常见的挫折和压力具有明显的区域性、阶段性、专业性等特点。

知识延伸

压力的三个问题

Q1：“每个人的自我觉知水平存在差异，有时候自己对压力的评估不是很准确，那么如何确定自己的压力是适中还是过大呢？”

A：当自我感觉不到压力的程度时，可以借助外在观察来发现，关键是注意自身的压力信号。当然这些信号并不一定是有害的或危险的。你可以把它们看成一种征兆，它表明你没有发挥或已经超越了自己能力的极限。但是，如果这些信号不断地或经常地出现，那就不是什么好兆头了，这时就需要认真地对待这些信号。压力信号主要分为两种：预警信号和警报信号（表20–1）。预警信号可以看成是一种征兆，预示着自己没有发挥或已经超出了自己的能力极限了。但警报信号则表明你必须要认真对待这些信号，并注意调节自己的生活状态，因为你的身体已经要出问题了。

表 20-1 预警信号和警报信号

类别	预警信号	警报信号
情感方面	不满，急躁，没有安全感，有敌对情绪，无精打采，缺少动力，激动，易怒，忧虑，神经过敏，产生虚的感觉，觉得自己很失败，对未来感到焦虑	情绪不稳定，沮丧，冷漠，焦虑，偏执，筋疲力尽，经常感到绝望，迷失自我，没有自信，空虚
生理方面	心悸，胸部疼痛，眩晕，出汗，体重下降 / 增加，气短，尿频，头痛，腹泻，消化不良，出虚汗，胃肠道疼痛，失眠或睡得太久，烦乱，紧张，头痛，背痛，四肢僵硬，发抖，抽搐，肌肉疼痛，颈肩僵硬，疲劳	长期高血压，心脏病，胃溃疡，长期感到疲劳，体重迅速下降 / 增加
智力方面	易走神，注意力不集中，健忘，缺乏灵感，白日梦，缺乏抽象思维能力，缺乏综合思维能力，不停地担忧，犹豫不决	迷乱，判断错误，患上强迫观念症，丧失做决定的能力
行为方面	无法发挥自己的全部能力，易冲动，拘谨，不合群，抽烟，喝酒，暴饮暴食，使用镇静剂，服用安眠药	酗酒，旷课，有危险的行为，服用兴奋剂，长期愤世嫉俗，偷窃

有时这些信号本身也会成为一种问题。尽管它们是因为压力而产生的，但它们也可能增加或导致新的压力。那样就会陷入一个恶性循环：由压力造成的这些征兆反过来产生了更大的压力。比如，你由于压力而变得暴躁不安，这可能会引起别人的反感，从而给你造成更大的心理压力。

Q2："从小到大我遇到压力时都是自己面对的，也没觉得有什么问题，那为什么还要向他人倾诉呢？"

A：管理压力要遵循的基本原则之一就是绝不独自焦虑。要跟你信任的人交谈。因为倾诉有助于增加你的控制感，它会使你明白自己并不孤单，你正在与他人分担压力。倾诉对象会安慰鼓励你说："一切都很好或问题一定会解决"等，这样就能够使你的大脑得到放松。他们还能够帮助你对目前的情况进行反思，获得客观的认识。当你受到重压的时候，你往往会夸大情况，在脑海中把它想象得很糟糕。而倾诉对象能够提供不同的观点，帮助你从不同的角度来看待目前的情况。因此，如果感受到压力较大或自己无法解决时，一定要求助他人或寻求专业心理咨询师的帮助。

Q3："经常听人说，深呼吸可以达到放松、舒缓压力的效果，为什么？"

A：深呼吸可以起到几个方面的作用。首先，深呼吸这一动作本身就有助于放松：它使心率和呼吸频率放慢。其次，精神集中在呼吸上可以使你的大脑脱离问题，将注意力转移到身体上。此外，许多人在受到压力时都会屏住呼吸，而深呼吸能促使他们把更多的氧气带到循环系统。

第21章 大学生的挫折应对与压力管理

在人生的大风浪中，我们常常学船长的样，在狂风暴雨下把笨重的货物扔掉，以减轻船的重量。

——巴尔扎克

刀在石上磨，刀越来越快，石越来越薄。

——茅盾

案例

张某是一名大二的学生，专业是市场营销。进入大学后，他加入了学生会，并积极参与各类活动，同时保持着良好的学业成绩。然而，随着大二课程的深入，他发现自己越来越难以平衡学业和课外活动。他不仅要完成繁重的课业，还要为学生会策划和组织各种活动。

有一段时间，张某为了赶论文和准备活动，连续几天熬夜，导致他身心俱疲。最终，他的成绩开始下滑，学生会的活动也因为精力不足而出现了失误。这使他感到深深的挫败感，开始质疑自己的能力和选择。

分析：张某的案例反映了大学生在追求全面发展时可能遇到的压力和挫折。他试图在学业和课外活动之间找到平衡，但过度投入导致他无法承受。这启示我们，在追求目标时，要合理规划时间，确保身心健康。

此外，张某的挫败感也提醒我们，面对压力时，要学会调整心态，接受自己的不足，并寻求帮助。通过调整学习和活动计划，或者与导师、同学交流，他或许能找到更适合自己的发展道路。

大学生面对挫折与压力，常如秋叶遇霜，初感寒凉，继而坚韧。有人选择蜷缩一隅，任愁绪蔓延；而智者则迎难而上，以书为舟，以梦为帆。每一次挑战都是成长的契机，每一次挫败都是成功的铺垫。调整心态，积极应对，或求教于师长，或共勉于同窗，于逆境中绽放光芒才是王道。挫折与压力，不再是前行的绊脚石，而是铸就坚韧灵魂的磨刀石，大学生应该在风雨中更加挺拔，向着光明与梦想，砥砺前行。

一、大学生面对挫折和压力时的反应

人们面对挫折和压力有着不同的反应，有的表现为情绪反应激烈，有的表现为行为冲动，有的则不明显。一般来讲，人们对挫折和压力的反应包括以下几方面。

（一）生理反应

当压力对个体构成威胁时，或个体遭受挫折以后，机体内部的自我调节机制将会最大限度地调动机体的潜在能量，以有效地应付外界环境的变化。比如，受挫后交感神经系统的兴奋性会增强，消耗大量的能量，于是神经末梢释放生物信息，刺激心肌使其收缩力增强，以促进血液循环加快，血压升高；刺激呼吸加快，以保证氧气供应；刺激各种激素分泌增加，促进蛋白质、脂肪、糖原分解。

体内潜能大量消耗的同时，机体内部那些与情绪反应无直接联系的器官或系统则得不到必要的能量，从而不能维持正常功能，如消化道蠕动减慢、胃肠道消化液分泌减少等。如果长期处于挫折情境而得不到缓解，上述生理变化将会进一步增强，从而引起身心病变，出现皮肤和面色苍白、四肢发冷、心悸、气急、腹胀、尿少等一系列症状。

（二）心理反应

挫折及压力情境中的心理反应主要包括情绪性反应。情绪性反应是指人们在受到挫折或压力时伴随着强烈的紧张、愤怒、焦虑等情绪反应，压力的情绪性反应多为消极性反应，主要表现为愤怒、焦虑、冷漠、压抑等。

（三）认知反应

压力会引起人们心理的痛苦，会引起一些认知反应，如注意力分散、认知功能受损，以及强迫的、反复的或病态的观念和思维。

（四）行为反应

人在挫折情境下除了有情绪反应之外，还会伴随着某种行为反应。行为反应可以是积极的，也可以是消极的。人们的消极行为反应各不相同，如退化、幻想、逃避、固执、攻击，以及自我伤害等。与之相反，积极反应是指人们在面对压力、受到挫折后，采取积极进取的态度，在理智的控制下所做出的反应。积极反应表现为及时调整，保持冷静，面对现实，审时度势，采取积极的态度和方式对待挫折与压力。

心理万花筒

你选择像什么

放三碗水在火上烧，第一个碗里放入胡萝卜，第二个碗里放入鸡蛋，第三个碗里放入咖啡粉，煮 15 分钟，将里面的材料取出。胡萝卜本来是硬的，但现在变软了；鸡蛋里面本来是软的，但现在变硬了；咖啡粉不见了，但是水变了颜色而且有香醇的味道。胡萝卜、鸡蛋和咖啡粉的启示：从面对挫折的角度考虑，把开水比做挫折，比较三样东西水煮前后的性质变化。

你可以像胡萝卜，原来是健康强壮的心态，面对挫折后变得软弱、自卑。

你可以像鸡蛋，原来是内心善良、敏感的人，面对挫折后变得麻木、冷漠。

你可以像咖啡粉，碰到挫折时，能够坦然面对挫折，积极应对挫折的人。

你选择像什么？

二、挫折应对方法

挫折是人生的必修课，没有人能够躲开它，既然必须面对挫折，与其痛苦不堪地面对，不如面带微笑，拥抱挫折，抛却烦恼。

（一）珍视挫折，拥抱挫折

一只鸡蛋落在地上，它悲伤地哭道：“我完了，我这只倒霉的蛋。”接着就粉身碎骨，壮烈“牺牲”了。一块石头落在地上，它愤怒地大叫：“谁敢跟我作对？你硬，我比你更硬！”它把地面砸了个坑，但它也永远待在那个坑里出不来了，它气急败坏，但又无能为力。一个皮球从空中落到地上，它轻快地换了一个姿势，在地上打了个滚，又蹦蹦跳跳地走了。鸡蛋、石头和皮球的遭遇，反映了生活中人们对挫折的不同态度。有的人遇到挫折，像鸡蛋一样一败涂地，再也站不起来了；有的人遇到了挫折，像石头一样暴跳如雷，继续以硬碰硬，朝着错误的方向越走越远；有的人遇到挫折，像皮球一样轻轻一笑，改变一个方向，又上路了。

人们常常觉得应对挫折是一件困难的事情，其实真正的困难在于自己的心态。如果一个人内心抗拒挫折，拒绝面对挫折和接受挫折，那么挫折将会给他带来更大的痛苦，这种回避心理比挫折本身更可怕。反之，如果个体给挫折一个真诚的拥抱，挫折反而会给予个体力量。因此，需要培养自己的挫折承受力，并积累一定的挫折经验。就如同注射疫苗可以预防疾病一样，生活中的沟沟坎坎同样可以提升个体对挫折的防御能力。这样，在大风大浪袭来的时候，才不会惊慌失措。大学生在碰到挫折的时候，不要躲避，也不要当旁观者，而是勇敢地站出来承担责任，主动经历一些磨炼，学会处理各种各样的难题。假如一个人一路走来已经“身经百战”，那么再碰上挫折也就会从容处之。因此，大学生们要调整好自己的心态，学会“珍视”挫折。

（二）理性分析，合理归因

理性分析挫折原因，归因时要遵循“三要与三不要”原则。

1. 要客观分析影响成败的原因，不要主观臆测。
2. 要先从自己内部找原因，激发自我责任感，不要一味埋怨外部环境。
3. 要尽量找自己可以改变的因素，不要过多归因于不可改变或太难改变的因素。

（三）改善情境，调节目标

挫折情境是挫折的来源之一。挫折发生以后，个体应认真分析挫折的来源。如果引起挫折的原因是外界因素，他应通过各种努力，设法去改变、克服或创造外界环境。如果面对的是不可抗力的因素或无法挽回的局面，个体应以一种豁达、超然的态度去对待挫折。正如尼克·胡哲的天生残疾，他便坦然接受不能改变的现实，克服重重困难坚强生活，并且收获成功。

目标的设定是挫折的来源之二。设定的目标高，则抱负水平高；设定的目标低，则抱负水平低。如果个体的抱负水平高，他对自己的要求也高，学习、工作的动机较高，但是一旦失败，也就容易给他带来严重的挫折感；如果个体的抱负水平低，他对自己的要求也低，做事容易缺乏积极性和主动性，学习、工作的动机也较低，即使成功后也不会有很强的自豪感。因此，大学生在制订目标计划时，应分解成长期、中期、近期和当前的各种子目标。子目标的排列要由易到难，由简到繁，形成一个层层升高、步步逼近的目标体系。这种经过努力而实现的一个个具体目标，会使人享受到接连获得成功的喜悦，进而产生更大的心理动力，去实现下一个具有更大吸引力的新目标。

（四）寻求支持，学会求助

社会支持可以缓解个体的心理压力。一方面，它可以减轻个体对压力事件严重性的感知，减少负性情绪，降低压力事件对个体身心健康的危害性；另一方面，它又可以提供应对压力的策略，减轻压力和挫折的危害性。大学生的社会支持主要有三方面。

1. 老师和父母。他们的人生经历一般比较多，积累了丰富的生活经验，能帮助大学生客观冷静地分析问题。经过深思熟虑之后，他们往往能够提出周全的解决问题的办法。

2. 同学、朋友。他们跟大学生年龄相仿，对很多问题都有类似的体验和感受，遭遇的挫折可以向他们说说，或许他们可以提供一些好的建议，即使不能提供好的建议，也可以通过倾诉宣泄不良的情绪。

3. 心理咨询机构。专业的心理咨询机构的老师，一般都有较好的专业知识，能理解大学生的心理压力，可以指导大学生更好地处理成长过程中遇到的各种问题。

（五）合理运用挫折防御机制

当个体遇到挫折时，会有意无意地寻求摆脱由挫折产生的心理压力的方法，以减轻精神痛苦，恢复正常情绪和平衡心理，自我调节及自我保护的方式，被称为挫折防御机制。挫折防御方式是多种多样的，常见的有升华、补偿、认同、抵消、幽默、文饰（合理化）、压抑、投射、反向、幻想、否定、退化、移位等。不同的应对方式对个体的心理作用是不同的。

1. 积极的挫折防御机制

(1) 升华：升华是指一个人在受到挫折后，将自己不为社会所认同的动机或需要转变为符合社会要求的动机或需要，或将自己的情感和精力转移到有益的活动中去，使低层次的行为上升为高层次的需要和行为，从而将不良情绪和不为社会所允许的动机导向比较崇高的方面，以保持情绪稳定和心理平衡。升华是最具积极性和建设性的心理防御机制，历史上很多著名的科学家、艺术家和领袖人物的成就，都是通过对挫折的升华取得的。

(2) 补偿：补偿是指一个人在实现目标过程中受到挫折，或由于自身的某种缺陷而达不到既定目标时，以其他可能达到成功的活动或特长来代替，通过新的满足来弥补原有的欲望得不到满足和原有目标无法实现所带来的痛苦。例如，有些大学生学习成绩平平，但他的社会活动能力和组织协调能力却很强，在各种学生活动中可以获得心理上的平衡和满足感。

(3) 认同：认同是指一个人在受到挫折后，效仿他人获得成功的经验和方法，使自己的思想、目标和言行更适应环境的要求，具体表现为把别人的突出品质加在自己身上，或者将自己与所崇拜的人视为一体，以提高自己的信心、声望、地位，从而减轻挫折感。例如，一位艺术系学生留了胡子，是因为他十分崇拜一名画家，而该画家就以个性十足的胡子为特征，此学生以留胡子的方式向该画家表示认同。

(4) 抵消：抵消是指一个人以某种象征性的活动或事情来抵消已经发生的不愉快的事情，以此取代心理上的不舒服。例如，工作繁忙而无暇陪孩子的父母，往往为孩子提供最好的物质来消除自己心中愧疚感，以此表达他们对孩子的爱，证明他们是照顾孩子的。

(5) 幽默：幽默是指当一个人受到挫折后，处境困难，用幽默的方式来化解困境，以维持自己的心理平衡。幽默可以使人在欢声笑语中化忧愁为欢乐，变尴尬为从容，最终使沉痛的心情变得开朗、豁达和轻松。医学专家认为幽默是一种健康机制，是美容心理的良方。幽默的最高境界就是自嘲，变烦恼为欢笑，化恐惧为力量。

2. 中性的挫折防御机制

(1) 文饰：文饰也称合理化，是指当一个人的行为未达到目标或不符合社会规范时，为了减少或免除因挫折而产生的焦虑和痛苦，寻找种种理由或值得原谅的借口替自己辩护。文饰作用是人们在日常生活中使用最多的一种挫折防御机制，通常的表现方式是“找借口”“酸葡萄心理”“甜柠檬心理”。

(2) 压抑：压抑是指一个人在受到挫折后，把意识所不能接受的、使人感到困扰或痛苦的思想、欲望或体验压抑到潜意识中，不再想起，不去回忆，主动遗忘，以保持内心的安宁，使自己避免痛苦。如失恋的人会不断强迫自己忘记过去。

(3) 投射：投射是指一个人把自己的不当行为、失误或内心存在的不良动机和思想观念、欲望转移到别人身上，说别人也是如此，以此来减轻自己的内疚和焦虑，逃避心理上的不安。如考试作弊的学生认为成绩好的学生也作弊，且比自己有过之而无不及。

(4) 反向：反向是指一个人为了防止自认为不好的动机外露，采取与动机方向相反的行为表现出来。如自卑的人处处夸耀自己的优点。

3. 消极的挫折防御机制

(1) 幻想：幻想是指当一个人的动机或欲望受到阻碍、无法实现时，以想象的方式使自己从现实中脱离出来，在空想中获得内心动机或欲望的满足。如备受欺负的女孩幻想王子来相救。

(2) 否定：否定是一个人对已发生的令人痛苦的事实加以“否定”，认为它根本没有发生过，以减轻或逃避心理上的痛苦。如医生告诉某人患了重病，他马上想到医生一定搞错了。

(3) 退化：退化是指一个人在受到挫折后，采取倒退到童年或低于现实水平的行为来取得别人的同情和关怀，从而避免紧张和焦虑。如某位大学生的钱包被偷，坐在地上号啕大哭。

(4) 移位：移位是指一个人将在一种情境下是危险的情感或行为，不自觉地转移到另一种较为安全的情境下释放出来。如在活动中受到学长批评，心中恼怒又不敢对学长发作出来，于是回到寝室冲着室友发火。

在上述各种挫折防御机制中，升华是最具有积极性和建设性的挫折防御机制，补偿、认同、抵消、幽默等挫折防御机制在很大程度上也具有积极作用。文饰等具有掩饰性，压抑、幻想、否定、退化等具有逃避性，移位、投射等具有攻击性，在某种程度上都不利于提高人们对挫折的适应能力。因此，挫折防御机制虽然在一定程度上能够帮助人们提高和保持个人自尊，躲避或减轻焦虑情绪，缓解心理压力，但如果挫折防御机制使用过度或使用不当，不仅无法减轻紧张和焦虑的程度，反而可能破坏心理活动的平衡，减弱个人的社会适应能力，甚至还可能造成心理异常和行为偏差。

（六）培养意志力

意志力的培养对于大学生非常重要，每一位大学生的成长都会经历挫折，如体育专业学生即使伤病仍然坚持刻苦训练，理工科学生试验屡次失败仍坚持不懈等，只有顽强的意志力的人才能让人勇敢面对挫折。

在遇到挫折时，意志力强的人不仅有较强的挫折适应能力，而且能将挫折转化为促进目标实现的动力，进一步增强获取成功的信心。意志力强的人能够自觉地控制和调节自己的心理和行为，面对现实，找出失败的原因，施展所有的本领来对付困难，善始善终地将计划执行到底，直到目标实现。而意志薄弱的人往往缺少信心和主见，自我控制和约束能力较差，在遇到挫折时，容易改变行为的方向，容易回避现实，采取消极的应对方式，其结果不仅严重影响既定目标的实现，同时还降低了自信心，减弱了挫折的承受能力和适应能力，甚至出现意志消沉和精神障碍。有兴趣的同学可以通过意志力测试题，大致了解自身的意志力情况。

知识延伸

逆商与逆境

逆商（adversity quotient，AQ）由美国心理学家保罗·史托兹（Paul G. Stoltz）于1997年提出，指一个人面对困境的态度和超越困境的能力。他认为人生就像登山一样，必须一步一个脚印，不断攀登，才能达到目的地。为什么有的人能继续坚持，而有的人中途退缩？为什么有许多天赋很高、智商优异的人却没有发挥他们的潜能？为什么有的企业家能克服深不可测的逆境，其他人却轻易放弃？为什么有些人遭到挫折能采取积极行动重塑自己，而有些人却陷入愤怒和沮丧之中？为什么有些企业在竞争环境下脱颖而出，其他的却不堪一击？史托兹在《逆境商数》中这样定义成功：人在追寻一生的目标时，克服所有障碍或其他各种形式的逆境，向前、向上移动的程度。构成逆商的因素包括控制（control，C）：我对挫折有多大的控制力？起因（origin，Or）：挫折的起因是什么人或事？责任（ownership，Ow）：我对挫折应负多大责任？影响（reach，R）：挫折对我的生活会有多大影响？持续（endurance，E）：挫折会持续多久？

逆商高的人会始终以乐观、积极、进取的态度来面对生活中的种种压力与挫折，并努力将逆境作为个人学习与成长的挑战与契机，即使面对似乎无法超越的困境，却能坚持，在别人都被持续困难打倒之际，却能一再站起，把每个困难看作挑战，认为每种挑战都充满机遇，在人生的旅途上乐于接受变化，一往直前，直至达到目标。而逆商低的人则通常以消极、悲观的态度面对生活中的压力与挫折，不能够也不善于从逆境中获取自身成长的养分，他们在面对逆境时，还未发挥潜力便半途而废（图21-1）。

逆商的概念虽不如情商使用得广，但可以帮助大家更好地理解挫折与压力对于成长和成功的价值。

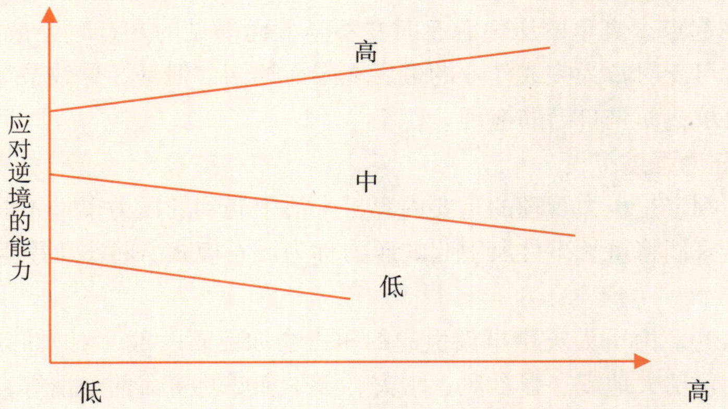

图 21-1　逆商是应对逆境的决定因素

体验活动

扔掉你的抱怨

几乎每个人都渴望自我实现，然而大多又厌恶随之而来的痛苦和困难。在自我实现的过程中，困难和痛苦是必经的，因为如果一刀切都很容易，那通常表明你还待在舒适区，没有新的学习，而有困难则通常说明我们在不断拓展，不断学习新的东西。

面对这些困难和痛苦时，你通常是花时间抱怨，还是立即行动、解决困难呢？是时候扔掉你的抱怨了！

1. 活动准备

准备一张纸和一个写有“过去”字样的纸盒子。请在 2 分钟内列出自己的抱怨清单。

2. 思考与分享

(1) 看看自己的抱怨清单，你有哪些感受？

(2) 把自己的抱怨读给同学听，你又有什么不同的感受？

(3) 当你抱怨的时候，你的心情和接下来的生活会受到哪些影响？

(4) 这些抱怨的内容有哪些是可以改变的，哪些是不可以改变的？你打算怎样面对？

3.“扔掉抱怨”仪式

请把自己的抱怨清单放到准备好的纸盒子里，并与它告别。

三、压力管理方法

（一）识别压力源

压力源，也被称为应激源或应激事件，是指那些能够引起个体高度紧张的刺激事件。这些事件可以是多种多样的，无论是令人高兴、沮丧、鼓舞还是受打击的，只要它们具备足够的心理冲击力量，能够引发个体的压力和应激反应，都可以被视为压力源。识别压力源是压力管理的起点。真正的压力源有时并不是显而易见的，有时会被人们误解、忽略。例如，有些同学可能时常为完成作业的最后期限而烦恼，但是，导致最后期限压力的可能不是实际工作要求，而是自己的拖延。

（二）判断压力强度

压力强度的判定是压力管理的重要内容，生活中遇到的压力事件不同，产生的压力强度也不相同。专家们将重大事件所引起的压力称为巨石模式，将小事引起的压力称为碎石模式。

巨石模式认为，由重大灾难事件引起的压力会如巨石一般，对人们产生重大的影响。重大的灾难事件包括大地震、强台风、水灾、干旱和威胁生命的疫情等自然灾害，也包括战争、金融危机、恐怖事件等重大的社会灾难。对个人而言，重大的灾难事件，如亲人亡故、破产、离婚，触犯法律受到制裁等。对大学生来说，如违反校规面临退学等。

碎石模型即烦心的生活琐事，是在日常生活中经常遇到又无法逃避的压力事件。如有位同学丢了作业本，整整一天都没有找到，老师抽查作业，交不上去；自己有一门重要的课要考试了，下午有好友来约自己玩，不好意思推辞；与家人通话，因家人生病而心情沮丧等。大学生在校期间遇到的问题，绝大多数都是琐碎事件。这些琐事，短期内并不构成很大的压力，但是许多琐事叠加在一起，长期得不到有效解决，还是会形成较强的压力。有专家认为，琐事引起的小压力与疾病的关系，要比生活变迁中，如丧偶、离婚这样的大事件的关系还大。这就告诉人们，小的压力也要积极解决，不能让它积存起来，不然就会像俗话说的“最后一根草压倒一头骆驼”，对身心造成危害。

一个人所承受的压力是否超限，可以通过分析自己的身心反应（如情绪和行为反应）或通过测试来了解。“国际压力与紧张控制学会”是一个关注压力研究及压力处理问题的国际学术组织，学会创始人之一 J. Macdonaldwallace 研究开发的压力测试表“心理身体紧张松弛测试表”（psycho-somatic-tension-relaxation inventory，PSTRI），该测试表能够帮助个体大致了解自身的压力，对自己的压力管理会起到较好的引导作用。有兴趣的同学可以去测试下。

（三）寻找应对压力的方法（4A）

如何应对压力的方法，没有放之四海皆准的方法，一般是因人、因事、因时而异，但可考虑用 4A 方法来分析应对，4A 即避免（avoid）、改变（alter）、适应（adapt）、接受（accept）。

1. 避免（avoid）

- 不要试图控制自已不能控制的事。许多事情是个体无法控制的，特别是他人的言行，不要因为他人的言行产生压力，要专注于能控制的事情。
- 学会说“不”。了解自己的能力和责任范围，对于超出能力或责任范围的事情说“不”。
- 避免某些环境。如某个谈话主题让自己感觉到巨大压力，则可转变其他话题或离开谈话环境。
- 减少不必要的计划。合理安排日常计划，减少不必要的计划，以获得更加充分的时间减少日常压力。

2. 改变（alter）

- 转变视角。例如，将有挑战性的事情看成锻炼自己的机会，从中获得动力。
- 转变心态。乐于妥协，能屈能伸，先退一步天地宽；认真面对，尽最大努力预见和预防问题。
- 转移注意力。参加文体活动、钻研兴趣爱好、收拾家务等都可以转移注意力。如有些同学用参与志愿者服务来缓解在校学习的压力。
- 调整标准。如果达不到完美，不妨退而求其次，为自己和他人设立合理的标准，只要“足够好”就可以。

3. 适应（adapt）

- 适应环境。要正确面对压力，大家需要不断提高自身承受压力的能力，并且学会适应环境的压力特点和强度，不轻易为其困扰。如大学生面临的压力与高中生是完全不同的，不能再用高中环境中的压力来衡量大学压力，要努力适应大学生活中的各种压力。
- 保持自信。当面对压力时，保持积极乐观的态度。回忆自己做过的漂亮事情，想想自己积极向上的品质和才能。相信自己能做好现在的事情，相信自己能渡过难关，相信自己能成功。鼓励自己：“你能行！你是好样的！你一定能迈过这个坎！”

4. 接受（accept）

- 辩证分析，自觉接纳。任何事物都有两面性，多想想压力的有利面，从容面对，自觉接纳。
- 接受现实，学会忘记。接受不能改变的现实，接受不完美的世界，接受人无完人；学会忘记无谓的压力。

（四）寻求社会支持

英国著名哲学家培根曾说过：“把忧愁向一个朋友倾诉，你将分掉一半忧愁；把快乐告诉一个朋友，你将得到两份快乐。”大学生遇到自己确实无法解决的压力时，可以将面临的压力告诉自己依赖的人，如亲人、朋友、同学、老师等社会支持系统成员，通过他们提供的观点、建议来获得安慰和情绪鼓励，从而迅速恢复信心和勇气。

（五）放松身心

放松训练是指使有机体从紧张状态松弛下来的一种练习过程。放松有两层意思，一是肌肉松弛，在所有生理系统中，只有肌肉系统是人们可以直接控制的。二是消除紧张。放松训练的直接目的是使肌肉放松，最终目的是使整个机体活动水平降低，达到心理上的放松，从而使机体保持内环境平衡与稳定。心理学家认为，持续数分钟的完全放松，比一小时睡眠的效果还好。常用的放松方法有散步、野外活动、与朋友聊天、锻炼、写日记、泡澡、品一杯热咖啡或茶、与宠物一起玩耍、按摩、听音乐、看喜剧等。

健康的生活方式也会帮助大学生减轻压力。首先，有氧运动是释放压力和紧张的最好方法。大家可以有规律地锻炼，抽空进行每次30分钟的锻炼，每周3次。除此之外，还要合理饮食，提高身体素质，并且减少咖啡因和糖的摄取，远离烟、酒和毒品，保持充足睡眠。

体验活动

学习和掌握压力管理的“4D”模式

(1) 发现（detect），发现首先要找出到底是什么原因让人感到压力，即找出压力源。

(2) 区分（divide）。

优先级	可改变因素	不能改变因素
高优先级	1	2
低优先级	3	4

要对压力源进行区分，上图是一个矩阵图，在这个矩阵图中，我们可以看到两个关键因素，一个是优先级的区分，另一个是可控性或可改变性的区分。

找出压力源后，要分析这个压力源是需要优先解决的压力源，还是非优先解决的压力源。所谓需优先解决的压力源是指该压力源已经严重影响健康，或者已经严重影响到职业发展，或者对生活、工作产生了极大的干扰等。高优先级的压力源需要首先处理，低优先级的压力源可以随后处理。

然后需要区分压力源的可控性，即是否有可改变的因素。根据上图可以看出，高优先级、有可改变因素的压力源应最先处理，接下来依次是低优先级、有可改变因素的压力源，高优先级、不能改变因素的压力源和低优先级、不能改变因素的压力源。

(3) 决定（decide），决定应对的策略，即用什么样的方式来处理不同区间的压力源问题。

(4) 行动（do），行动最后一步，就是采取行动。通过采取行动可以改变承受压力的现状。

现在就来列举生活中你遇到过的一次压力事件，试着用“4D”法来完成以下横线上的内容吧！

你的发现：____________________

你的区分：1. ____________________

2. ____________________

3. ____________________

4. ____________________

你的决定：____________________

你的行动：____________________

心理小贴士

减压 26 式（A~Z）

A	appreciation	接纳自己接纳人，避免挑剔免伤神
B	balance	学习娱乐巧安排，平衡生活最适宜
C	cry	伤心之际放声哭，释放抑郁舒愁怀
D	detour	碰壁时候要变通，无须撞到南墙头
E	entertainment	看看电影听听歌，松弛精神选择多
F	fear not	正直无惧莫退缩，哪怕背后小人戳
G	give	以自我为中心限制大，关心他人展胸怀
H	humor	戴副“墨”镜瞧一瞧，苦中寻乐自有福
I	imperfect	世上谁人能完美，尽力而为心坦然
J	jogging	跑跑步来爬爬山，真是赛过食仙丹
K	knowledge	知多一点头脑清，无谓担心全减小
L	laugh	每天都会笑哈哈，压力面前不会跨
M	management	不怕多却只会乱，时间管理很重要
N	no	适当时候要讲“不”，不是样样你都行
O	optimistic	凡是要向好处看，无须吓得一头汗
P	priority	先后轻重细掂量，取舍方向不难求
Q	quiet	心乱如麻自然乱，心静如水自然安
R	reward	日忙夜忙身心倦，爱惜自己要牢记
S	slow Down	坐下停下喘口气，不必做到脑麻痹
T	talk	找人聊聊有人听，被人理解好开心
U	unique	人比人气死人，自我突破最要紧
V	vacation	放放假或充充电，活力充沛展笑脸
W	wear	穿着打扮用心点，精神焕发心情好
X	X-ray	探寻压力的源头，对症下药有计谋
Y	yes，I can	相信自己有潜力，勇往直前步青云
Z	zero	从零开始向前看，每日都是新起点

资料来源：香港浸会大学学生事务处辅导中心编，1998 年。

本篇小结

微笑着，去谱写生活的乐章。不要抱怨生活给予了太多的磨难，不必抱怨生命中有太多的曲折。大海如果失去了巨浪的翻滚，就会失去雄浑，沙漠如果失去了飞沙的狂舞，就会失去壮观。挫折和压力都是不可避免的，关键是如何面对。大学生要学会接受挫折的磨砺，学会承受压力的历练，掌握应对挫折和压力管理的方法，从逆境中奋起，为以后的成功打下坚实的基石！

【复习与思考】

1. 怎么理解“挫折是人生垫脚石，也可能是绊脚石”的说法？如何看待自己的挫折？

2. 自己常用的挫折防御机制有哪些，以及对你有什么样的影响？

3. 日常生活中，你缓解压力的办法有哪些？

4. 逆商是什么？结合自己的实际，如何提高自己的逆商？

5. 体验活动：请写出近 1 年来你遇到的对自己影响最大的 10 次挫折，并标明当时的反应方式，然后按反应强度和持续时间长短排序，客观分析这些反应方式在应对挫折时的积极影响和消极影响，探讨个人应对挫折的最佳方式。

【相关量表】

意志力测试

此测试题共有 26 题。每道试题可按下列情况进行打分，分值分别为 1、2、3、4、5 分。1. 很符合自己的情况；2. 比较符合自己的情况；3. 介于符合与不符合之间；4. 不大符合自己的情况；5. 很不符合自己的情况。

1. 我很喜爱长跑、远足、爬山等体育运动，但并不是因为我喜欢这些项目，而是因为这些运动能够锻炼我的体质和毅力。

2. 我给自己订的计划，常常因为主观原因不能如期完成。

3. 如没有特殊原因，我每天都按时起床，从不睡懒觉。

4. 我的作息没有什么规律性，经常随自己的情绪和兴致而变化。

5. 我信奉“凡事不干则已，干则必成”的格言，并身体力行。

6. 我认为做事情不必太认真，做得成就做，做不成便罢。

7. 我做一件事情的积极性，主要取决于这件事情的重要性，即该不该做，而不在于对这件事情的兴趣，即不在于想不想做。

8. 我有时躺在床上，下决心第二天干一件事情，但到第二天这种劲头又消失了。

9. 在学习和娱乐发生冲突的时候，即使这种娱乐很有吸引力，我也会马上决定去学习。

10. 我常因读一本引人入胜的小说或看一个精彩的电视节目，而不能按时入睡。

11. 我下决心因人而异的事情（如练长跑），不论遇到什么困难（如腰酸腿疼），都坚持下去。

12. 我在学习和工作中遇到困难，首先想到的就是问问别人有什么办法。

13. 我能长时间做一件重要而枯燥无味的工作。

14. 我的兴趣多变，做事情常常是“这山望着那山高”。

15. 我决定做一件事时，常常说干就干，决不拖延或让它落空。

16. 我办事喜欢挑容易的先做，难的能拖则拖，实在不能拖时，就赶时间做完算数，所以别人不大放心让我干难度大的工作。

17. 对于别人的意见，我从不盲从，总喜欢分析、鉴别一下。

18. 凡是比我能干的人，我不大怀疑他们的看法。

19. 遇事我喜欢自己拿主意，当然也不排斥听取别人的建议。

20. 生活中遇到复杂情况时，我常常举棋不定，拿不定主意。

21. 我不怕做我从来没有做过的事情，也不怕一个人独立负责重要的工作，我认为这是对自己很好的锻炼。

22. 我生来胆怯，没有十二分把握的事情，我从来不敢去做。

23. 我和同事、朋友、家长相处，很有克制能力，从不无缘无故发脾气。

24. 在和别人争吵时，我有时虽明知自己不对，却忍不住要说一些过头话，甚至骂对方几句。

25. 我希望做一个坚强的、有毅力的人，因为我深信“有志者事竟成”。

26. 我相信机遇，很多事实证明，机遇的作用有时超过个人的努力。

评分原则：在上述 26 题中，凡题号为单数的试题评分标准为：1 计 5 分；2 计 4 分；3 计 3 分；4 计 2 分；5 计 1 分；题号为双数的题目评分标准为：1 计 1 分；2 计 2 分；3 计 3 分；4 计 4 分；5 计 5 分。

26 题的总分如果在 :110 分以上，表示意志很坚强；91～110 分，表示意志比较坚强；71～90 分，表示意志只是一般；51～70 分，表示意志比较薄弱；50 分以下，表示意志很薄弱。

PSTRI 压力测试

用大约 10 分钟的时间填写 PSTRI 压力测试问卷，不要在每一题上考虑很多时间，根据自己的感觉快速填写。根据测试题，看它的描述与自己的情况是否相符，然后对每一项目进行打分，分数依次为 4、3、2、1、0 分。4.“总是”; 3.“经常”; 2.“有时”; 1.“很少”; 0.“从来不”。

该测试表能够帮助个体大致了解自身的压力，对自己的压力管理有一个很好的引导。

1. 我受背痛之苦。
2. 我的睡眠不足且睡不安稳。
3. 我头痛。
4. 我腭部疼痛。
5. 若需要等待，我会不安。

6. 我的后颈感到疼痛。
7. 我比多数人更神经紧张。
8. 我很难入睡。
9. 我的头感到紧或痛。
10. 我的胃有毛病。
11. 我对自己没有信心。
12. 我会自言自语。
13. 我忧虑财务问题。
14. 与人见面时，我会胆怯。
15. 我怕发生可怕的事。
16. 白天我觉得很累。
17. 下午感到咽喉痛，但并非由于感冒。
18. 我心情不安，无法静坐。
19. 我感到非常口干。
20. 我的心脏有毛病。
21. 我觉得自己不是很有用。
22. 我吸烟。
23. 我肚子不舒服。
24. 我觉得不快乐。
25. 我流汗。
26. 我喝酒。
27. 我很敏感。
28. 我觉得自己像被四分五裂了似的。
29. 我的眼睛又酸又累。
30. 我的腿或脚抽筋。
31. 我的心跳快速。
32. 我怕结识新人。
33. 我的手脚冰冷。
34. 我患便秘。
35. 我未经医师的指示使用各种药物。
36. 我发现自己很容易哭。
37. 我消化不良。
38. 我咬指甲。
39. 我耳中有嗡嗡声。
40. 我小便频繁。
41. 我有胃溃疡的毛病。
42. 我有皮肤方面的毛病。
43. 我的咽喉很紧。

44. 我有十二指肠溃疡的毛病。
45. 我担心我的工作。
46. 我有口腔溃疡。
47. 我为琐事忧虑。
48. 我觉得胸部紧迫。
49. 我呼吸浅促。
50. 我发现很难做决定。

回答完毕请把 50 题的分数进行相加，然后将自己的分数与下列分数作一比较，就可了解自己的压力程度。

≥93 分：这个分数表示个体确实经受着极度的压力且它正在伤害个体的健康。需要专业的心理治疗师给予一些忠告，专业治疗师可以帮助消减个体对于压力的知觉，并帮助改良生活的品质。

82～92 分：这个分数表示个体正经历太多的压力，且正在损害健康，并令他的人际关系发生问题。个体的行为会伤害自己，也可能会影响其他人。因此，对个体而言，学习如何减少自己的压力反应是非常重要的。可能必须花很多时间做练习，学习控制压力，也可以寻找专业的帮助。

71～81 分：这个分数表示个体的压力程度中等，它可能正开始对健康不利。个体可以仔细反省自己对压力如何反应，并学习在压力出现时控制自己的肌肉紧张，以消除生理激活反应。好的心理咨询师会对他有帮助，或者选择适合的放松训练方式进行放松训练。

60～70 分：这个分数表示个体生活中的兴奋与压力量也许是相当适中的。偶尔会有一段时间压力太多，但个体也许有能力去管理压力，并且很快回到平静的状态，因此，它对健康并不会造成威胁。做一些放松训练是有益的。

49～59 分：这个分数表示个体能够控制自己的压力反应，他是一个相当放松的人。也许对于所遇到的各种压力，并没有将它们解释为威胁，所以他很容易与人相处，可以毫无惧怕地胜任工作，也没有失去自信。

38～48 分：这个分数表示个体对所遭遇的压力毫不在乎，好像并没有发生过一样。这对他的健康不会有什么负面的影响，但他的生活缺乏适度的兴奋，因此，趣味也有限。

27～37 分：这个分数表示个体的生活可能是相当沉闷的，即使刺激或有趣的事情发生了也很少有反应。可以参与更多的社会活动或娱乐活动，以增加个体的压力激活反应。

16～26 分：这个分数表示个体在生活中所经历的压力经验不够，或者并没有正确地分析自己。他最好更主动些，在工作、社交、娱乐等活动上多寻求些刺激。做放松训练对个体没有很大用处，但一些心理辅导也许会对其有帮助。

低分者需要更多刺激，高分者则需要更好的压力管理。

【推荐读物与影视作品】

1. 图书《被讨厌的勇气》

本书作者为岸见一郎、古贺史健。该书以阿德勒的思想体系为基础，从心理学的角度，引导我们在面对自身存在的问题时，接受并拥抱自己的不完美，勇敢追求内心的真实与自由。书中提到“真正的幸福，不是依赖外在的世界，而是来自内心。”这一观点不仅颠覆了我们传统的思维模式，也为我们提供了一种全新的生活方式。

2. 图书《月亮与六便士》

本书作者为毛姆。该书以法国画家高更为原型，讲述了一个原本平凡的证券经纪人突然离家出走，追求绘画艺术的故事。书中“满地都是六便士，他却抬头看见了月亮”这一名句，深刻反映了理想与现实、精神追求与物质生活的矛盾。斯特里克兰德勇敢追寻内心梦想，历经坎坷，最终在塔希提岛找到灵魂归宿。月亮代表理想，六便士代表世俗生活，这部作品反映了人类内心深处对于自我实现和自由的渴望，鼓励人们面对内心呼唤，勇敢追求真我。

3. 电影《白日梦想家》

影片讲述了男主角沃尔特（Walter Mitty）在《生活》杂志社工作了16年，是一名底片资产部经理。他工作勤勉认真，但生活平淡无奇，因此经常沉浸于自己的“白日梦”中，幻想自己成为英雄或经历各种冒险。然而，随着杂志社的衰落和他即将失去工作的威胁，沃尔特的生活发生了翻天覆地的变化。他因为寻找一张消失的第25号底片而踏上了一场真正的冒险之旅，穿越了格陵兰岛、海上搏鲨、亲历冰岛火山喷发、攀登喜马拉雅山等，这一系列奇遇让他学会了面对生活中的挑战，意识到人生可以有着更多元的变化和更精彩的冒险。最终，他不仅找到了底片，也找到了自我和真爱。影片以其独特的叙事手法、精湛的镜头语言、巧妙的场面调度、精细的光影表现和出色的剪辑技巧赢得了观众的喜爱和好评。同时，影片中的自然风光和激昂的配乐也为观众带来了无尽的视觉和听觉享受。

4. 电影《阿甘正传》

电影《阿甘正传》改编自美国作家温斯顿·格鲁姆于1986年出版的同名小说，讲述了智商只有75的阿甘如何凭借纯真善良和坚持不懈的精神，从童年的欺凌中跑出一条人生道路。他成为大学橄榄球明星、越战英雄，经历多次与挚爱珍妮的悲欢离合，无意中参与重大历史事件，最终成为成功的企业家和父亲。影片展现了一个普通人在非凡时代背景下的非凡人生旅程。

第八篇

心理黑洞　赋能成长：
大学生精神障碍和应对

视频 8　试试主动求助：与心理“病耻感”和“污名化”说拜拜

案例

李某，男生，某高校大二学生。不知从什么时候起，每做完一份作业他总要看数十遍，要逐字逐句甚至标点符号都要念出声检查错误，经常躺在床上还觉得作业中写了错别字，好几次甚至半夜起床检查。李某自己也感觉没有必要如此检查，但是控制不住。检查不到一定的次数，自己感觉浑身不自在，即使干其他事情也会一直想着这件事情。另外，回到寝室李某一定要洗手，时间一定要在半小时以上，否则感觉没有洗干净，手洗到发白有些疼痛感为止。还有其他诸如此类的事情。李某自己感觉很痛苦，于是来到学校心理咨询中心。

分析： 学校心理咨询老师详细了解情况后，建议李某到医院心理科门诊就医。医院的心理科医生诊断为强迫障碍。通过积极配合医生的治疗，李某的强迫障碍症状得到明显改善。后又在学校心理咨询老师的帮助下，李某感觉自己和其他同学没有什么两样，能够轻松自如地应对学习和生活。

现代神经科学证明，人类所有的精神活动都由人的大脑调控。正常的大脑功能产生正常的精神活动，而异常的大脑功能与结构则可能导致异常的精神活动与行为表现。大学生处在人生发展的特殊时期。一方面，被称为"天之骄子"，意气风发，挥斥方遒，有指点江山，气吞万里的壮志；另一方面，虽说大学生已经脱离了孩子的群体，但经验和资历都不够，尚不能履行成人的责任和义务。加之社会竞争日趋激烈，大学生面临着来自社会、家庭和自身的多方面压力，体验着伴随成长而来的焦虑、痛苦、悲观、失望及兴奋、喜悦、满足，经历着一个心理上快速成长的"疾风暴雨"时期。大多数大学生具有良好的精神健康状态，有能力调节和处理各种问题，但也有一部分大学生不能适应环境。本章将对大脑功能异常导致的精神与行为异常进行探讨。

学习目标

1. 了解心理障碍的原因。
2. 掌握心理障碍的识别。
3. 掌握心理障碍的预防。

第 22 章 了解精神障碍

与其救疗于有疾之后，不若摄养于无疾之先。

——朱震亨

心理异常绝不是一项罪恶，患者不应该承受处罚；他们只是生病的人，他们的不幸状态值得我们以体贴和善意的态度对待之。

——法国医生 Philip De Pinel

一、精神障碍概述

我国改革开放 40 多年来经济快速发展，思想观念、家庭结构和生活方式发生了巨大变化，精神卫生问题已经成为我国重要的公共卫生问题。每个人都有可能触及精神障碍，在我们的一生中也都有罹患精神障碍的风险。

《柳叶刀·精神病学》2019 年在线发表的黄悦勤教授团队关于“中国精神障碍患病率：流行病学现况研究”显示，调查数据样本中“任何一种精神障碍（不含老年期痴呆）终生患病率为 16.57%，12 个月患病率为 9.32%。”截至 2018 年年底，全国 2832 个区县使用国家严重精神障碍信息系统在册患者 5 994 054 例，报告患病率 0.43%，登记患者人数持续增长。大量研究显示，大学生精神障碍患病率与普通人群精神障碍患病率相近。由此可见，精神障碍的发生非常普遍。

（一）什么是精神障碍

精神障碍是一种综合征，其特征表现为个体认知、情绪调节或行为方面有临床意义的功能紊乱，它反映了精神功能潜在的心理、生物等方面发展过程中的异常。如阿尔茨海默病有典型的认知（特别是记忆）方面的精神障碍损害，抑郁障碍有明显病态的抑郁体验；儿童注意力缺陷障碍的主要特征是注意力不集中、多动等。这些认知、情绪、行为改变使患者感到痛苦，功能受损或增加患者死亡、残疾等的危险性。

需要特别强调的是，心理健康与精神障碍并非对立的两极，而是一个人精神功能的不同状态，两者都处在一个精神健康连续谱上的某一段。一般而言，一个心理健康的人能正常发挥其大脑的精神功能，能保持发挥正常功能的状态，这种状态能让人产生建设性的行为活动，维持良好的人际关系，调整自己适应环境等。反之，一个患有精神障碍的人，其大脑正常的精神功能受到不同程度的损害，因此无法让人正常地生活、学习和工作，也就无法适应这个社会。

（二）精神障碍的症状

精神障碍的症状，简称精神症状，是异常精神活动的表现，它涉及人们精神活动的各个方面，并通过人的外显行为，如仪表动作、言谈举止、神态表情，以及书写内容等表现出来。要识别精神障碍，首先需要区分一个人的精神活动是正常还是病态，即是否存在精神症状。而要判断一个人是否存在病态的精神活动，首先要了解正常的精神活动。一般来说，正常精神活动是一个完整的统一体，各个心理活动过程及心理特征之间互相联系、相互影响，协调一致地在实践活动中发挥作用。正常的精神活动分为认知、情感和意志行为等心理过程，具有三大功能保障：第一，保障人作为生物个体顺利地适应环境，健康地生存发展；第二，保障人作为社会个体正常地进行人际交往，在家庭、社会中正常地肩负责任，使人类赖以生存的社会组织正常运行。第三，保障人正常、正确地反映和认识客观世界的本质及其规律性。如果一个人丧失或部分丧失了上述精神活动的正常功能，就出现了精神活动异常，这些异常精神活动的临床表现，就是精神症状。常见的精神症状主要有以下几类。

1. 感知觉障碍

感知觉是一个人最基本的心理活动过程，正常情况下，人们的感知觉反映是与外界客观事物相一致的。如果人们的感知觉反映与外界刺激的本质属性不相符，就出现了感知觉障碍。如内感性不适（指躯体内部产生的不舒适和难以忍受的异样感觉，如咽喉部堵塞感、胃肠扭转感、腹部气流上涌感等，而这些躯体器官本身没有生理性病变）就是一种常见的感觉障碍，幻觉（指没有现实刺激作用于感觉器官时出现的知觉体验，是一种虚幻的知觉）就是一种知觉障碍。

2. 思维障碍

思维是人脑对客观事物间接概括的反映，是人类认识活动的最高形式。正常人的思维具有目的性、连贯性、逻辑性和实践性。思维如果出现异常，人就无法完成正常的人类认识活动。思维障碍分为思维形式障碍和思维内容障碍。常见的思维形式障碍主要是思维过程的联想和逻辑障碍，如思维奔逸（思维联想速度加快、数量增多、转换加速，表现为特别健谈，说话滔滔不绝，口若悬河，感到脑子特别灵活，就像机器加了“润滑油”一样难以停顿下来）、思维散漫、思维破裂、思维不连贯、词语杂拌等（表现为联想松弛、内容散漫，缺乏主题，说话东拉西扯，对问话的回答不切题，交流困难等）。思维内容障碍主要表现为妄想，它是在病态推理和判断基础上形成的一种病理性的歪曲信念。

其特征包括：①妄想内容与事实不符，缺乏客观现实基础，但患者仍坚信不疑；②妄想内容涉及患者本人，且与个人具有利害关系；③妄想内容具有个体独特性，是个体的心理现象，并非集体信念。

妄想内容与患者的文化背景和经历有关，且通常有浓厚的时代色彩。大学生常见的妄想主要有被害妄想（患者坚信自己被某些人或某组织进行迫害，如投毒、跟踪、监视、诽谤等）、夸大妄想（患者认为自己拥有非凡的才能、智慧、财富、权利、地位等，如称自己是著名的科学家、发明家、歌唱家、单位或国家领导人等）、关系妄想（患者认为周围环境中所发生的与自己无关的事情均与自己有关，如认为周围人的谈话是在议论自己，别人的咳嗽是针对自己的，甚至电视上的某些内容也与自己有关等）、钟情妄想（患者坚信自己被某异性或许多异性钟情，对方的一言一行都是对自己爱的表达等）、物理影响妄想（被控制感，患者感到自己的思想、情感和意志行为受到某种外界力量的控制而身不由己，如被红外线、电磁波、超声波或某种特殊的先进仪器控制等）。

3. 情感障碍

情感主要是与人的社会性需要相联系的内心体验，具有稳定性和持久性，是在多次情绪体验的基础上形成的一种情感状态。一个人的情感状态出现异常，就表现为情感方面的精神症状，常见的有情感高涨（正性情感活动明显增强，表现为不同程度的、与周围环境不相称的病态喜悦）、情感低落（负性情感活动的明显增强，表现为忧愁、苦闷、唉声叹气、暗自流泪等，有时感到前途黑暗，没有希望，严重时会出现悲观绝望，甚至有自杀企图及行为等）、情感淡漠（对外界刺激缺乏相应的情感反应，缺乏内心体验，表现为面部表情呆板，对人、事、物漠不关心，哪怕是与自己有切身利害关系的也如此）、易激惹（情感活动的激惹性增高，表现为极易因一般小事而引起强烈的不愉快情感反应，如暴怒发作）等。

此外，精神症状还表现在注意、记忆、智能、定向力、意志、动作行为、意识等心理与行为活动的不同方面。尽管每一种精神症状都有各自不同的表现，但所有精神症状都具有以下共同特点：①症状的出现不受患者意志的控制；②症状一旦出现，难以通过注意转移等方法令其消失；③症状的内容与周围客观环境不相称；④症状往往会给患者带来不同程度的痛苦和社会功能（如人的正常学习、生活、工作和交往等）损害。

尤其需要注意的是，一个人表现出的某个精神症状不一定具有病理意义，也不一定代表其就患上了精神障碍。要判定某个精神症状是否具有病理意义，应综合考虑其过去的一贯表现、当事人的心理背景与当时客观环境、大多数人的正常精神活动等，根据症状持续的时间和频率等来做出大致的判断。有时单独出现的，或者持续时间和发生频率不超出正常限度的精神症状不一定有病理意义。因此，判断精神活动异常与否必须进行综合评估与整体判断，千万不能瞎子摸象，分裂地看问题。

知识延伸

弗洛伊德的人格“三我”结构

弗洛伊德（Freud Sigmund，1856—1939 年）将人格结构划分为三个层次：本我、自我、超我。

- 本我：本我（id）位于人格结构的最底层，是由先天的本能、欲望所组成的能量系统，包括各种生理需要。本我就有很强的原始冲动力量，弗洛伊德将其称为力比多（libido）。本我是无意识、非理性、非社会化和混乱无序的。遵循快乐原则。
- 自我：自我（eg）位于人格结构的中间层，从本我中分化出来的，其作用是调节本我和超我的矛盾。遵循现实原则，以合理的方式满足本我的需要。
- 超我：超我（superego）位于人格结构的最高层，是道德化的自我，由社会规范、伦理道德、价值观念内化而来，其形成是社会化的结果。它的作用是抑制本我的冲动；对自我进行监控；追求完善的境界。遵循道德原则。

二、精神障碍的病因

与一般的躯体疾病不同，大多数精神障碍的确切病因与发病机制仍未能完全明确，也没有发现敏感、特异的体征和生物学指标。然而，可以明确的是，精神障碍是生物、心理、社会文化因素等相互作用的结果。

（一）遗传生物因素

有关遗传学研究证实了遗传因素对精神障碍的作用，如患者家属中发生同类精神障碍的概率明显高于正常人，血缘关系越近其发病率越高；细胞遗传学研究发现常染色体畸变，某个染色体缺失、重复、倒置、易位，可以引起精神发育障碍，如唐氏综合征等；分子遗传学研究发现，双相情感障碍的病理基因位于第 11 对染色体短臂上。对精神障碍的家族聚集性研究得出的结论是：这些疾病具有遗传性，是基因将疾病的易感性代代相传。

全身性或中枢神经系统感染、中毒、外伤、癌症、代谢障碍与内分泌疾病、缺氧、高温中暑，以及放射线暴露均可能直接或间接损害人脑的结构与功能，进而引发精神障碍。

此外，胚胎时期、宫内外引起胎儿生长发育障碍的致病因素，如孕妇严重营养不良、患病、吸毒、酗酒、药物依赖等，或者分娩时引起胎儿畸形或严重发育障碍的损伤，都可能导致人格发展异常与精神障碍。婴儿时期营养缺乏，流行性脑膜炎等传染病及病毒性脑感染，药物、煤气中毒等都可引起精神发育障碍。以上因素也可累及生长发育完善后的成年人，引起精神障碍。

（二）个体素质因素

素质主要包括心理素质及躯体素质两个方面。心理素质与人脑的结构及感觉等特性相关。每个人大脑结构不完全相同，神经细胞的数量与质量不同，对刺激有不同的综合分析能力。每个人脑中的神经介质、酶的含量生成与转化的速度也不一样。因此，大脑皮质、边缘系统、网状结构与自主神经系统有不同的兴奋性与稳定性，从而对外界刺激感受与耐受能力不同。由此构成每个人心理活动不同的动力特征，即不同的素质。人的心理素质表现在个体的人格特征上，是在先天遗传基础上及后天的社会化过程中形成的。心理素质本身不是致病因素，但不良的或易感性心理素质对环境中应激的感受性较弱，遇到外界有害致病因素时易出现精神障碍。童年时期受到不利环境的影响，可形成对某些精神障碍的易感素质，如童年期受到过分保护，处于应激状态时容易产生应激障碍。

躯体素质主要表现在体型、身体强壮程度、对环境刺激的抵抗力与耐受力等方面。它与机体的代谢类型、内分泌系统、免疫系统功能、遗传素质等相关，也与后天生活经历相关。躯体素质在生活环境中受到感染、中毒、外伤或处于困难处境时，可以削弱或加强它的某一方面，而受到削弱者则易形成易感性躯体素质。

（三）心理社会因素

重大生活事件往往是引起心理应激的社会因素，当自然灾害（如洪水、地震、火灾、疫情）及人为灾难（如战争、绑架、空难、沉船等）严重威胁人的生命安全时，人们的精神活动会发生强烈的变化，出现急剧的生理与心理反应，少数人会直接引起急性精神障碍。

理想的破灭、事业受挫、生死离别、严重的疾病与伤残、受到他人的歧视、侮辱、冤屈、失业等长期持续的应激容易引起精神紧张、情绪焦虑、抑郁，影响机体正常生理功能，出现心理、生理反应，少数患者迁延不愈。这些社会因素通过改变机体代谢水平、内分泌功能及免疫功能，改变脑皮质与内脏的生理功能，会促发心身疾病、人格障碍及心因性精神障碍。

（四）机体功能状态

机体功能状态是指疾病发生时机体所处的生理与心理状态。它本身不是发病原因，但它的稳定与否与精神障碍的发生有密切关系，如饥饿、睡眠缺乏、精神持续紧张，或酗酒、吸毒、药物依赖等往往削弱机体的功能状态。它不仅容易诱发躯体感染、伤害事件与交通事故，而且易引起心因性精神障碍及其他精神疾病。

不同性别与年龄阶段的特殊功能状态与精神疾病的发生也有密切关系，如儿童期大脑发育未完全成熟，青春期内分泌系统，心理与生理功能急剧变化，女性月经期、妊娠及分娩期内分泌功能变化，更年期性腺功能减退，自主神经功能不稳定，老年期各种躯体功能衰退、防御与代偿功能明显削弱等，都可成为某些潜在精神障碍的诱发因素。

大多数精神障碍的发病，既有遗传与素质因素作为远因，又有生物或社会因素及削弱的机体功能状态等作为近因或促发因素。某些神经系统造成的损伤为某些心理社会因素及生物因素致病创造了条件；而药物依赖与酒精中毒等，虽然与生物学因素有关，但社会心理因素在疾病的发生中起了重要作用。一些精神障碍是否发病取决于当事人的心理、躯体状态，而这种状态与社会环境条件密切相关。

尽管很多精神障碍的病因依然不明，其发病机制还没有被完全了解，但我们对这些可能的精神障碍致病因素的探索，依然可以帮我们进一步理解精神障碍的发病机制，进而指导我们从心理、社会、文化等后天因素方面尽可能有的放矢地开展预防措施，帮助患有精神障碍的人积极配合治疗，改善治疗效果。

三、精神障碍的治疗

精神障碍是一类严重影响人们身心健康的疾病，其发病率高，治疗疗程长，容易复发，对当事人及其家庭和社会的危害性大。当一个人一旦出现精神症状，确诊精神障碍时应及时进行治疗。精神障碍的治疗通常有药物治疗、物理治疗和心理治疗等。

心理万花筒

杨世红的康复之路

杨世红出生在一个有残疾人的家庭，她自己也曾经历过精神疾病的困扰。在精神疾病发作时，她经历了人生的至暗时刻，感受到了巨大的痛苦和绝望。然而，她并没有放弃自己，而是在父母朋友及社会各界的帮助下，逐渐走出了生命的低谷。

杨世红在患病期间，积极接受医生的治疗和建议，按时服药，并定期接受心理咨询和康复训练。这些治疗措施帮助她逐渐稳定了情绪，改善了精神状态。除了专业治疗外，杨世红还得到了来自社会各界的支持和帮助。她参加了各种康复活动和社会公益活动，与志同道合的人交流经验，分享心得。这些活动不仅让她感受到了社会的温暖和关爱，也让她逐渐找回了自信和勇气。在康复过程中，杨世红还非常注重自我调整。她学会了如何管理自己的情绪，如何与他人建立良好的沟通关系，并积极参与各种社交活动。这些努力帮助她逐渐恢复了正常的生活和工作能力。

康复后的杨世红并没有忘记自己的经历和社会责任。她积极参与各种公益活动，为精神障碍患者群体发声和争取权益。她通过自己的努力和影响力，推动了社会对精神障碍患者的认知和理解，为改善患者的生存环境和提高生活质量做出了积极贡献。

（一）药物治疗

当一个人被医生诊断为精神障碍，且处在精神障碍的发病阶段，患者必须遵医嘱规范治疗，主要是药物治疗。众所周知，药物必须在体内达到一定的浓度并维持适当的时间才会产生治疗疾病的效果。药物的治疗作用除与药效学特点有关外，还与药物的药动学特点有关，其中的主要影响因素包括药物在体内的吸收、分布、代谢和消除等。精神科医生在决定药物治疗方案前，一般都会详细了解接受药物治疗者的病史材料并进行全面的体格检查和评估，并向患者或其监护人解释为何要做药物治疗，告知药物治疗的利与弊，取得其知情同意，然后进一步针对患者的关键症状确定使用的药物的品类和剂量。

患者应当根据医生的建议选择循证医学证据最多的、疗效好、不良反应少见的药物。此外，每个人对药物的治疗反应不同，精神科医生的药物治疗都会遵循个体化用药原则，根据患者的病情、治疗反应和耐药性等逐渐滴定到最佳合适用药剂量，根据治疗进展和疗效、副作用等相应调整药物的品类和剂量。

药物治疗起效通常都有一定的周期，因此需要药物治疗的精神障碍患者需要足疗程用药。而且，一般来讲，青少年患者较相应的成年患者病情更重，获得相应的治疗反应所需时间更长。药物需服用多久，医生会根据患者疾病的性质、病情特征、治疗反应等多种因素来综合决定。过早停药可能导致病情复发，过久用药又可能导致不良反应。因此，药物治疗一般是采用逐步减停法，不能撤药过快，以免引起撤药反应或恶化自然病程。

因此，对于精神障碍的药物治疗，最重要的是遵医嘱用药、定期复诊、提高治疗的依从性，才能取得更好的疗效。

（二）心理治疗

对于各类处于发病期的精神障碍，药物治疗是让患者消除精神症状的首要且必需的治疗方式。在疾病发作阶段，精神症状的表现不受患者意识控制，很多患者甚至缺乏自知力，因此不具备心理治疗的必要条件，不能实施心理治疗。

在患者精神症状消失后，病程进入精神障碍的恢复期，能够同医生立良好的治疗联盟，要求解决自己的内心痛苦和问题时，心理治疗是可以进行的。心理治疗和有关咨询干预等能帮助患者的精力、体力及社会功能逐渐全面恢复，逐步回归正常的人群和生活、工作、学习环境中，才最终获得康复。

当患有精神障碍的同学能够回校边治疗边学习的时候，学校的心理咨询也可以作为辅助治疗手段，但不能替代相关医学治疗。不同精神障碍适合的、有效的心理治疗也不尽相同。针对不同患者的特点，心理医生或治疗师可以选择有循证医学证据的心理治疗技术。精神障碍常用的心理治疗技术有：①认知行为治疗，即通过帮助患者识别并矫正错误的信念来缓解情感症状、提高应对能力，以减少疾病的复发。②心理动力学治疗，即通过自由联想、诠释等技术让患者的潜意识意识化，获得自我感悟和修通，从而学会新的思维和情感表达方式。③家庭治疗，即以家庭为对象，通过改善家庭的应对功能，从家庭系统角度改变家庭成员的互动模式，从而帮助患者及家属面对精神障碍带来的压力和问题并预防复发。

对患有精神障碍的个人来讲，支持性的心理治疗或心理咨询可以通过倾听、安慰、解释、疏导和鼓励使患者积极主动配合治疗，心理教育帮助患者正确认识和对待自己所患的精神障碍，提高对治疗的依从性，进而改善治疗效果，促进心理康复。

（三）物理治疗

物理治疗，也被称为“非药物性躯体治疗”或“大脑刺激技术”。随着神经影像学的革命性发展，以大脑刺激技术为主的物理治疗已经成为精神障碍治疗中与药物治疗和心理治疗相提并论的一种精神障碍治疗手段。目前在精神障碍治疗中应用得比较广泛的物理治疗技术，主要包括电抽搐、重复经颅磁刺激、迷走神经刺激、跨颅直流电刺激和深部脑刺激等。

大脑刺激技术可以产生疗效，有其生理学基础。大脑是一个电化学器官，整个神经元间的活动与通信开始于一个电脉冲。所有神经元传递信息以及与其他细胞通信是通过一个电刺激（去极化）从树突经过细胞体传递到突触。所以，通过电流的方式刺激大脑也是最自然不过的事情。不管是哪一种大脑刺激技术，它们的刺激虽然是一点，但是大脑内被影响的部位却是一个“神经回路”，它们都有“以点带面”之效。物理治疗从根本上来说，是在相关的神经科学、脑科学研究基础上，对引起精神症状的大脑局部神经功能异常的解剖结构，在神经影像学的指导下，对大脑的某个部位进行刺激作用。尽管针对抑郁障碍、焦虑障碍或精神分裂症，虽然它们的局部神经功能异常的解剖结构不像帕金森病那样能被很好地确定，但是当今的科学研究已经对情绪规律或幻觉的相关区域有了更好的理解。

物理治疗对精神障碍是有效的，尤其是近年来国内流行的重复经颅磁刺激技术，其最大优点就是无创性，然而物理治疗也有其相应的不良反应和禁忌证，不是可以优先选用的治疗方式。

对于精神障碍的治疗，临床一般不提倡单独应用某一种治疗方式，而是强调药物治疗、心理治疗与物理治疗的联合运用。精神障碍在患病的不同阶段，根据病情的具体情况，针对不同的患者，均应采取不同的个体化治疗方案。无论是哪种治疗，都应该由精神科医生或心理治疗师来完成。

精神障碍是一种综合征，是相对于文化、社会和家庭的规范和价值而定义的，文化为我们提供了解释性的框架结构。文化可能影响接受或排斥一个诊断和坚持治疗，影响疾病和康复的过程。文化也可能影响临床就诊的行为，对治疗的决定，以及对预后的考量和临床后果。正常和疾病之间的边界，对于特定的症状或行为而言，在不同的文化、不同的社交场所、不同的家庭中，对其进行判断、评估都会有所不同。因此，我们对精神障碍的认识要全面，不能了解了一些精神症状的特点和表现就“对号入座”，惶惶不安。我们对精神障碍的发病与治疗要有科学、准确的理解和把握，才能积极面对可能遇到的精神障碍。

心理万花筒

精神障碍治疗最新进展

精神障碍治疗的最新进展主要集中在以下几个方面。

1. 药物治疗

研究人员正在探索新型药物，旨在有效调节多巴胺和5-羟色胺系统，或靶向非多巴胺能通路，如甘氨酸转运体抑制药、D-氨基酸氧化酶抑制药、钠通道调节剂等。这些新药有望改善精神分裂症的治疗。

另外，一些新兴的非多巴胺能机制的药物，如通过激活M1和M4受体调节胆碱能神经递质传递的药物KARXT、激活Taar1受体的药物ULOTARONT、Glyt-1抑制药ICLEPERTIN、5-HT2A受体拮抗药PIMAVANSerin和Roluperidone等，正在受到关注。

2. 非药物治疗

认知行为治疗、虚拟现实干预、综合干预和音乐疗法等心理社会干预措施，相较于标准治疗，能更有效地改善患者的整体症状。

在药物治疗方面，推荐使用二代抗精神病药物，并避免长期和大剂量使用抗胆碱药物和苯二氮䓬类药物。

3. 神经影像学和基因治疗

神经影像学标志物在精神分裂症的诊断和分层中扮演着越来越重要的角色。例如，通过分析大脑在静息状态下的活动模式，可以为精神分裂症的诊断提供有力的辅助。

遗传学标志物，如拷贝数变异（CNV）和单核苷酸多态性（SNP），也在精神分裂症的诊断中扮演重要角色。此外，表观遗传修饰，如DNA甲基化和微小RNA（mir）表达的改变，也在精神分裂症的发病机制中起作用，可能作为潜在的筛查标志物。

4. 手术治疗

立体定向毁损手术和脑深部电刺激（DBS）等神经外科治疗方法在药物难治性的精神障碍中已有大量成功的临床报道。这些技术已成功地应用于临床实践，并在全球范围内为许多患者提供了持久、可观的症状缓解。

这些进展表明，精神障碍的治疗正在从单一的药物治疗转向多系统、多靶点的调节，同时非药物治疗和心理社会干预也显示出了一定的疗效。未来的研究将聚焦于开发新型药物、利用远程医疗和虚拟现实提高干预的可及性，以及进一步研究非侵入性脑刺激等新技术。

第 23 章　精神障碍类型

不要让精神疾病阻碍你成为你想成为的人，寻求治疗，让自己变得更加强大。

——约瑟夫·达德利

不要把自己看作是疾病的受害者，而要看作是治疗的参与者。

——尤金·布兰

尽管一些人比另一些人有更高的风险患上精神障碍，但任何人在生命中的某个阶段，都有可能发展成精神障碍。因此，战胜精神障碍的关键是识别精神障碍的症状，了解时需要寻求帮助并能及时获得治疗。

大学生的精神障碍以情绪情感类障碍为主要类型（抑郁障碍、双相情感障碍、躁狂障碍、焦虑障碍都属于情绪情感类障碍），临床上最常见的精神障碍是抑郁障碍和精神分裂，然后是双相情感障碍、躁狂障碍、强迫障碍、焦虑障碍等。

一、抑郁障碍

案例

小 C，女生，21 周岁，某高校外语类专业本科二年级学生。其父为家中唯一的经济支柱；其母已退休，身体状况不佳。小 C 是独生女，且因父亲老来得女，她在成长过程中非常受宠，其父母凡事皆听从小 C 的意愿。自大一下学期开始，小 C 因不能早起而频繁缺席早课，同学都在上课的时候她在寝室睡觉。自大一上学期开始沉迷网络小说无法自拔，无论上课还是课余时间都在看小说，甚至吃饭、走路都离不开小说页面，严重影响了她的正常生活。最近一个月以来，小 C 情绪非常低落，深夜和早晨会无缘无故地哭泣。每天晚上失眠，几乎都要到凌晨 3 点左右才能迷迷糊糊地睡一会儿，一般在 5—6 点醒来就睡不着了。

辅导员找她聊天时，她说自己太累了，一点精气神都没有，所以不想上课，不想去食堂吃饭，也不想跟人说话。有时候小 C 感觉自己反应变迟钝了，看小说也无法集中注意力，而且以前沉迷的网络小说现在感觉非常无趣，不知道那段时间自己为什么这么喜欢，现在对网络小说一点兴趣也没有了。

小 C 觉得自己什么事情都做不好，无法集中精力搞好学习，她对自己非常失望。她既没有能力帮父亲承担起家庭的重担，也没有办法照顾体弱多病的母亲，所以她经常想自己活着是给父母增加负担，如果没有她，父母就没有这个累赘了。因此，她在痛苦无力的时候经常出现自杀的念头。但她又觉得就这样死了，太对不起自己的父母，尤其是对不起辛苦支撑整个家庭又无比宠爱自己的父亲，所以到现在并没有自杀。然而，自己的痛苦难过怎么解决呢？小C对自己的未来看不到一点希望，也不知道自己可以坚持多久。

小C在母亲的陪同下去某精神科医院就诊，被诊断为“抑郁发作”。

抑郁障碍是大学生最常见的精神障碍，是一类以情绪或心境低落为主要表现的疾病总称，伴有不同程度的认知和行为改变，可伴有精神病性症状，如幻觉、妄想等。部分患者存在自伤、自杀行为，甚至因此死亡。

（一）抑郁障碍诊断标准

以下是抑郁障碍的诊断标准。

1. 在2周内，出现下列5个或以上的症状，表现出与先前功能相比不同的变化，其中至少1项是心境抑郁或丧失兴趣、愉悦感。

(1) 几乎每天大部分时间都心境抑郁，既可以是主观的报告（如感到悲伤、空虚、无望），也可以是他人的观察（如表现流泪）（儿童和青少年，可能表现为心境易激惹）。

(2) 几乎每天或每天的大部分时间，对于所有或几乎所有活动的兴趣或乐趣都明显减少（既可以是主观体验，也可以是观察所见）。

(3) 在未节食的情况下体重明显减轻，或体重增加（如一个月内体重变化超过原体重的5%）或几乎每天食欲都减退或增加。

(4) 几乎每天都失眠或睡眠过多。

(5) 几乎每天都精神运动性激越或迟滞（由他人观察所见，而不仅仅是主观体验到的坐立不安或迟钝）。

(6) 几乎每天都疲劳或精力不足。

(7) 几乎每天都感到自己毫无价值，或过分地、不适当地感到内疚（可以达到妄想的程度，并不仅仅是因为患病而自责或内疚）。

(8) 几乎每天都存在思考或注意力集中的能力减退或犹豫不决（既可以是主观的体验，也可以是他人的观察）。

(9) 反复出现死亡的想法（而不仅仅是恐惧死亡），反复出现没有特定计划的自杀意念，或有某种自杀企图，或有某种实施自杀的特定计划。

2. 这些症状引起有临床意义的痛苦，或导致社交、职业或其他重要功能方面的损害。

3. 这些症状不能归因于某种物质的生理效应，或其他躯体疾病。

（二）对案例的症状识别分析

1. 小C最近1个月来持续处于这种情绪低落的状态，符合上述诊断标准1的持续时间标准（在2周内）。

2. 小C最近情绪常低落，深夜和早晨会无缘无故地哭泣，符合上述诊断标准1第（1）条症状（几乎每天大部分时间心境抑郁）。

3. 小C以前沉迷的网络小说现在感觉非常无趣，符合上述诊断标准1第（2）条症状（对于所有或几乎所有活动的兴趣或乐趣都明显减少）。

4. 小C每天晚上失眠，几乎都要到凌晨3点左右才能迷迷糊糊地睡一会儿，一般在

5—6点醒来就睡不着了，符合上述诊断标准1第(4)条症状(几乎每天都失眠或睡眠过多)。

5. 小C说自己感觉太累了，一点精气神都没有，几乎什么事情都不想干，符合上述诊断标准1第（6）条症状（几乎每天都疲劳或精力不足）。

6. 小C觉得自己什么都做不好，对自己非常失望，认为自己是父母的累赘等，符合上述诊断标准1第（7）条症状（几乎每天都感到自己毫无价值或感到过分的、不适当的内疚）。

7. 小C在痛苦无力的时候，经常出现自杀的念头，符合上述诊断标准1第（9）条症状（反复出现死亡的想法）。

8. 小C内心非常痛苦，自己已经没法正常生活，影响了自己的学习和交往，符合上述诊断标准2。

综合小C的各种表现，我们可以发现小C表现出来显著的抑郁。

心理小贴士

摆脱抑郁的三个心情贴士①

1. 反思：我担忧的事情到底有多少会真的发生呢

这个问题对我们来说是非常重要的。我们所忧虑的事情大部分都不会真的发生。它们只不过是存在于我们头脑中的洪水猛兽。即便是真的发生了，它们也不会像想象中的那样痛苦、糟糕。这种情况下，抑郁只是浪费时间。

当然，说起来容易做起来难。但是，只要你时刻提醒自己你所忧虑的事情极少会如你想象的那样发生，那么你的忧愁就会渐渐消散。

2. 反思：我是不是小题大做了

我们一不当心就会小题大做。一件小事在被我们思来想去之后，往往就会成为我们心目中的一个灾难。

那么，我们该怎么做呢？我们可以简化问题，让它变得简单。

很多时候，我们之所以会把一个小问题想得非常严重是因为我们想要给自己找一个逃避痛苦的借口，然后停止采取行动，以此来保护自己。

3. 把注意力放在问题的解决方法上，而非抑郁上

采取行动尝试去解决问题是摆脱抑郁的良方，一个让自己快速进入状态而非不知所措的方法就是先从小处入手。

心理万花筒

一位社会名人谈抑郁障碍

一位知名主持人，曾公开自己患重度抑郁障碍的经历，震惊观众。他积极面对病情，坚持治疗。在上海的心理治疗大会上，他宣布抑郁障碍已基本痊愈。他指出，社会对抑郁障碍患者关注不足，家人、朋友有时也不理解。他认为，找到专业

① 引自 https://www.yjbys.com/xinli/jiankang/647294.html。

医生是治疗关键，他在两位专业的精神科医生的帮助下，坚持服药两年康复。

他的勇敢举动使大众对抑郁障碍有了更多了解，心理健康成为关注焦点。世界卫生组织指出，抑郁障碍、癌症和艾滋病是21世纪人类健康的三大杀手，对上班族尤其是白领而言，抑郁障碍更是头号杀手。心理专家指出，抑郁障碍多发于27—35岁的上班族，尤其是对自己要求高、追求完美、心理承受能力差及性格内向、独立的人。职场竞争激烈、工作压力大，以及性格上的脆弱和好胜心，都是导致抑郁障碍的原因。

心理问题并不可怕，抑郁障碍也不可怕，可怕的是不敢面对和寻求帮助。年末是心理问题的高峰期，与朋友、家人或心理医生倾诉沟通是最好的发泄方式。他的故事提醒我们，要关注心理健康，积极面对和解决问题。

二、精神分裂症

精神分裂症是一组病因未明的精神疾病，具有思维、情感、行为等多方面的障碍，以精神活动和环境不协调为特征。通常意识清晰，智能尚好，有的患者在疾病过程中可出现认知功能损害，自然病程多迁延，呈反复加重或恶化，但部分患者可保持痊愈或基本痊愈状态。

精神分裂症在成年人口中的终生患病率为1%左右。中国（不含香港、澳门、台湾地区）的精神分裂症流行病学发病率为6.55‰。精神分裂症的发病高峰：男性为15—25岁，女性稍晚。2022年，中国精神分裂症患病人数达到约824.9万例，从2017年到2022年复合年增长率为1.5%；预计2025年患病人数将达到860.4万例，到2030年患病人数将达到918.2万例，其复合年增长率为1.3%[①]。

虽然早在1896年精神病学的奠基人Emil Kraepelin就开展了对精神分裂症的研究，但直到现在，无论是其病因、症状、诊断、早期干预和药物治疗、预防复发和康复等，仍然是精神病学研究的重点。

案例

小T，男，21岁，大三本科生。平时很少与他人聊天交流，有点孤僻沉默，也不太搭理人，常常都是一个人独来独往。他平时不去上课的时候，就整日坐在床上发呆；去上课也是经常一个人坐在角落里，从来不回答老师的提问。经常自言自语，同学们也听不清他在念叨什么。有时思维跳跃，他说自己脑子里有小人在打架。

去年国庆节后的某个周末，小T一个人去某公园参加氧气音乐节。活动结束离场时迷路。在寻找出口期间，小T认定自己会被抢劫，于是找了一个自认为非常隐蔽的地方将手机、钱包等贵重物品就地掩藏。小T发现不知道什么时候鞋子不见了，他光脚走了2小时才走出森林公园。离开公园后，他想打车前往车站，先是因双脚沾满血渍被拒载，又因没

① 引自共研产业咨询，共研网。

有手机和钱包多次路边拦车都没成功，最后由一名好心司机将其送往车站。到车站后，小T因没有证件，无法进站无法买票，在车站安检处情绪激动，身体很僵硬，拒不服从车站工作人员的管理。在挣扎吵闹中，他反复说“有人来追杀我，再也活不下去了”。车站工作人员觉得小T非常不对劲，遂打电话报警。警察赶到后将其送往附近酒店，并联系其父母。小T父母赶到后，带其去某市人民医院就诊。到达医院后，小T突然在医院门诊大厅僵直倒地不起，嘴里念念有词。在值班医生赶来之后，小T向医生寻求帮助，称其父母不是他的父母，而是魔鬼。后经医分析……

精神分裂症是一组病因未明的精神疾病，具有思维、情感、行为等多方面的障碍，以精神活动和环境不协调为特征。精神分裂症的一个主要表现是“妄想”，即对明显与事实不符的想法坚信不疑，比如有被害妄想的人总觉得有人跟踪他，要害他，受妄想支配会出现逃跑行为甚至攻击行为。另一个主要的表现是幻觉，如幻听、幻视、幻嗅，幻听最常见。患有精神分裂的人通常意识清晰，智能尚好，有的患者在疾病过程中可出现认知功能损害，自然病程多迁延，呈反复加重或恶化，但部分患者可保持痊愈或基本痊愈状态。

（一）精神分裂诊断标准

1. 存在2项（或更多）下列症状，每一项症状均在1个月中相当显著的一段时间里存在（如经成功治疗，则时间可以更短），至少其中1项，必须是（1）（2）或（3）。

(1) 妄想。

(2) 幻觉。

(3) 言语紊乱（如频繁地离题或不连贯）。

(4) 明显紊乱的或紧张症的行为。

(5) 阴性症状（情绪表达减少或动力缺乏）。

2. 自障碍发生以来的明显时间段内，1个或更多的重要方面的功能水平，如工作、人际关系或自我照顾，明显低于障碍发生前具有的水平。

3. 这种障碍的体征至少持续6个月。此6个月应该至少包括1个月（如经成功治疗，则时间可以更短）符合上述诊断标准1的症状，即活动期症状，可包括前驱期或残留期症状。

（二）对案例的症状识别分析

1. 小T的室友反映他自从大一下学期开始就经常自言自语，但也听不清他在念叨什么；时不时思维跳跃，让人没法理解他话语的意义，他还对室友说自己脑子里总是有小人在打架。小T的这些表现都是言语紊乱的表现，符合精神分裂症诊断标准1第（3）条（言语紊乱，不连贯）。

2. 小T平时很少与他人聊天交流，不太搭理人，平时在寝室里就整日坐在床上发呆，这些表现符合精神分裂症诊断标准1第（5）条（明显的情绪表达减少）。

3. 小T在公园里认定自己会被抢劫，他反复说“有人来追杀我，再也活不下去了”，他坚称父母“不是父母，而是魔鬼”……他的思维内容（认定会被抢劫）与客观现实（很多人在公园里走，当天并没有发生抢劫事件）明显不符，这是精神分裂症妄想的表现，符合上述诊断标准1第（1）条（妄想）。

4. 小T情绪激动、身体僵硬，到门诊大厅时突然僵直倒地不起，这是明显紊乱的、紧张症的行为，符合上述诊断标准1第（4）条（明显紊乱的或紧张症的行为）。

综合小T的各种表现，我们可以发现小T表现出来显著的精神分裂症的各种症状，需要尽快转介至精神科就诊。

三、双相情感障碍

案例

小W，女，20岁，某师范专业学生，家在北方某县城。小W的父母感情不和，从她小时候就经常吵架，甚至有几次闹着要离婚。后来父亲去外省某制造业公司工作，收入比较可观。而母亲身体不太好，曾罹患癌症，手术治疗后就靠药维持着，需经常去医院随诊，现在没有工作，在家领低保。父亲虽然收入还可以，但对小W和母亲基本上疏于照顾，不仅没有精神鼓励和抚慰，甚至经常不给家里生活费。小W曾经怀疑父亲在外面还有另外的女人和孩子，为此经常跟父亲闹，父女关系非常紧张。小W的求学之路也非常坎坷，高考失利复读一年才考上大学，为此遭父亲打骂，后情绪低落。

小W在学校里的学习生活状态比较不稳定，容易极端化。在入学后的一个多月时间里，她总是心情不好，经常默默哭泣没有胃口不想吃饭，开学一个多月的时间瘦了十余斤。学习上也无法集中注意力，专注不起来。她总是感觉精神不济，什么事情都不愿去做，以前喜欢的动漫也提不起兴趣了，每周打几次的羽毛球也已经很久不去打了。她还出现了失眠现象，甚至有时候晚上睁眼到天亮整夜睡不着。辅导员了解情况后跟小W促膝长谈，发现小W的状态很低迷，情绪也不对，之后短短半个月，小W总是表现得精力旺盛，情绪高涨，晚上睡眠很少也不觉得累，对未来充满了希望，树立了非常远大的理想，并且坚信自己的抱负很快就可以实现了，自己马上就能为人类的教育事业进步作出巨大贡献，自己毕业后十年之内一定可以获得教育终身奖。后来，小W在辅导员建议下去做心理咨询，咨询师访谈后建议尽快转介至专业医院精神科就诊，最终被诊断为“双相情感障碍”。

（一）双相情感障碍诊断标准

以下是双相情感障碍《精神障碍诊断与统计手册（第五版）》（DSM–5）诊断标准。

1. 在持续至少1周的时间内，在几乎每天的大部分时间里有明显异常的、持续性的高涨、扩张或心境易激惹，或异常的、持续的活动增多或精力旺盛。

2. 在心境障碍、精力旺盛或活动增加的时期内，存在3项（或更多）以下症状（如果心境仅仅是易激惹，则为4项），并达到显著的程度，且表现出与平常行为相比有明显的变化。

(1) 自尊心膨胀或夸大。

(2) 睡眠的需求减少（如仅仅睡了3小时，就感到休息好了）。

(3) 比平时更健谈或有持续讲话的压力感。

(4) 意念飘忽或主观感受到思维奔逸。

(5) 自我报告或被观察到的随境转移，即注意力太容易被不重要或无关的外界刺激所吸引。

(6) 有目标的活动增多（工作或上学时的社交性活动）或精神运动性激越，即无目的、无目标的活动。

(7) 过度地参与那些结果痛苦可能性高的活动（如无节制的购物，轻率的性行为，愚蠢的商业投资）。

3. 这种心境障碍严重到足以导致显著的社会或职业功能的损害，或必须住院以防止伤害自己或他人，或存在精神病性特征。

4. 这种发作不能归因于某种物质（如滥用毒品、药物或其他治疗）的生理效应或其他躯体疾病。

DSM–5 关于“轻躁狂发作”的诊断标准与“躁狂发作”的诊断标准大体一致，区别在于轻躁狂发作持续时间为“连续 4 天”；其功能损害程度比躁狂发作轻，严重程度不足以导致显著的社交或职业功能损害或必须住院治疗；轻躁狂发作与明确的功能改变有关，个体无症状时没有这种情况；这种心境障碍和功能的改变可以明显地被他人观察到。

（二）对案例的症状识别分析

1. 小 W 在入学后的一个多月时间里，总是心情不好，经常默默哭泣；开学一个多月的时间瘦了十余斤；学习上无法集中注意力；总是感觉精神不济；以前喜欢的动漫和羽毛球也无法让她提起兴趣。而且出现了失眠……小 W 的这些表现符合 DSM–5 关于“重性抑郁障碍”的诊断标准。

2. 小 W 后来几乎每天都表现得情绪高涨，精力旺盛，跟之前的小 W 简直是天壤之别，这种表现符合 DSM– 5 关于“躁狂发作”的诊断标准。

3. 小 W 对未来充满了希望，树立了非常远大的理想，并且坚信自己的抱负很快就可以实现了，在自己毕业后十年之内一定可以获得教育终生奖……小 W 这些表现符合 DSM–5 关于“躁狂发作”的诊断标准第 2 款第（1）条（自尊心膨胀或夸大）。

4. 小 W 感觉自己不需要这么多的睡眠，这一特点符合 DSM–5 关于“躁狂发作”的诊断标准第 2 款第（2）条（睡眠的需求减少）。

综合小 W 的各种表现，我们可以发现小 W 既有抑郁发作的相关症状，又有躁狂发作的相关表现，疑似患有双相情感障碍，需要尽快转至精神科就诊。

心理万花筒

确诊双相情感障碍后需要做的 5 件事

正视自己病了这件事，双相是很严重的精神疾病，要尽早去精神病专科医院看医生。

不要要求你的家人能够有多理解你，太过要求家人的理解，反而会远远达不到你的预期，有可能使病情更加严重，因为你的抑郁，你的轻躁狂可能就是由他们引起的。

告诉你的朋友你得了双相情感障碍，你的朋友会比你的家人更加理解你，有更多好朋友知道你的精神疾病反而有利于你的康复。

按时吃药，不要觉得吃了几次药自己好像没事了就可以不吃药了，一定要按照精神科医生的要求按时服药。

加减药量也不能自己做主，察觉到最近一段时间自己的情绪不太受控制，要尽快去看精神科门诊，让医生给自己调整药量。

四、强迫障碍

案例

小B，21岁，某大学电子信息类专业大二男生。他自己感到非常焦虑，主动来学校心理中心做咨询。当老师问他什么时候开始焦虑时，他说其实从初中开始就有焦虑感，因为一次坐公交车的经历，让他非常害怕自己会感染上艾滋病病毒。在初三的一个周末，他上完补习班后一个人坐公交车回家。他上车后只有最后一排的一个空座位了，于是他直接过去坐下了。但是坐下后他感觉自己的臀部好像被针一样的东西扎了一下，他马上站起来检查座位，结果座位很干净，什么异物都没有。他又仔细检查了一圈座位周围也没发现有类似针之类的东西，再检查了自己的臀部、大腿、手臂等可触摸到的身体部位，仍然没发现会引起针扎疼痛感觉的东西。反复检查过后，他臀部没再有什么针刺的感觉了，他也没敢再坐下来，站着到终点回家。

自那以后，小B总是尽可能地避免触碰非自己的任何东西，他不得已坐公交车的时候，再也不敢坐下来，哪怕车上有很多空位。上车后他会很小心地选择不拥挤的位置，检查扶手或拉手没有问题才敢触碰。他骑公共自行车的时候，总是先仔仔细细地把整辆车全面检查好几遍，确认没有异物，绝对安全才敢骑上去。为了避免被感染上可怕的病毒，他每次外出后，碰到家以外的任何东西，哪怕是接近那些他认为能接触病毒的东西，他都要用消毒液洗手多次，通常一天下来洗手达到30多次。在洗手这一常规动作上，他要花费数小时的时间。小B与外界躯体接触很困难，因此到教室上课，到食堂吃饭，去超市买东西，乘坐公交地铁出门等都变成了让他特别痛苦的大问题。这样控制不住地担心感染艾滋病病毒，过度洗手和检查，不仅消耗了他大量的时间，而且让他特别痛苦。他知道自己的担心和检查很多时候是不必要的，是多余的，甚至是“疯狂的”，但他没办法控制自己不去想、不去做。

小B在学校心理咨询师的建议下，去医院诊治，被诊断为“强迫障碍”。

强迫障碍是一种以反复持久出现的强迫观念或强迫行为为基本特征的神经症性障碍。强迫观念是以刻板的形式反复进入患者意识领域的表象或意向，强迫动作则是反复出现的刻板行为或仪式动作。患者明知这些观念及动作没有现实意义，没有必要，是多余的；患者有强烈的摆脱欲望，却无法控制，因而感到十分苦恼。

（一）强迫障碍诊断标准

1. 具有强迫思维、强迫行为或两者皆有。

(1) 强迫思维定义：在该障碍的某些时间段内，感受到反复的、持续性的、侵入性的和不必要的想法、冲动或意向，大多数个体会引起显著的焦虑或痛苦。个体试图忽略或压抑此类想法、冲动或意向，或用其他一些想法或行为来中和他们（如通过某种强迫行为）。

(2) 强迫行为定义：重复行为（如洗手、排序、核对）或精神活动（如祈祷、计数、反复默诵字词）。个体感到重复行为或精神活动是作为应对强迫思维或根据必须严格执行的规则而被迫执行的。重复行为或精神活动的目的是防止或减少焦虑或痛苦，或防止某些可怕的事件或情况。然而这些重复行为或精神活动与所设计的中和或预防的事件或情况缺乏现实的连接，或者明显是过度的。

2. 强迫思维和强迫行为是耗时的（如每天消耗 1 小时以上），这些症状引起具有临床意义的痛苦，或导致社交、职业或其他重要功能方面的损害。

3. 此强迫障碍状不能归因于某种物质（如滥用的毒品、药物）的生理效应或其他躯体疾病。

（二）对案例的症状识别分析

1. 小 B 自从初中那次公交车经历后，就总是控制不住地担心、害怕自己会感染艾滋病病毒，让自己内心非常痛苦，符合 DSM–5 关于强迫障碍的诊断标准第 1 款强迫思维第(1)条（感受到反复、持续性、不必要的想法）。

2. 小 B 为了减少感染艾滋病的可能，每次迫不得已出门的时候，如乘坐公交车、骑自行车等都会反复检查是否有针刺等异物，要确保安全，符合 DSM–5 关于强迫障碍的诊断标准第 1 款强迫思维第（2）条（个体为了压抑此类想法而用反复检查的行为来中和），也符合第 1 款强迫行为第（1）、（2）条（为了减少痛苦，重复检查行为）。

3. 小 B 每天洗手 30 多次，花费数小时，影响了正常的学习、交往和生活，为此非常痛苦，符合 DSM–5 关于强迫障碍的诊断标准第 2 款。

4. 经医院检查确认，小 B 没有其他躯体疾病，也没有相关的物质原因，因此符合 DSM–5 关于强迫障碍的诊断标准第 3 款。

综合小 B 的各种表现，我们可以发现小 B 有显著的强迫思维和强迫行为症状，可能患有强迫障碍，需要尽快转介至精神科就诊。

五、焦虑障碍

案例

小 C，22 岁，某大学财务与会计学专业大二女生。出生在某江南水乡，独生女，尽管父母很宠自己，但是父母对自己的要求非常严格，期望值也非常高。目前是校学生会某部门的副部长，大学里的学习、学生工作、社会实践等方面都很优秀。小 C 对自己的要求也很严格，争强好胜，努力获得各种荣誉和表扬，从小到大获得了无数的赞美和艳羡。虽然小 C 从小到大学习成绩一直名列前茅，但是从高中起就非常担心自己的成绩不够优秀，担心考试成绩不理想，担心老师和其他同学不喜欢自己。近一年来这种情况更加严重，小 C

总是觉得心慌，会无缘无故地感到紧张和害怕，坐立不安，心情烦躁，每天都会因为各种事情担心。例如，害怕自己组织的学生活动出现问题，担心自己身体会垮掉，担心父母的健康，担心自己会出车祸，担心自己学习成绩不好……对于这些无缘无故的担心，她自己也试图控制，但是控制不了。她总是觉得全身酸痛，肌肉紧张，甚至有的时候会冒冷汗、发抖。她每天晚上入睡困难，经常凌晨 2—3 点才能睡着，但是睡眠质量差，早上起床后会感觉很疲乏。睡觉时室友发出一点动静她就会十分紧张，总是会担心有不好的事情发生。上课的时候注意力难以集中，容易走神。这些焦虑导致她学习成绩有所下降，学生会工作中也经常出现一些不该发生的差错，这使她更焦虑不安，不知道这样糟糕的情况什么时候才能结束。她因心慌、胸闷而去医院检查，结果无明显的躯体病变。后转到精神科就诊，被诊断为“焦虑障碍”。

焦虑障碍是以焦虑综合征为主要临床表现的一组精神障碍，焦虑综合征表现为精神症状和躯体症状。精神症状表现为提心吊胆、恐惧和忧虑的内心体验伴有紧张不安；躯体症状是在精神症状基础上伴发自主神经系统功能亢进症状，如心慌、胸闷、气短、口干、出汗、肌紧张性震颤、颤抖、颜面潮红或苍白等。

（一）焦虑障碍诊断标准

1. 至少在 6 个月的多数日子里，对于诸多事件或活动（如工作或学校表现），表现出过分的焦虑和担心（焦虑性期待）。

2. 个体难以控制这种担心。

3. 这种焦虑和担心与下列 6 种症状中至少 3 种有关。

(1) 坐立不安或感到激动或紧张。

(2) 容易疲倦。

(3) 注意力难以集中或头脑一片空白。

(4) 易怒。

(5) 肌肉紧张。

(6) 睡眠障碍（难以入睡或保持睡眠状态，或休息不充分、质量不高的睡眠）。

4. 这种焦虑、担心或躯体症状引起有临床意义的痛苦或导致社交、职业或其他重要功能方面的损害。

5. 这种障碍不能归因于某种物质（如滥用毒品、药物）的生理效应，或其他躯体疾病（如甲状腺功能亢进）。

（二）对案例的症状识别分析

1. 小 C 对学习、工作、生活等多个方面表现出过度的担心和焦虑，且她担心的内容比较广泛，没有明确的对象，这种过度焦虑的状况持续时间长达一年之久，符合标准第 1 条的症状。

2. 对于这些无缘无故的担心，小 C 试图控制但是控制不了，符合标准第 2 条的症状。

3. 小 C 总是觉得心慌，会无缘无故地感到紧张和害怕，坐立不安，心情烦躁，每天都会因为各种事情担心 [符合标准第 3 条第（1）类]；上课的时候注意力难以集中，容易走神 [符合标准第 3 条第（3）类]；总是会觉得全身酸痛，肌肉紧张，甚至有的时候会冒冷汗，身体发抖［符合标准第 3 条第（5）类］；每天晚上入睡困难，凌晨 2—3 点才入睡，睡眠质量差［符合标准第 3 条第（6）类］。可见，小 C 的焦虑和担心与标准第 3 条中所列的 4 种症状有关，符合标准第 3 条的症状。

4. 这些焦虑对小 C 的学习生活也产生了威胁，成绩下降，工作出现差错，严重影响了小 C 的日常生活，符合标准第 4 条的症状。

5. 小 C 没有滥用毒品、药物，去医院检查，身体健康，无明显器质性病变，符合标准第 5 条的症状。

由以上分析可以初步判断小 C 可能患有广泛性焦虑障碍，需要尽快转介就医。

大学生中除了最常见的上述几类精神障碍，还有可能存在其他各种精神障碍。当我们了解了精神障碍的体征和各种症状之后，就能及时觉察和识别精神障碍的核心症状和相关表现，建议及时寻求专业的诊断和治疗。我们应该像监控我们的血压或血脂水平那样，实施自我精神状况的检测，有需要时能获得精神健康的支持和专业帮助。

体验活动

李某，女生，19 岁，某重点综合大学社会科学专业学生。自幼学习上进，记忆力较强，深受老师的器重，每逢市里的一些学科竞赛，学校都推荐她参加，这对她的精神造成很大压力，她本人对数学兴趣不浓，但是教师仍然很看重她，自己认为这是一种荣誉，是学校和老师对自己的器重，也不好违抗。考前一夜没睡，在考场上脑子很乱，原来复习过的内容也想不起来了，急得浑身出汗，心慌意乱，勉强交了试卷，考试成绩失败。从此以后出现了睡眠障碍。考上大学以后，第一学期期末考试数学不及格，在中学学习时数学就不是强项，对数学不感兴趣，因而报考了社会科学专业，没想到这个系也要学习数理统计，数学和统计学在大一、大二两个学年都要学，这就给她带来了沉重的心理负担，每到期末复习考试临近期间就紧张焦虑，还伴有严重的睡眠障碍。

(1) 请组内一位同学扮演案例中的李某，请组内指定一位同学扮演心理咨询师，在不看案例的情况下向“咨询师”绘声绘色地描述“自己”的心理问题。

(2) 请“咨询师”反馈你的描述，并对“来访者”开展一次模拟心理咨询。注意：请勿将案例中李某的行为对号入座，注意保护扮演者的隐私，案例讨论和模拟咨询仅局限于课堂中。

第 24 章 预防和干预精神障碍

大学生的重大考试、生活处境的改变和重要关系出现危机等，是可能导致其精神障碍发作的一些应激因素。有研究发现，大学生精神障碍患者不仅家庭经济地位、社会地位和父母文化程度明显偏低，还有 1/3 以上的患者养育情况不良，而且这些学生的自我评价明显消极。因此，提高学生身心健康素质，控制引发大学生精神障碍的有关应激因素是最好的预防。

一、精神障碍的预防方法

（一）增强身体素质

1. 维持正常睡眠，解决睡眠问题

睡眠是哺乳动物维持体内平衡的一个重要组成部分，对自身和物种的生存至关重要。人类有 1/3 的时间在睡眠中度过，然而睡眠紊乱在人群中却十分常见，其中，失眠是最常见的睡眠紊乱，失眠障碍是最常见的睡眠障碍。

(1) 了解失眠障碍的症状：失眠障碍的主要表现是在适当的睡眠机会和环境的情况下个体对睡眠质量的不满，主要表现为入睡困难和（或）睡眠维持障碍，同时伴随对白天功能有显著的影响。

有失眠障碍的个体经常难以入睡或保持睡眠。个体没有充分的睡眠或在醒来时没有感觉到恢复（没有能量）或没有感到焕然一新。其结果，他们可能身体能量低，感到疲劳、担心或抑郁。失眠是最常见的睡眠问题，约 30% 的成年人报告曾有失眠症状。有时失眠可能发生于应激事件中，如失去亲人、遭遇重大失败，或者出现人际关系问题等。有一些正性事件，如展望即将到来的毕业典礼，或者渴望已久的旅行等，也可能破坏个体正常的睡眠。失眠可以是情境性的（持续数天或数周，经常是生活事件或睡眠时间表或睡眠环境的改变所致），也有间歇性的（每月至少 1 次，但少于 3 个月），或者持续性的（发生 3 个月或更长时间，在生活事件或睡眠时间表或睡眠环境改变之后），或者复发性失眠（一年中有 2 次或更多次的失眠发作反复出现。有慢性失眠的个体经常有几个夜晚的睡眠障碍，接着又有几个晚上睡得好，然后睡眠困难状况会再次出现）。

(2) 认识正常的睡眠阶段：规律且持续的睡眠可以让我们的生活质量更高，日常功能发挥得更好，也可以让我们的心境保持轻松愉悦。大多数健康成年人每晚需要 7.5～8.5 小时不被打断的睡眠，如果没有达到个体需要的睡眠时数，身体就可能没有足够的恢复时间，第二天就不容易自我恢复。因此，我们只有了解正常的睡眠规律，才能更好地应对可能的失眠。

(3) 养成良好的睡眠习惯，治疗失眠：尽管有许多因素会影响我们的睡眠，但在适应相关的现实环境的基础上，我们依然可以采取一些策略来帮助我们解决失眠问题，获得更好的夜间睡眠质量。

良好的睡眠卫生应该从日常作息时间、日常饮食、休息环境等开始，通过改变我们可以改变的生活环境和方式来减少不利睡眠的行为模式，养成对睡眠有利的习惯。我们主要可以从以下几个方面来实施：①尽量避免饮用含酒精或含咖啡因的饮品；②在睡前4小时内，尽量避免吃难以消化的食物；③吃完晚饭之后，应当尽量避免大量饮用水或其他饮料，避免晚上就寝后频繁去洗手间；④在吃完晚饭之后，不要再参加会引起机体过度兴奋和刺激的活动；⑤床只能用来睡觉，将休息和放松等活动都在床以外的环境下进行；⑥建立一套准备就寝的流程；⑦寝室的环境要对进入睡眠有所帮助，如舒适的温度、光线和声音；⑧躺在床上以后，应当放空思想，避免胡思乱想，但是可以想一些令人轻松愉悦的事情使心情平静，这样有助于快速进入睡眠状态；⑨每天在规定时间起床，包括周末；⑩保持规律的体育锻炼，但是睡前不可进行高强度的运动。

有大量研究证明，养成良好的睡眠习惯以后，人们的睡眠质量常常会获得整体改善，睡眠的连续性、睡眠的深度、睡醒后的主观感受（如是否解除疲劳感和睡眠的效率）等都会获得很大的改善。

2. 促进健康饮食，预防进食障碍

在过去的十几年中，中国青少年进食障碍人数不断增长。除确诊的进食障碍外，未达诊断标准的进食障碍症状也会导致超重、肥胖等问题，且进食障碍具有较高的发病率和死亡率。有数据显示，中国青少年的肥胖率在不断上涨，且增长速率全球领先，提示我国青少年的饮食健康问题不容乐观。

(1) 识别进食障碍的主要症状。进食障碍主要指以进食行为的异常，伴有对食物和体重体型的过度关注为主要临床特征的一组综合征，包括破坏个体如何进食和吸收营养的慢性进食问题。这些障碍极大地损害了躯体健康和个体思考、感受、与他人联系的方式。主要有神经性厌食、神经性贪食和暴食3种类型。

(2) 进行自我健康教育。进食障碍是一种严重危害身心健康并可能导致死亡的精神障碍，影响其发生发展的因素复杂，可能有遗传、性别、年龄、种族、职业、行为、心理、情感、家庭及环境因素等。我们主要可以从以下几个方面来实施：①培养良好的进食习惯；②定时进餐；③节制冷饮和甜食；④合理搭配、讲究健康营养。

心理小贴士

健康饮食小贴士

1. 保持食物多样性

每天的膳食应包括谷薯类、蔬菜水果类、畜禽鱼蛋奶类、大豆坚果类等食物。建议平均每天摄入12种以上食物，每周25种以上。这有助于确保身体获取到各种必需的营养素。

2. 控制食量

吃饭时应控制食量，避免暴饮暴食。吃到八分饱是一个不错的选择，这有助于维持健康的体重和消化系统的正常运作。

3. 清淡饮食

尽量减少油腻、辛辣、高盐、高糖等刺激性食物的摄入。这些食物可能增加身体负担，影响健康。相反，应选择清淡、易消化的食物，如蔬菜、水果、全谷类等。

4. 适量饮水

水在生命活动中发挥重要作用，应足量饮水。每天至少喝 8 杯水，有助于保持身体的水分平衡，促进新陈代谢和废物排出。

5. 定时定量

尽量保持每天三餐定时定量，避免长时间饥饿或暴饮暴食。这有助于维持血糖水平的稳定，减少肥胖和代谢性疾病的风险。

（二）养成健康行为

一切有利于促进大学生健康的行为，都可以称为健康行为。大学生中常见的健康行为包括合理饮食、睡眠、运动等有利于身体健康的行为也包括学习等有利于心理健康的行为，对于新时代的大学生来说，乐观面对挑战，学会感恩和珍惜身边的人和事物，从中汲取正能量，让自己的心态更加积极向上。这有助于提升幸福感，减少焦虑和压力。提高自我认知与调节能力，了解自己的长处和短处。当遇到困难和挫折时，要学会自我调节情绪，保持冷静和理智。积极参加各种社交活动，如参加社团、志愿活动等，结交更多的朋友，学会沟通，与他人保持良好的沟通和交流，尊重他人的意见和想法，都是生活中常见的心理健康行为。

（三）培育健康心态

大学生在掌握了心理学、心理健康相关的概念、理论等基础知识后就能树立重视和促进自我心理健康的意识，用理性的认知看待这个世界，看待周围万事万物；用积极的情绪状态应对这个世界的千变万化；用健康的人格适应这个世界的变革发展。我们将学到的理论知识应用于大学生的生活、学习、交往等实践活动中，就可以将理论知识活学活用，将技能体验知行合一。如此，大学生就能拥有理性平和的健康心态和积极品质，哪怕遇到再大的风浪，也能努力去发现不幸的积极面，找到“不幸中的万幸”。拥有健康心态，学着向内心投放光明，你会发现许多问题将迎刃而解。

二、精神障碍的干预措施

（一）精神障碍的自我干预

大学生首先要树立“精神障碍可防可治”的自觉意识。精神障碍是会造成正常心理功能的缺损或丧失，多数（80% 上）精神病患者只要治疗得当，加上定时复诊服药，就能稳定病情，有效地恢复正常而充实的生活；在急性期精神症状得以控制、缓解后，还得坚持长期服用精神药物。若能按时看门诊，遵医嘱长期服药，病情始终稳定甚至终生不复发的病例在临床上也为数不少。

此外，每个大学生都要学习了解基本的精神障碍科学知识。只有认识了精神障碍的基本概念、发病机制与治疗规范，才能建立积极的预防意识，才能对精神障碍的早期症状有良好的自我觉察。在此基础上，正确对待可能出现的有关精神症状，及时发现并识别出相关的精神症状，在必要时积极配合就医诊治，就是对精神障碍的自我干预，也是基本预防。如果确诊了某种精神障碍，要积极配合治疗，遵医嘱规范治疗以尽可能取得好的疗效，与医生配合预防复发。

（二）精神障碍的转介干预

学生除了要关照好自己的身心健康，还可以在心有余力时主动帮助周围同学促进身心健康发展。当周围的同学患上了精神障碍，要消除对这些患病同学的偏见，对正在与精神障碍斗争的同学，给予鼓励支持，给予他们力所能及的关爱。

发现周围同学有异常精神活动时要及时报告，协助家长和学校老师做好转介就医工作，对精神障碍不抱任何侥幸心理。许多精神病患者都否认自己有病，这是由于其丧失了对其自身疾病的认识能力的缘故，也正因为如此，不少患者尽管病情很重也拒绝就医。对这类可能患有精神障碍的同学，应该及时报告学院、学校相关老师，及时采取措施，才有可能使同学的异常症状得到及时、有效的诊治。

（三）精神障碍的支持干预

第一，患有精神障碍的同学要克服自卑心理，主动融入同学和班集体，力所能及地参与正常的大学学习和生活。

第二，要关心关爱患有精神障碍的同学，努力做到接纳而不歧视，并在班级、寝室等集体环境中营造一个健康、积极、宽容、乐观的心理空间，让同学在这样的环境里感觉到温暖和关爱。

第三，要学会关心、关注并鼓励精神障碍患者积极接受专业医疗机构的诊治、遵医嘱坚持治疗。

我们相信，今天的大学生比以往任何时候，都能更好地解决精神健康问题。我们已经足够认识了精神障碍是什么，精神障碍为什么会发生，精神障碍是需要规范治疗的。只要我们能及时发现识别精神障碍的症状和表现，用科学的态度及时寻求专业的支持和治疗，那我们一定可以战胜精神障碍，身心健康地成长。

体验活动

A 实施自杀之前向好友小 R 倾诉了心声，并希望小 R 替她保密。小 R 没有想到一天后收到了 A 自杀身亡的消息……

小 R 非常内疚和自责，后悔当时还有些话没来得及说，有些事没来得及做；小 R 也有很大的压力和恐惧感，总是做噩梦，吓醒了就再也睡不着……

思考与讨论

1. 面对好友的倾诉并透露出自杀的想法，是否还要保密？哪些事属于保密的例外情况？

2. 假如让你宽慰小 R，你会对她说些什么可以帮助她挖掘到积极力量？

3. 小 R 该如何进行自我关怀？还可以寻求哪些支持？

本篇小结

本章同学们学习了精神障碍的概念、识别的标准和原因，具体讨论了一些精神障碍的案例，并交流了如何应对心理障碍的途径与方法。在学习的过程中同学们要注意区分对待不同的心理障碍，了解哪些疾病必须立即到医院进行治疗，哪些疾病通过心理咨询可以得到较好的解决，为自己的心理健康撑起一片晴天。

【复习与思考】

1. 精神障碍的病因是什么？
2. 抑郁障碍和焦虑障碍的表现有哪些？
3. 精神分裂症的基本特点有哪些？
4. 如果被诊断为患有心理疾病，我们应该怎么办？
5. 如果同学中有人患有心理障碍，你该怎么办？

【相关量表】

抑郁自评量表（SDS）

下面有 20 条题目，请仔细阅读每一条，把意思弄明白，每一条文字后有四个选项，分别表示：A. 没有或很少时间（过去 1 周内，出现这类情况的日子不超过 1 天）；B. 小部分时间（过去 1 周内，有 1～2 天有过这类情况）；C. 相当多时间（过去 1 周内，3～4 天有过这类情况）D. 绝大部分或全部时间（过去 1 周内，有 5～7 天有过这类情况）。

施测时间建议：5～10 分钟。

1. 我觉得闷闷不乐，情绪低沉。	A	B	C	D
2. 我觉得一天之中早晨最好。	A	B	C	D
3. 我一阵阵哭出来或觉得想哭。	A	B	C	D
4. 我晚上睡眠不好。	A	B	C	D
5. 我吃的跟平常一样多。	A	B	C	D
6. 我与异性亲密接触时和以往一样感觉愉快。	A	B	C	D
7. 我发觉我的体重在下降。	A	B	C	D
8. 我有便秘的苦恼。	A	B	C	D
9. 我心跳比平时快。	A	B	C	D
10. 我无缘无故地感到疲乏。	A	B	C	D
11. 我的头脑跟平常一样清楚。	A	B	C	D
12. 我觉得经常做的事情并没有困难。	A	B	C	D
13. 我觉得不安而平静不下来。	A	B	C	D
14. 我对将来抱有希望。	A	B	C	D

15. 我比平常容易生气激动。	A	B	C	D
16. 我觉得做出决定是容易的。	A	B	C	D
17. 我觉得自己是个有用的人，有人需要我。	A	B	C	D
18. 我的生活过得很有意思。	A	B	C	D
19. 我认为如果我死了别人会生活得好些。	A	B	C	D
20. 平常感兴趣的事我仍然照样感兴趣。	A	B	C	D

记分

正向计分题 A、B、C、D 按 1、2、3、4 分计；反向计分题按 4、3、2、1 计分。

反向计分题号：2、5、6、11、12、14、16、17、18、20。

结果分析

将 20 个项目的各个得分相加，即得总粗分。总粗分的正常上限参考值为 41 分，标准分等于总粗分乘以 1.25 后的整数部分。分值越小越好。

标准分正常上限参考值为 53 分。标准总分 53～62 为轻度抑郁，63～72 为中度抑郁，72 分以上为重度抑郁。

此评定量表不仅可以帮助诊断是否有抑郁障碍症状，还可以判定抑郁程度的轻重。因此，一方面可以用来作为辅助诊断的工具，另一方面也可以用来观察在治疗过程中抑郁的病情变化，用来作为疗效的判定指标。但是，此评定量表不能用来判断抑郁的性质，所以不是抑郁障碍的病因及疾病诊断分类用表。因此，测出有抑郁障碍之后，应该及时到精神科门诊进行详细的检查、诊断及治疗。

【推荐读物与影视作品】

1. 图书《你的反常，他的日常：认识日常生活中的精神病》

该书旨在帮助读者认识和理解日常生活中可能遇到的各种精神病现象。作者通过深入浅出的方式，探讨了精神病的成因、症状、诊断及治疗方法，同时强调了社会对精神病患者的理解和支持的重要性。书中不仅介绍了常见的精神病类型，如抑郁障碍、焦虑障碍、精神分裂症等，还深入剖析了这些疾病对患者日常生活的影响。作者通过生动的案例和故事，让读者能够更直观地感受到精神病患者的内心世界和所面临的困境。

2. 电影《叫我第一名》

布莱德患有先天性的抽动秽语综合征，这种严重的痉挛疾病，导致他无法控制地扭动脖子和发出奇怪的声音。而这种怪异的行为，更是让他从小不被周围的人理解，在学校里老师经常批评他，同学们更是对他冷嘲热讽，就连他的父亲也对他失望透顶。只有他的母亲一直是他的坚实港湾，母亲的坚持与鼓励，让他能够在正常人的生活中艰难前行。布莱德一直在痛苦的旋涡中挣扎，直到在一次全校大会上校长在众人面前巧妙地让大家了解了布莱德的真实情况，并让他坚定长大要成为一名教师。因为这个病症让布莱德在寻求教师梦想的道路上遭到众人怀疑，屡屡受挫，但他为了找到一个愿意接受自己的学校，不抛弃梦想，不放弃信念，默默地努力。最终实现了自己的梦想，同时也找到了属于自己的爱情。

第九篇

生命如花　绽放精彩：大学生心理危机预防和应对

视频 9　请跟着我这样做

案例

2022 年 4 月 2 日，西安某大学的一名女研究生在宿舍内割破颈动脉死亡，该女学生是内分泌专业的在读专硕，正在进行规培实习。该女研究生在实习期间经常受到带教老师的批评，据其堂弟透露，她曾抱怨科室带教老师很凶，有点“魔鬼”般的感觉。老师还曾威胁她，说如果患者情况不好就是她的责任。她每天都很害怕，感觉自己运气非常不好，总是收重患者。在受到多次批评后，女研究生情绪崩溃。最后一次批评后，她未能完成夜班，科室让她先回去休息。女研究生回到宿舍后，选择了割破颈动脉自杀。舍友第二天回到宿舍才发现她已经身亡。该事件再次提醒人们关注大学生的心理健康问题，特别是那些处于学业和就业压力下的学生。

2023 年 9 月 6 日，西安某学院大四学生张某在参加完培训机构的课程后，独自来到唐延路遗址公园自缢身亡。张某是数字媒体专业的大四学生，为了提升就业竞争力，张某参加了学校推荐的校外培训机构，由于家庭经济条件不好，张某选择了贷款支付高昂的培训费用，贷款金额约为 1.7 万元，分 12 期还款，每月需还 1700 多元，每月的还款压力导致他在心理上承受了巨大的负担。据报道，这名大学生来自一个贫困的家庭，父母早年离世，留下他与哥哥相依为命。作为大四学生，张某面临着即将毕业的就业压力，他可能认为通过培训能够提升就业竞争力，但高昂的费用和不确定的就业前景使他感到焦虑。心理专家推测出事的原因是缺乏足够的心理支持和疏导渠道。

生命，是一个永恒的话题。

生命牵动着太多。还记得朱自清的《匆匆》吗？“燕子去了，有再来的时候；杨柳枯了，有再青的时候；桃花谢了，有再开的时候。但是，聪明的你告诉我，我们的日子为什么一去不复返呢？”生命对每个人只有一次，它牵系着太多的爱，包涵着太浓的情：天地载负的恩，父母含辛茹苦的情，师长谆谆教诲的仁，朋友莫逆相契的义。当有些人虚度韶华的时候，当有些人不爱惜自己，自以为获得解脱时，可曾明白这束缚着多少人的快乐，牵动着多少人的心？

在我们的成长过程中，各种生命关系和环境条件，既可能支持个人的适应与发展，也可能阻碍个人的适应与发展。当我们遭遇到阻碍自己适应与发展的关系与环境条件时，如果应对不佳，就可能导致我们的心理困惑、生命困顿，严重者可能形成心理危机，影响自己或他人的生命安全。但是，如果我们能够成功应对这些危机，则往往能够促进我们自己生命的成长。因此，如何认识和应对危机，在“危”中找到“机”，是我们必须思考和面对的现实生命任务。

学习目标

1. 了解心理危机的界定与类型。
2. 掌握预防和应对心理危机的有效策略。
3. 增强个人韧性，探寻生命的意义与价值。

第 25 章 心理危机的界定与类型

人生即真，不能虚度！
我们命运的终点或道路，
不是享乐，也不是忧伤；
只是行动，并且在每一个今天，
发现我们比前一个今天都有进展。

那么就让我们起来行动，
准备一个应对一切命运的胸怀。
成就只为有追求者准备，
学会勤奋还要学会忍耐。

——[美]亨利·华兹华斯·朗费罗《生命礼赞》(节选)

一、大学生活与心理危机

(一)大学生所面临的压力与挑战

新时代大学生要加强“抗压与耐挫”自我教育，以磨炼意志，培养克服困难、勇往直前的勇气，将压力耐受力和挫折复原力的提升融入自己的大学生活实践中，逐步提高自己克服困难、承受压力与耐受挫折的能力，应对各种可能的心理危机。

危机是个体成长中的一种正常现象而非病态，它无所不在，无时不有，不可避免。大学生是一个心理正走向成熟的群体，大学生活是从学校生活走向社会生活的转折点。在大学阶段，个体生命成长的任务、环境条件、成就动机和发展方式都发生了很大改变，这也就可能带来更为复杂的适应与发展问题。相应地，遭遇心理危机的可能性也就更大，类型也更为复杂。大一新生面临从高中生向大学生的角色转变，需要适应全新的学习、生活、人际环境等；到了大二、大三，大多数学生基本上适应了大学生活，又面临社团活动、评奖评优、恋爱等其他问题；到了大四，则有可能面临就业、择业及社会适应等新问题。这些问题如果应对和处理不好，都有可能转化为心理危机，可以说，困惑(甚至危机)与成长伴随整个大学生活。近年来，我国各高校大学生严重心理危机事件频发，也引起了社会各界对大学生心理危机问题的高度关注。

(二)心理危机的界定

危机(crisis)有两个含义，一是指突发的、出乎人们意料发生的事件，如地震、水灾、空难、疾病暴发、恐怖袭击、战争等；二是指人所处的紧急状态。当个体遭遇重大问题或变化使个体感到难以解决、难以把握时，平衡就会被打破，正常的生活受到干扰，内心的紧张不断积蓄，继而出现无所适从甚至思维和行为的紊乱，进入一种失衡状态，这就是危机状态。危机意味着平衡稳定被破坏，引起混乱、不安，危机的出现是因为个体意识到某一事件和情境超过了自己的应付能力，而不是个体经历的事件本身。所谓心理危机，就是当个体面临突然或重大生活逆境时所出现的心理失衡状态（G. Gaplan，1954）。

人的一生当中经常会面对各种压力或挫折，一旦这些压力或挫折在个体原来能力范围内不能被应对时，容易发生心理危机，心理状态容易失去平衡。心理危机的发生需要同时具备几个要素：客观事件、主观感受、个体无法应对及心理失衡。产生心理危机的客观事件属于心理危机产生的“应激源因素”，而个体对相关客观事件的主观感受，则属于心理危机产生的“易感性因素”。当这两项因素进行独特结合，导致个体觉得无法应对“客观事件”带来的结果，并最终导致心理失衡，心理危机就产生了。

迄今为止，国内外学者从不同的角度对心理危机进行了研究，但仍未有统一的界定。马建青等通过对国内外心理危机研究理论的梳理和对我国高校大学生危机事件的实证调查，认为大学生心理危机的产生须同时具备下列三个条件：出现引发较大心理压力的生活事件，依靠自身能力无法应对困境，出现认知、情绪和行为的失调。大学生心理危机是指大学生个体认为自己在经历某一事件或情境时，运用惯常的应对方式不能解决从而导致认知、情绪和行为的失调，以及社会功能的部分受损。

知识延伸

电击狗实验①

塞利格曼把一只狗关在通电的笼子里，用强电流击打狗，并且无论狗怎么努力，它都逃不出去。一段时间后，他再把电撤了，笼子打开，这时他发现，狗已经不再挣扎，只是痛苦地呻吟着等待电击。塞利格曼发现，原来痛苦和无助是习得性的。当一个生物体反复经历无法逃避的负面事件时，它可能会学会无助，即使后来有机会逃避，也不再尝试。

二、自杀是心理危机的极端表现

（一）心理与社会因素

1. 心理因素

人的任何行为都是在心理活动的参与之下进行的，心理因素是大学生自杀行为产生的内部因素。导致大学生自杀行为发生的心理因素主要有以下几个方面。

(1) 心理脆弱：大学生自杀的一个最主要的原因就是心理脆弱，即心理承受能力差，难以抵御生活中困难和挫折的冲击。同样的挫折、困难，有的同学能很快从焦虑、悲观等心理失衡状态中恢复过来，有的却深陷其中不能自拔，有时即使是并不严重的挫折，也有

① 引自 http://www.360doc.com/content/17/1230/13/33738584_717648292.shtml。

可能使其精神崩溃甚至走上自杀的道路，这与心理承受能力有密切的关系。

(2) 抑郁：抑郁心理一般表现为对日常活动的兴趣及动力的显著减退，反应迟钝，无精打采，拒绝交际，悲观失望等。大多数学生都有过这种消极情绪，但持续的时间较短，随着事过境迁也就消失了。但也有少数性格内向，孤僻，自尊心强，心理承受能力差的大学生，容易长时间陷入抑郁状态，导致自杀行为的发生。

(3) 性格孤僻：性格孤僻的大学生往往将自己隔离于他人和社会之外，对人际关系淡漠，甚至于惧怕；对社会有一种离心力，缺乏获得安慰、同情的环境和宣泄转移的条件，在受到挫折打击时，性格孤僻的大学生常常得不到或拒绝周围同学的关心和帮助，不良情绪由于缺乏宣泄转移的途径而郁结于胸，容易引起自杀。

2. 社会因素

社会因素是大学生自杀的外部因素。在社会因素方面，引起大学生自杀的原因存在年级差异，一般来说，低年级学生自杀多与人际冲突和学业压力有关，高年级多与失恋、经济压力和就业压力有关。

(1) 人际关系：人际关系问题主要存在于大一新生当中。对于刚刚到学校过集体生活的大学生来说，如何与周围的同学友好相处，建立新的和谐的人际关系，是一个重要的课题。大学里，五湖四海的同学汇聚在一起，各自的经济状况、生活方式、兴趣爱好、性格等千差万别，这些差别不可避免地带来碰撞和摩擦，部分性格孤僻内向，不愿与他人交流的同学很容易产生孤独和抑郁感，久而久之，这些同学很可能因为同学之间的一点矛盾和摩擦而产生极端的念头和行为。

(2) 学业压力：大学生作为同辈中的佼佼者，进入高等学府，往往会对将来做出种种美好的设想，加上大学生的自我意识较强，对自己有更高的要求。然而，理想与现实是存在差距的。到了大学后竞争对手不一样了，这时候自我要求过高，还想保持中学时期“尖子生”的地位，势必带来更大的竞争压力。尤其是家庭经济困难的，父母借钱供孩子上大学，越是懂事的孩子压力越大。这些压力在一定程度上可以转化为学习的动力，激励他们更加努力地学习，但是这种努力一旦失败，往往带来更大的精神压力。

(3) 就业压力：在市场经济条件下，社会的急剧变革，人才观念的转变，大学连年扩招，使得竞争越来越激烈，现今的大学生比以往任何时代的大学生都面临着更沉重的压力。另外，与其他同龄人相比，大学生对自己的工作有着更高的要求。一些同学对自己的能力认识不够，就业观念不正确，找工作时对一些薪资低，条件艰苦的工作不屑一顾，错失良机。毕业时没找到合适的工作，就对自己的能力产生怀疑，产生强烈的自卑感，认为自己无用、无能。

(4) 情感危机：当前大学生恋爱的现象也很普遍，一些学生在感情问题上处理不当，感情受挫的情况也时有发生。感情受挫的大学生会不同程度地感到内心沮丧、愤怒、抑郁、痛苦等。如果这种消极的情绪反应持续下去，会使心理危机进一步恶化，使得个体可能面临崩溃的威胁。

此外，经济压力、家庭变故、媒体报道等因素都可能诱导大学生产生自杀行为。

知识延伸

康德反对自杀的六个理由[①]

1. 自杀就是无视对自己的义务。人生来都有义务，尤其是对自己要有义务，这是成为人的一个条件。对自己的义务之一就是保护自己的生命。

2. 自杀是对自己的轻蔑。自杀者把自己看成了一个东西，自己可以随便处置。因而别人也就可以随便处置，所以自杀把人性降低成动物的等级。

3. 自杀毁灭了生命，因而破坏了履行义务的条件。

4. 自杀同时也说明自杀者弃绝了他所处的道德共同体。他弃绝了一切与他相关的所有社会关系和这些关系维护的道德。自杀等同于不承认这个共同体的任何道德。

5. 自杀实际上包含着一种情感矛盾。自杀者自杀是为了一了百了，让自己"解脱"。可是解脱，这个希望本身是对一个有生命的人才有意义的，没有生命的人无所谓解脱不解脱。因为对于死人而言，生活没有所谓的更好或更糟，所以所谓自杀，潜意识里还是想"活得更好"，可是他的选择却是消灭了生命本身。

6. 自杀等同于自我谋杀。一个人完全无视任何权威，一个会自杀的人，并没有理性地保证不去谋杀别人，如果他能做自己生命的主宰，那么他也会成为别人生命的主宰。

（二）预防与干预的重要性

大学生作为一个最有知识和潜力、技能和才华的一个群体，是祖国未来的希望和国家的栋梁。他们是家庭多年来的中心和希望，承载着家庭甚至家族的愿望。中国每年约有28.7万人死于自杀，一项研究发现，国内部分重点高校2006—2010年大学生自杀死亡率为2.37/10万，自杀是大学生死亡的第2位原因，并成为大学生非正常死亡的重要原因之一。因此，研究大学生自杀问题已经成为社会学、心理学、医学和健康学等诸多学科领域关注的热点和重点，也引起了国家和政府的高度关注。自杀意念是心理学领域研究自杀现象的一个入手点，也是预防和干预自杀的关键。自杀意念是导致大学生自杀的危险因子，因此，自杀预防工作很重要的一环就是对自杀意念进行预防和干预。

（三）自杀危机发生后的应对

1. 警惕媒体报道对自杀的诱导

受媒体自杀报道影响而出现的模仿自杀现象也叫"维特效应"。维特是德国作家歌德的《少年维特之烦恼》中的主人公，书中维特为情所困开枪自杀，引发了青少年的自杀模仿现象。从社会学理论角度来讲，自杀高危人群通过媒体报道看到处于困境的人通过自杀结束自己的生命，或者说结束了自己的痛苦，可能让受众，特别是青少年误以为这是人们经常会做出的选择，也可能诱发易感人群的自杀倾向，尤其当受众对背景或问题与自己相近的自杀者产生身份认同时，很可能用模仿对方的方法来"解决问题"。报道频率越高，

① 引自《生命伦理学基础》。

被模仿的概率越大。

正确面对媒体报道的自杀事件的方式如下。

(1) 用客观科学的态度面对自杀事件：自杀往往是个体因生理、心理、家庭、社会等多种因素共同作用而产生的行为。过度的批评指责不利于对这一行为的客观理解，反而会使人们简单认为这是时代的悲哀和普遍的现象。过度简化原因也会诱导大众误以为这是类似问题的解决之道。

(2) 全面看待自杀者的社会影响：媒体在报道自杀事件时，需要适当关注自杀者亲属遭受的创伤及他们的心理危机，包括自杀事件对周围环境和社会的相关影响，唤起大众对自杀行为危害的认识，增强社会的人文关怀氛围。

(3) 理性看待自杀者的社会矛盾：媒体在报道自杀事件时，要避免美化或有偏差地渲染自杀者的自杀行为，利用大众对自杀者的同情心理，有选择性地组织戏剧化的故事情节，以激化仇富心理、家校矛盾、性别冲突等，或连续报道相似主题的新闻以“蹭热点”、博人眼球。

2. 危机事件发生后可能出现的身心反应

社会心理学中有一种情绪传染现象：生活在同一时间和空间的群体，某种特定的感情、情绪、行为会在人群中传染，有点像情绪上的“流感”。尤其是当前互联网信息时代，捕风捉影、真假参半的信息一经传播，很多“局外”的学生和社会人士也会卷入进来，参与讨论，造成恐惧、焦虑、抑郁、绝望等社会心理的“无接触传染”。与此同时，识别并干预周围潜在的自杀危机，防止危机事件持续发酵，将是所有人为之努力的方向。

替代性创伤指在目击大量残忍、破坏性场景后，部分人群的心理和情绪超出自身耐受极限，间接导致出现了严重的身心困扰，甚至精神崩溃。该症状表现类似创伤后应激障碍，主要表现为易激惹或易发怒、容易受惊吓、难以集中注意力、睡眠障碍（难以入睡与易惊醒）、做噩梦、厌食等症状，严重者甚至会感受到自己的世界观、人生观和价值观受到冲击，充斥悲伤、灰暗的情绪，缺乏安全感，产生人际关系回避和退缩心理与行为，等等。

3. 受危机事件影响后如何进行自我调节

(1) 关注自身感受，坚持自我觉察：受危机事件影响的群体，或多或少都会受到情绪和心理上的影响，要及时关注自己的躯体反应和心理反应，及时觉察自己的需求、资源、情绪耐受程度和相关胜任力，接纳自己的真实感受，允许自己表达和宣泄，并在有需要的时候及时主动求助。此外，危机事件的影响可能是长期和潜在的。心理研究表明，替代性创伤心理危机问题的深度发作期一般在 3 个月后，其中半年后为高发期，因此，长期的自我关照是有必要的。

(2) 回归支持系统，相信团体力量：保持和外界的良好沟通，继续平衡好自己既有的学习、生活和工作节奏，回归到自己原有的社会关系网络，感受自己原有的社会支持体系；或者寻找能给予自己支持的团体，比如共同经历创伤的室友、同学、朋友，也可以寻求专业团体的帮助，比如参加哀伤辅导的团体活动，共同表达自己的哀伤，抒发自己的情感，互相倾诉事件对自己的影响，挖掘新的信念和支撑力量，互相支持。

(3) 尝试自我调节，保持身心健康：根据身心合一的健康理念，进行适当的体育锻炼和保障适量的睡眠，有助于调节良好的身心状态。

知识延伸

生命守门人培训

生命守门人是指那些能与潜在心理危机个体接触的，能识别出心理危机征兆并能劝导他们寻求帮助或治疗的人。生命守门人培训发起于19世纪60年代末的美国费城，John Snyder博士在1971年发表了第一篇关于生命守门人培训效果的研究，此后生命守门人预警模式在美国和加拿大等地区得到广泛应用，相应的研究也层出不穷。Wyman等采用系统的生命守门人培训方案，在培训的过程中教导参与者：如何识别确认自杀征兆，如何询问自杀意图，如何倾听问题，以及如何将抑郁自杀高危个体转介给专业心理援助人员。Quinnet等在1995年通过总结前人的实践经验，发展出一套完善的生命守门人预警模式，即询问—劝导—转介预警模式，这种预警模式在北美很多大学中推广。概括地说，生命守门人培训就是通过讲课、角色扮演、观看视频等方式对参与者进行培训，使其能识别自杀征兆，能评估自杀风险，并且在需要的时候能劝导自杀高危个体接受心理或药物治疗。许多研究认为生命守门人培训能降低自杀风险，主要依靠的是该培训所提倡的“早期识别—合理劝导—及时转介”机制。

第 26 章 心理危机的预防与应对

像一湍和顽强的崖口进行搏斗的狂奔的激流，你应该不顾一切纵身跳进那陌生的、不可知的命运，然后，以大无畏的英勇把它完全征服，不管有多少困难向你挑衅。

——泰戈尔

我要扼住命运的咽喉，它决不能使我完全屈服。

——贝多芬

案例

小李，男，22 岁，杭州某大学的大四学生。个性要强，但不愿与人交流。学习刻苦努力。2006 年初，老师与同学反映其精神状态极差，做毕业论文也力不从心。导师与系里老师曾多次找其谈话，但他却总是表现得沉默寡言，并显得有些焦躁不安；为他安排好的心理咨询也一再推脱，总是找借口不愿与咨询师见面。在此情况下，学校与其家人取得联系，告知其在学校的状况。3 月 10 日，父母陪他一起回到江西老家进行休养。当看到他精神有点好转了，父母很高兴。3 月 30 日小李返回学校，当晚他吞下了大量的安眠药，并在书桌上留下一封遗书。上面写道："对不起，爸爸妈妈。儿子不孝，找不到工作，让你们为我操心了……不愿成为家里的负担。"幸亏同学及时发现，经医院抢救，小李脱离了危险。

针对本案例中小李自杀未遂的情况，学校制订了详细的预案，及时进行了心理危机干预。

1. 保护小李的安全。组织师生对小李进行看护，确保他的生命安全。由于小李在班上的人际关系比较差，大家对他的印象也不是很好，因此需要老师私下向同学说明问题的严重性，告之以真诚、热情、诚恳的态度对待他，让他感觉到班级的温暖。

2. 给予小李心理支持。老师与同学同其保持沟通与交流，多倾听、多肯定他，让他尽可能多地将烦恼和困惑说出来。同时告诉小李父母也要多关心、肯定儿子，暂时不要提工作的事情，不要给他压力，让他明白家庭永远是支持他的港湾。

3. 进行心理疏导。在同学的劝说下，小李终于走进了咨询室。随着咨询的深入，小李渐渐打开了自己的心扉，他写下了不再尝试自杀的承诺，并约定一旦有自杀想法便及时和咨询师取得联系。经过 5 次咨询，小李的表情开始放松，人也显得开朗起来，并开始和同学参加一些体育运动。

4. 帮助小李制订计划。鉴于这次危机是由就业引发的，老师开始对小李进行就业方面的指导，通过交谈和培训，增强了小李的求职技能与信心。学院还帮助他获得了几次面试的机会。最终，小李顺利找到了一份对口的工作。

毕业离开学校时，曾经性格孤僻、沉默寡言的小李仿佛脱胎换骨一般，成了一个开朗、懂感恩、积极进取的大男孩，开始追逐属于自己的一片天空。

以上案例中的小李出现了心理危机，但幸运的是，通过大家的帮助，小李安全渡过了此次心理危机，而且心理上得到了成长。对于尚未发生的心理危机，需要科学的预防和预警，防患于未然，不让困惑发展成危机；对于正在发生和已经发生的心理危机，需要对危机的症状和相应信号有充分的识别，以便进行及时合理的干预，同时充分利用“危”背后的“机”，促进当事人的成长。那么，什么是心理危机？心理危机如何识别？接下来将逐一阐述。

一、关注心理危机的易感群体

根据各种研究数据和对危机个案的分析，我们发现有些学生群体在遭受挫折时更容易引发心理危机，需要在心理危机的预防和干预中给予特别的关注。当然，这并不是说这些学生就存在心理问题或心理危机，而是在他们的成长过程中，需要给予更多的关心和支持。如果你是这些群体中的一员，也不要给自己贴标签，只要保持觉察，积极关注自我心理健康状态，学习心理调适技巧，你的生命就会变得更加美好。

（一）受到现实问题冲击的学生

一些现实的问题如果得不到有效的解决，也会诱发心理危机。在大学生群体中，比较常见的现实问题有新生适应困难、家庭经济困难、学业困难、就业困难、遭遇突发重大变故等。

大学新生进入一个全新的学习、生活和人际关系环境，由于生活方式、习惯、环境的急剧变化，加上远离家乡、父母、亲友和同伴，往往会出现这样或那样的不适应，特别是那些缺乏生活自理能力和人际交往技能的学生，容易产生焦虑、茫然、自卑的心理，个别人甚至自暴自弃、休学退学。经济上特别困难的同学，可能因为朋辈比较，出现自卑、敏感、嫉妒、自我封闭等心理。存在学业困难的同学，不仅与评奖评优、入党提干、保研升学这些宝贵机会无缘，还可能承受来自家庭或他人的批评和嘲讽，容易产生强烈的自卑、焦虑、抑郁和疏离感。焦虑是高校毕业生体验最多的心理状态，如果再加上别的诱发因素，如论文评审不通过、求职屡屡碰壁、对实习环境适应困难等，常常会导致他们陷入危机状态，甚至引发悲剧事件。突发重大变故指父母（对自己重要的人）亡故、突发重大伤病、遭受性侵或严重自然灾害等，这些强烈的创伤性刺激可造成心理、生理上的反应，相当一部分可能表现为应激障碍。

（二）存在身体或精神健康问题的学生

这里的心理困难主要指那些患有心理障碍或精神疾病的同学。这些同学由于心理上存在问题，往往缺少积极的心理资源和合理的应对方式，更容易陷入心理失衡状态，特别是患有严重精神疾病的同学，比如精神分裂症、抑郁障碍和双相情感障碍等，需要引起重点关注。

还有一类是患有人格障碍的同学。大学生群体中常见的人格障碍有偏执型、分裂型、反社会型、强迫型、依赖型等。其中偏执型、反社会型，因为报复心强、情绪不稳定、行为冲动，容易与人发生冲突，并且将原因归结为他人的过错或社会的不公，比较容易采取极端行为，从而对他人和社会造成破坏性影响。其他类型的人格障碍，则更容易将攻击性指向自身，造成自身的强烈痛苦。

（三）缺少社会支持的学生

社会支持系统是指个人在自己的社会关系网络中所能获得的、来自他人的物质和精神上的帮助和支持。大学生的社会支持系统一般包括家人、亲友、同学、老师等，还包括社区及其他由陌生人组成的各种社会服务机构。对于陷入困境的人而言，社会支持犹如雪中送炭，帮助其重建生活的勇气和力量。相反，如果缺少社会支持，就会陷入孤立无援、雪上加霜的困境，乃至丧失对生活的信心。如果一个同学的亲子关系、同学关系、师生关系等重要人际关系比较淡漠或存在严重的问题，当遇到危机事件时，就更容易产生走投无路的绝望感。

知识延伸

世界预防自杀日

世界预防自杀日（World Suicide Prevention Day），是世界卫生组织与国际预防自杀协会共同制定下的纪念日，旨在通过宣传教育活动传播知识，预防自杀，降低自杀率。据数据统计，全球每年约有100万人死于自杀。

2003年9月10日被世界卫生组织定为首个“世界预防自杀日”，为了让公众对自杀引起关注，世界卫生组织和国际自杀预防协会呼吁各国政府、预防自杀协会和机构、当地社区、医务工作者以及志愿者们，加入到当天的各项地方性行动中，共同提高公众对自杀问题重要性以及降低自杀率的意识。首个“世界预防自杀日”的口号为“自杀一个都太多”。

二、识别大学生心理危机的信号

（一）心理危机的潜在表现

心理危机发生时，往往伴有情绪、认知、行为的改变和躯体不适。因此，可以从以下几个方面来观察危机当事人的症状表现。

1. 情绪方面

表现出高度的焦虑、紧张、丧失感、空虚感，而且可伴随恐惧、愤怒、烦恼、羞惭、怀疑、不信任、沮丧、忧郁、悲伤、绝望、无助、麻木、否认、孤独、不安、烦躁、自责、过分敏感或警觉、无法放松、持续担忧、害怕染病、害怕死去，等等。

2. 认知方面

身心沉浸于悲痛中，导致记忆和知觉改变；常出现注意力不集中、缺乏自信、无法做决定、健忘、效能降低、不能把思想从危机事件上转移等。做决定和解决问题的能力受影响。

3. 行为方面

社会退缩、不敢出门、害怕见人，有的则过分依赖于他人；放弃以前的兴趣；呈现反复洗手、反复消毒、暴饮暴食等行为，容易自责或怪罪他人，不能专心学习或工作；与社会联系破坏，可产生对自身或周围的破坏性行为；拒绝帮助，认为接受帮助是软弱无力的表现；行为和思维情感不一致；出现过去没有的非典型行为。

4. 躯体方面

有疲乏、失眠、做噩梦、容易惊吓、感觉呼吸困难或窒息、哽塞感、肌肉紧张、头痛、头晕、食欲不振、胃部不适、腹泻等。

（二）心理危机的求救信号

作为心理危机的极端形式，自杀危机并不一定会变成自杀事件。许多自杀者在采取行动前会有一系列的信号发出，它们往往被认为带有“求救”信号的色彩。一些人最后自杀并不是因为他们真的想死，而是因为根本就没有人注意到他们要自杀，甚至当他们发出求救信号时被嘲笑或置若罔闻。

只要有人发现危机者的自杀倾向并进行干预，自杀企图付诸实施的可能性及最终死亡率就会大幅下降。因此，及时发现自杀信号，对于挽救自杀者至关重要。

（三）心理危机的行为信号

案例

某大一男生，在宿舍洗手间淋浴的水龙头上上吊自杀了。之前他在QQ空间中经常表达出对生命的失望、对生活的绝望，偶尔会与同学讨论生死的问题。同时，他在自杀前还跟室友讨论厕所水管是否牢固的问题，室友觉得有点奇怪，甚至还与他开玩笑。他发出的这种信号未引起室友们的足够重视。直到事情发生后，室友才恍然大悟，意识到他早已透露出绝望和自杀的冲动，可为时已晚。

一般而言，处于危机状态中的大学生比较容易出现以下信号，需要特别注意。

(1) 情绪突然明显异常，如变得特别烦躁、焦虑、恐惧或异常低落等。

(2) 个性忽然改变，如变得越来越难相处或性格变得反常，比如一个外向的人突然变得沉默寡言，一个沉默的人忽然变得滔滔不绝，或者一个冷漠的人忽然变得异常热情等，这些个性急剧改变的情形应当引起足够的重视。

(3) 谈论过自杀并考虑过自杀方法，包括在邮件、日记或乱涂乱画的只言片语中流露出死亡的念头等。如常说“活着真没有意思”“我不再能承受一些东西”“没有人理解我”“我感觉压力很大”“我真的不想活了”“我活不下去了”等类似语言，既是自杀企图的表示，也是求助信号。

(4) 写过有关自杀的诗或文字。有的个体写遗书、留便条或给远方的亲朋好友写信。这些文字信息的表达既是内心挣扎的表述，也是积极寻求社会支持的求救信息。

(5) 饮食与睡眠习惯突然改变，比如暴饮暴食或茶饭不思，忽然嗜睡或彻夜难眠等，这些生活节律的改变都是内心冲突与变化的躯体反应，应当引起重视。

(6) 社会功能受损或出现严重的品行问题，比如成绩急剧下降、逃课或离校出走。成绩急剧下降显示出注意力、自我控制能力等标志心理健康的重要心理品质受损。逃课和离校出走则反映出当事人感觉到缺乏解决问题的有效途径，从而选择逃避和退缩。

(7) 不明原因突然给同学、朋友或家人送礼物、请客、赔礼道歉、述说告别的话等。很多情况下，我们会忽视这些信号，甚至认为是在开玩笑。

(8) 处于抑郁障碍状态的个体容易产生消极的想法乃至出现自杀行为，特别是有抑郁障碍家族史的个体，可能更容易受抑郁障碍的侵袭。

当个体出现一个或多个方面的心理行为明显变化时，就需要引起高度重视。

三、心理危机的干预措施

大学生心理危机的存在轻则引起学生学习成绩下降、兴趣减退、焦虑抑郁，重则伤人自伤甚至自杀，严重影响了大学生的身心健康和正常的学习生活，也会影响校园的安全稳定，关于危机干预的基本原则，学者们大致提出以下几个方面。

（一）心理危机干预的原则

1. 生命高于一切原则

自伤或伤人事件一旦发生，对于一个家庭来说就是一场巨大的灾难；对于学生本人来说，可能断送生命；对于他的同学来说，是一种强烈的应激刺激；对于学校和社会来说，造成的损失和影响也是巨大的。因此，心理危机干预的首要原则就是要树立“生命高于一切”的思想。

2. 及时干预原则

当个人经历或目睹重大突发事件发生时，一旦超过其平时身心所能承受的压力，又无法通过常规的解决手段去对付面临的困难时，便会陷入惊慌失措的情绪状态，从而使个人失去导向及自我控制力。这是一种无法承受的局面，它具有引起人的内心世界颠覆的潜在可能，因此必须尽早干预，一般在数小时、数天内为佳。

3. 释放为主原则

心理危机是不良情绪积累到超过心理防御临界点而发生的。理性的压力和潜意识的驱动力经常相互倾轧，即使理性获胜，个体也将产生抑郁或焦虑，如果能及时恰当地释放这种不良情绪或冲动，就能很好地减轻心理压力。

4. 价值中立原则

价值中立原则，即在尊重、理解、共情的基础上，避免以任何个人或社会的价值规范来影响来访者，不对来访者的经验做价值判断。当大学生学业受挫、恋爱失败、人际冲突等导致心理危机时，多与个人的人生观、价值观有非常密切的关系。对于处在危机状态中的大学生，暂不对危机的原因、危机行为等进行道德、情感或法律等方面的评判，只给予危机大学生一些关爱和帮助，使他们找回生存的勇气和信心，迅速脱离危机。

5. 发展性原则

大学生危机干预不能头痛医头脚痛医脚，就事论事，仅仅停留在缓解症状上。应通过危机干预，充分调动当事人的积极资源，在有效应对当前危机的基础上，从中获得新的经验，重整认知结构，能够从不利看到有利，从绝望中看到希望，从危机中看到生机，使自己变得坚强和自信，全面提高应对未来的心理素质和能力。因此，心理危机干预应把促进当事人和当事人团体的发展作为基本原则。

（二）心理危机干预的步骤

心理危机干预工作通常可分为问题评估、制订干预计划、实施干预、效果反馈四个阶段。

问题评估，包括确定什么事件使当事人陷入危机，当事人对该事件的感受，当事人目前的功能水平怎样，是否存在自伤或伤人的危险，当事人以往接受过哪些干预策略，现在可以利用的干预资源有哪些?

心理万花筒

自杀强度的判断

“你有这个念头多久了？”（越久自杀强度越高）

“你打算用什么方法自杀？”（越激烈的行动自杀强度越高）

“你实际去准备了吗？”（已经开始着手准备者自杀强度较高）

“你写过遗书吗？”（有遗书者自杀强度较高）

“你曾经将这想法告诉过别人吗？”（不曾告诉别人者自杀强度较高）

“倘若你现在就死了，还有什么挂念的吗？”（挂念越少者自杀强度越高）

“在什么条件下可以解决问题，让你不必去死？当然，也许不会真的发生，我只是假设而已。”（找到免死条件者，自杀强度较低；无论如何都要死者，自杀强度较高）

在问题评估的过程中，要充分了解以下问题：需要解决的首要问题是什么？什么问题最容易立即解决？哪些因素会妨碍危机干预的效果？采取什么方式可以减轻这些消极影响？应该采取什么技术方法进行干预？以此确定干预目标，并围绕目标制订干预计划。

实施干预是整个步骤中最为核心的阶段。这个阶段主要解决以下问题。

(1) 帮助当事人舒缓和释放被压抑的情绪：危机干预者要向当事人表示理解和关心，鼓励当事人讨论其感受，必要时采取放松、疏泄等手段减轻当事人的痛苦和紧张。

(2) 帮助当事人正确理解现状：让当事人认识到目前的情感活动是对危机的正常反应，帮助当事人理智地面对现实，调整当事人的非理性认知。

(3) 学习干预方式：帮助当事人总结过去成功的干预逆境的技巧，学习新的干预方式，学会利用外界资源来获得支持，减轻逆境对心理平衡的影响。

(4) 获得承诺：回顾计划和行动方案，并从当事人那里得到诚实、直接和适当的承诺，以便当事人能够坚持实施为其制订的危机干预计划。

(5) 危机干预过程中，需要不断评估干预措施是否产生了预期的效果，以便随时根据实际需要对计划做出调整和修改，以寻求更好的解决方案。

在结束阶段，应该注意强化当事人多应用学会的新的干预技巧，鼓励和支持当事人在今后面临逆境或重大挫折时，应用新的干预方式和动员有关的社会支持系统来独立自主地解决问题，避免和减少危机的发生。

（三）如何帮助处于心理危机中的同学

生活中遇到的许多强烈的创伤性刺激可造成心理、生理上的反应，相当一部分可表现为应激障碍。这也正是现代医学模式由原来的生物医学模式转变为生物—心理—社会—医学模式的原因。了解人在创伤事件发生后的特殊反应，有助于我们更好地应对危机。

大学生一旦发现周围有同学处于心理危机状态，既不要麻痹大意，也不要过分紧张，通常可以采取以下的做法。

(1) 保持冷静：自己应尽量镇静，避免慌张和害怕。

(2) 确保当事人的安全：对处于危机中的大学生要做好看护工作，不让处于危险中的当事人独处，以免发生危险。

(3) 及时与老师联系：如果情况紧急，比如，当事人有自杀或杀人的倾向，或疑似患有严重的精神疾病，要第一时间报告老师或寻求学校心理健康教育机构的帮助，十分危急的情况下也可以报警。不要尝试自己去单独处理，因为危机干预是专业性很强的工作，绝非大学生个人可以胜任。

(4) 稳定当事人的情绪：陪伴当事人，对其表达关怀和支持，不说刺激其情绪的话；重视倾听当事人的烦恼，鼓励当事人说出感受以舒缓情绪；鼓励当事人积极参与有关的社会活动。这些社会支持对处于危机中的大学生来说是十分宝贵的。

(5) 配合老师、学校做好相应的工作，包括做好相应的保密工作。

体验活动

尝试用一句正面语句代替以下的负面语句。

1. 没有人理睬我。
2. 我没有钱 。
3. 这问题没法解决。
4. 我读书少。
5. 跟着他有很大压力。
6. 从来没有想过。
7. 我被实习单位辞退了。
8. 以前从未有人做过。
9. 以前试过都不成功。
10. 我没有信心。
11. 我的家人不会接受我的选择。
12. 这事情太复杂了。
13. 时间不够。
14. 我不知道应该做些什么。
15. 我每次都失败。

第27章 挑战中培育韧性，探索生命价值

世界上只有一种英雄主义，那就是了解生命而且热爱生命的人。

——罗曼·罗兰

没有比生命更宝贵的东西，生命想象不到地短暂。

——杜伽尔

案例

刚踏进大学的校门，面对充满活力和挑战的校园，小琳心里充满了新奇和紧张。她知道在大学要自己养活自己，就走了绿色通道，报名勤工助学；她发现自己的普通话太糟糕，就每天坚持练习，以前她不敢当众发言，有一次硬着头皮参加班内竞选成了班级体育委员。敢拼的性格让她经过短暂的大学适应期后，开始过得忙碌而充实。她积极参加学校、学院各项活动，如篮球比赛、舞蹈比赛、唱歌比赛、定向运动比赛、戏曲比赛、武术比赛、学校运动会、杭州国际马拉松、徒步越野等。她还参加青年志愿者活动，去敬老院陪老人聊天，为他们演唱越剧，去景区做义务导游等。在这些活动中，她不仅锻炼了身体，提升了胆识和能力，还认识了很多志同道合的朋友。

但是问题又出现了，她的学习成绩一直不见起色，大学英语六级考试屡战屡败。她意识到自己学习和活动的时间安排出现了问题，之前把大部分时间花在社团活动上，静心学习的时间非常少，出现了本末倒置的情况。于是从大三开始，她逐渐退出社团活动，全心全意投身学习。

临近毕业，当她听说了“西部计划”（普通高等院校应届毕业生和在读研究生，到西藏、新疆、贵州和四川，以及其他服务省份从事为期1～3年的志愿服务），听到“到西部去，到祖国最需要的地方去”的口号，非常激动，她觉得实现理想的机会到了。在征得母亲同意后，她欣然坐上了前往西藏的火车，成为一名西部计划志愿者。她表示，从小到大自己都是经济困难学生，受过很多资助，非常希望有机会能回报祖国和社会，“苦一点，条件差一点，失去一些没有什么，关键我的精神是快乐的。”

美国存在主义心理治疗师维克多•弗兰克尔（Viktor Frankl）提出：一些人觉得活着没意义，是因为处在一种存在真空的状态，缺乏“存在感”，即无法确信世界上有自己的一席之地，以及“我”值得活下去。也就是说，当人们感受到自己的存在被他人、被世界需要和认可时，就能感受到自己所做事情的意义和价值，就能感受到自己存在的重要性，心里就有了精神支柱。显然，要拥有精神支柱——生命意义感，生命教育显得尤为重要。

一、韧性：生命不可或缺的力量

（一）韧性的定义与重要性

在当今社会，大学生作为社会的重要组成部分，正面临着前所未有的心理挑战。学业压力、就业竞争、人际关系等多重因素交织在一起，使得部分大学生陷入心理危机之中。然而，在这一关键时刻，韧性作为一种生命不可或缺的力量，显得尤为重要。

韧性，通常被理解为在面对困难、挑战或逆境时，个体所展现出的适应、恢复和成长的能力。它是一种内在的力量，使我们在遭遇挫折时不轻易放弃，而是能够坚持并寻找出路。韧性不仅仅是一种心理素质，更是一种生活态度，它帮助我们在生活的风浪中保持平衡，不断前行。

心理韧性（resilience），又称心理弹性或抗逆力，是指个体面对逆境、创伤、悲伤、威胁或其他重大压力的良好适应过程，即对困难经历的反弹能力。心理韧性可以看作是个体面对负性生活事件时的一种有效的应对资源和适应机制，能够降低生活事件对个体的影响程度，保持心理健康。韧性的重要性在于，它是我们面对生活不确定性时的保护伞。生活中充满了未知和挑战，无论是工作中的困难、人际关系的冲突，还是个人生活中的挫折，韧性都能帮助我们更好地应对。它让我们在逆境中看到希望，在失败中汲取教训，从而不断成长和进步。

（二）韧性是生命价值的基石

大学生心理危机是一个不容忽视的问题，而韧性则是我们应对这一问题的有力武器。

韧性使我们在面对挑战时能够保持冷静和理智，寻找解决问题的方法。通过克服困难和挑战，我们不仅能够提升自己的能力和技能，还能培养更加坚韧和自信的性格。这种成长过程不仅让我们更加成熟和理智，也让我们更加珍惜生命中的每一个机会和经历。

1. 增强心理韧性

韧性能够增强我们的心理承受能力，使我们能够更好地应对生活中的压力和挫折。当我们学会在逆境中保持积极和乐观的心态时，我们的心理韧性就会得到加强，从而更加从容地面对未来的挑战。

2. 提升生命质量

韧性让我们在面对困难时能够坚持并寻找出路，这种不屈不挠的精神能够提升我们的生命质量。当我们能够积极面对生活中的挑战时，我们就会更加珍惜生命中的每一个瞬间，更加努力地追求自己的目标和梦想。

3. 实现自我价值

韧性不仅能够帮助我们应对生活中的困难，还能够激发我们的潜能和创造力。当我们学会在逆境中寻找机遇时，我们就会发现自己拥有更多的可能性和选择。通过不断挑战自己并超越自己，我们能够实现自我价值，成为更加优秀和成功的人。

心理万花筒

你的“心理韧性”，决定你的人生上限①

人生，其实就是一场马拉松，有时候你并不知道终点在哪里。

唯一能够让自己走得更远，走得更久，并且走到最后的，靠的是你的心力，也就是所谓的“心理韧性”。

心理韧性赋予我们的三种能力。

第一种能力：抗挫力，也就是逆商。

所谓逆商，是人们面对逆境和挫折时的心理状态和应变能力。《逆商》一书提出，我们所遇到的逆境，可以总结成三个方面。

第一个方面是来自社会大环境的逆境，如社会发展速度越来越快，我们的生活成本越来越高，有句话说，你必须很努力，才能看起来毫不费力。

第二个方面是来自职场的逆境，如职场竞争越来越激烈，不再有“铁饭碗”，每个人心里都有一份焦虑。

第三个方面是来自个人的逆境，如考试失败、工作失误、健康出状况、情绪失控。个人的逆境，最为具体，也最为致命。

面对逆境，一个人的掌控感、担当力、影响度和持续性决定了一个人逆商的高低。

逆商高的人，面对困境时，能保持冷静、就事论事，不会因为别人的一个批评而否定自己，更不会因为一次挫折就放弃努力。

第二种能力，就是一个人坚韧不拔的能力。

这就是心理学家安吉拉·达克沃斯所说的“小沙粒”一样，无论你怎么碾压，它都不变形：“向着长期的目标，坚持自己的激情，即便经历失败，依然能够坚持不懈地努力下去，这种品质就叫作坚毅。”想一想曾经的校园生活，真正的差距其实是每个人在学习过程中的坚毅程度。

第三种能力，就是一个人创伤后的成长力，即反脆弱力。很多东西看似风平浪静，实则那是风起云涌的前奏。接受无常，提高反脆弱能力，才是人一生最大的稳定。

二、逆境是对生命的磨砺

（一）理解生命

1. 生命的多重属性

生命的孕育是一个个奇迹。据研究表明，正常男性的一次射精量，有2亿～6亿个精子，当这些来自父亲的精子进入到母亲的体内时，大部分精子在半路死去或被女性的白细胞吃掉，最后仅存数百个精子能靠近卵子。这数百个精子使用头部的酵素消除卵子周围的卵丘细胞，又折损了大半。只有数十个精子能接近包住卵子的透明带膜。然后，只有一个

① 引自 https://baijiahao.baidu.com/s?id=1716501927674275292&wfr=spider&for=pc。

精子的酵素融化了透明带，把父亲的遗传基因带去与卵子内母亲的遗传基因结合。2亿～6亿个精子奋勇争先，最后只剩下一个成功，而这一个胜利者据统计也有一半以上在发育过程中死去。生命科学的研究启示人们，繁衍不是随机的过程，因为只有最强的精子才能成功到达卵子。所以说，一个人获得生命的概率不足1/200 000 000，接近于0。而个体却已客观地在这个世界上存在了！

要完整地理解生命，需要了解生命的多重属性。

(1) 生命的独特性。每个人的生命都是独一无二、无可替代的，正如“世界上没有两片相同的树叶”。无论个体长相如何，个性如何，贫穷还是富有，每个人都与众不同。生命的这种独特性，意味着每个人的生命都是弥足珍贵的，所以同学们必须善待自己的生命，尊重每一个鲜活的生命个体。正如泰戈尔所言：“天空没有留下鸟的痕迹，但我已飞过。”每个人的生命都是一道独特的风景，都值得我们去珍视和呵护。尊重生命、珍爱生命是人类的责任，更是当代大学生应有的意识。

(2) 生命的有限性。首先，人的寿命是有限的，自然寿命七八十岁，最多百十来岁。其次，在这有限的生命里，任何人都逃不过生老病死，最终必然走向死亡。如何在有限的生命历程中实现生命的价值，值得每个人深思。海伦·凯勒在《假如给我三天光明》一书中写道：“我们谁都知道人难免一死。但是这一天的到来，似乎遥遥无期……于是饱食终日，无所事事。有时我想，要是人们把活着的每一天，都当作生命的最后一天，该有多好啊！这就能够显示出生命的价值。”正是由于生命是短暂的、有限的，才赋予了生命更大的意义。因此，珍爱有限的生命是每个生命个体的责任。

(3) 生命的不可逆性。生命只有一次，失去了就不可复得。罗曼·罗兰说：“人生不是旅行，不出售来回票，一旦动身就很难返回。”正是由于生命的不可逆性，同学们应该热爱生命，好好珍惜每一分每一秒。不要等到失去后才后悔莫及，因为生命没有第二次机会。

(4) 生命的延续性。生命的延续性包括繁衍后代和爱的传递。通过繁衍后代生命得以延续，在生命延续的所有过程中，生命不仅属于生命个体的所有者，更是亲人与亲人之间彼此拥有的最好见证。正如雨果所言：“爱是生命的火焰，没有它，一切变成黑夜。”大爱无疆，爱无边界，通过爱的传递，人类的生命意义得以延续。大学生作为社会的未来栋梁，更要将这份爱传递给更多的人，让生命在爱的传递中绽放出更加绚烂的光彩。

心理万花筒

用爱延续生命的意义：大爱父母替女儿捐器官救五人①

2012年12月1日下午4时30分，15岁花季少女孙宸平静地走完人生最后一程，带着爱和关怀离开了人世，而她捐献的器官，将让两人重见光明、两人各拥有一个健康的肾、一人换上健康的肝脏。这是父母替她做的决定，他们希望女儿年轻的生命在他人身上得以延续。

孙宸是绍兴县鲁迅中学柯桥校区高一（3）班的学生。11月24日早上，她在刷

① 引自https://zjrb.zjol.com.cn/html/2012-12/02/content_1887668.htm?div=-1。

牙时突感不适，呕吐之后就陷入昏迷，由120急救车送入绍兴县中心医院就诊。随后的CT显示，脑室内大量出血。入院进行相关手术后，孙宸一直在ICU重症监护室内观察治疗，虽然医院全力抢救，但因病情过重，孙宸脑功能严重衰竭。孙宸出事后，学校师生马上为她发起了捐款，不少社会爱心人士也伸出了援手。正是这种关心、关爱让孙宸的父母做出了一个常人无法作出的决定。11月30日晚上8点，孙宸的父母强忍悲痛找到孙宸的主治医生陈锷峰，希望捐献自己女儿的器官。“别人在我们最困难的时候帮助我们，我们把女儿有用的器官捐献出来，以救助更多有需要的患者。”母亲陈荷芬含泪说。

随着社会经济的发展和人民生活水平的提高，脏器衰竭患者对器官移植的需求越来越大，但受传统观念影响，器官捐献在我国普及率较低。据统计，我国每百万人捐献率仅为0.03。而在欧盟每百万人中有17.8人捐献器官；美国，每百万人捐献器官者高达26.5人。与极低的捐献率相对应的是，我们每年有大约150万人等着器官移植，但最终只有1万人有机会等到，太多的生命因为得不到及时救助而陷于绝望乃至死亡。前不久，国家卫生健康委员会表示，我国将尽快建立器官捐献体系。要实现这个目标，意味着要有更多的人自愿加入到器官捐献的行列中来。做到这一点，需要知识的普及和观念上的转变，更需要有越来越多的爱心示范、爱心接力。

2. 生命的意义与价值

很多人都有这样的经验，在万籁俱寂、独自一人的时候，常会问自己：“我为何而活着？活着的意义是什么？”在心理学领域，很多心理学家也对生命意义进行过探讨，最著名也是最重要的生命意义理论由弗兰克尔提出。弗兰克尔是奥地利著名的精神医学家和心理学家，是意义治疗法的创始人，他认为生命意义是指人们对自己生命中的目的、目标的认识和追求，即每个人的生命中都有一些独特的目的或核心的目标，人们必须要有一个清晰的认识，知道自己将要做什么，并为实现自己的价值努力去做一些事情（弗兰克尔，2003）。他确信人类需要生命意义，并且具有追寻意义的动机，会不断去发现其生命的意义与目的。

那么，生命意义实现的途径有哪些呢？

(1) 生命的意义在现实的生活中得以实现：生命的意义就在于不断探索诸类人生问题的答案，完成生命不断安排给每个人的使命。人生的使命是非常真切具体的，诸如维持健康、学习知识、繁衍后代、赡养父母等，在完成这些使命的过程中，人们会看到客观的成果、感受到主观上的满足感。

(2) 生命的意义需要在生命整体之中确立：个体生命所具有的意义在于它与其所在生命整体的关系，感受到自身的意义与他对自己所处的整体做出的物质上和精神上的贡献成正比。如果问一名优秀教师“生命的意义是什么”？他会干脆地回答“教书育人”。如果问一名艺术家“生命的意义是什么”？他会不假思索地回答“创造艺术品”。每个人需要将自己的生命与自己的生命全景联系起来，这样才能活出自我，实现自己生命的价值。

(3) 生命的意义在追求有价值的目标中获得：当今社会，金钱成为人们的人生追求，物质条件的富足与否成为衡量现代人生成功的主要考核标准。世俗化的人生目的导向造成了现代人人生目的的“物化”“功利化”。然而，物质条件足够富有就会必然带来幸福吗？盖洛普公司2005年至2006年调查了全球132个国家和地区超过136万人。这家调查机构说，这是一项具有全球代表性的调查，所覆盖国家和地区的人口占全球总人口96%，足以反映全球文化、经济和政治多样性。调查原本“是要揭示幸福与高收入相关的原因”，但是结果却出人意料，收入与人生满足感成正比，但与幸福感关联不大，也就是说，金钱多幸福感指数未必高。人们需要从内心出发去寻找对自己有价值的目标，不跟风，不盲目攀比财富，这样，每一个人的生命才会有更丰富的追求，每一个人的生命才会变得更有意义。

知识延伸

收入高=幸福吗①

美国《人格与社会心理学杂志》7月号发表“盖洛普世界民意调查（Gallup World Poll）”的资深科学家、美国伊利诺伊大学心理学名誉教授埃德·迪纳（Ed Diener）牵头撰写的全球幸福感报告。调查显示，收入与人生满足感成正比，但与幸福感关联不大，也就是说，金钱难买幸福。

盖洛普全球幸福感调查将幸福感分为两个部分进行调查和分析，一是整体的生活满意度，另一个是更为日常性的生活愉悦感。整体的生活满意度与收入有密切关系，一般来说，一个国家和个体越富裕，其整体生活满意度就越高。而日常性的生活愉悦感（比如说喜欢笑）则不同，它要看社会性需求和精神需求在何种程度上得到了满足，其中包括社会保障水平、感觉受到他人尊重和个体能力发挥空间的大小等。

盖洛普调查的结果显示，虽然生活满意度经常随着收入的提高而上升，但是日常性的生活愉悦感并不必然随收入的提高而上升，日常愉悦感与收入之外的其他因素存在更为紧密的联系。这样一来，幸福与收入的关系并非正比关系，金钱并不一定能买来幸福感。

盖洛普调查包含的对幸福感构成的区分，包含了对价值观的一种建构。埃德·迪纳教授指出，这项研究显示，个人的幸福感首先取决于如何定义幸福，如果偏重总体的生活满意度，那么幸福主要与收入相关；但如果关注总体满意度之外的其他方面，则会发现收入与积极的生活感受、与自我的愉悦感的相关度很低。因此，如果要有均衡的幸福感，就不能把注意力只放在收入之上。

3. 生命的意义在困苦中得到淬炼

痛苦是违反人性的，它给人带来的是不幸与灾难。然而，意义往往借由苦难而彰显。《孟子》云：“天将降大任于斯人也，必先苦其心志，劳其筋骨，饿其体肤，空乏其身，行拂乱其所为，所以动心忍性，曾益其所不能。”在生活中，这样的例子层出不穷。2010

① 引自https://finance.sina.com.cn/roll/20100709/00418260935.shtml。

年“生命诺贝尔奖”得主日本96厘米天使——丰田诏子，患有遗传性类风湿关节炎，上下肢体严重萎缩，身高仅96厘米高，但却有不服输的性格。她从小至今经历残疾、失学、失业、失婚、受骗与受虐，且经历十九次才考出驾照，却依然用感恩的心，写下自传《九十六公分的满足》与全球各界分享。她说：“若没有这样的身体，就不会有这么精彩的人生！”老子说：“祸兮福之所倚，福兮祸之所伏。”在艰难困苦中，每个人会体验到更多，收获到更多，生命的意义更能得到彰显。

（二）逆境中的“积极心得”

一提到心理学，很多人或许第一反应是“治病”，确实心理学界自身一度将心理问题、心理疾病等作为研究的主要方向，直到塞利格曼（Martin Seligman）在20世纪90年代率先提出心理学也可以为了让人们更好更健康地发展而存在。他被看作是积极心理学（Positive Psychology）的先驱，虽然这一名词更早是由心理学家亚伯拉罕·马斯洛（Abraham Maslow）提出的。

积极心理学的主要观点如下。

1. 强调人的健康发展和每个人的积极力量

塞利格曼和克里斯托弗·彼得森（Christopher Peterson）归纳了六类24项性格优势，他们认为人的积极变化主要是取决于内在改变，而不是外在环境的部分改善。个人如果能在每天的生活中运用与生俱来的一系列优点，将会最大限度地促进个体的参与感与意义感。

2. 对面临的问题进行积极解释

积极心理学认为，问题本身虽不能为人增添积极力量及优秀品质，但是可以为人们发掘自身潜在能力和积极力量提供机会，从而对所发生的问题给予积极的解释和后续行动。其实就是帮助我们换一个角度去看问题，把过去我们看作负面消极的一些事件和经历，从积极乐观的角度重新去进行诠释。

3. 乐观归因理论

“归因”的意思是个人如何解释一件事之所以发生的原因。我们可将这一解释分解为三个维度：稳定—不稳定、内部—外部、特定—普遍。乐观主义者在遇到好事的时候，通常采用内部、稳定、普遍的归因，提高自我效能感；遇到不好的事情时，往往作出的是外部、不稳定、特定的归因，保护了自己的自我评价。而悲观主义者却刚好相反。

4. 积极情绪的养成

过去的积极情绪来自“主观幸福感”，即决定人们是否感到幸福愉悦的关键不是实际发生了什么，而是对所发生的事情做何解读。当下的积极情绪来自“心流”体验，即完全投入某项活动的“忘我”情绪体验。

逆境中的积极心理学使我们学会从正面去观察身边的事物与现象，以积极观念取代消极观念，注重积极体验，培养积极特质，使我们关注自己的潜力。学会通过自身的努力去解决问题，克服困难，可以帮助我们学习化危机为契机，从解决问题的过程中发现新的生长点。个人的气质个性有差异：“乐天派”很容易感到愉快，“悲观派”则正相反。积极心理学这一领域相对年轻，但很多研究成果可以帮助我们如何更积极地应对工作、学习和生活，比如，照顾好自己的身体和心理、全情投入喜欢做的事（前提是不会给自己或他人带来伤害），在不得不做的事中寻找有兴趣、意义、价值的点。

20世纪80年代，塞利格曼提出适应力的概念，即人在面临巨大逆境或危险关头也能保持积极的适应模式。积极心理学归根究底就是要提高个人的适应力——面对人生挑战保持积极的心态，关注正面因素，从问题中发现机遇，挖掘自身潜能，学会乐观归因。

（三）培养韧性，超越逆境

1. 认准心理韧性，强化正向反馈

曼德拉讲："生命中最大的荣耀不是从来没有失败，而是每次失败后的不断奋起。"达尔文讲："生存下来的是适应环境变化最强的物种。"尼采说："杀不死我的都会让我变得更强大。"这再一次给我们启示，唯有不断地接受磨难，我们才能更容易成功，不要怕变化、不要怕挫折、不要怕折腾，这些过程会让你心力更有力量。对于一个孩子未来成功的预测，不是看智商、情商或体魄，而是看他的坚毅力。我们可以翻阅一下那些成功人士的传记，这点上都是有共性的。他们往往具备彭凯平教授在授课时提到"三力"：复原力、坚毅力、创伤后的成长力。这是心理韧性强大的具体表现，在遭遇挫折、困难、诽谤及任何不顺心时，我们自问是否具备这三种力。看待半杯水，是一半满还是一半空，决定了你对它的态度、行动和计划。庄子在妻子去世后鼓盆而歌，歌曰："生死本有命，气形变化中。天地如巨室，歌哭作大通。"这和普通人的表现截然不同，可是谁又能完全做得到呢，到最后只是表现的无声罢了。

2. 提高心理韧性，增强单兵战力

低心理韧性的人一般会存在负面思维、躺平、成瘾的习惯，会对他人或自己造成伤害。焦虑，是为未来恐慌；抑郁，是为过去伤心；自残，是对未来绝望。这里班杜拉提出自我效能感，对心理韧性的提升大有帮助，一是做出成功的模样，通过走路快一点、发言多一点、做事积极主动、穿衣得体、锻炼频繁等来塑造成功人士的习惯；二是被成功者接纳，不断尝试潜在性强化，与积极人同行，向榜样学习，装作你是他的样子说话、做事，慢慢会有同化效果；三是被社会接纳，选择合作者，加大自己社会网络的影响力，发挥弱联系的强势效应；四是模拟实战，心理沙盘，逐渐推演事情的发展，意念想象—模拟过程—预见未来；五是积累成功，在不断地取得成功中获取强大的心理认同。

体验活动

"拯救蝴蝶"训练

设置3个场景，请6位学生上台，由学生自行分配角色，每个场景的角色分为A、B两人，A扮演当事人（可通过讲述或用行为表达角色），B扮演好朋友对A进行劝导。其他同学在横线上写出自己的劝导方式。

劝导后，角色A对角色B的劝导效果给出相应的评价，角色B对自己刚才的劝导做出相应的评价。

全班分组对刚才的角色扮演进行讨论，分析角色B的劝导效果是否有效？如果无效，在哪些方面还可以加强？

场景一：王某因家里贫穷，一直很自卑，不久前父亲又因病去世，家里负债累

累，近日十分抑郁，对人生和前途心灰意冷，作为好朋友的你，请帮助她度过心理危机。

场景二：张某因女朋友提出分手，终日酗酒，痛苦万分，不能自拔，你正巧遇到此事，请帮助他度过心理危机。

场景三：李某因与室友发生口角，被室友孤立，长期压抑，不想回寝室，也不愿和他人交流，无心学习和生活，请你帮助她度过心理危机。

三、在日常生活中培养韧性

韧性是一种重要的心理素质，它使我们在面对挑战和逆境时能够保持坚韧不拔的精神状态。为了在日常生活中培养韧性，我们可以从以下几个方面着手。

（一）照顾好自己

照顾好自己的身体是培养韧性的基础。保持充足的睡眠、均衡的饮食和适度的运动，这些都有助于提高我们的身心健康水平，使我们能够更好地应对生活中的压力和挑战。当我们的身体处于健康状态时，我们的思维更加清晰，情绪更加稳定，从而更有能力面对困难。

（二）建立良好的关系

人是社会性动物，良好的人际关系对于我们的心理健康至关重要。与家人、朋友和同事建立亲密、支持性的关系，可以帮助我们在遇到困境时获得情感上的支持和建议。这些关系可以为我们提供安全感，让我们在面对挑战时感到不那么孤独和无助。

（三）选择关注积极的一面

在面对困难和挑战时，我们很容易陷入消极的思维模式。然而，选择关注积极的一面，寻找事情中的亮点和可能性，可以帮助我们保持乐观的心态。这种积极的心态有助于激发我们的内在动力，使我们更有勇气去面对和解决问题。

（四）专注于你能控制的事情

生活中有很多事情是我们无法控制的，比如他人的行为、天气等。然而，我们可以控制自己的反应和态度。专注于那些我们能够控制的事情，比如我们的努力程度、时间管理等，可以让我们感到更加有力量和掌控感。这有助于减少我们对无法控制事情的焦虑和担忧。

（五）培养成长性思维

成长性思维认为，通过努力和学习，我们可以改变自己的能力和表现。这种思维方式有助于我们在面对挑战时保持积极的心态，相信自己可以通过不断学习和努力来克服困难。相反，固定性思维则容易让我们陷入自我限制和消极的情绪中。

（六）牢记最终目标

在追求目标的过程中，我们可能会遇到很多困难和挫折。然而，牢记我们的最终目标，可以帮助我们保持方向和动力。当我们感到迷茫或沮丧时，回顾我们的目标，可以让我们重新找回信心和决心。同时，这也有助于我们更加专注于那些有助于实现目标的事情，而不是被无关紧要的事情分散注意力。

心理小贴士

增加活力的五个技巧

1. 与精力充沛的同学进行交谈。
2. 享用美食。
3. 做健身运动。
4. 多喝水（开水，而非饮料）。
5. 每学期安排一次休假或在家休息。

心理万花筒

寻找人生使命的方法

你不知道长大成人后（无论什么时候）要做什么？不要为此烦恼，我们可以找到自己的人生使命，让我们从现在开始做起。

1. 忽视未来，关注现在。“长大以后我应该做什么？”这个问题是错误的。你应该问，“今天我要做什么？”人们每天都会进步，我们每时每刻都在成长，所以我们今天做的事情最重要。

2. 多多尝试。除非你试穿过这套衣服，否则你永远不知道衣服是否合身。无论是职业、爱好还是技能，你都需要用同样的方法对待。要想知道你真正喜欢的口味，请亲自品尝人生百味。

3. 把握奇特的机遇，接受令你感兴趣的东西，而不是令你厌烦的东西。

4. 发现问题，解决问题。制订解决方案，这会让你的工作更有意义。应对某个需要解决的问题，如同对付某个势必面对的恶棍——都能让你成为英雄。

本篇小结

生命无价，生命是自然赋予每个人最珍贵的礼物，生命的意义在于不断追求，在于不断突破自我。当生活发生危机的时候，每个人需要积极应对，并学会自助他助的方法。通过本章的学习大家了解了生命的多重属性和价值，了解了大学生生命意识的现状，以及心理危机的识别与干预，还交流了心理韧性的一些概念。本章的学习重点是心理危机的识别与应对。

【复习与思考】

1. 如何完整地认识生命？
2. 结合自身实际，谈谈如何拓展生命的意义。
3. 心理危机有什么特点，如何识别心理危机？
4. 如果发现同学处于心理危机状态，你该怎么处理？

【相关量表】

面对生活你是什么态度

请仔细阅读每道题，选择符合你的答案。

1. 我对未来充满希望和热情。
2. 当事情变糟时，我知道不会一直这样，心情就会好转。
3. 我不能想象今后的十年中，我的生活会是什么样子。
4. 我预料我最关心的事情能够成功。
5. 我运气不佳，也不相信会有好运。
6. 我过去的经历已为我的将来打下良好基础。
7. 当我展望未来时，我预想会比现在幸福。
8. 我从未得到我想得到的东西。
9. 将来我不可能获得真正满意的生活。
10. 对我来说，前途渺茫，捉摸不定。
11. 我想，将来好的时候会多于坏的时候。
12. 追求自己想要的东西是徒劳的，因为很少有可能得到它。

计分与解释

3、5、8、9、10、12 选“符合”的计 1 分，选“不符合”的计 0 分。

1、2、4、6、7、11 选“符合”的计 0 分，选“不符合”的计 1 分。

得分≤6 分时，表明你对生活充满希望和信心。得分为>6 分但≤9 分时，表明你对生活有轻度无望感。得分≥10 分，表明你对生活较为失望，最好找朋友或老师聊聊这方面的问题。

我的生命观

在每项后根据自己的实际情况选择“符合”或“不符合”，并标记✓出来。

1. 在我生命中，我感到一种无以名状的失落感。（ ）
2. 我觉得在我的生命中缺乏一个真正意义和目标，而我需要找到它。（ ）
3. 生命的奥秘迷惑着我，并使我感到不安。（ ）
4. 在我一生中，有一股强大的驱力，促使我去寻找自我。（ ）
5. 我发觉有个强而有力的目标在指引着我。（ ）
6. 我感到在生命中缺乏一件值得去做的工作。（ ）
7. 我觉得有决心去完成某些超凡脱俗的事。（ ）
8. 真正的爱永不褪色。（ ）
9. 假如人要获得快乐，他必须以自我为中心。（ ）
10. 苦难是对我性格力量的考验。（ ）
11. 人只有经历苦难，才会变成完整的人。（ ）
12. 经历苦难的人必有后福。（ ）
13. 我选择职业时，很重视该职业的声望。（ ）
14. 假如一个患者濒临死亡，遭遇苦难，医生应该帮助患者安乐死。（ ）
15. 苦难有助于人了解真正的人生意义。（ ）
16. 关于死亡，我毫无准备，并感到害怕。（ ）
17. 关于自杀，我曾经慎重考虑过，并认为这是一种解脱之道。（ ）
18. 在经历苦难之后，我变得更能体谅别人。（ ）
19. 死亡是生命的结束，再也没有其他意义。（ ）
20. 面对将来有一天会死的事实，使我整个人生变得毫无意义。（ ）
21. 我预期我的未来会比过去更有希望。（ ）
22. 我已经找到一个满意的生命目的。（ ）
23. 我生命中所发生的事，我能做决定。（ ）
24. 生命的意义存在于我们的周遭世界。（ ）
25. 我觉得有需要为我生命制订清楚的目标。（ ）
26. 对死亡的自觉，使我觉得生命一刻比一刻重要。（ ）
27. 我决心使我的未来有意义。（ ）
28. 我生命的成就，大部分决定于我努力的程度。（ ）
29. 新奇变化的事物吸引着我。（ ）
30. 每个人都应为他自己的生命负责。（ ）
31. 我以极大的期待心盼望着未来。（ ）
32. 我能依照我想过的方式生活。（ ）
33. 我很关心如何过一种有意义的生活。（ ）
34. 基本上来说，我正过着一种我喜欢的生活。（ ）
35. 我目前的生活是与我未来的希望紧密相连的。（ ）
36. 我正在追寻生活中令人兴奋的事物。（ ）

37. 我时常觉得烦躁无聊。 ( )
38. 生命对我而言，似乎是非常机械化的。 ( )
39. 对于生活，我有很明确的目标和计划。 ( )
40. 我个人的生活是非常有意义，有目的的。 ( )
41. 每天的生活总是千篇一律。 ( )
42. 如果可以选择，我宁愿没有出生。 ( )
43. 退休之后，我愿意无所事事地度过余生。 ( )
44. 对于企求生命的目的，我不断进展而终于圆满。 ( )
45. 我的生命是充满兴奋美好之事。 ( )
46. 假如我今天就去世，我会觉得我的生命毫无价值可言。 ( )
47. 想到我的生命时，我常不懂我活着的理由。 ( )
48. 每当我注视世界与我的关系时，这世界使我迷惑不堪。 ( )
49. 我是一个非常有责任感的人。 ( )
50. 关于人为自己做决定的自由，我相信人是完全被传统环境所限制的。 ( )
51. 为寻求生命的意义、目标和使命，我是很有这种能力的。 ( )
52. 我的生命受外界因素的影响，我不能控制。 ( )
53. 我发现人生并无任何目的与使命。 ( )

计分方法

1. 正向选择题选项“符合”计 1 分，选择“不符合”计 0 分；负向选择题选择“不符合”计 1 分，选择“符合”计 0 分。

2. 正向题目：4、5、7、8、10、11、12、13、15、18、21、22、23、24、25、26、27、28、29、30、31、32、33、34、35、36、39、40、44、45、49、51。

3. 负向题目：1、2、3、6、9、14、16、17、19、20、37、38、41、42、43、46、47、48、50、52、53。

结果解释

1. 得分≥40 分，表明你对生活充满希望和信心。

2. 得分 25～39 分，表明你对生命有轻度无望感。

3. 得分＜ 25 分，表明你对生活有重度无望感，甚至有自杀意愿，建议立即寻求心理援助。

思考与实践

1. 你对生命的态度是怎样的？

2. 请结合生活、学习中的经历，思考哪些问题可以增强生命韧性？

3. 深入了解心理危机的群体，体会一下自己有何感觉。

【推荐读物与影视作品】

1. 图书《自立》

本书作者为拉尔夫·瓦尔多·爱默生，该书的主要内容是寻求生命的价值，如用饱满的热情生活，从容应对生活，追求伟大，让智慧拯救灵魂，在思考中获得力量，追寻美的生活，品味记忆的美好，让思想变得崇高，倾听心灵的声音，关于恶的随想等。

2. 图书《相约星期二》

本书基于作者米奇·阿尔博姆与身患绝症的大学社会学教授莫里·施瓦茨之间的十四次访谈记录整理而成。莫里教授在得知自己身患绝症后，决定在生命的最后时光里，与自己的学生米奇共同探讨人生的意义与真谛。书中的访谈内容涵盖了人生的多个重要方面，包括如何面对恐惧、家庭、感情、婚姻、金钱、文化、衰老、死亡等。莫里教授以豁达的心态和深刻的洞察力，向米奇传授了自己对于人生的理解和感悟。这些对话不仅充满了智慧和幽默，更传递出了一种对生命的热爱和对人性的深刻洞察。

3. 电影《127 小时》

根据艾伦·洛斯顿（Aron Ralston）的真实经历改编。故事讲述了阿伦·罗斯顿在犹他州的一次远足探险中，不慎掉落峡谷，一只手臂被山石压住动弹不得。他孤身一人，面临着极端恶劣的自然环境和身心上的巨大挑战。阿伦做出了一个令人震惊但必要的决定：用自己的多功能工具截断了被困的手臂，以保住自己的生命。在接下来的五天五夜里，他经历了绝望、挣扎与自我救赎的过程。最终，他成功脱困，并在救援人员的帮助下得以生还。

第十篇

拨开迷雾　云淡风轻：认识家庭与家庭关系

视频 10　认识家庭与家庭关系

案例

控制的母亲、缺席的父亲、压抑的孩子

在电视剧《隐秘的角落》里，朱朝阳从小父母离异，母亲极度的操劳、细致，却又让人窒息。母亲对外努力维持表面上的通情达理，在家就展现出她极强的控制欲，吃穿用度都有严格控制。对待孩子的学习，母亲严厉且教育观念偏激，当老师在聊天中善意地提醒朝阳没有朋友时，母亲表示他目前只需要学习，不应该浪费时间在交友上，忽略了朱朝阳内心的各种孤独和恐惧。而朱朝阳孤僻的性格也受母亲的影响颇深，有一集朝阳妈妈坐在办公室吃饭，其他同事都是坐在一起聊天吃饭的，只有她自己一个人，正如她对朝阳的教育，你只管好好学习，交朋友是长大后的事。

离异后再婚并育有一女的爸爸对他的爱是缺席、不足的，通过牌友才知道儿子的学习成绩，通过别人的提醒才知道自己儿子的衣服、鞋子旧了。父亲立即说，今天叫他来就是要带他去买鞋。去往商场的路上，他努力维持一个好父亲的形象，但在现任妻子的一通电话中崩裂。在鞋店里他第一次知道儿子的鞋码，至少还有短暂的温情，但当现任妻子和女儿到后，就把朝阳晾在一旁了。

在这样环境下长大的朱朝阳极度缺爱，缺乏安全感，极度渴望得到肯定，千方百计讨好爸爸妈妈，努力学习位居第一，让爸妈满意，循规蹈矩的生活，遇到继母的刁难也不闹事，不让爸爸为难，遇到问题也不麻烦外界，自己消化。就算平常在学校里被同学孤立，也不和父母开口，没有纾解的出口，人变得很压抑。

上述的故事虽然是一个虚构的电视剧情节，但它却深刻地反映了原生家庭对个人心理健康的巨大影响。在现实生活中，也有许多类似的例子。原生家庭的环境、父母的教育方式、家庭成员之间的关系等，都会对大学生的心理成长产生深远的影响。

学习目标

1. 了解家庭关系。
2. 学会绘制家谱图。
3. 理解家庭生命周期。
4. 学习应对家庭中的挑战。

第 28 章 家庭关系与心理健康

家是世界上唯一隐藏人类缺点与失败，而同时也蕴藏着甜蜜之爱的地方。

——萧伯纳

人生真正的幸福和欢乐，浸透在亲密无间的家庭关系之中。

——穆尼尔·纳素夫

一、认识家庭

家庭是社会最基本的单位，每个人都在家庭中出生、成长、离开。家庭是人成长的主要和重要环境。人的生活行为、人际交往、价值观念等都形成于早期的家庭。

家庭是由具有婚姻、血缘和收养关系的人们长期居住的共同群体，这个共同居住在一起的群体，具有一系列的重要功能。

心理学家们对家庭的功能进行了不同的分类。美国心理学家奥尔森（Olson）认为，家庭功能是家庭成员的情感联系、家庭规则、家庭沟通，以及应对外部事件的有效性。美国心理学家斯金纳（Skinner）认为，家庭功能是从家庭任务完成来定义的。家庭的基本功能是为家庭成员生理、心理、社会性等方面的健康发展提供一定的环境和条件。斯金纳的家庭过程模式理论从七个维度评价家庭功能：任务完成、角色作用、沟通、情感表达、卷入、控制和价值观。其中，任务完成是核心维度。任务完成的过程包括以下四个部分：确定问题、思考各种解决问题的办法、选择合适的解决方法并实施、评估解决的效果。其他六个维度围绕在任务完成的周围，七个维度有机地联系在一起，共同构成家庭功能的评价体系。

心理万花筒

家庭功能模式理论

1977 年，Beavers 等提出了家庭系统模式理论，认为家庭系统的应变能力与家庭功能的发挥之间是相关联的，如果家庭系统的能力越强，那么家庭功能的发挥效果就越好。家庭系统理论认为家庭成员形成了一个动态的系统，系统中的家庭成员之间相互作用、相互影响。家庭系统是个有内在稳定规则的系统，根据特定的交往和情感模式运行。如果发生一些变动，比如成员自身状况的变化、成员组成的改变等，家庭会打破“平衡”，家庭系统就必须去面对这种变化进行适当调整。

二、认识家庭关系

家庭系统排列的创建者伯特·海灵格（Bert Hellinger）曾说："我从来访者的身上不是仅仅看到个人，也看到其身后的家人，比如父母、祖辈……"家庭关系是家庭成员之间的动态连结，与家庭成员的身心健康息息相关，每个人都在影响着家庭关系，家庭关系也在塑造着每一个人。

（一）夫妻关系

夫妻关系在家庭中是最核心的关系，夫妻之间是相互依存、互相扶持、共同生活的关系。在当今社会，随着时代的迅速发展和变化，夫妻关系也经历着很大的转变。夫妻关系需要建立在尊重、平等和爱的基础上，在恋爱期间，情侣之间因为激情、亲密，相互之间维持着彼此的关系。在婚姻家庭中，生活中还加入了更多的部分，比如开拓事业发展、承担双方家庭责任、共同抚育下一代等，只有夫妻之间建立起更亲密的关系和互相扶持、互相承诺，才能够一起为这个家庭遮风挡雨、共同成长和进步发展。

在夫妻关系中，进行关系的平衡也是非常重要的。夫妻双方不仅要在经济上，还需要在家务分工上进行合理的安排和协商，不能让夫妻的其中一方过多地承担责任和压力。另外，夫妻之间也需要保持一定的独立性，各自有自己的朋友圈和兴趣爱好，不要把对方当作自己的全部生活。只有保持良好的平衡，夫妻关系才能够长久存在并稳定发展。

夫妻关系中最重要的部分是情感。夫妻之间应该互相理解、支持和关心，共同面对生活中的挑战和困难。这种关系是一种紧密的情感联系和精神共鸣。夫妻之间的情感是可以发展和改变的。双方都需要不断地投入精力来维护夫妻关系的稳定，并且逐步建立更加深厚的情感联系。

夫妻关系是家庭的基础，关系着家庭的稳定、和谐与幸福。一个美满的夫妻关系可以带给家庭健康、和谐的氛围，促进家庭成员之间的互动和相互扶持。夫妻关系还涉及整个社会的稳定和发展。一个稳定、和谐的社会需要有健康、稳定的家庭作为基础。

（二）亲子关系

亲子关系是家庭关系中很重要的部分，每对父母开始抚育下一代的时候，都需要一段很长时间的适应期，在发展与下一代的亲子关系时，更需要认真地准备和学习。美国心理学家简·尼尔森（Jane Nelsen）在《正面管教》中说："在纠正孩子的行为之前，先要赢得孩子的心。""赢得孩子的心"，就是要建立良好的亲子关系，当一个家庭中的亲子关系是亲密和谐的，孩子就会更信任父母、尊重父母，父母与孩子的沟通也会更顺畅，亲子之间良性的互动，对于孩子的性格、成长也更有益。

良好的亲子关系，需要父母投入大量的精力、时间去建立、经营，在孩子0—3岁时，父母需要给予孩子无微不至的照顾，培养孩子对父母良好的依恋情感；在孩子0—10岁时，是父母与孩子之间建立亲密、有爱的亲子关系的重要时期。父母在养育子女的过程中，需要给孩子高质量的陪伴，经常与孩子进行交流、玩耍、互动和陪伴，与孩子共同建立安全、亲密、温暖、稳定的生活空间。

良好的亲子关系还需要建立一个适当的边界，家庭生活中，每个人都有自己的生活空间，最理想的状态是每个人之间有交集但不会完全重合。每个家庭成员之间是互相独立又互相依靠的。尊重彼此之间的需求和空间，包容互相之间的需要，厘清互相之间的边界。比如，当孩子长大了开始写日记，父母尊重孩子的隐私，不要求阅读孩子的日记；当孩子开始步入青春期，进入孩子房门之前先敲门，获得了允许之后再进入。在家庭中，把孩子当成一个独立的个体，尊重、理解、包容。

（三）隔代关系

在家庭生活中，三代同堂是很普遍的现象。现代社会生活节奏变快，生活压力变大，祖辈来到子女的家庭中，帮助抚养和教育孙辈，是一个有效、安全、经济的方式。根据中国教育学会家庭教育专业委员会发布的《中国城市家庭教养中的祖辈参与问题调查报告》数据显示，近80%的家庭是祖辈参与孙辈教养的。但由于代沟、受教育程度、科学养育等因素，父母和祖辈们在后代养育的过程中会产生分歧和冲突。

过去的人生阅历和养育经历，让祖辈们积累了不少生活和育儿经验，他们中大多数人早已退休，有更多时间和精力专心照看、陪伴孙辈。“隔辈亲”是人之常情，相比于年轻的父母，祖辈的心态会更平和些，有爱心、耐心，更能包容孩子，他们为孙辈们做到的，也许是一些年轻的父母没有时间、能力做到，或没有意识去做的。这种充满爱和欣赏的、宽松的祖孙相处模式，有助于孩子感受更丰富的情感，在夸奖和鼓励中建立起自信，了解这个世界的多面性，学习和不同的人沟通，是孩子心理成长和性格塑造的重要助力。

此外，祖辈经过岁月的洗礼，很多人身上都具备吃苦耐劳、勤俭节约、与人为善、豁达包容等优秀品质和人生态度。祖辈对传统文化的理解，对历史的记忆等，都会作为一种家风，在日常生活中潜移默化地传承给孩子。

（四）手足关系

随着二孩、三孩政策的放开，越来越多的家庭开始选择多生育子女。多子女的家庭必然会占用父母更多的时间、精力和金钱等。多子女家庭中父母不仅要处理好与孩子之间的关系，还需要处理好子女之间的竞争和冲突，维护好手足之间的关系。良好的手足关系会让孩子们终身受益，从童年时期起，孩子们与手足待在一起的时间就比其他群体更多，孩子们接受的是同样的家庭教育，感受到的是同样的家风，这些将跟随孩子们一生。另外，孩子们能够在多子女家庭成长，每天都在进行人际交流和互动，也是一个锻炼社会交往能力的好机会，这更能帮助孩子们学会解决冲突、换位思考、提供情绪支持等。

手足关系具有有利的一面，也具有不利的一面。如果父母养育得当，多子女都能得到很好的发展，如果养育不当，可能会对孩子们的成长不利。多子女家庭的父母要承担更多的责任和压力，需要根据不同孩子的性格和气质，采用更灵活的亲子互动方式，构建和谐的亲子关系，也需要在手足之间营造团结有爱的家庭氛围，让孩子们能够更健康、快乐地成长。

知识延伸

原生家庭和新生家庭

在心理学领域，我们经常会提到“原生家庭”和“新生家庭”这两个词。本文我们一起来认识下原生家庭与新生家庭。原生家庭是指子女在成年、成家前与父母等亲人一起生活的家庭，是人们最初的成长环境，影响性格、习惯和观念的形成；新生家庭就是夫妻自己组建的家庭，这样的家庭不包括夫妻双方父母。

原生家庭中母婴关系非常重要。英国精神分析学家唐纳德·温尼科特（Donald W. Winnicott）说，母婴关系构成了后续所有关系的模板。婴儿和母亲之间的关系是一种心身相伴关系。婴儿时期，通过母亲对孩子的抱着、哺乳等身体的亲密接触和母亲对孩子的声音的回应等促进了身体和心灵紧密的结合。心身相伴关系是孩子得以进一步发展的基础，心身相伴关系进而产生了所有形式的链接，包括成年以后与伴侣之间的关系。

成年以后，婚姻关系中的性反映了早期母婴关系中身体层面的这一部分。随着孩子的长大和更自主地主宰他的身体，母婴关系中躯体的接触会逐渐减弱，这种逐渐减弱的躯体接触在成人的性生活里面，在性生活的过程中互相依赖，又会完全地再次展露出来。即成人伴侣关系中性的这一部分，体现了心身相伴关系中身体层面的这一部分。所以个体成长的原生家庭会在各方面影响我们，包括成年以后的性关系。

改变，从主动认识开始。原生家庭的生活习惯也会带入到新生家庭中，比如父母的情绪、沟通习惯、卫生习惯、家务分工、对于家里大事小事的决定权等。这就是原生家庭的影响。如何去改变原生家庭的影响呢？对于改变，重点要强调的是“主动认识”的作用，没有认识就没有改变。小时候自己是被忽视的，长大后可以把自己的孩子照顾很好的人，是因为长大后他们自己意识到了被忽视是痛苦的，是有问题的，然后采用主动的措施去成长自己，变得跟父母不一样。所以首先一定是自我认识，自我意识的觉醒，正视自己，然后通过主动学习和成长的方式，才能摆脱原生家庭留下的印记。

三、认识家谱图

家谱图是系统家庭治疗的基本临床工具，是理解家庭关系的工具。家谱图以图画的视觉形式来展现家庭三代人的血缘关系和婚姻家庭关系。家谱图可以帮助我们从更广阔的视角来理解和家人的关系。

（一）家谱图的起源

在我们的民族文化里，家谱是记载家族世代传承的图册，记录着一个家族的繁衍和重要人物故事。经历了历朝历代的连年战乱和社会动荡，历史上传世的家谱几乎丧失殆尽，许多家族的世系也因此失传。流传至今的古代家谱，大多是明清两代纂修。近代也有很多家庭的后人，做了大量工作，补写和续写家谱。

（二）家谱图的内容

1985年《家谱图：评估与干预》一书问世，在此之前世界上并没有公认的家谱图画法。这本书是在20世纪80年代初，由家庭治疗和家庭医学的专家莫瑞·鲍文（Murray · Bowen）、杰克·弗鲁姆（Jack · Froom）等共同发展出来的。这本书确定了基本的家谱图符号，并就家谱图的标准化形式达成一致（图28–1）。使用者可以非常方便、准确地理解不同的家谱图所呈现的意义。

家谱反映的是整个家族的基本情况，家谱图主要记录两系三代的家庭情况。家谱和家谱图不同的是，家谱图在绘制上体现了"男女平等"：一个家庭里的所有成员都会在家谱图中体现出来，包括早夭、流产的孩子、未出生的孩子都会被标记出来。一般意义上的家谱，以男性为主体，不会收录女性后代的具体情况，甚至忽略了女性配偶的具体信息。

家谱图记录至少三代家庭成员及相互之间关系的信息，简明呈现复杂家庭关系模式的完整样貌。

家谱图信息包括：家庭成员基本人口学信息，包括性别、年龄、职业、受教育程度、重大疾病等多方面信息。

家庭结构，包括婚姻状况、结婚 / 离婚时间、子女情况等。

家庭关系模式，包括关系远近、家庭权力模式、三角关系等。

（三）家谱图的功能

家庭是人类社会中最基本、最具影响力的系统。家谱图可以提升人们对家庭系统的认知和理解。比如，理解个人在家庭中的位置，以及在更大环境背景中的位置，会对个人的

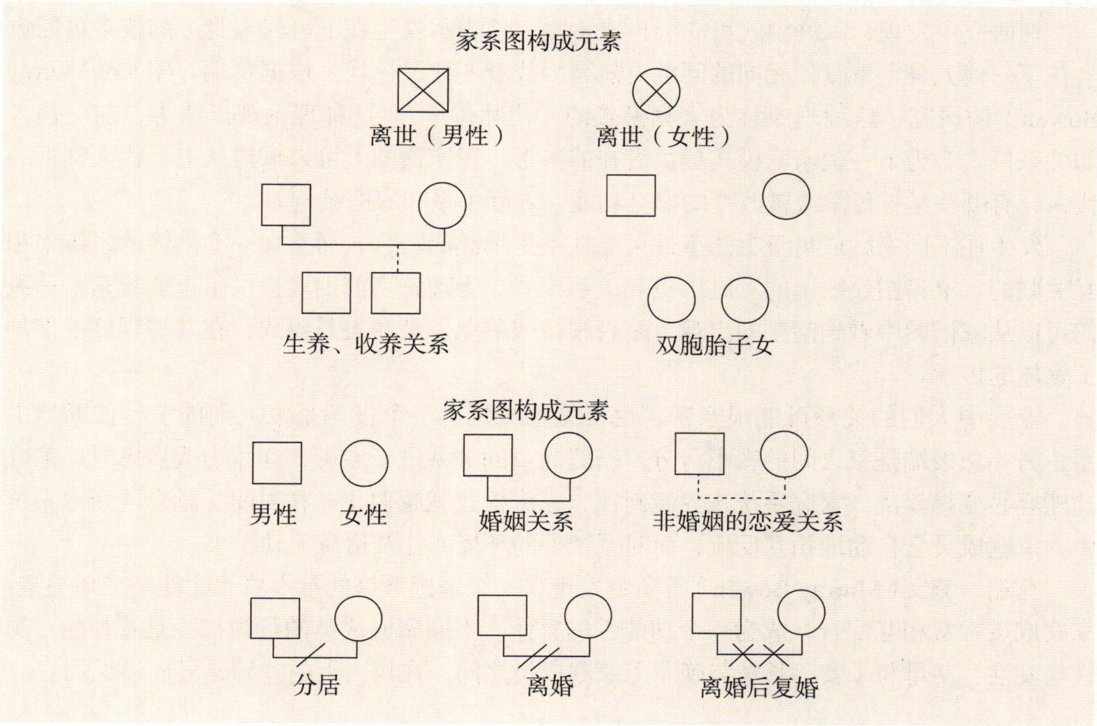

图28–1　家系图构成元素

功能、人际关系模式和下一代家庭类型等方面产生影响。家谱图具有以下功能。

1. 家谱图可以帮助人直观地感受到家庭成员之间的关系状态变化以及家族在社会中的发展脉络。

2. 家谱图可以帮助人关注到家庭背景的复杂性，包括家族历史中的重要事件及人际关系模式、有重大意义的事件。家谱图可以帮助人们从当下和历史的角度获得更广阔的视野来看待自己遇到的困境。在家谱图上，横向的家庭关系和纵向的代际关系两个方面都展示了结构化、关系化和功能化的家庭信息。

3. 家谱图可以帮助多角度理解个人当下的行为和问题，包括个人行为受家庭文化、家族期待、同胞排行等因素的影响。或放入更大的系统中去理解，如社会变迁及社会文化背景等。

4. 家谱图可以帮助人理解丧失或重大变化带来的家庭关系改变，理解丧失或重大变化是如何改变了家庭结构和其他家庭模式。

5. 家谱图可以帮助人们预测自己的未来。家庭成员在生物、社会和情感功能上都非常紧密地相互依赖着，系统的一部分发生变化，其他部分则会回应。所以，家庭成员之间的关系和相互影响具有高度的互动性、模式性和重复性。正是这些模式可使人们从家谱图上对自己的未来做出预测。

6. 家谱图帮助专业工作者，拓展对家庭的研究和应用范围。因为家谱图常涉及更大范围上的社会结构——文化、政治、宗教、精神、社会经济、性别、种族和民族——正是这些元素为社会的每个成员赋予了独特的社会地位。

（四）家谱图的关系模式

在研究中发现，家庭模式可能会再次重复。这表示发生在上一代人身上的故事可能也会在下一代人身上重复，相同的问题可能会困扰着一代又一代。根据莫瑞·鲍文（Murray Bowen）的研究，这种现象称为家庭模式的“代际传承”。这种理论观点认为，前一代人的关系模式会为下一代家庭模式提供潜在的参考。在家谱图上可以探讨从上一代人到下一代人，有哪些是被传承或被改变的家庭功能、人际关系和家庭结构。

发生在不同家庭成员身上的事件可能并不是单纯的巧合，而是在一个整体的系统中相互关联的。家谱图反映出的家庭历史和关系模式，为理解当前困境提供了重要线索——我们可以从家谱图中看到问题的出现，是否维持或避免了某些关系模式，在某种程度上保护了家族的传承。

家族中人们的关系可能很亲密，也可能很疏远。一个极端是家人间的争吵或断绝关系；另一个极端是家人间的密不可分。家庭成员的关系过于亲密，在压力或焦虑时，家庭功能容易变得紊乱。家庭系统边界越封闭，家庭模式就越僵化。在封闭、融合的家庭系统中，家庭成员会自动地相互反应，而对系统外的环境变化及适应无动于衷。

莫瑞·鲍文（Murray Bowen）等研究发现，一个情感系统的基本单元往往是三角关系。家庭成员常常相互配合，成为一个功能性的整体。不同家庭成员的行为往往是互补的。男性与女性、父母与子女、长辈与晚辈等家庭成员之间，在权力上的差异是显而易见的。

体验活动

绘制家谱图

活动对象：两位同学一个小组。

活动目的：通过绘制家谱图了解自己的家庭关系，提升对自己和家庭关系的理解。

活动实施：

1. 在白纸上按照家谱图绘制方法和基本元素，画出自己的家谱图，包括父母、自己、兄弟姐妹的家庭，爸爸的原生家庭，妈妈的原生家庭。

2. 根据绘制的家谱图，写出三点对自己最重要的内容。

3. 根据绘制的家谱图，写出三点自己之前没有注意到的内容。

4. 请跟同伴交流写出的（2）和（3）内容。

5. 给对方反馈听到分享后的感受和想法。

第29章 家庭生命周期

> 积善之家，必有余庆；积不善之家，必有余殃。
>
> ——周易

案例

林某，20岁，目前是某重点大学经济学专业的大三学生。他出生在一个中等收入的家庭，父母均为教师，家庭氛围在早年相对和谐。然而，随着时间的流逝和心理的成长，林某的心理健康逐渐受到原生家庭的影响。

林某的童年生活充满欢笑与温馨。父母作为教育工作者，对他的教育投入了大量心血，培养了他对知识的热爱和对学习的热情。在林某上小学时，家庭氛围开始发生微妙变化。随着工作压力的增大，父母开始频繁争吵，虽然尽量避免在林某面前爆发，但他仍能感受到家庭氛围的紧张。父母关系进一步恶化，最终在林某小学五年级时离婚。这次变故对林某产生了巨大的心理冲击，他变得沉默寡言，对人际交往产生恐惧。父母离婚后，林某跟随母亲生活。母亲为了弥补他缺失的父爱，对他的生活和学习要求更加严格，期望他能够出人头地。然而，这种过度的期望和压力让林某感到窒息，他开始对学习产生抵触情绪，甚至出现了逃学现象。

进入大学后，林某离开了母亲的控制，开始尝试独立生活。然而，原生家庭的影响依然如影随形。他发现自己难以建立稳定的人际关系，对亲密关系感到恐惧。同时，他对于未来的职业规划感到迷茫，缺乏自信。

林某的心理健康问题深受原生家庭的影响。父母的离婚让他失去了对家庭的信任和依赖，导致他在人际交往中缺乏安全感。母亲过度的期望和压力让他感到窒息，导致他对学习产生抵触情绪，甚至对自己的能力产生怀疑。这些经历让林某在成长过程中形成了消极的自我认知，对他的心理健康产生了深远的影响。

家庭的发展过程与个人的发展历程相似，都要经历出生、成长、发展、衰落、消亡的过程，家庭因人而存在，人因家庭而成长。家庭生命周期是人口学的概念，其将家庭作为一个分析单位，对家庭成员和家庭成员之间的关系进行一个整体研究。

一、认识家庭生命周期

（一）家庭生命周期的含义

生命周期，是指人出生、成长、衰老、生病和死亡的过程。著名的心理学家爱利克・埃里克森（Eric H Erikson）认为，人生的发展可以划分为八个阶段。每个阶段有不同的人生任务。家庭生命周期就像人的生命周期一样，家庭也要经历出生、成长、衰老到死亡的过程。

1947年，美国人类学学者P. C. 格里克（P. C. Glick）提出家庭周期（family life cycle）的概念，认为家庭是划分为不同周期性的阶段，家庭周期理论可以帮助人们更清晰地认识生活，看待家庭所面临的问题。

家庭由婚姻和血缘关系组成，具有很多功能，其中包括经济功能，如家庭成员共同抵御经济风险、减少经济支出。家庭还有生育功能、性的功能、教育功能、抚养与赡养功能等。家庭的功能在不同的阶段中，可以呈现出很多变化。

（二）家庭生命周期的六个阶段

了解家庭在家庭生命周期发展中不同阶段的处境、困难挑战、努力等，可以帮助自己更好地与家庭连接、理解父母、促进成长。

1. 恋爱阶段

恋爱阶段是婚姻的准备时期。这是个体从依赖父母转向自我独立的过渡阶段；个体需要从原生家庭分离，去适应新世界、应对新挑战，并准备和伴侣走入婚姻关系的阶段，这个阶段的一个重要问题是如何处理分离焦虑。

恋爱中的人，不仅仅要面对恋爱中的困扰，还要面对与原生家庭分离、迈入社会和职场的巨大焦虑中。无论个人多么努力，这种焦虑，也会在相当一段时间里伴随着他们，进入婚姻状态。

2. 新婚家庭阶段

新婚家庭阶段主要分为三个方面：第一个是夫妻双方的角色，第二个是夫妻双方的责任，第三个是夫妻面临的挑战。

(1) 夫妻双方的角色：新婚家庭的每一对夫妻，在自己的原生家庭中是孩子的角色；结婚后角色转变为丈夫或妻子、女婿或儿媳妇的新角色；当他们各自回到自己的原生家庭时，又转变为原生家庭中孩子的角色。每个人都多了两个非常重要的角色。

(2) 夫妻双方的责任：在新婚家庭当中，两个人的责任包括以下几点。

- 生活事务：比如打扫卫生、买菜做饭、处理生活事务等，这是两个人的责任。
- 人际关系：在新婚家庭中，夫妻要和对方的原生家庭打交道，和对方的亲属朋友打交道，要和街坊邻居打交道，要和各自的工作环境打交道。处理关系是家庭中两个人的责任。
- 经济负担：多数新婚家庭中的两个人都需要有经济来源，大部分家庭都需要双方承担经济压力，为更好的生活负担起责任。
- 娱乐义务：夫妻双方都有义务为整个家庭营造轻松、愉快的氛围。

(3) 夫妻面临的挑战

- 在处理关系上缺少经验：新婚夫妻缺乏对成立一个家庭，应对社会和生活的经验。新婚夫妻要面对各种错综复杂的人际关系，这需要不断地提高自己的能力来应对这些困难和挑战。
- 对婚姻的全能想象：在25—35岁的生命阶段里，度过青春期的个体开始走向社会，尝试着建立自己的关系圈，发展自己的能力，获得一些工作上的成就，所有这些都可能使得他们在这个阶段里对自己、对关系有非常美好的期待。在婚姻当中，这种全能想象会演变成对对方的全能想象，如“我爱的人是有能力的”“他应该可以满足我的期待”“他能够了解我没有表达出来的期待”“他爱我，所以他应该知道我的想法”……这些都属于全能想象。

- 缺乏支持体系：在新婚阶段，个体要面对各种各样的问题，如买房子、买车等，还要跟配偶的原生家庭产生更多的交集。所以这个阶段的应激是非常多的，而新的支持体系还没有建立或成熟。

在新婚阶段，夫妻双方的原生家庭实际上也面临着新的应激：孩子的离开使父母面临着新的生活、父母要适应空巢带来的心理焦虑，以及因担忧孩子能否适应新生活而产生的焦虑等。另外，父母作为原生家庭的代表，对于孩子的婚姻也有很多期待，如育儿的期待，这都会加剧两代人的冲突。

3. 育儿阶段

从家庭生命周期来看，育儿使家庭得以扩展，是家庭的一个重要任务和责任。

这个阶段的家庭所面临的困扰要复杂得多。女性生育之后，面临着家庭和工作的双重压力，此阶段比新婚阶段面临着更多的难题。

4. 青少年阶段

孩子在 6—18 岁的时候处在青少年阶段。

青春期的孩子情绪变化大、学业压力大，面临的人际关系也变得更加复杂。此时孩子的成绩会成为家庭当中最大的挑战：孩子要不要补习；孩子未来要上什么样的大学……这些事情成为家庭的焦点。

5. 孩子离家、成家阶段

在孩子离家与成家阶段，家庭几个主要变化如下。

(1) 家庭人口变少、家庭规模变小：当子女长大离家后，原生家庭就只剩下夫妻两个家庭成员了。这个阶段比较常见的家庭状况就是孩子离家后，家里人口减少，很多时候只剩下夫妻两人。

(2) 家庭事务的减少：孩子的事情是家庭非常重要的一部分，孩子离家后，很多家庭连做饭都很随意了，家庭内部的事务数量逐渐减少。

(3) 家庭空间的增多：在物理空间上，孩子离家后，物品占用的空间也减少了；在精神空间上，孩子离家后，大部分家庭的谈话内容会减少 80%～90%，夫妻之间出现精神上的空白。

(4) 焦虑情绪增加：孩子在家时，很多事务占据了夫妻的心理空间；孩子离家后，他们需要一些东西来填补空间，于是焦虑就很容易滋生出来。

6. 家庭解体阶段

家庭解体阶段，充满了生命晚期带给人的困难与挑战。

(1) 机体健康水平下降：人们进入生命晚期，健康状态会逐渐下降，比如视觉下降、听力下降、运动能力下降、记忆力减退等，这些都是生命晚期的人们要面对的生理上的挑战。

(2) 失去社会价值感：处在生命晚期阶段，子女离家，家庭中两个老人或一个老人独自生活，孤独感会随之增加。由于社会功能的降低，很多老人会感觉到自卑，认为自己失去了社会价值，从而陷入抑郁状态。

(3) 人际交往减弱：老人进入到生命晚期的时候，早已退休，人际交往的机会大幅度减少，因此会产生退休综合征。现在人们聚集在城市生活，彼此交往很少，尤其是住在楼房里的人们交流的机会就更少了。老年人减少了社会交往，精神空虚，更容易陷入诈骗者的陷阱。

(4) 与子孙的关系变化：老人与子女的代沟还是非常明显的，老年人进入到生命晚期（60—80 岁）时，子女大概三四十岁，或者四五十岁。改革开放四十多年来，他们接受的教育和经历不同，科技发展日新月异，导致两代人在很多方面的意见非常不一致，所以在生命晚期，老人与子女的代沟是非常明显的。观念上的不一致，有时候会造成家庭的冲突和矛盾。

近年来，社会经济与精神文化飞速发展，老人跟晚辈之间在生活上存在着非常大的差距，因此老人在处理与子孙的关系上就会面临非常多的挑战。主要表现为：老人想去照顾子孙，而子孙会有很多的不适应；反之亦然。

(5) 死亡焦虑：人到了生命的晚期，离死亡的距离是非常近的，面临的压力也非常大。即便是不说话，人们也每时每刻都面临着生命即将离去的事实。尤其是年纪大一点的人，他们经常会听到同龄人逝世的消息，这些消息会给老人的生命带来冲击。所以死亡焦虑是一个重要的、无法回避的话题。

二、家庭生命周期转折的挑战

在完整的家庭生命周期中，有七个重要事件。

第一个重要事件是结婚，指家庭的形成。

第二个重要事件是第一个子女的出生。

第三个重要事件是最后一个子女的出生。

第四个重要事件是第一个子女离开家庭。

第五个重要事件是最后一个子女离开家庭。

第六个重要事件是配偶一方的死亡。

第七个重要事件是配偶另一方死亡，这是家庭的消亡。

家庭有不同的阶段。家庭在每一阶段都会面临着转折的挑战。家庭生命周期理论强调，家庭成员的互动交流关系以及家庭成员的需要，会随着家庭的发展在不同阶段呈现出不同的特征，每一家庭发展阶段都有不同的任务和要求需要家庭成员去面对，让家庭成员感受到一定的压力。因此，在家庭发展比较脆弱的阶段就容易出现问题，如第一个孩子出生、孩子开始上学等。

出生意味着人的生命周期第一阶段的开始。孩子上幼儿园，就开始迈入了小社会，很多孩子不适应幼儿园，这是在生命周期第一阶段难以应对挑战。刚步入职场的年轻人，面临着人生的重大转折，也可能完全不适应工作节奏、职场关系、工作环境等，需要学习职场规则。

家庭生命周期的不同阶段，需要发展不同的方式来应对各种各样的挑战。

心理万花筒

分离个体化理论

分离个体化理论是心理学家玛格丽特•马勒（Margaret Mahler）提出的理论，马勒把0—3岁的儿童心理成长分为四个阶段。

1. 自闭阶段（0—2月龄）

在这个阶段里，婴儿最重要的事情就是睡觉，与环境达到平衡，尚没有任何有条理的思想。

2. 共生阶段（2—6月龄）

这是婴儿自恋萌芽的阶段，这一阶段婴儿所有需求都只能用哭来表达，由主要养育者母亲来满足，因而与母亲组成了一个密不可分的系统，由于婴儿分不出自己与照料者的界限，以为自己在满足自己，自恋萌芽发生了。对妈妈的依赖也是婴儿建立良好人际关系的开端。

3. 分离—个体化阶段（6—24月龄）

婴儿在此阶段完成第一轮的分离，形成独立的个体。

这个阶段又分为三个小阶段：①6—10月龄的孵化阶段，孩子开始区分自己和母亲，并产生面对陌生人的紧张反应，身体的分离是个体化的开始；觉察到自己和母亲的不同，让孩子心理产生独立和分化。②10—16月龄的实践阶段，婴幼儿生理功能显著发展，具备了去探索外部世界的兴趣和一定能力，自恋达到巅峰，这种健康的自恋能够为后来的进取心及克服困难的勇气奠定基础。③16—24月龄的复合阶段，随着运动功能的发展，婴儿开始和其他小朋友一起玩，能够包容自己和母亲的分离，但同时孤独感和行动受到挫折时的无助感又导致了他对母亲的需要增加，因此产生独立和依赖的矛盾。

4. 建立客体恒常性阶段（24—36月龄）

幼儿开始建立客体恒常性。客体恒常性是指在心里维持客体稳定形象的能力。特别是维持母亲的稳定形象。客体恒常性的意义在于当母亲离开孩子的视线之后，孩子心里依然能够保存母亲的形象，不至于因为母亲的消失而导致整个世界的崩塌，这意味着孩子有能力处理母亲不在场的感觉，并开始与母亲之外的人建立关系，也就完成了分离与个体化的全过程。

体验活动

我家的家庭生命周期和转折

活动目的：通过采访父母，增加对自己家庭生命周期的深入认识，了解多种因素对家庭的影响，提升对自己和家庭关系的理解。

活动实施：

1. 采访自己的父母，对照家庭生命周期六阶段，请写出自己家庭的不同阶段的大概时间、主要压力、影响因素、应对方法等。

2. 采访过后，请根据采访得到的资料，写出至少三种对影响家庭关系的客观因素的假设。

3. 把自己的假设跟父母分享。

4. 请父母给予反馈并记录。

第30章 大学生家庭关系中常见的问题和应对方法

家庭幸福的秘诀在于共同的努力和互相尊重。

——奥巴马

父母必须提供充满了爱、有原则和有意义的家庭，因为家庭是对儿童进行教育的一个基本单位。

——蔡元培

案例

李某，20岁，某大学学生。他来自一个看似普通的城市家庭，父母都是普通的上班族。然而，李某的大学生活并不如他最初所期望的那样平静和充实，原生家庭的冲突和矛盾成为他难以摆脱的心理阴影。

自记事起，李某就经常听到父母因为各种琐事争吵。小时候，他总以为这些争吵只是暂时的，父母还是会和好如初。然而，随着年岁的增长，他逐渐意识到这些争吵背后隐藏着更深层次的家庭矛盾。父母在价值观、教育方式，以及生活习惯上的差异，导致他们的关系日益紧张。

进入大学后，李某本以为可以逃离这个充满争吵的家庭环境，然而现实却并非如此。每当假期回家，他都要面对父母无休止的争吵和冷战。这些冲突不仅影响了他的学习和生活，更对他的心理健康造成了严重的伤害。他开始变得焦虑、抑郁，甚至对人际交往产生了恐惧。

在一次心理咨询中，李某向咨询师倾诉了自己的困境。他提到，每当听到父母的争吵声，他都会感到心跳加速、呼吸急促，仿佛整个世界都崩塌了。他害怕自己会成为下一个受害者，也害怕自己无法摆脱这个家庭阴影。

咨询师在了解李某的情况后，给予了他专业的心理支持和建议。她告诉李某，原生家庭的冲突和矛盾确实会对个体的心理健康产生影响，但这并不意味着他无法改变现状。她鼓励李某学会设定界限，保护自己的心理健康。同时，也要尝试与父母进行沟通，表达自己的想法和感受，寻求家庭关系的改善。

分析：在现实中，家人之间的冲突和矛盾难以避免，会给人带来烦恼、痛苦，甚至创伤。原生家庭的冲突和矛盾确实会对个体的心理健康产生影响，但这并不意味着他无法改变现状。她鼓励李某学会设定界限，保护自己的心理健康。同时，也要尝试与父母进行沟通，表达自己的想法和感受，寻求家庭关系的改善。

在现实中，家人之间的冲突和矛盾难以避免，会给人带来烦恼、痛苦，甚至创伤。以下是一些大学生家庭中常见的问题。

一、常见问题

（一）情感表达

家庭是人们朝夕相处的地方，也是情感表达的主要场所，人们在公共场合和社交场合，情感表达比较含蓄。而在家庭里，人们的情感表达也更随意。有些人在家里的情感表达太过随意，可能为对方带来了困扰甚至伤害。对于大学生来说，如果父母从小在家就不注重情感表达，可能会对其情感表达方式造成影响。

根据《中国式家庭情感表达方式》调查报告显示，"中国式家庭情感表达"倾向于报喜不报忧，无论是父母还是子女，都喜欢隐瞒发生在自己身上不幸福的事情。这样报喜不报忧的"爱"的表达人群相当普遍，甚至大部分人都认为"爱需要隐藏，不需要表达"。大学生离家在外，父母们出于对孩子的爱，常会对孩子说一些善意的"谎言"，隐瞒一些他们认为孩子不必要操心，无须担忧的家庭事务，如家庭财务、偶尔的争端、父母的病情、亲友的八卦等。子女也是如此，远在校园，发生的一点风吹草动都会牵动远方父母的心。在深知父母不易之后，很多大学生也选择了隐瞒自己的情感表达。

父母和子女的成长背景是不一样的。有时候他们关注子女信息、对子女隐瞒家里的难事，初衷就是想进一步了解自己的孩子，看看孩子现在过得怎样，有没有需要帮忙的地方。如果大学生和父母之间可以敞开心扉，表达自己对父母的爱，证明自己的能力，把彼此真正的想法说出来，能够减少父母对子女的担心，消除不必要的隔阂。

此外，由于生活环境不同，教育背景差异等原因，有的父母不能理解孩子在外面上学可能面临的各种压力、困难。考上大学，在许多人眼中，就是已经度过了人生最大的困难时期。之后的大学生活，应该是一帆风顺、轻而易举就可以完成。当大学生表达为学业压力而感到焦虑、悲伤、烦闷等情感时，家长容易责怪孩子不努力、不成熟、不上进等。时间久了，大学生虽然希望能从父母这里得到理解和支持，但是也会放弃情感表达。

（二）家长控制

在抚育子女的过程中，父母要付出很多精力来保护子女的安全，小到生活日常细节，大到生命安全。小时候，父母会控制孩子外出的时间、睡眠的节点、饮食的规律，甚至是交朋友等，随着孩子长大，父母要给孩子更多的空间和自由去发展自我人际的边界，如果父母没有及时调整，继续采用过度限制的方式控制孩子，就容易造成亲子之间的冲突和矛盾，或者父母突然放手，觉得孩子离开家庭就可以彻底放手，当孩子没有发展出自我管理的能力，也可能对孩子的生活产生重大的影响。前者容易发展出控制型的教养方式，后者容易发展出放养型的教养方式。

控制型的教养方式强调严格控制和孩子的无条件服从，并且在情感上容易忽略孩子的情绪感受，很少考虑到孩子的需求和意愿，很少给予孩子选择的权利。控制型的教养方式常常被"爱"和"在乎"的外表所蒙蔽，而将孩子的顺从视为理所应当。

放养型的教养方式，在发展心理学中，又分为放纵型教养方式和不作为型教养方式。放纵型教养方式几乎不对孩子提出要求，允许孩子自由表达自己的感受和冲动，不会密切监控孩子的活动，很少对孩子的行为施加严格的控制。不作为教养方式是极度宽松且没有要求，这类父母或拒绝孩子或沉浸在自己的压力和问题中，以至于没有太多精力投入到孩子的养育过程中。

心理万花筒

家庭教养类型

家庭教养有两个维度：一是要求性，指家长是否对孩子的行为建立适当的标准，并且坚持要求孩子去达到这些标准。二是反应性，指家长对孩子的需求的接受程度和对孩子需求的敏感程度。

1. 专制型

要求孩子无条件地服从自己，严格但是不民主。虽然这样的家长有时候也会给孩子设立目标，但是目标不一定合理，而且不允许孩子跟自己讨价还价。往往目标的标准对孩子而言比较高，但是孩子还不可以反抗。这种教养方式，家长和孩子之间是不平等的。常年下来，这种环境下长大的孩子容易有情绪上的困扰，行为上也会比较退缩，即显得我不想做，做不好或我不愿意做。孩子会伴有情绪和行为上的反应，但是显得很“听话”，比较“乖”，又不擅长表达自己的情绪、想法和观点。长大后在新生家庭的伴侣关系中也会表现出来，在具体事情上表现得很听话，但是不一定去做，或者做了事情之后不满意，但是又不会表达出来。进入亲密关系之后，会表达出来自己的行为受了限制之后所形成的情绪和言行举止中的退缩或被动。

2. 权威型

家长在孩子心目中是有权威的，权威是建立在对孩子的尊重和理解的基础上的，即权威与尊重和理解并存。家长会对孩子提出相对合理的要求，给孩子设立适当的目标，并对孩子的行为进行适当的限制，同时表现出对孩子的爱。认真去听取孩子的想法，既严格又民主，既有限制又认真和孩子建立关系。在这种家庭中长大的孩子，有很强的自主性，也有较好的自我控制能力，会有很多优良的品质，发展出健全的人格特质并带入到他/她的新生家庭中。在新生家庭中也会表现出自己独立自主的性格和良好的控制能力。在亲密关系中也会表达出自己的乐观和积极。

3. 放纵型

放纵型也叫作溺爱型，溺是“淹”的意思，就相当于用爱把一个人完全包裹起来。在两个维度里面，表现出了很多的响应，但是很少有要求，两个维度不平衡，也很少对孩子进行行为的控制。这样的孩子长大后很容易表现出不成熟和自控能力比较差的一面。因为长大的过程中很少有人限制他，他想怎么样就怎么样。家长对他的需求满足得很好，甚至是过了，但是没有对他的行为给予限制。孩子想要个星星，家长巴不得摘个月亮下来。家长对孩子的这种满足导致孩子的自控力差，一旦要求不能被满足的时候，往往都会表现出哭闹的行为，或者通过这种方式来达到自己的目的。这样的孩子对父母有着很强的依赖性，做事往往缺乏恒心和毅力。成年进入新生家庭以后也会把这种依赖性带入到新生家庭中。因为从小长大的过程中，他/她都是像"王"一样被照顾着，都是别人来满足他的，他很少意识到需要去照顾别人。这种关系模式也会在伴侣关系中再次展现出来并阻碍亲密关系的发展。有句话说，娶个新娘，"新娘"就是一个新的照顾他的娘，这样的关系或早或晚都会出问题。

4. 不作为型

不作为型也叫作忽视型，在要求性和反应性两个维度上做得都不好。忽视孩子就意味着对孩子没有办法表达他们的关系，也不会给孩子提出要求，不会对孩子的行为进行控制，也不会表达出他们的爱和期待。作为养育者，主要提供的就是衣食住行，让孩子吃饱穿暖。这样的父母在养育的时候，注重的是物质层面，看得见的层面，忽视的是精神层面和心理层面。长此以往，这种环境下长大的孩子比较容易出现适应方面的障碍，因为他们的适应能力和自我控制能力比较差。在被忽视的环境中长大的孩子，进入自己的新生家庭，有了孩子以后，也不太会懂得怎么去关心孩子。因为自己被忽视，没有很好地在精神和心理上得到滋养，长大后没有能力也没有主动的意识在精神上去滋养配偶和孩子。

（三）家庭沟通

美国心理学家马歇尔·卢森堡（Marshall Rosenberg）说："当我们的语言和表达方式，倾向于忽视人的感受和需要，以致彼此疏远和伤害时，这种沟通方式会让人难以体会到心中的爱。"

2020年4月，《人物》杂志发起了"不好好说话"的征集，在相关的数据里，发现施暴者的身份有1600人是妈妈，例如"这点活你都干不好，你还会干什么？""当你妈妈真是倒了霉""要不是你，我早就离婚了"……诸如此类的语言暴力，也常常存在于家庭单元里。不恰当的语言，也可能变成暴力。

家庭原本应该是一个温暖的港湾，但现实中有些家庭充满着无休止的争吵和叹息，而这些往往都归因于沟通不畅。不管是夫妻之间，还是亲子之间，很多时候把沟通当作宣泄情绪的途径，或者为了避免矛盾激化、冲突升级，采用回避的方式来拒绝沟通。大学生家庭生活中最常见的沟通方式主要有以下几种。

1. 用控制的方式沟通

很多父母并不懂得沟通的真正意义，他们认为好的沟通就是让孩子变得听话懂事，如果不听，那就是沟通不到位。这样的沟通只会造成父母和子女之间内心的隔阂，最终造成的结果就是，孩子对父母逐渐丧失了信任，那些原来可以和家长说的事情，以后再也不愿意和家长分享了。

2. 用情绪化的语言沟通

在家庭中，很多夫妻之间或父母在与子女交流时只想表达自己的情绪，比如，"你总是这样，不洗碗不扫地，什么家务活也不做”“让你干个什么事总是拖拖拖，对我说的话一点都不上心”等等。这种充满指责意味的沟通方式，常常忽略了他人的感受，习惯于攻击和批判。

3. 用回避的方式拒绝沟通

虽然争吵是一种不好的沟通方式，但比争吵更严重的是冷漠和无话可说。

在谈到家庭的问题时，有一个概念叫冷暴力，它的特征是没有语言和情感上的沟通，对对方的一切持漠不关心的态度，尽可能将双方的互动降低到最低限度。双方就像一个隐形人一样，明明就在你眼前，但是却感觉不到对方的存在。

心理万花筒

非暴力沟通

著名心理学专家马歇尔·卢森堡博士发现的一种通过指引人们将注意力聚焦在观察、感受、需要和请求上，来重新构建表达和聆听，进而帮助人们重新建立连接的沟通方式，这种沟通方式就是非暴力沟通。非暴力沟通的四个要素如下。

1. 观察

我所观察（看、听、回忆、想）到的有助于（或无助于）我的具体行为。

“当我（看、听、想到我看到的 / 听到的）……”比如，约会的时候对方迟到了五分钟，如果说：“你怎么又这么晚”，来得晚是加入了个人评价，就不属于描述事件本身。如果说：“你今天迟到了五分钟”，这个就属于单纯的描述观察。

2. 感受

对于这些行为，我有什么样的感受（情感而非思想）。

“我感到开心 / 难过 / 悲伤 / 生气……”针对这个事情，我们是开心、难过、悲伤、愤怒还是失望，都要清楚地表达出来。

3. 需要

什么样的需要或价值（而非偏好或某种具体的行为）导致我那样的感受。

“因为我需要 / 看重……”比如对方迟到，而自己需要的是对方的重视和用心，可以明确地说出自己的需求。

4. 请求

清楚地请求（而非命令）那些能丰富我生命的具体行为。

“你是否愿意……？”比如，希望对方准时（或提前）到达约定好的对方，这是一个具体的行动请求。在表达完自己的请求之后，我们还需要对方的反馈。反馈，就是让对方重新描述我们的请求。因为每个人的理解不一样，有可能别人并不能完全理解我们的请求。通过反馈的方式，可以避免因理解偏差导致的误会。

二、应对方式

（一）理解与倾听

在家庭关系中，理解和倾听是情感支持的基础，家庭成员之间应该尊重和包容彼此的情感需求，努力理解对方的感受。在沟通之中，不仅要理解对方想要传达的信息，也要理解对方想要传达的情绪和情感需求。

为了倾听他人，大学生们需要先放下已有的想法和判断，全神贯注地体会对方，虽然这是一件光听起来就很难做到的事。放在平时，我们习惯于听到自己不认同的观点就反驳；在争论时，我们很难在矛盾中控制自己的怒火去倾听。

法国作家西蒙娜·薇依（Simone Weil）认为，“倾听一个处于痛苦中的人，不仅十分罕见，而且非常困难。有些人认为他们可以做到，实际上，绝大部分人还不具备这种能力。”很多时候人们认为自己具备倾听的能力，事实却恰恰相反。一场对话中，未等对方说完就急于表明自己的观点、吝啬于表达对对方的理解、有意无意地将话题引向自己……这些以自我为中心的表现可能是无意的，却会让对方感觉到不被尊重和理解。

在亲子沟通中，大学生的父母们或未来会成为父母的大学生们想要更好地了解孩子的情感和需求，可以从以下几个方面来提升自己倾听孩子的能力。

1. 给予孩子足够的关注

在忙碌的生活中，父母可能会忽略孩子的需求和感受。为了更好地倾听孩子，父母需要安排专门的时间来关注孩子，例如每天留出一些时间与孩子进行交流。

2. 避免打断孩子

孩子们需要充分表达自己的观点和感受。父母应该避免打断孩子，耐心地听完他们的发言。即使孩子的观点与父母的看法不同，也应该尊重他们的意见。

3. 回应孩子的情感

当孩子表达自己的情感时，父母应该回应他们的情感。例如，当孩子感到难过时，父母可以表达同情和理解；当孩子感到兴奋时，父母可以一起分享快乐。这样可以帮助孩子更好地理解自己的情感，同时也能增强亲子关系。

（二）尊重和包容

尊重和包容是家庭成员之间建立情感支持的基石，每个家庭成员都应该尊重对方的观点、决定和个人空间。在冲突和分歧出现的时候，学会包容并寻求解决方法，而不是争吵和指责。培养尊重和包容能力首先需要有一种意识和理念，即每个人都是独一无二的个体，都值得被尊重和包容。在家庭中，父母尊重和包容孩子，就是把孩子当作独立的个体，而不是父母的附属品，将孩子当成与自己平等的朋友来进行互相交流。

换位思考是培养尊重与包容的关键技巧。无论是面对与自己不同的观点、信仰，还是与自己背景不同的人，都可以尝试换位思考，站在对方的角度来理解和感受，这样可以减少偏见和歧视，互相增进理解和交流。由于时代变化、科技发展、价值观念变迁等因素，父母和孩子之间不可避免地会存在分歧、矛盾和冲突，互相换位思考，站在对方的角度上来理解问题，可以减少矛盾和冲突的产生，促进亲子之间的理解。

即使夫妻之间、亲子之间的观点不同，也要尊重对方的意见和感受。接纳差异，不轻易批评或指责。家庭成员之间以包容的心态对待对方，可以展示出对他人的尊重和价值的认可。

（三）表达爱和关怀

在家庭中，表达爱与关怀是情感支持的重要方式。通过言语表达、亲密的拥抱、互相帮助等形式，家庭成员可以明确表达他们对彼此的爱意和关心。这种情感表达可以增进亲密感，增强家庭成员之间的联系。

表达爱和关怀有以下几种方式。

1. 理解对方的需求

每个人都希望自己能够被听到、被看见，希望自己能真正地被倾听和理解。在家庭中进行交流时，互相要认真地倾听彼此的话语，尽量理解对方的情感和需求，给予对方足够的时间和空间来表达自己。

2. 用非言语方式表达

非言语方式表达包括肢体语言和目光交流，肢体语言和目光交流可以传递出强烈的情感和关怀。通过拥抱、握手、轻拍对方的肩膀等方式，来表达对彼此的爱和关怀。还可以与对方进行目光交流，让对方感受到专注和真诚。

3. 给予积极言语赞美

可以使用积极正向的语言来表达自己对家人的爱和关怀，无论是伴侣还是孩子，给予对方鼓励和赞赏，让他们能够感受到被重视和被认可。避免批评和指责，关注在对方的优点和长处上，给予积极正向的反馈，营造出和谐快乐的家庭氛围。

4. 用行动表达关怀

日常生活中的小事可以传达出自己的爱和关心，比如当父母下班劳累，主动帮忙承担家务；伴侣遭遇糟心的事情，给对方准备一杯热茶；在亲人生日时，送上一个生日蛋糕等，这种日常生活中的举动，也可以表明对彼此的在意和用心。

（四）促进情感表达

家庭成员之间可以互相分享自己的喜怒哀乐，分享互相之间的情绪也是建立情感支持和表达的重要途径。在面对痛苦和悲伤时，分享彼此之间的消极情绪；在快乐和幸福时，分享彼此之间的积极情绪。促进情感表达，可以让家庭成员获得支持和理解，减轻负担，共同度过人生中重要的时刻。

情感是人类独特而丰富的内在体验，它们可以是喜悦、愤怒、悲伤、恐惧等各种形式。这些情感对人们的生活和健康有着深远的影响。很多时候人们往往将情感压抑在内心，不敢或不知道如何去表达。事实上，情感表达是释放内心的重要途径。积极情感表达包括分享喜悦、爱和感激之情，这有助于增强积极情感，提高幸福感，加强人际关系，促进心理健康。消极情感表达包括处理愤怒、悲伤和焦虑等负性情感。适当的消极情感表达有助于释放情感，减轻情感压力，避免情感积压。

有效的情感表达有助于减轻情感压力。当我们与他人分享内心感受时，情感负担减轻，情感得以释放。情感表达是指通过言语、行为、艺术等方式将内心的情感外显出来。它可以帮助我们与他人建立更深入的沟通，增进理解和接纳。同时，情感表达也有助于我们自我认知和情绪调节，促进心理健康和幸福感。

情感表达还可以通过艺术形式来实现。绘画、音乐、写作等艺术形式提供了一个创造性的出口，让人们能够将情感转化为美妙的作品。通过艺术创作，可以表达内心深处的情感和思想，释放压抑的情绪，并获得满足感和成就感。艺术创作不仅是一种情感表达的方式，也是一种自我探索和成长的过程。在家庭中，亲子之间可以经常共同参与艺术创造的活动，互相促进彼此的情感流露和表达。

（五）培养积极的沟通方式

积极的沟通方式可以帮助家庭成员通过分享自己的感受、问题和需求来建立积极的沟通氛围，避免指责或攻击性的语言，鼓励开放的对话和理解。采用积极的沟通方式，避免消极的语言和态度。表达自己的需求和利益的同时，也要关注对方的需求。通过建设性的对话，共同寻求解决方案。

坦诚和真实是建立积极沟通的基础。在家庭沟通中，家庭成员应该避免使用掩饰事实和使用含混不清的语言。家庭成员之间鼓励直接、诚实地表达自己的想法和感受，可以避免误解和不必要的猜测，从而促进家庭之间更好地沟通和交流。

良好的沟通需要清晰、准确的表达。家庭成员可以互相练习表达能力，练习通过简洁而明确的语言表达自己的观点和想法，能够促进家庭结构之间进行良好的交流。

接受家庭成员之间的反馈，通过反思、总结自己沟通方式，接受他人给予的建议，不断提高自己的沟通能力。

在家庭中生活，通过积极的沟通方式解决冲突是一个非常重要的能力，家庭成员天天生活在一起，可能会产生一些矛盾和冲突，使用积极的沟通方式，可以有效地解决冲突，避免矛盾长期积累，进而导致爆发。家庭成员还可以通过不断地学习沟通知识，学会构建积极的解决方案，解决矛盾和冲突。

本篇小结

家庭是温暖的港湾，是个体走向社会的力量之源。家庭是一个人生命中最重要的组成部分，家庭承载着无尽的情感、温暖与联系。家庭也是最重要的社会关系。通过本章的学习，大家认识了家庭和家庭关系，学习了如何绘制家谱图，了解了家庭生命周期及其转折的挑战与影响因素，还理解了家庭关系中常见的问题，学会了一些应对方式。本章的学习重点是绘制家谱图。

【复习与思考】

1. 如何完整地认识家庭和家庭关系？
2. 结合自己的家庭，绘制一张家谱图。
3. 家庭生命周期分成哪些阶段？
4. 家庭生命周期转折有哪些挑战？
5. 家庭关系中有哪些常见的问题和应对方法？

【相关量表】

家庭功能评定量表（FAD）

姓名 ________	性别 ________	年龄 _______

指导语：这份量表包含了一些对家庭的描述，请仔细阅读每一个选项，并根据最近两个月您对您家庭的看法（或者您对家庭近期的印象），在四个可能的答案中选出与您家庭最接近的数字。
选择答案的原则是：
1. 很像我家：这一项非常准确地描述了您的家庭。
2. 像我家：这一项大致上描述了您的家庭。
3. 不像我家：这一项不太符合您的家庭。
4. 完全不像我家：这一项完全不符合您的家庭。

家庭情况描述	很像我家	像我家	不像我家	完全不像我家
1. 由于我们彼此误解，难以安排一些家庭活动				
2. 我们在住处附近解决大多数日常问题				
3. 当家中有人烦恼时，其他人知道他为什么烦恼				
4. 当你要求某人去做某事时，你必须检查他们是否做了				
5. 如果某人遇到麻烦时，其他人会过分关注				
6. 发生危机时，我们能相互支持				

（续表）

7. 当发生出乎预料的意外时，我们手足无措				
8. 我们家时常把我们所需要的东西用光了				
9. 我们相互都不愿流露自己的感情				
10. 我们肯定家庭成员都尽到了各自的家庭职责				
11. 我们不能相互谈论我们的忧愁				
12. 我们常根据我们对问题的决定去行动				
13. 你的事只有对别人也重要时，她们才会感兴趣				
14. 从那些人正在谈的话中，你不明白其中一个人是怎么想的				
15. 家务事没有由家庭成员充分分担				
16. 每个人是什么样的，都能被别人认可				
17. 你不按规矩办事，却很容易逃脱处分				
18. 大家都把事情摆在桌面上说，而不用暗示的方法				
19. 我们中有些人缺乏感情				
20. 在遇到突发事件中，我们知道怎么处理				
21. 我们避免谈及我们害怕和关注的事				
22. 我们难得相互说出温存的感受				
23. 我们遇到经济困难				
24. 在我们家试图解决一个问题之后，我们通常要讨论这个问题是否已解决				
25. 我们太以自我为中心				
26. 我们能相互表达出自己的感受				
27. 我们对梳妆服饰习惯无明确要求				
28. 我们彼此间不表示爱意				
29. 我们对人说话都直说，而不转弯抹角				
30. 我们每个人都有特定的任务和指责				
31. 家庭的情绪氛围很不好				
32. 我们有惩罚人的原则				
33. 只有当某事使我们都感兴趣时，我们才一起参加				
34. 没有时间去做自己感兴趣的事				

（续表）

35. 我们常不把自己的想法说出来				
36. 我们感到我们能被别人容忍				
37. 只有当某件事对个人有利时我们相互才感兴趣				
38. 我们能解决大多数情绪的烦恼				
39. 在我们家，亲密和温存居次要地位				
40. 我们讨论谁做家务				
41. 在我们家对事情做出决定是困难的				
42. 我们家的人只有在对自己有利时，才彼此关照				
43. 我们相互间都很坦率				
44. 我们不遵从任何规则和标准				
45. 如果要人去做某件事，他们常需别人提醒				
46. 我们能够对如何解决问题做出决定				
47. 如果原则被打破，我们将会发生什么事				
48. 在我们家任何事都行得通				
49. 我们将温存表达出来				
50. 我们镇静地面对涉及感情的问题				
51. 我们不能和睦相处				
52. 我们一生气，就互不讲话				
53. 一般来说，我们对分配给自己的家务活都感到不满意				
54. 尽管我们用意良好，但还是过多地干预了彼此的生活				
55. 我们有应对危机情况的原则				
56. 我们相互信赖				
57. 我们当众哭出来				
58. 我们没有合适的交通工具				
59. 当我们不喜欢有的人的所作所为时，我们就会给他指出来				
60. 我们想尽各种办法来解决问题				

【推荐读物与影视作品】

1. 图书《热锅上的家庭：原生家庭问题背后的心理真相》

本书作者为奥古斯都·纳皮尔、卡尔·惠特克，自 1978 年出版以来，在全美掀起了广泛讨论的热潮，成为家庭心理治疗领域极具影响力的作品。为什么本该亲密无间的家人之间会有种种矛盾？为什么我们总是肆无忌惮地对最亲的人恶言相向？为什么父母的婚姻对我们的家庭有如此大的影响？以往，我们把心理问题归咎于个人、创伤和原生家庭，试图站在个人的角度突破创伤性经历和童年问题。这本书告诉我们，家庭就像一个小宇宙，自有一股强大的力量。当心理问题、家庭问题出现时，人不必也不应孤军奋战，要和每一位家人一起解决问题。

2. 图书《非暴力沟通》

本书作者为马歇尔·卢森堡。作为一个遵纪守法的好人，也许我们从来没有把谈话和“暴力”扯上关系。不过如果稍微留意一下现实生活中的谈话方式，并且用心体会各种谈话方式给我们的不同感受，我们一定会发现，有些话确实伤人！言语上的指责、嘲讽、否定、说教，以及任意打断、拒不回应、随意出口的评价和结论给我们带来的情感和精神上的创伤甚至比肉体的伤害更加令人痛苦。本书能疗愈内心深处的隐秘伤痛；超越个人心智和情感的局限性；突破那些引发愤怒、沮丧、焦虑等负性情绪的思维方式；用不带伤害的方式化解人际间的冲突；学会建立和谐的生命体验。

3. 电影《蝴蝶》

影片讲述了 8 岁的艾尔萨是一个单亲家庭的孩子，她性格活泼，好奇心旺盛，喜欢提出各种各样童稚的问题。她的邻居于连是一个脾气古怪的老人，因儿子早逝而沉浸在悲伤中，但他有一个特别的癖好，那就是收集蝴蝶标本。一天，艾尔萨闯进了于连的密室，发现了五彩斑斓的蝴蝶标本，并得知于连计划去山上采集一种名叫“伊莎贝拉”的罕见蝴蝶。艾尔萨对此充满了好奇和向往，于是偷偷跟随于连一同踏上了寻找蝴蝶的冒险旅程。终于找到了那只美丽的“伊莎贝拉”蝴蝶。影片通过主人公的成长故事，清新活泼的旋律和细腻的情感描绘，探讨了爱、亲情和成长的主题，讨论了家庭在生命中的重要性。

参考文献

[1] 柏格．人格心理学 [M].7 版．北京：中国轻工业出版社 .2010.
[2] 查尔斯，迈克尔．人格心理学 [M].5 版．上海：上海人民出版社 .2011.
[3] 卡耐基．如何赢得朋友和影响他人 [M]. 北京：光明日报出版社，2006.
[4] 哈克．改变心理学的 40 项研究 [M]. 北京：中国轻工业出版社 .2004.
[5] 格里格，津巴多．心理学与生活 [M]. 北京：人民邮电出版社 .2003.
[6] 霍斯顿．动机心理学 [M]. 沈阳：辽宁人民出版社，1990.
[7] A P BUUNK，F X GIBBONS. Social comparison: The end of a theory and the emergence of a field Processes. Organizational Behavior and Human Decision.2007.1.
[8] BURGER J M. 人格心理学 [M].5 版．陈会昌，译．北京：中国轻工业出版社，2004.
[9] GILBERT P. 走出抑郁 [M]. 宫宇轩，施承孙，译．北京：中国轻工业出版社，2000.
[10] 段鑫星，易龙．压力应对：压力是生活的甜点 [M]. 北京：科学出版社，2008.
[11] 段鑫星，赵玲．大学生心理健康 [M]. 北京：教育科学出版社，2003.
[12] 樊富珉，费俊峰．青年心理健康十五讲 [M]. 北京：北京大学出版社，2006.
[13] 樊富珉，王建中．大学生心理健康教程 [M]. 武汉：武汉大学出版社，2006.
[14] 弗兰克尔．追寻生命的意义 [M]. 北京：新华出版社，2003.
[15] 高校教材编委会组．新编大学生心理健康应用教程 [M]. 长春：东北大学出版社，2012.
[16] 郭念峰．国家职业资格培训教程心理咨询师（基础知识）[M]. 北京：民族出版社，2005.
[17] 韩延明．大学生心理健康教育 [M]. 上海：华东师范大学出版社，2007.
[18] 黄文．正视大学生自杀　珍爱每一个生命 [N]. 中国教育报，2007，10，8(6).
[19] 黄希庭．人格心理学 [M]. 杭州：浙江教育出版社 .2002.
[20] 黄希庭．心理学导论 [M].2 版．北京：人民教育出版社 .2007.
[21] 黄希庭．大学生心理健康教育 [M]. 上海：华东师范大学出版社，2009.
[22] 教育部思想政治工作司．大学生心理健康教育读本 [M]. 北京：高等教育出版社，2007.
[23] 李有华．大学生心理健康教育 [M]. 北京：中国林业出版社，2000.
[24] 林崇德，申继亮．大学生心理健康读本 [M]. 北京：教育科学出版社，2005.
[25] 林崇德，张春兴．发展心理学 [M]. 杭州：浙江教育出版社，2002.
[26] 林静，唐烈琼．大学生心理健康 [M]. 海口：南海出版公司，2007.
[27] 蔺桂瑞，杨芷英．大学生心理健康与人生发展：成长从关爱心灵开始 [M]. 北京：高等教育出版社，2010.
[28] 吕澜．大学生心理健康教程 [M]. 北京：中国社会科学出版社，2011.
[29] 罗英俊．零压力 [M]. 北京：中国华侨出版社，2012.

[30] 马建青 . 大学生心理健康教程 [M]. 杭州：浙江大学出版社，2012.
[31] 马建青 . 大学生心理健康教育 [M]. 杭州：杭州出版社，2011.
[32] 马建青 . 大学生心理健康 [M]. 北京：人民出版社，2011.
[33] 米勒，米尔 . 快乐是一种选择：走出抑郁完全手册 [M]. 唐子明，译 . 北京：中国轻工业出版社，2006.
[34] 倪亚红，杨雪花 . 大学生心理健康教程 [M]. 南京：东南大学出版社，2006.
[35] 彭聃龄，张必隐 . 认知心理学 [M]. 杭州：浙江教育出版社，2004.
[36] 彭聃龄 . 普通心理学 [M]. 北京：北京师范大学出版社 .2004.
[37] 宋宝萍 . 大学生心理健康教育 [M]. 西安：西安电子科技大学出版社，2007.
[38] 孙时进 . 社会心理学 [M]. 上海：复旦大学出版社 .2005.
[39] 王卫红 . 抑郁障碍、自杀与危机干预 [M]. 重庆：重庆出版社，2006.
[40] 王晓刚 . 大学生心理健康 [M]. 北京：清华大学出版社，2008.
[41] 王晓刚 . 高校心理健康教育规范化发展与探索 [M]. 杭州：杭州出版社，2009.
[42] 王祖莉，初铭桐 . 大学生心理健康教育 [M]. 北京：科学出版社，2012.
[43] 许海元 . 当代大学生生命意识现状调查及对策研究 [R]. http://wenku.baidu.com/view/cd9cf8116c175f0e7cd13714.Html.
[44] 许燕 . 人格心理学 [M]. 北京：北京师范大学出版社 .2009.
[45] 薛德钧，田晓红 . 大学生心理与心理健康 [M]. 北京：中国林业出版社 .2007.
[46] 姚本先 . 心理学 [M].4 版 . 北京：高等教育出版社，2005.
[47] 叶浩生 . 心理学史 [M]. 北京：高等教育出版社，2005.
[48] 岳晓东 . 通向心灵旺盛的十堂课 [M]. 北京：世界图书出版公司北京公司，2010.
[49] 张大均，吴明霞 . 大学生心理健康教育 [M]. 北京：清华大学出版社，2007.
[50] 张大均 . 大学生心理健康教育 [M]. 北京：科学出版社，2010.
[51] 张连云，蒋俊梅，朱军 . 大学生心理健康教育研究 [M]. 成都：西南财经大学出版社，2006.
[52] 张亚林 . 精神病学 [M]. 北京：人民教育出版社：2005.
[53] 赵丽琴 . 大学生心理健康指南 [M]. 北京：高等教育出版社，2010.
[54] 郑日昌 . 大学生心理健康：自主与自助手册 [M]. 北京：高等教育出版社，2007.
[55] 郑日昌 . 情绪管理压力应对 [M]. 北京：机械工业出版社，2008.
[56] 中华医学会精神分会 . 中国精神障碍分类与诊断标准 [M].3 版 . 济南：山东科技出版社，2001.
[57] 周郁秋 . 护理心理学 [M]. 北京：人民出版社，2006.
[58] 金洪源 . 学习行为障碍的诊断与辅导 [M]. 上海：上海教育出版社，2005.
[59] 黄悦勤 . 中国精神障碍患病率：流行病学现况研究 [N]. 北京大学学报，2019，2.
[60] 陆林 . 沈渔邨精神病学 [M]. 北京：人民卫生出版社，2018.
[61] 俞国良 . 大学生心理健康 [M]. 北京：北京师范大学出版社，2020.
[62] 恩格尔哈特 . 生命伦理学基础 [M]. 范瑞平，译 . 北京：北京大学出版社，2006.
[63] 马建青 . 大学生心理健康 [M]. 北京：人民出版社，2011.

[64] 姚树桥 . 医学心理学与精神病学 [M].2 版 . 北京：人民卫生出版社，2007.

[65] 阿兹里 . 复原力：应对压力与挫折的心理学 [M]. 张瑞瑞，译 . 北京：中国友谊出版公司，2021.

[66] 麦戈德里克 . 家谱图：评估与干预（修订本）[M]. 北京：当代中国出版社，2018.

[67] 卢森堡 . 非暴力沟通 [M]. 北京：华夏出版社，2009.

[68] 尼尔森 . 正面管教 [M]. 北京：京华出版社，2009.